천당허고
지옥이
그만큼
칭하가
날라나?

1
15소녀
표류기

천당허고
지옥이
그만큼
칭하가
날라나?

최현숙 지음

이매진

15소녀 표류기 1
천당허고 지옥이 그만큼 칭하가 날라나?

지은이 최현숙 • **펴낸곳** 이매진 • **펴낸이** 정철수 • **편집** 최예원 기인선 김성현 • **디자인** 오혜진
• **마케팅** 김둘미 • **첫 번째 찍은 날** 2013년 11월 8일 • **두 번째 찍은 날** 2014년 3월 12일
• **등록** 2003년 5월 14일 제313-2003-0183호 • **주소** 서울시 마포구 성지5길 17, 301호(합
정동) • **전화** 02-3141-1917 • **팩스** 02-3141-0917 • **이메일** imaginepub@naver.com • **블로그**
blog.naver.com/imaginepub • **ISBN** 979-11-5531-025-0 (03300)

• 이매진이 저작권자와 독점 계약을 맺어 출간한 책입니다. 무단 전재와 복제를 할 수 없
습니다.
• 환경을 생각해서 재생 종이로 만들고, 콩기름 잉크로 인쇄한 책입니다. 표지 종이는 앙
코르 190그램이고, 본문 종이는 그린라이트 70그램입니다.
• 값은 뒤표지에 있습니다.
• 이 도서의 국립중앙도서관 출판시도서목록(CIP)은 서지정보유통지원시스템 홈페이지
(http://seoji.nl.go.kr)와 국가자료공동목록시스템(http://www.nl.go.kr/kolisnet)에서 이용
하실 수 있습니다.(CIP제어번호: CIP2013022476)

삶이라는 바다를 표류해온
'웃는 여자들'

높은 곳에서는 보이지 않는 풍경이 있다. 밝은 빛 아래서는 가려지는 구석이 있다. 그렇다면 사회적 소수자인 여성의 인생을 통해 보는 한국 사회는 어떤 모습을 하고 있을까.

'15소녀 표류기'는 한국 사회 여성들의 목소리로 한국 현대사를 다시 읽어보려는 시도로 출발했다. 시대의 조류에 휩쓸려 살아온 평범한 여성들, 그러나 그 시대적, 역사적 조건에 순응하지만은 않은, 때로는 맞서 싸우고 때로는 협상하며 삶의 전략을 세워온 평범하지만 비범한 여성들의 목소리를 듣고 싶었다. 그 여성들의 생생한 목소리를 통해 한국 사회가 꿈틀대온 백여 년의 역동적인 역사를 돌아보고 싶었다. '보편적 역사'라는 미명 아래 잊히거나 지워진, 숨겨진 그 개별적인 목소리들이 다시 깨어나게 하고 싶었다.

그래서 이야기를 듣기로 했다. 열다섯 명의 여성들이 들려주는 '당신 인생의 이야기'를. 지은이들은 그 이야기를 경청하기도, 이야기에 끼어들고 참견하기도 하면서 한국 사회와 여성 개인들이 경합해온 과정을 촘촘히 담아냈다. '15소녀 표류기'는 모두 다섯 권의 책으로 구성된다. 한국 현대사를 아우르는 시기를 살아온 할머니들, 역동적인 산업 사회에 태어난 베이비부머 세대의 여성들, 이른바 '386 세대'로 불려온 40대 여성들, '88만원 세대' 또는 '삼포 세대'로 불리며 악전고투 중인 20~30대 여성들, 그리고 동시대에 성장하고 있는 10대 여성들까지. 각 세대별로 세 명씩, 모두 열다섯 명의 다르고 또 같은 여성들이 자신의 삶을 우리 앞에 풀어놓는다.

우리는 이제 '공식적'인 사건의 이름들 뒤에 숨어 있던, 사소하고 가치 없다고 치부되던 이야기를 들을 것이다. 남성들의 역사, 거대 서사 중심의 역사에 가려온 새로운 역사를 발굴할 것이다. 주관성을 무기로, 오해와 왜곡을 힘으로 삼는 생애사들을 만날 것이다. 각자 조금씩 시차를 두고, 같은 시대를 다르게 살아나간 각기 다른 세대의 여성들의 이야기가 흘러가고 겹쳐지며, 그 과정에서 모자이크처럼 그려지는 커다란 그림을 보게 될 것이다.

구술 과정에서 등장하는 여러 용어는, 일반적으로 의미의 논란이 있는 경우에도 구술자들이 살아온 사회상을 보여준다는 측면에서 구태여 수정하지 않고 말한 그대로 실었다. 책 안의 부연 설명은 모두 편집자와 지은이가 함께 붙인 것이다.

열다섯 명의 웃음 띤 여자들花女이 삶이라는 바다를 표류해온 궤적을 따라가는 과정에서 우리 모두 자신과 타인의 삶을 다시금 조망할 수 있기를 바란다.

그 여자들의 목소리가 돌아오고 있다

김영옥_여성학자

그 여자들이 돌아오고 있다. 유장한 이야기들을 풀어놓기 시작했다. 컴퓨터와 로봇, 인공 목소리, 페북식 대화의 시대에 웅얼거림으로 시작해 긴 강으로 흘러내리는 그 이야기. 무릎걸음으로 다가가 그 여자들의 이야기에 귀를 기울인다. 틈틈이 가슴을 곧추세우고 사위를 둘러본다. 기존에 알고 있던 등장인물들과 장소, 사건들이 서서히 바뀌기 시작한다. 역사役史로 쓰는 새로운 역사歷史. 혈연 중심의 가족을 넘어, 거대 사건 중심의 역사라는 허구를 넘어, 공식적인 정치와 경제 그리고 사회와 문화의 무대를 비껴선 채, 또 다른 노동과 살림과 놀이와 투쟁의 이랑들이 솟아오른다. '할머니'라 불리는 이 여성들의 목소리, 그 여성들의 얼굴에 새겨진 주름들, 그 여성들의 손등에 불거진 거친 핏줄들, 이 육체적 현존이 펼쳐놓는 이야기들은 한국 공동체가 소중히 기억하고 전승해야 할 근현대사의 문화유산이다. 모계 역사의 실을 잣는 자매 공동체에, 어서들 동참하시라.

말해준 사람도 들어준 사람도 다 고맙다

김진숙_민주노총 부산본부 지도위원

이렇게 죽는구나 한 적이 몇 번 있었다.

86년 대공분실에서.

피 묻은 군복을 입고 뒹굴 때 삶은 아득히 멀고 죽음은 곁에 있었
다.

고문 끝에 죽은 목숨들이 저수지에서 송도 바다에서 시퍼렇게 피멍
든 시신으로 둥둥 떠오르던 시절. 내가 여기서 이렇게 죽는 걸 아무
도 모르겠구나, 생각하면 그때서야 억울함에 꺽꺽 목이 막혔다.

2011년 크레인에서.

하루에도 몇 번씩 삶과 죽음이 오가던 공간.

희망버스가 오기 전 크레인에는, 8년 전 그 크레인에서 죽은 김주
익만 있었다.

죽음보다 막막하던 언론의 왜곡과 외면 앞에 진실은 늘 초라하고
멀기만 했다. 단 한사람만이라도 진실을 알아준다면 그걸로 됐다고
생각했다. 정말 절박한 순간에 내 말을 들어주고 고개 끄덕여주고 따
뜻이 안아주고, 그거면 되는 거 아닐까.

최현숙을 만난 저 할매들이 미주알고주알 털어놓은 마음들을 알

것 같기도 하다. 자식에게도, 며느리에게도 쉽게 꺼내지 못할 사연까지 내놓으신 건 마음으로 들어주고 함께 울어주던 그 깊은 공감 때문이 아니었을까.

　말해준 사람도 들어준 사람도 다 고맙다.

　저 나이쯤 내 얘기도 누군가 저렇게 따뜻이 들어주면 좋겠다.

차례

머 리 말

여성주의 구술사는 젠더(성별)경험의 주변성에 대한 주관적 진술이며, 여성을 주변적 존재로 위치시키는 가부장적 체계의 전복을 꾀하는 담론적 정치의 장이다.

— 김성례, 〈여성주의 구술사의 방법론적 성찰〉, 이재경, 윤택림, 이나영 외 지음, 《여성주의 역사쓰기 – 구술사 연구방법》, 아르케, 2012 중

어떤 것을 기대하고 갔다가 예기치 않은 것을 발견하고 더없이 기쁠 때가 있다. 2009년 여름, 이른바 '진보 정치 운동'의 폐색과 몰락 속에서 나는 요양 노동을 선택했다. 내 또래의 가난한 중장년 여성 노동자들을 만나러 들어간 요양 현장에서 문득 마주친 것은, 죽음을 멀리 두지 않은 할머니들과 그 할머니들의 넋두리였다. 그리고 그 넋두리를 즐거워하는 나를 만났다. "나 살아온 이야기는 열 구루마로도 안 된다"고들 하는, 그 흔해빠진 할머니들의 흔해빠진 이야기를 맞장구치며 듣고 묻고 나누다가, '너무 아깝다'는 생각에 책으로 내볼까 생각했다. '구술사'를 알게 됐고, '여성주의 구술 생애사'는 더 나중에야 알았다.

'가난과 차별'에 관한 진보 진영의 강령과 선언에 동의해 25년 남짓을 함께하고 있지만, 가난하고 차별받는 사람들은 좀처럼 제대로 만

날 수 없었다. 게다가 가난한 골목과 한 뙈기의 땅에서 만나는 꽃과 채소는, '사람은 무엇으로 행복해지는가'를 계속 질문하게 했다. 그 답을 얻기 위해서 가난한 사람들을 깊게 만나고 싶었다. 그 방법 중 하나가 그 사람들의 삶 속으로 들어가 그 이야기를 듣고 기록하는 것이었다. 다행히 나는 가난한 동네에서 가난하게 살고 있었다.

그래서 발언하지 못한 채 가고 말 여성 노인 개인들의 사史와 사辭를 새로운 출발점으로 삼았다. 그분들은 곧 가시겠지만, 그 생애사를 재료로 가난한 사람들과 독자들을 만나며 개인과 우리의 삶과 사회를 이야기하고 싶었다. 흔해빠지고 사소한 늙은 여자들을 골랐다. 지금은 느리고 때깔 없어 더더욱 태가 안 나지만, 젊은 시절 살아보려고 신작로 바닥과 장마당에서 쎄가 빠지도록 기를 쓸 때조차, 기껏해야 거추장스러운 여편네 취급을 받은 여성들이다. 혹 줏대를 세워볼라치면 떨려나서 낙인과 손가락질의 대상이 된 여성들이다.

뼈 빠지게 일하며 자식과 사회를 키웠지만, 그 노동은 한 번도 '노동'이라 불리지 못했고, 국내총생산GDP에 집계되지 않았다. 이제 와서야 '고령화'니 '고령의 여성화'라는 용어 속에서, 건강보험과 연금 재정 고갈의 원인 제공자로 사회의 걱정거리가 되고 있는 늙은 여자들이다. 길거리와 여느 집 골방과 요양원에서 아직 죽지 않은, 죽을 일만 남은 사람으로 취급되며, 살 일 많은 사람들의 불길한 미래나 암시하는 늙은이들이다.

양반네니 상놈네도 매한가지였고 농경 사회니 산업 사회도 매한가지이던 철옹성 같은 '아버지의 집', 가부장제 사회에서 오로지 순종만 강요받다 두들겨 맞고 떨려나도, 새끼들 때문에 제 발로 기어들어가 또 맞고 살아온 어머니들이다. 여든이 넘도록 아직도 생생한 가부장의 한을 털지 못해 무시로 울화통이 터지지만, 잘난 딸년들마냥 제대로 저항 한 번 못 한 채 이제는 다 늙어버려, 남은 기운으로 아직 이를 갈고 있는 할머니들이다. 너나없이 어머니로 불러대지만, 그 이름은 김미숙, 김복례, 안완철이다.

이미 풀어놓고 싶은 욕망이 똬리를 틀고 있었다. 감추고 누르고 개켜 밀어놓은 채, 여차하면 혼자 뒤적거리다 몸에 싸 짊어지고 함께 타 없어질 이야기들이었다. 그렇지만 살아생전 한 번쯤은 볕 좋은 날 신작로 바닥에 널어놓고, 볕에 마르는 자기 이야기들을 들여다보고 싶었다. 또는 지나가다 문득 구경하는 남처럼, 숨어서라도 그 볕에 마르는 자기 사연들과 구경하는 사람들의 표정을 훔쳐보고 싶었다. 그러나 아무도 묻지 않았고, 주절거려도 들어주지 않거나, 주책 맞다며, 지긋지긋하다며 핀잔이나 들었다. 그래서 일부러 묻고 들어서는 나를 핑계 삼아, 문득 생각난 듯 시작해 하염없이 풀었다. "머 할라꼬?"는 염치 삼아 건넨 말일 뿐, 말라버린 혀로 기억과 한을 휘저으며, 깔깔대며 울며 한바탕 놀았다. 더없이 구차해서 혼자서만 애틋했는데, 꺼내놓고 보니 내세울 것 없는 만큼 그리 부끄러울 것도 없다. 달라니 주고 가시겠단다.

미뤄둔 채 다른 일로 바쁘다가 문득 다시 글을 다잡았다. 언제 돌아가실지 모를 노인들이라는 생각때문이었다. 살아생전에, 되도록 아직은 정신이 맑아 자기 이야기가 책으로 엮였다는 사실을 알고 기뻐할 수 있을 때에 책을 드리고 싶었다. "잘 사셨다"며, "잘 살라"며 선배 여성들을 부둥켜안고 통곡을 해도 좋겠고, 세상을 향해 깔깔 웃어 줒

혀도 좋겠다. 이야기를 청한 사람으로서 내가 할 수 있는 최선이다.

이 구술 작업의 '말하기/듣고 쓰기'와 그 뒤 과정에서 늙은 여자들은 자신의 삶과 정체성을 재해석하고 재구성하며 살아가고 있다. 이것이 혼자만의 변화가 아닌 정치적 연대로 이어지게 하려면 듣고 쓴 사람과 읽는 사람들의 구체적인 실천이 필요하다.

> 쓰이지 않아 시간의 기억 속에 매장된 죽어버린 말들을, 그 여자들의 말라버린 혀로 휘젓게 하라.
>
> — Cha, Theresa Hak Kyoung, *Dictee*, Berkeley: Third Women Press, 1995 중

구술사는 권력자들의 공식적 역사로 쓰인 '추상적 보편성'에 대항해, 기록되지 않고 침묵해야만 하던 역사 없는 집단들의 사적인 삶들이 구술하는 '구체적 보편성'을 드러내어 역사에 아래부터 접근하는 방법론이다.

역사와 지식은 누가 어떻게 만드는가? 객관성, 가치중립성, 보편성은 누구의 어떤 권력을 통해 입증되는가? 이런 저항적 질문을 품고 '흔해빠진 할머니들'의 실종된, 그 구구절절한 사연을 청해 들었다.

세 여성 노인의 생애사는 '口述史'라기보다 '口述辭'다. '史'를 둘러싸고 사실 관계와 객관성을 시비할 수 있지만, '辭'는 주관성이 재료이자 힘이며, 인지와 기억이 왜곡될 가능성도 전제한다. 부분성과 주관성은 기록되지 않은 서사敍事, narrative들의 진실이자 실재다.

구술사 작업은 보여주고, 들여다보고, 내다보는 작업이다. 한 사람이 살아온 기억을 풀어놓는 작업을 통해 스스로 그 아픔과 한계를 정

리하고 객관화하며 재해석하는 과정이다. 또한 먼저 자신과 화해하고, 타인에게 품은 갈등과 원망도 가능하면 화해해보자는 시도다. 나아가 읽는 사람들은 한 사람의 삶을 조명하는 과정을 통해 그 삶에 공감하고 자신과 사회의 미래를 전망하게 된다.

여성주의 구술사는 "가부장제 탓에 왜곡되고 사소하다고 무시당해온 여성들의 젠더 경험의 주관적 실재를 언어화하는 기본적인 도구"이자, "실제적인 생애 경험의 기록이라기보다는 여성이 처한 사회적 관계의 맥락에서 젠더 주체로서 갖는 위치에 관한 여성주의적 해석"이다. 나아가 다양한 여/성들 사이의 성적, 시대적, 계급적, 문화적 차이와 경계를 넘어 반가부장적 정치 연대를 실현하는 서사적 투쟁 도구다.

상황과 관계에 따라 '집단 구술'과 '구술자/청자 경계 넘나들기'를 선택했다. 현재 작업 중인 50대~70대 여성들의 생애사하고는 '거리 두기'의 중심을 달리 잡았다. 재구성과 재해석과 실천이라는 과제를, 구술자보다는 저자와 독자들 편으로 많이 넘겼다. 삶의 사건과 사고만 읽히지 않기를 바란다. 80년이 넘는 긴 삶 속에서 '왜, 무엇을, 어떻게 기억하고 해석하며 발언하는지'가 읽히기를 바란다. 그것을 통해 '무엇을 보고 해석할지'가 읽히고 시비되기를 바란다. 각자의 '됨 becoming'과 더불어 사회를 움직일 전략이 토론되기를 바란다.

뜬금없는 부탁에 기꺼이 추천의 글을 준 김진숙 선생님, 부족한 초고를 꼼꼼히 읽어주고 애정과 안타까움 담긴 조언과 추천 글까지 준 김영옥 선생님에게 진심으로 감사드린다. 셋이 함께 밥 먹자던 약속은 아직도 이루지 못했다.

세 여성 선배에게 깊은 감사와 경의를 드린다.

김미숙

김미숙(가명) 할머니와 내 인연은, 혼자 사는 할머니에게 내가 요양 보호사로 방문 요양을 하게 되면서 시작됐다. 2009년 늦가을, 두 달 정도 일주일에 5일, 하루 4시간씩 방문했다. 그 과정에서 할머니에게 듣게 된 지난 일의 토막토막이 무척 흥미로웠다. 그래서 방문 요양을 그만두고 다섯 달 정도가 지난 2010년 초, 할머니를 다시 방문해 책 출판을 예정한 구술 생애사 채록에 관해 설명을 하고, 정식 인터뷰를 제안했다.

할머니를 설득하는 일은 예상 외로 간단했다. 마치 살아온 이야기를 들어줄 사람을 고대하기라도 했다는 듯, 할머니는 내가 충분한 설명을 하기도 전에 삶의 중간을 툭 터뜨려 이야기를 꺼냈고, 오히려 내 편에서 이야기 듣기를 미루며 글이나 책에 관해 사전 설명을 해야 했다.

최현숙 / 제가 뵙자고 한 이유는, 작년에 방문 요양하면서 토막토막 얘기해주신 어르신 살아오신 이야기를, 제대로 쭉욱 듣고 글로 쓰고 싶어서예요. 부자나 잘난 사람들 이야기가 아니라, 보통의 할머니들 살아온 이야기를 책으로 내고 싶은 거지요. 어르신 또래의 다른 할머니들이나 후대 사람들이 정말로 공감할 수 있는 이야기는, 잘난 사람들의 이야기가 아니고, 보통 사람들이 살아온 이야기잖아요. 그래서 세상의 구석구석에서 역경 속에서 삶을 살아온 노인들, 특히 할머니들 이야기를 모으는 거거든요.

고생이든 즐거운 추억이든 잘한 일이든 잘못한 일이든 뭐든 간에, 여자로 태어나 그 시대를 어떻게 살아왔는지 듣고 기록하고 싶어요. 어르신은 저보다 서른 살 정도 많으시니(김미숙은 1925년생, 나는 1957년생이다) 한 세대 위이신거지. 그래서 저보다 한 세대 앞선 여성 선배들이 어떻게 살아왔는지를 기록하고, 그 경험에 관해 후배 여성으로서 같이 이야기를 나누고 싶은 거지요. 특히 어르신은 평양 출신으로 스무 살 무렵 친구 하나랑 서울 구경 오셨다가 머물게 되셨다고 했잖아요. 흔치 않은 경우니까, 더 귀한 거지요.

김미숙 / 우리 시대 사람들이 젤로 고생도 많이 하고, 배도 곯고 그랬어. 나는 오래 전 일은 기억이 잘 나. 요즘 일이야 깜빡깜빡해도, 오래된 일일수록 더 기억이 새록새록 나. 내가 치매 초긴데 다른 건 별루 없구, 요즘 일을 좀 까먹는 거랑, 자주 다니는 길이 자꾸 헷갈리는 거, 그거 두 개야. 그래서 자꾸 써놓는다니깐, 종이에다가.

내가 방문 요양을 하는 동안도 어르신은 가계부를 쓰거나, 전기, 가스, 수도 요금이나 전화 요금 등을 계산하는 일, 그날이나 일주일간 할 일, 내게 시켜야 될 일을 메모지 묶음에 꼼꼼하게 적어놓고, 필요할 때마다 뒤져볼 수 있게 모아놓았다.

그리고 전기 요금이나 가스 요금에 의심이 나면 언제라도 전화해서 따졌다. 다만 요즘은 그 전화가 모두 ARS로 처리되기 때문에, ARS에 익숙하지 않은 어르신은 녹음된 여성 목소리와 한바탕 싸움을 하기도 했다. "아이구, 왜 물어보는 거엔 대답 안 하고 네 말만 떠들어? 너 상관한테 말해서 당장 짤라버리라 그럴 거야……너 어제 전화 받은 그 애구나? 높은 사람 바꿔! 남자 좀 바꿔! 아구, 얘가 또 지 말만 떠드네……." ARS 시스템에 관해 설명을 해도 영 소용없었다. 많은 노인들에게 ARS는 이해하기 어려운 것이리라.

방문 요양을 하는 동안 내가 도시가스와 전기 요금을 확인하고 빈곤 가구에게 해당되는 요금 감면까지 대신 신청했더니, 나를 아주 똑똑한 사람으로 여겼다. 게다가 "왜 이런 일을 해? 댁은 펜대 굴리는 일을 해도 될 텐데" 하면서 나를 대하는 태도가 대번에 달라졌다.

구술사 제안을 어르신이 어렵지 않게 받아들인 데는 그 요금 감면의 공이 크다. 5개월 만에 다시 만난 할머니는 좀 긴가민가 하다가 "아하, 그 똑똑한 요양 보호사구나. 가스 요금 전기 요금 십 프로 깎게 해준 사람" 하며 반가워했고, "내가 다른 건 다 까먹어도 그 가스 요금, 전기 요금 깎아준 건 기억나지, 내가 고지서를 늘 확인하거든. 꼬박꼬박 딱 일 할이 깎여서 나오더라구" 하셨다. 최근 일을 자주 잊는 어르신과 2010년의 세 차례 인터뷰에 이어 2013년의 두 차례의 인터뷰가 무리 없이 이어지는 데에, 그 요금 감면이 큰 구실을 해줬다.

김미숙 / 근데 나 같은 사람 이야기가 뭐 쓸데가 있다고 글로 쓰겠다는 거야? 하나밖에 없는 자식 안 굶기려고 여자 혼자서 아등바등하다가 겨우 목사 만든 것밖에 없는 인생인데……. 스물 셋에 아들 하나 낳고 끝이었거든. 남편이라고 같이 살자마자 바람나구 애편(아편) 하구, 허구한 날 속 썩이다가 자살해뻐렸어. 스물셋에 애를 낳구 스물여섯에 서방이 죽은 거지. 전쟁 때 피난 갔다 와보니까, 약 먹구 죽었드라구.

어르신은 삶의 중간을 툭 터뜨리며, 당장 구술을 시작해버렸다. 남편의 죽음부터 꺼내는데, 속으로 '옳다구나' 싶어 맞장구를 쳤다. 이미 들은 이야기였다.

최현숙 / 가신 양반한테야 뭐한 얘기지만, 어르신으로 치면 그때라도 그 양반이 가신 게 다행이기도 한 거지요. 더 살았으면 어르신 고생만 얼마나 더 많았겠어요? 그 덕에 어르신이 큰 짐 하나 덜고 어르신 뜻대로 헤쳐 나오고 산 거잖아.

<u>**김미숙**</u> / 근데 내가 여태껏 다른 사람에게 내 속내 털어놓고 길게 얘기해본 적이 없어. 그럴 만큼 친하게 지낸 사람도 없구, 그런 이야기 물은 사람도 없었어. 자식 손주 붙잡아놓고 할 만큼 잘난 이야기도 아니고, 걔네한테는 오히려 하고 싶지 않은 이야기도 많구.

최현숙 / 그렇겠죠. 특히 어르신은 스무 살 즈음 혈혈단신 서울로 내려오셨으니, 여기 이남에는 기댈 사람도 친구도 없으셨을 테니까요. 그래서 이번 기회에 묻어놓은 기억도 아픔도 한도 한바탕 털어놓으시라는 거예요. 어르신 기억력이야 정말 끝내주시잖아요. 아직 어르신이 그렇게 잘 기억하고 계실 때 그 이야기를 듣고 싶은 거예요.

그렇게 털어 이야기를 하시다 보면 미움도, 아픔도 조금씩은 옅어질 수도 있고, 무엇보다 어르신 살아온 삶이 어르신 마음에 쭈루룩 정리가 될 수 있잖아요. 잘살고 못살고 잘나고 못나고를 떠나, 어르신이 스스로, '나는 이렇게 살다, 이제는 거의 다 살고 갈 때가 됐구나……' 하는 편안한 마음이 생길 거라구요.

어르신은 그저 기억나는 대로 이야기를 해주시면 돼요. 제가 글을 쓰면서 시간 순서도 잡고 더 여쭤볼 거도 챙겨보고 할 테니까요. 그리고 책으로 만들 때에는 남들이 어르신인지 알아보지 않게 쓸 거예요. 그러니까 책 나가고 나면, 누가 나 살아온 걸 알고 트집을 잡는다든가 손가락질을 한다든가, 그런 거 걱정하실 게 없는 거지요. 그저 살아오면서 아직 마음에 남아 있는 미움, 아픔, 한, 그런 거, 이번 기회에 다 풀어놓으신다고 생각하면서 이야기하시면 돼요. 날짜는 아무 때나 좋으셔요?

김미숙 / 낮엔 나도 복지관도 가고 산책도 나가고 해서 바쁘고, 저녁이면 가는 데가 없어. 일요일에는 교회 가야 하니 안 되고. 오늘이 수요일인데, 오늘 저녁부터 할까?

이렇게 해서 평양 출신 할머니 김미숙의 구술 작업은 생각보다 쉽게 풀려나갔다. 어르신은 혹 놓칠세라 미리 메모까지 해놓으며 나를 기다리고 계셨다.

김미숙은 1925년생으로 2013년 현재 만 88세다. 167센티미터의, 여성 노인으로는 훤칠한 키에, 몸무게는 늘 52킬로그램 근처. 날씬한 몸매는 할머니의 평생 자랑거리다. 가게와 전세 준 방이 딸린 조그마한 자택에 혼자 살고 계신다. 왼팔 마비 장애가 있고, 건망증이 좀 심하다 할 정도로 최근 일을 잊으시며, 자주 다니는 동네 길에서도 가끔 공간 인지 장애가 오는 등 초기 치매 증세가 있다. 활달한 성격이지만 거의 친구 관계가 없다. 자손은 목사인 외아들과 며느리, 갓 스무 살이 된 손주가 있다.

평양에서 보낸 어린 시절

김미숙 / 내가 열네 살(1938년) 때부터 전매국 다니면서 돈 벌기 시작했어. 그 전 기억은, 일곱 살 때부터 교회 댕긴 거, 그러다가 열 살부터 교회에서 하는 야학도 댕기구 했지.

평양 할머니의 첫 구술은 다른 할머니들과 달리 자신의 직장 이야기였다. '평양'이라는 공간적 배경에서 차이가 나기 때문이다. 고향은 평양시 대신동(현 평양시 동대원구역 대신동) 33번지. 1925년 1월 24일생.

김미숙 / 삼 남매의 막내야. 오빠는 열세 살 위, 언니는 여섯 살 위여서, 나랑 차이가 컸지. 중간중간에 많이 죽어서 그래. 옛날에는 반타작도 힘들었잖아. 우리도 아마 넷이 죽었다는 거 같아. 자식이 많이 죽고 셋밖에 안 남아서 그랬는가, 어머니 아버지에게 야단도 별로 안 맞고 컸어. 나뿐 아니라, 언니하구 오빠두 그랬어.

엄마하구 언니는 집에서 살림하구, 아버지는 전기 회사, 오빠는 인쇄소 댕겼지. 나두 열네 살부터 직장 다니구 해서, 다섯 중에 셋이 벌고 공짜로 먹는 사람은 둘뿐이니까, 먹고 입는 데 저기하진 않았어, 아주 부자는 아니지만. 평양 시내래서 농사 그런 거는 없었어. 여기로 치면 서울 청량리쯤 되는 데야. 근처에도 농사짓는 사람은 없었고, 마당에 텃밭같이 뭘 심어 먹는 사람들은 있었는데, 우리는 안 했어.

스물한 살에 해방이 됐어. 열네 살부터 해방될 때까지 거의 계속 직장을 다닌 거야. 내가 쉬는 성격이 아니거든.

일곱 살부터 교회를 댕겼는데, 그 교회에서 밤에 야학을 가르쳤거든. 거기를 3년이 거의 다 되게 다녔지. 3학년 3학기를 다니다 졸업을 석 달 앞두고 그만뒀어. 한 학년이 3학기고, 그걸 3년을 다 다니면 졸업이야. 근데 끝 학기에 한문이 너무 많아서 싫은 거야. 그전까지는 그래도 재미났는데 한문이 너무 어려워지니까, 학교 가기가 싫어지는 거지. 너무 어려워서 한문 숙제도 밤낮 안 해가고 하니까 매 맞는 거지 뭐. 한문이랑 일본어랑 한 판씩 써오라 그러면 나는 일본어만 한 판 써가. 두 배로 맞기는 싫으니까. 일본어는 쉬웠거든. 근데 한문은 너무 어려워서 못 쓰겠어. 일반 학교는 안 가봤어. 거기 3년 졸업 말으믄 요새로 치면 중학교를 가는 거야. 야학이 요새 초등학교 역할을 하는 거지. 졸업 3개월 앞두고 그만둔 게, 내가 열세 살 때야.

야학 댕기기 전 기억은 별로 없어. 어쩌다가 길을 잃어버려서 대동강 주변까지 가서 거기를 왔다 갔다 한 기억이 나. 세 살이나 네 살 때쯤일 거야. 그러다가 어떻게 찾았는지도 기억이 없어. 그냥 대동강 주변을 왔다 갔다 한 거만 기억나. 아장거리는 애기 걸음이 멀리 간다구 하잖아. 아마 어른들이 잠깐 바쁜 사이에, 어떻게 혼자 쫄래쫄래 간다는 게 대동강까지 갔나봐.

대동강이 아주 크지. 어릴 때 그거로야 뭐 바다 같지. 대동강 저짝으로 올라가면 능라도 다리라고 있거던. 거기서 사람들이 많이 자살

하고 한다는 말을 들었어. 먹고살기 힘들어서 그랬는가, 사랑 그런 거 때문에 그랬는가는 몰라도, 거기서 많이 자살을 했다더라구. 장마 때면 대동강 물이 많이 붙지만, 물난리 나서 구경하고 한 기억은 없어.

우리 집에서 나 혼자만 교회 다녔어. 그냥 일곱 살에 내 발로 찾아간 거야. 아마 교회 누군가가 가자 그랬겠지. 그르다가 그 교회에서 야학도 가르치니까, 열 살 때부터 그걸 다닌 거지. 등록금이라 안 그러구 회비라 그랬어, 그 교회서는. 10전이면 그 시절에 큰돈인데, 3년을 다달이 꼬박꼬박 10전씩을 낸 거야. 내가 그걸 엄마한테 고맙게 생각해. 살다 보니까 내 나이 또래로는 학교를 못 다녀본 사람들이 많더라구. 여자들은 더 많지. 이남 오니까 평양보다 더 그런 거 같더라구. 10전이면 큰돈인데 그걸 엄마가 자식 가르치려고 내준 거지. 열 살짜리가 아버지 월급날 그런 거 모르잖아. 한 달 끝나갈 때 언제쯤이면 엄마가 알려줘.

"너희 아버지 오늘 월급날이다. 가서 10전 달래라."

아버지가 돈을 엄마한테 다 맡기는 게 아니니까, 일부러 아버지한테 야학 회비를 따로 타라는 거지. 우리 아버지도 나 모양 댕기는 데가 딱 하나밖에 없어. 집에 오면 찾아가는 친구네가 말야. 그 집을 찾아가서 10전 달라고 말하면, 처음에는 들은 척도 안 해, 친구랑 노느라고. 그러면 내가 그 집 바깥에 신발 깔구 앉아서 조르는 거야, 10전 달라고. 한 시간도 그만 두 시간도 그만, 눌러 앉아서 떼를 쓰는 거야, 10전 나올 때까지. 그때나 지금이나, 나는 한 번 한다 그러면 그걸 하고 마는 성격이거든. 돈 나올 때까지 그러고 있는 거지. 그러면 결국 아버지가 나와. 우리 어머니한테도 매를 안 맞아봤고, 아버지한테는 더군다나 "이놈의 기집애" 하는 욕 한 번을 안 듣고 컸어. 결국은 아버지가 나와서는, 첨엔 동전이나 서너 개 주지. 주면은 내가 그걸 대문 밖에다 던져버려. 동전이 아니라 10전 달라는 거지. 그럼 우리 아버지가 그걸 찾아와야 10전을 준다고 그래. 찾아오긴 뭘 찾아? 안 찾아오고 계속 떼를 쓰는 거야, 10전 달라고. 결국 아버지가 같이 가서 찾아오자고 해서, 같이 찾는 거지. 그러고 나면 아버지가 10전하고 그 동전하고를 주는 거야. 10전은 어머니 갖다 주고, 동전은 사탕 사 먹고 그랬어. 내 고집이 맨~날 아버지를 이긴 거지. 우리 아버지도 으레 질 줄 알면서도 10전 줄 때마다 일부러 그러는 거야. 돈이 아까워서가 아니고, 그냥 재미로 그랬는가봐. 떼쓴다고 동전 내버린다고 야단도 안 쳤거든. 막내라고 나를 아버지가 더 이뻐했어, 언니보다도.

부모가 자식을 똑같이 사랑하는 게 아니더라구. 우리 어머니는 언니 편, 아버지는 내 편, 이런 거야 늘. 우리 언니하구 나하구 6년 차인데, 둘이 싸우면 엄마는 언니한테 대든다고 나 야단치고, 아버지는 쪼그만 동생이 뭘 안다고 싸우냐고 언니 야단치고, 맨날 그랬어. 아버지가 나를 많이 귀여워했지.

야학은 저녁 여섯 시나 일곱 시에 시작해서 네 시간을 해. 첫 시간은 무조건 예배구, 다음이 국어. 옛날엔 국어가 일본어야. 그 다음 시간인 선어가 조선어. 그리고 산수. 이렇게 네 가지를 한 시간씩, 숭실학교⁺ 학생들이 가르쳐주는 거지. 그 시절에 숭실학교 학생이면 대단한 거야. 지금 중학생마냥 어린 게

✚ 숭실학교는 1897년 미국 북장로교 선교사 베어드 (William M. Baird)가 평양에 설립한 미션계 교육 기관이다. 평양에서 사학의 명문으로 많은 선각자를 길러내며 민족 의식을 고취하던 숭실학교는 일제 말 당국의 교육 지침을 따르지 않다가 결국 민족의 설움을 안은 채 1938년 폐교됐다. 1945년 해방과 더불어 숭실 관계자들은 전부 남하해서 서울에서 모교를 재건했다. 아마 평양 숭실학교 폐교 즈음에 야학 운영도 불가능해져서, 야학의 교사들이 바뀐 것으로 여겨진다.

아니라 나이도 있고, 그때는 지금처럼 모두 학교를 다니던 때가 아니어서 중학교 학생이면 공부를 많이 하는 거지. 처음에는 숭실학교 학생들이 야학 선생을 하다가 나중에 그 학생들이 안 오고 교회 집사들이 하게 되니까, 여영 가르치는 수준도 그렇고 애들 다루는 수준도 너무 떨어져 가지구 재미가 없어졌어. 한문도 어렵지만 숭실학교 학생들이 선생 그만두게 되면서, 내가 학교 다니는 걸 재미없어 한 거야.

구구단 숙제를 숭실학교 학생들이 가르칠 때, 내가 잘해갔나봐. 그걸 일본말로 다 외워서 아직도 줄줄이 기억하고 써먹고 있거든. 지금도 요 뒤 복지관 수학반을 다니면서 한글말로 구구단을 다시 외웠는데 막상 쓸 때는 일본말 기억으로 셈이 나와. 다른 것도 결국 그때 교육받은 걸 내가 평생 써먹고 산 거야. 그래서 내가 우리 어머니한테 고맙다는 거야. 언니는 뭐, 학교는 전혀 안 다녔어.

오빠는 한참 위니까 '하늘 천 따 지' 하는 그거 댕겼어, 맞어 서당. 엄마가 해준 이야긴데, 하루는 오빠가 밥을 많이 싸달래더래. '밥을 많이 안 먹는데 뭐 하러 많이 싸달라나?' 해서 우리 엄마가 가만가만 가봤대. 그 서당에 닭들이 병아리들을 많이 까났는데, 그게 이쁘고 귀엽잖아. 우린 농사고 닭 키우고 그런 거 없었으니까 그 병아리들이 오빠 보기에 신기하고 이뻐 보였겠지. 병아리 열댓 마리가 에미 닭을 졸졸졸 쫓아다니는 거를 보구는, 점심밥을 많이 싸달래서 그 밥을 병아리들한테 주더래는거야.

어머니가 "우리 아들, 우리 아들" 하면서 대통령 위하듯 했어. 울 엄마는 일 년에 돼지 두 마리를 두 번을 키워 팔아서, 오빠 옷을 해 입혔어. 아마 오빠 인쇄소 월급보다 엄마가 해 입힌 옷값이 더 많았을 거야. 그래도 서당 말구 학교는 안 보냈어. 아마 공부를 별루 저기하게 생각했던가봐.

최현숙 / 일본 놈 만드는 학교라고 안 보낸 거 아녜요?

김미숙 / 맞어, 일본 놈 학교는 쌍놈 교육이니 웬수 놈들 교육이니 하면서 안 가르친 것도 있을 거야. 일제 끝날 때 우리 오빠가 서른네 살이었어. 벌써 장가도 가고 애들도 많이 크고 그럴 때지. 그 올케가 나하고는 아주 안 맞았어.

밤마다 꼬박꼬박 야학을 다녔어. 하여튼 난 어디 댕기면 출석 하나는 잘해. 지금도 그렇잖아. 시간도 절대로 안 늦고 일찍 가지. 일주일에 6일, 토요일도 하고 일요일만 빼지. 그래도 일요일은 또 교회 예배가 있으니까 야학은 안 가도 교회는 가지. 그때부터 그 교회를 10년 넘게 계속 다녔어. 그 이후로도 계속 교회 신자로 산 거야, 지금까지. 일곱 살부터 열일곱까지 10년 넘게, 거의 한 번도 안 빠지고 다닌 거야. 일 년에 한 번씩 생일 축하도 해주고 같이 놀러도 가고 하니까 재밌었는데, 나이 들어서 장년반을 올라가니까 재미가 없어졌어. 교회 이름은……생각이 안 나. 교회 다니는 거를 어머니 아버지가 반대하지 않았어. 부모가 다니지는 않았어. 교회 다니고 야학 다니고 하면 맨날 늦게까지 집 바깥으로 돌고, 집에 있는 날이 없는 거지. 그런데 우리 부모가 '쟤는 그냥 그런 애구나' 하고 놔둔 거 같아. 주일학교 이름이 남신리 주일학교였어. 그러고 보니 교회 이름도 남신리 교회였네.

교회에서 남자 사귀고 그런 기억은 없어. 교회에선 못 느꼈고 우리 집 근처에 솥 만드는 공장이 있었는데, 그 일본인 사장 양아들로 있는 사람에게 첫사랑을 했어. 그 사람은 조선 사람이었어. 열일곱 살 때지. 우리 집 연탄 쌓은 꼭대기에 올라가면 그 집이 보여. 그 남자도 어딜 가려면 자전거 타고 일부러 우리 집 앞을 지나서 가고 그랬지.

그 사람을 알게 된 건 사진 때문이야, 내 독사진. 우리 오빠가 친구들 다섯이서 의형제를 만들어서 맨날 모이고 그랬는데, 그중에 한 사람이 여동생이 있었어. 그 여동생이 나랑 친구가 됐는데, 내가 내 사진을 줬거든. 근데 그 남자가 그걸 어떻게 알고 그 사진을 달라 그래서 가져갔다는 거야. 그 남자는 오빠랑 의형제는 아니지, 나이가 아주 다르니까. 그 사람은 나보다 세 살 위였어. 교회 다니는 사람은 아니었어. 그냥 내 여자 친구랑 어떻게 먼 친척이든가 그랬어. 내 사진을 가져갔단 말을 듣고, 내가 그 사람한테 쫓아간 거야. "왜 남의 사진을 가져가고 그러냐"고, 달라고 해서 뺏어왔어. 말은 그렇게 하면서도 마음은 달랐어. 키는 작은데, 생긴 것도 괜찮고 사람이 아주 똑똑했거든. 그러니까 일본 사장이 양아들 삼고 했겠지. 그러고도 자주 봤어, 바로 이웃이니까. 사귀자 만나자 그런 말이 오고 가면서 만난 건 아니구, 서로 오며 가며 일부러 만날 일을 만든 거지.

내가 그때 그네 좋아하니까, 자기네 집 앞에 그네를 매놓고 그랬어. 그러면 그 사람 없을 때 내가 그 그네를 타고 그랬지. 근데 내가 그거만 타면 어디서 와서는 밀어주고 하는 거야. 서로 좋아한 거지.

친구가 많이 말리더라구. "네가 삼 남매 막내딸 귀한 자식인데, 일본 집 꼬치까이를 좋아하면 되겠느냐"는 거지. 꼬치까이가 머슴이라 그 소리야. "그런 사람 좋아하면 큰일 나니까 일찌감치 단념해라" 그러더라구. 그 말도 맞다 싶기도 했어. 그 남자는 아마 생모가 없고 서모한테서 자랐다는 거 같았어. 친구 말이 그럴 듯도 하다 싶어서, 내 마음이 왔다 갔다 하고 그랬어.

그러다가 언젠가 한번 나를 붙잡고 자기 월급날이 내일 모렌데, 그 날 영화 보러 가자고 하더라구. 그런데 내가 안 간다고 그랬어. 마음은 안 그런데 왜 그랬나 몰라⋯⋯. 일본 집 꼬치까이라는 친구 말에 마음이 오락가락했던 거겠지. 그러고 나니까 안 보이는 거야. 우리 집 앞으로도 지나도 안 댕기고, 그런데 나는 보고 싶더라구. 그런데도 그럭하구 끝났어. 나도 친구가 말리는 말이 그럴 듯도 하고, 집에서 알면 큰일 날 듯해서, 더 어떻게 안 한 거야. 지금 가만 생각하면 그 사람하고 살았으면, 이렇게 남한 땅 와서 아무도 아는 사람 없이 고생만 하고 살지 않고, 편하게 살았을 거 같아. 해방되고 일본 사람들 쫓겨날 때 재산을 많이 남기고 갔거든. 그 공장도 양아들에게 인계해 주고 갔다고 하더라구. 그러니 살기가 좋았을 거 아냐. 근데 뭐 모르지, 그 팔자는 또 어떤 팔자였을지.

그렇게 안 보고 나서 한 2년이나 있다 어디 길거리를 지나는데, 누가 뚫어지게 쳐다보는 느낌이 드는 거야. 그래서 돌아보니까 그 사람이더라구. 근데 그 눈빛이 '네가 나 싫다고 하고, 어디로 시집가서 어떻게 잘 사나 보자' 하는 식으로, 앙심을 품고 있는 눈빛이었어. 글쎄, 내 생각에 그렇게 느껴지더라구. 내 마음이 그래서 그렇게 보였나는 몰라도, 하여튼 앙심을 품은 눈이었어. 그러고는 다시 못 봤어. 나중에 장가갔다는 말은 들었어.

그 시절 또래들, 특히 교회 다니는 사람들이 연애하고 남자 사귀고 쳐다보고 하는 거는 있기는 했지만, 별로 많지는 않았어, 내가 별 관심이 없어서 그런가는 몰라도. 교회에서 남자 고등반, 여자 고등반 그렇게 갈라서 서로 헌금이니 전도니 가지고 경쟁하고 그러기는 했어. 여자들이 늘 이기지. 그러면 여자 반으로 우승기 갖다 놓고, 다 같이 우승가를 신나게 부르고 그랬지.

"오늘의 우승은 우리 반이니, 다음 주를 위해서 힘써 일하자."

여자 반이 맨날 이겨. 남자들이 뭐 돈이 있어 직장이 있어 뭐가 있어? 여자들은 모두 직장 다니면서 돈 벌고 그러잖아. 피복 공장이나 전매국, 고무 공장, 모두 여자들이 많이 다니는 공장들이었거든. 남자들은 별로 직장이 없어. 그런 공장에 가면 남자들은 수가 많지 않았어. 공장 직공들은 거의 대부분 여자고, 책임자나 남자들이 좀 있지. 그래서 돈 많이 버는 여자들 반이 맨날 이기는 거지. 돈을 벌어야 뭐든 하는 거잖아. 그렇게 고등반까지는 재밌었는데, 장년반 올라가니까 여엉 재미가 없어진 거야.

그 열일곱에 한참 성숙했을 때 외갓집 사촌 오빠가 우리 집에 잠깐 와 있었거든. 근데 그놈이 자꾸 내 가슴이랑 엉덩이를 만질려구 하더라구. 난 그게 징그럽구 아주 싫었거든. 게다가 지가 사촌 오빤데, 누가 그러더라도 못 하게 해야 하는 일가잖아. 그래서 내가 "너 왜 이러냐? 저리 가지 못 하냐? 무슨 짓 하느냐? 우리 아버지랑 네 아버지한테 말해버린다" 그러구 난리를 쳤지. 그러구 나니 그 짓을 안 하더라구. 그러다가 곧 제 집으로 가버렸어.

2차 인터뷰를 하려고 어르신 댁에 도착하자마자 기다렸다는 듯이 옷걸이에 걸어놓으신 자주색 코트 얘기부터 하신다. 며느리 선물이라신다.

김미숙이 며느리에게
선물 받은 자줏빛 코트.
옷에 관한 한이 많은 김미숙이
각별하게 생각하는 물건이다.

김미숙 / 저~기 가정 의원 의사가 내가 맨날 같은 잠바만 입고 가니까, 지난번에는 "옷이 이것밖에 없냐?" 그러드라구. 내가 다른 건 몰라도 어려서는 옷이고 뭐고 내가 갖고 싶은 건 다 가졌는데, 서울 와서 한동안 살기가 바빠서, 새 옷이라고는 사본 적도 받아본 적도 없어서 옷에 맺힌 한이 많아. 그래서 먹고살 만해서부터는, 옷값은 안 애끼구 살거든. 그래선가 그 의사 말에 괜히 화딱지가 나고 처량한 마음이 들더라구. 그르구 있는데 며느리가 지난 주말에 아들이랑 오면서 저 코트를 가져온 거야. 선물 받은 건데, 자줏빛이어서 목사가 입기는 뭐하니까 나더러 입으라는 거지. 색깔이 좀 쎄기는 해도, 내가 키도 크구 가다가 좋으니까 웬만한 건 잘 어울려. 내가 얼굴은 안 이뻐두 키도 크구 몸매가 좋아서, 옷맵시는 나거든.

늘 맘에 안 들어하시던 며느리 선물에 신이 난 것도 좀 의외고, 자줏빛 코트를 자신 있어 하는 어르신의 흥도 속으로 좀 의외라 생각하는데, 어르신은 당장 입혀달라며 일어나신다. 옷걸이에 걸어놓은 거랑 직접 몸에 입는 것은 다르다는 거다.

최현숙 / 아유~, 딱 어울리시네. 딱 어르신 입으라구 만든 옷이네. 아구, 그 며느리 이쁘네요. 자기 친정어머니랑 친정 식구들 놔두구, 시어머니한테 선물할 생각을 하구.

내가 조금 과장하며, 특히 며느리네 친정까지 들먹이며 옷 칭찬을 하는 것은, 전에 들어놓은 이야기가 있어서다.

김미숙 / 그르게, 어떻게 그런 생각을 했나 몰라. 나 죽는다고 내 옷 다 가져간 게 마음에 걸렸나부지. 내가 이걸 입구 복지관에 갔다가 버스 네 번 갈아타고 복지관에 오는 여든여덟 할머니가 웬 옷이냐고 물어와서 "이래저래 며느리가 선물 받은 걸 나를 줬다" 그러니까, 글쎄 이걸 자기를 달라는 거야. 나도 모처럼 며느리한테 맘에 드는 선물을 받은 건데 말이야.

나중에도 나오지만 할머니는 옷에 관해 각별한 아픔과 기억이 있다.

최현숙 / 그 양반 무슨 말씀이래? 외며느리한테 선물 받은 걸 달라는 경우가 어딨대요? 그리고 어머니, 색깔도 아주 좋아요. 연세 드시면 좀 야하게 입으시는 게, 화사하고 젊어 보이시거든. 얼굴빛도 살아나서 한결 건강해 보이시네요.

미워하는 외며느리 칭찬을 슬쩍 내 편에서 한 술씩 보태며, 옷을 두고 흡족해하시는 할머니를 거들었다. 옷 자랑과 몸매 칭찬으로 한바탕 재미나게 이야기를 하다가, 겨우 지난번에 이은 구술로 가닥을 잡았다.

전매국에서 고무 공장까지, 평양에서 한 노동

김미숙 / 열 살부터 다니던 야학을 3년을 마저 못 채우고 때려치우고도, 교회는 계속 다녔어. 야학 그만두고 나니, 내가 집에서 할 일이 아무것도 없잖아. 내가 뭐 살림을 할 것도 아니고. 그래서 댕기면서 돈이나 벌려고, 처음엔 집 앞에 있는 커다란 성냥 공장을 무작정 찾아갔어. 나이도 안 보고 학력도 안 보고 하는 공장이었지. 가서 일을 하는데 성냥 개피를 한 움큼씩 집어서 성냥 통에 넣어서는 탁탁 쳐서 꾹꾹 채워 넣는 건데, 아, 그게 여차하면 성냥 대가리끼리 부닥쳐서 불이 나는 거야. 그러면 손을 데고 그러잖아. 어떤 날은 하루에 세 번을 데는 거야. 그러면 공장에서 약을 발라주거든. 하루는 감독이 "너는 일하는 시간보다 데는 시간이 많구나" 그러는 거야. 거기는 오래 못 다니고 그만뒀어. 그러고는 바로 이어 열네 살부터 전매국*엘 다녔지. 그때부터 제대로 직장 다니면서 돈을 번 거야. 지금 여기로는 전매청이지. 인삼은 모르고, 담배 만드는 것만 알아.

내가 전매국 입사 시험 볼 때는 다행히 몇 분 동안에 모 몇 개 꽂는 거, 그 실기 시험을 안 쳤어. 내가 손이 굼떠서 그거 있었으면 불합격 났을 거야. 취직 시험도 상당히 어려워. 필기시험은 없고 구두시험이 있었어. 학력도 보고 어려웠어. 나 야학 다닌 거를 쳐준 거지. 그때 전매국이면 최고 공무원이거든. 석 달만큼 상여금도 나오구, 석 달만큼 승급도 해주지. 일류 공무원이야.

영감들 대담배 피우는 거 있잖아, 그 대담배 담배 가루를 네모난 봉투에 넣는 일을 했어. 저울에 일일이 달아서 넣는데, 근데 그게 그렇~게 힘든 거야, 나는. 여름엔 곰팡이 날까봐 빠~짝 말려 가지구는 네모난 봉투에 꽉~꽉 눌러서 넣는 거야. 종일 서서 키가 작으니까 발 뒤꿈치까지 들고 온몸으로 눌러가면서 손꾸락으로 꽉꽉 눌러야 하니

✦ 조선총독부 전매국(朝鮮總督府 專賣局)은 일제 강점기 조선에 설치된 조선총독부 소속의 관청이다. 담배, 소금, 인삼, 아편, 마약(모르핀) 등의 전매 사무를 관장했다. 경성, 평양, 대구, 전주에서 연초 제조 공장을 가동했다. 이곳에서 일하던 직공은 대부분 조선인 여성이었다.

까, 그게 아주 힘든 일이야. 봉투가 지금 담뱃갑보다 조금 커. 노인네들 갖고 다니는 용이지.

내가 열네 살이니까, 원래 거기 안 들어가고 까치담배 싸는 그 일로 들어가야 하는 건데, 그때 호적에 나이가 세 살이 늘어 있어요. 왜냐면 옛날엔 딸을 생각도 안 했잖아, 안 좋아했잖아. 우리 엄마가 내리 딸을 셋을 낳으니까 나를 출생 신고도 안 한 거야. 그러다가 내 바로 위 언니가 네 살이나 되다 죽었는데 사망 신고도 안 하고, 그 죽은 언니 호적을 그대로 내가 쓴 거지. 나한테는 출생 신고를 안 하고 그 언니는 사망 신고를 안 하니, 내가 호적으로는 그 언니를 이어서 사는 거야. 그러니 세 살이나 더 먹게 된 거지. 내 이름은 그때 셋째 딸이라고 집에서는 "삼례, 삼례" 했었고, 그 언니를 집에서 뭐라 불렀는가는 생각도 안 나지. 출생 신고 때 그 언니 이름이 내 지금 이름 '미숙'이었던가봐. 어릴 때야 뭐 호적 볼 일도 없으니 몰랐는데, 전매국 취직돼서 호적을 떼어오라 그래서 보니까, 나이도 세 살이나 많고 이름도 '김미숙'이더라구. 그 언니는 일찍 죽었으니까 호적 이름은 부르지도 않고 죽었을 거야. 어릴 땐 호적 이름 안 부르고 집에서 부르는 이름을 따로 쓰고 그랬거든. 야학 다니면서도 "김 삼례, 김 삼례" 그랬거든. 하여튼 그래서 내가 전매국에서 열네 살 나이로 열일곱 살짜리 일을 할려니까, 그게 얼마나 힘들어. 원래 열네 살은 까치담배 싸는 거니까 힘이 안 들거든. 어려서부터 키는 컸으니까, 들어갈 때 열일곱이라고 해도 그런가보다 했어.

그때도 늘 손가락하고 손등이 튀어나오고 했다니까. 그게 다 지금 관절염이 되고 손가락도 비뚤어져서 뵈기 싫고 그래. 어려서 그런 일을 해 가지고. 한 일 년 반 다니는데, 너무너무 골이 아프고 힘들어. 하루 목표량이 있는데, 아무리 애를 써도 나는 그걸 못하는 거야. 어리기도 하고, 또 내가 손이 느려. 거기는 감독 보고 "선생, 선생" 그렇게 부르거든, 그 선생이 늘 나를 불러서 야단을 치는 거지. 그런 데다가 담배 냄새가 얼마나 지독한지 몰라. 직접 삶고 건지고 말리고 하는 거니까. 오빠랑 아버지도 담밸 피웠지만, 그냥 담배 피우는 사람 옆에서 연기 마시는 거랑은 아주 달라. 공장 백 미터 앞에만 가두, 벌써 골이 아파오는 거야. 그러니 일 년 반쯤 다니고는 그만둔 거야.

최현숙 / 전매국 다닐 때 친구들과 재밌는 일도 많았겠네요.

김미숙 / 다른 사람들에 비해 내가 어리니까, 같이 재밌게 놀러 다니고 한 기억은 많이 없어. 월말에 월급 타다 엄마한테 바치면 엄마가 딱 31일치 전차표 값을 주지. 그럼 30일 되는 달이 있잖아. 그럴 때 그 하루치하구 일요일치 전차삯 남은 돈을 모아, 10전어치 빵을 사먹는 맛이 있었지. 어떨 때 일 끝나면 누가 "오늘 차 타지 말고, 빵 사 먹고 걸어가자" 그러는 거야. 그럼 같이 어울려서 빵집 가서 왁자하게 떠들면서 빵 사 먹고는 집까지 또 떠들고 노래하고 하면서 오고 그랬지. 그때는 그저 자식이 벌어서 부모네 갖다 주는 거 당연하다고 생각하고, 월급봉투째로 열어도 안 보고 어머니한테 바치는 거지 뭐. 어머니가 밥도 해주고 옷도 빨아주고 다 해주니까 당연하다고 생각했어.

전매국 그만두고도 노는 게 아냐, 나는 노는 성격이 아니지. 게다가 직장 다니는 사람들은, 먹고 노는 젊은 사람을 병신 취급을 하는 분위기야. 사람 취급도 안 해. 나도 못 노는 성격이구. 그만둔 날부터 당장 다른 공장들을 돌아다녀, 자리 구할려구. 고무 공장, 피복 공장(일제 강점기 말, 태평양 전쟁을 위한 군수 물자 공장이 평양에 많이 있었다) 그런 게 많았거든. 그래서 그 바로 이튿날에 고무 공장 시다로 들어간 거야. 시다는 쉽잖아. 그러면 그저 꼬박꼬박 열심히 가는 거는 잘해, 나는. 시다를 한 3년 다니면 미싱 한 대씩을 줘. 시다에서 미싱사가 되는 거지. 미싱사는 많이 하면 많이 벌고 적게 하면 적게 벌고 그렇게 돼 있는데, 남 천 원 벌면 난 백 원밖에 못 버는 거야. 일을 못 하니까. 난 부지런~히 하는데도 그것밖에 못해. 배우는 건 금방 배워, 눈썰미가 있어서. 근데 일이 속도가 안 나. 그러니 자꾸 선생한테 불려가 잔소리 듣게 되고, 그러면 또 차차 싫어지는 거지. 그러다가 공장에 누구 마땅치 않은 사람 생기면 그걸 핑계 삼아 그만둬버려. 어디든 맘에 안 드는 사람은 있는 거잖아. 근데 그걸 핑계 삼는 거지. 그래서 그만두고는 또 그 이튿날부터 근처 공장들을 돌아치는 거야. 그럼 그때는 어떤 공장이든 자리는 많거든. 한 3년 이상 댕기니까 뭐가 어쨌든 미싱 기술자 아냐? 그러니까 금세 취직이 돼. 그래서 사흘 넘게 안 쉬어봤어. 아무데나 가면 오케이야. 일한다구만 하면 어디든 쉬는 미싱이 한두 개씩은 꼭 있었거든.

아 근데, 그러다가 스물하나에 내가 여기(서울) 와보니까, 어디 갈라면 행주치마 둘러치고, 너무너무 촌스러운 거야, 여자들이. 거기 여자들은 다 공장 다니고 돈 벌고 하니까, 그래도 어느 정도 세련됐지. 여그는 행주치마 두르고 머리에 수건 두르고……정말 촌스러워 보이더라구.

고무 공장에서는 운동화나 군화 같은 거 만드는 거 했어. 미싱부는 그런 신발들을 박는 거구, 풀칠해서 바르는 접착부도 있었는데 나는 거기는 안 가봤어. 열네 살부터 스무 살까지 7년을 거의 안 쉬고 공장을 다니면서 재미나게 지냈어. 월급 통째로 갖다 주니까, 중간에 내가 뭐 하게 돈 달라 그러면 엄마가 잘 줬어. 그러니 먹고 싶은 거 사 먹고, 입고 싶은 거 사 입고, 교회 친구들이랑 놀러도 마음대로 가고, 아무래도 여유가 있지.

평양서는 버는 식구가 많으니까 쌀밥을 많이 먹었지. 근데 나는 흰쌀밥은 맛없다고 안 먹었어. 그때나 지금이나 흰쌀밥은 싱거워서 안 먹어. 그러면 우리 엄마가 오빠랑 올케 몰래 옆구리를 꾹꾹 찔르면서 움켜쥔 손을 삐죽 밀어서 돈을 쥐어줘, 냉면 사 먹으라고. 우리 집 바로 길 건너가 냉면집이었거든. 평양냉면 맛있잖아. 그 시절에 쌀밥 안 먹는다고 냉면 값 쥐어준 거 보면, 우리 엄마가 나한테 잘했어. 많이 낳아서 죽고 셋 건졌으니까, 귀해서 그랬나봐. 그 시절이 남들은 좁쌀밥도 못 먹던 시절인데, 밥 안 먹으면 야단치지 누가 냉면 값을 쥐어주겠어? 내가 또 냉면을 두 그릇을 먹어요~. 한 그릇으로는 배가 안 부르거든. 냉면이 양이 적어. 한 그릇으론 양이 안 차는 걸 아니까, 우리 어머니가 두 그릇 값을 줘. 그럼 당장 그 돈 들구 길 건너 냉면집으로 가는 거야. '중머리'라 그러거든, 냉면 집에서 일하는 남자들을. 내가 "곱빼기 주세요" 하고 앉으면 걔네들이 지들끼리 히히대면서 웃어. 보통 곱빼기는 한 그릇에 많이 주잖아? 근데 내가 곱빼기 달라구 하면 그릇 가득 해서 두 그릇을 따악 갖다 놓고 가. 세 그릇 양이 되는 거지. 그러구서는 또 저그들끼리 나를 훔쳐보면서 낄낄대고 웃는 거지. 그러면 나도 보란 듯이 그걸 다 먹고 나와. 그럼 내 뒤에다 대고 또 지들끼리 낄낄대고 난리야. 난 고생하고 크지는 않은 거지. 넉넉하게 큰 거야.

언니는 집에서 엄마 도와서 밥하고 빨래하고, 나랑은 달랐어. 같은 평양 여자여도 다른 거지. 밤나 집에서 어머니 일만 도우니까, 우리 엄마는 우리 언니만 좋아하고. 나한테는 "저거는 그냥 돈도 많이 벌어오는 것도 아닌 게, 맨날 싸돌아만 다닌다"고 구사리를 했어. 허구한 날 옷 빨아 대주니 귀찮지. 다른 집도 여자가 공장 다니는 집이 많았어. 가만 보니까 내가 집에서 할 일이 없잖아, 그래서 공장을 다닌 거지. 식구도 다섯밖에 없는데 살림은 우리 언니랑 엄마가 하고, 나는 살림 같은 건 재미도 못 붙이고 하니, 직장 다니고 교회 다니면서 밤나 바쁘게 나다녔지.

정신대를 피해 첫 결혼을 하다

최현숙 / 어르신 10대 말에 일제 강점기 말기를 사신 건데, 그때 이야기를 조금 더 들려주셔요. 보니까 평양서 다니신 전매국이니 신발 공장이니도 사실은 일제가 전쟁에 쓸 물건이나 돈을 만들려고 세운 전매 사업이거나 공장들이었던데요.

김미숙 / 글쎄 나야 뭐 상세한 건 모르구, 집집이 놋그릇이란 놋그릇은 다 빼앗아가구 숟가락까지 다 훑어가버린 거는 기억나. 우리 집도 많이 빼앗겼지.

그때 여자들 스무 살까지 시집을 안가면 '덴시따이'라구, 그래 그 정신대. 그거에 뽑혀나가니까 허겁지겁 시집들을 보낸 거야. 나도 곧 그 나이가 되는 거지. 그래서 덴시따이 뽑혀갈까봐 겁이 나 가지고, 허겁지겁 시집을 보낸 거야. 열여덟 때야. 아무리 급해도 혼인이니까 골라서 간다고 간 게, 시골로 갔어. 평양서 오십 리 정도 들어가는 시골이야. 외아들에 시어미만 있는 간단한 집으로, 골라 골라 보낸 거지. 내가 성격이 좀 쎄고 안 차분하니깐, 시집살이 안 할 거 같은 편한 집으로 고른 거지. 근데 그 신랑이 그 지방 젤 부잣집의 첩 다섯 중 넷째 첩의 외아들이었어. 얼마나 부자면 아들 낳겠다고 처녀 첩을 다섯을 봤겠느냐고 글쎄……. 첩 하나씩 볼 때마다 논이구 밭이구 달라는 대로 떼어줬을 텐데. 뭐 거기서는 그 집 땅을 안 밟으면 동네를 다닐 수가 없을 정도로 부자였던 거지. 우리 집에서는 돈 많은 거나 집안이나 그런 거가 아니구, 시집살이 적을 집을 골라서 보낸 걸 거야. 혼인식도 족두리 쓰고 구식으로 제대로 하고 간 거지. 색시 집에서 한 번 하고 나중에 시집에서 또 한 번 하구. 근데 그 시절 결혼식이 너무 많아서, 우리 집에서 식을 하는 날 차를 못 구해서 신랑이 밤에 늦게야 온 거야. 손님들은 낮부터 와서 기다리는데 신랑 태우고 올 차를 못 구해서 늦은 거지. 그래서 내가 첨 보는 신랑한테다 소리를 치고 야단을 한 거야. "내가 무슨 도둑 시집을 가냐? 과부 재가를 하냐? 밤에 몰래 결혼식을 하게……" 그러니까 신랑이 "결혼식이 너무 많아서 차가 없어서 늦게 온 거니 참으라, 미안하다"며 달래더라구. 그때 내가 비싼 오바를 새로 해 입고 시집을 들어갔는데, 시골 사람들이 오바 입은 나를 보고 "저런 여자가 여기 와서 살겠냐?" 그러더라구. 요새로 치면 밍크 오바야, 우리 엄마가 옷값을 안 아꼈거든.

　시집살이라야 별로 없었어. 시아버지는 같이 안 살고, 시어머니에 신랑, 그리고 식모 하나 그렇게가 있었어. 그러니 내가 할 일도 별로 없고 살림이라는 건 할 줄도 모르고. 평양서 나서 평양서만 산 사람이 시골서 안 맞잖아. 밭농사도 꽤 있는 집인데 내가 뭐 밭에 나가서 김을 매겠어, 집에서 살림을 맡겠어, 어쩌겠어? 툭 하면 자꾸 친정에 오고 그랬지. 그때는 정신대 피해서 혼인 서류만 만들고 결혼 흉내만 내고는 친정 와서 사는 여자들도 많았거든. 남편은 나보다 두 살 윈데, 나래면 죽고 못 살게 좋아하고 나도 그 신랑은 맘에 들구 좋았어. 생긴 것도 좋구, 나한테도 잘하구. 근데 시골 동네가 도무지 정이 안 붙고, 죽어두 못살겠는 거야. 낮에라도 나가면 삐잉 둘러서 산하고 들만 있고, 암 것도 없는 거고, 밤만 되면 사방 천지가 깜깜~하구. 시집은 논은 없어도 밭농사가 크고 하니까 잘살았지. 셋째 첩까지 아들을 못 낳다가 넷째 첩이 아들을 낳으니, 그 영감이 밭이랑 재산을 많이 내준 거지. 일본 놈들 공출 때문에 쌀밥만 먹지는 못하고 조밥도 해 먹었는데, 밥도 밥이지만 뭘 할지를 모르겠고 참 깜깜하더라구. 평양에서는 벌써부터 전깃불 들어와서 밤이어도 환하게 밝고 그런데, 거기는 아직도 등잔불 켜고 그랬어. 그러니 저녁만 되면 벌써 깜깜해 갖고 어디 갈 수도 없고 갈 데도 없고. 그러다가 얼마 안 있어서 남자가 징용을 끌려가버렸어. 그래서 그 핑계로 아예 평양 집으로 온 거지. 그러고도 편지는 왔어. 조금만 기다리라고, 기다리라고, 편지만 오면 그 소리지. 나중에 내가 연변 언니네 갔을 때도, 나도 편지를 하고 신랑한테서도 편지가 오고 그랬어. 일 년만 있으면 집으로 가니 기다리라고. 징용 끝나면 시골집이랑 밭이랑 팔아서 시어머니 모시고 평양서 큰 가게라도 하면서 같이 살자고. 나도 그러자고 기다리겠다고 하고. 그러고는 해방이 돼서 그 사람 징용에서 돌아오는 거 기다리다가, 서울이 좋다고 하도들 그러기에, 기다리는 동안에 서울 구경이나 잠깐 하고 오겠다고 나온 게 이렇게 돼버린 거잖아.

정신대 끌어간다는 소문은 있고, 끌려갈까봐 미리미리 시집들을 보냈지만, 내 주변에 정신대 끌려간 사람이 있지는 않았어. 글쎄, 친구들 중에는 없었고, 가차이 지내지 않은 남들 일이야 잘 모르구. 하여튼 소나 개나 안 끌려갈라구 시집들을 보내버리구 그랬어.

평양 친정집으로 왔는데, 한 달 정도는 별 싫은 기색이 없더니, 그 다음부터는 우리 올케가 나를 미워하는 거야. 미워할 수밖에, 그 일제 말기에는 쌀이 항상 모자르니까. 야미로도 사기가 힘들었거든. 말도 못하게 귀한 데다가 다 공출당하고 배급을 줬거든. 식구 수대로 한 달 치 배급 받은 거를, 배불리 먹으면 열흘도 못 먹어. 그러니 집집마다 죽을 쒀 먹거나 조밥을 해 먹었지. 그런데 시누이가 친정으루 들어와 살면서 쌀을 축내니, 올케가 미워한 거지. 입장 바꿔놓고 생각하면 이해가 되지. 사람 마음이 다 거기서 거긴데……

연변 언니네에서 남쪽 남편을 처음 만나다

김미숙 / 그러다가 공장이나 다닐까 하고 있는데, 마침 만주에 있는 봉천 피복 공장으로 여직공들을 모집해가드라고. 전쟁 때니까 군복을 만드는 일이었어. 평양에 있는 피복 공장보다 따불로 임금을 준대는 거야. 평양서 백 원 주면 봉천은 이백 원 준대는 거지. 집에 있기도 깝깝한데 거기나 가보자 싶어 지원을 했어. 우리 엄마는 평양서 멀지 않은 어딘 줄 알았나봐. 큰올케 눈치도 보였든지, 두말도 않구 가라고 하더라구. 기숙사에서 먹고 자고 하면서 일을 하는 거래는데, 막상 가서 보니까 너무너무 추워서 일이구 돈이구 사람이 못살겠는 거야. 그러니 밤나 스팀 나오는 거기만 섰다가 얼마 못 있어 두 달 만에 다시 집으로 왔어. 그리고 그때 거기 봉천에 공습이 많았거든. 그러니까는 부모네들이 빨리 나오라구, 나오라구 전보들이 난리로 오구 했었어. 그러니까 다들 나오구 나도 그냥 나왔지.

두 달 만에 오니 우리 올케가 한 달은 그저 놔두는데 더 있으니까, 또 낯색이 달라지는 거지. 그래서 놀러나 갈 겸, 만주 안산 언니네로 간 거야. 우리 언니가 아버지 어머니 고향인 정주(평양 북쪽)로 시집 갔다가, 만주 안산으로 형부 따라서 이사를 가서 살고 있었거든. 언니는 시골로 시집가서두 잘 살았어. 언니 결혼식은 기억이 안 나. 아마 어머니가 정주 고향으로 데리고 가서 어떻게 간단하게 결혼식을 한 건가……아니면 그런 것도 없이 시집을 그냥 보낸 건가……그건 모르겠어. 잘사는 집이었는데 결혼식이 없지는 않았겠지.

우리 어머니가 올케가 나 미워하고 하니까, "너 돌아댕기는 거 좋아하니 언니네나 가 있어라" 하면서 주소만 적어서 돈하고 준 거야. 우리 엄마는 만주가 그렇게 먼 덴 줄을 몰랐던 거지. 나야 뭐 집 나가서 돌아댕기는 거 좋아했으니 당연히 가겠다고 했고. 그래서 주소 하나만 들고 만주 안산엘 갔어. 나는 배짱은 좋아.

만주 안산 어딘가 기차가 서는 곳에 내려서는 일단 마차를 잡아탔어. 그리고는 이것 좀 찾아달라며 주소를 내미니까, 마차꾼이 좋아라 하며 한참을 가더라구. 그러더니 어느 동네를 빙빙 돌면서 집을 찾는데, 여엉 못 찾더라고. 하도 동네를 빙빙 도니 거기 동네 사람들이 보고서는, "내려서 찾지 마차 삯을 얼마나 줄라고 마차를 탄 채로 집을 찾냐"고들 그러는 거지. 마차꾼은 말도 안하고, 그저 주소만 디다 보고 뺑뺑 도는 거야. 하도 뺑뺑 도니까 사람들이 자꾸 내리래. 그래 마차를 내려서 마차 삯을 달라는 대로 주고 찾아보니까, 바로 근방이었어. 그니까 그 마차가 주소 바로 근방까지는 간 거지. 마차 삯 얼마 준지는 기억도 안 나. 내려서 동네 사람들한테 주소 보여주니까 사람들이 저기 저 집이라고 금방 갈켜주더라구. 그 마차꾼은 그날 횡재한 거지. 아마 내가 속았던 걸 거야. 근데 뭐 엄마가 준 돈 많으니, 마차 삯이 많은지 적은지는 신경도 안 썼어. 나중에 보니 마차는 비싼 거구 양차가 있었더라구. 마차는 손님 자리가 네 개에 말이 끄는 거구, 양차는 자전거가 끌구 손님 자리도 하나, 인력거 비슷한 거지. 그러니 양차 탔으면 훨씬 쌌는데 내가 그런 걸 알 리가 없었던 거지.

그때 만주에 조선 사람들이 많았지, 이북에서도 가고 이남에서도 가고. 언니네 집 맞은편에 기역 자 모냥의 집이 있는데, 언니네 집에서 그 집이 다 들여다보여. 그 집에 웬 젊은 남자들 대여섯 명이 살고 있었어. 스물댓 살 먹어 보이는 여자가 하나 있던데, 아마 그중 한 남자랑 결혼해서 다른 사람들을 하숙을 치든가 어쨌는가 그런가봐. 내가 가끔 거기를 볼라치면, 우리 언니가 질색 팔색을 해. 그 남자들도 우리 집을 들여다보고 그랬거든. 우리 언니는 여자 하나가 남자 대여섯이랑 같은 집에 산다며, 화냥년 같은 년이라고, 그 집을 쳐다도 못 보게 하는 거야. 같은 조선 사람이고 하니 이웃 간에 말도 하고 그럴 텐데, 그 여자하고 말도 못 붙이게 하고 난리를 치는 거지. 아, 남편이 하나만 있었지, 그 남자들 모두랑 살림을 하구 다 남편이겠어? 근데 우리 언니가 그런 억지소리를 하는 거지. 우리 언니가 좀 그랬어. 그 남자들이랑 별스런 일도 없이 한 달 정도 있었어. 거기서두 징용 간 신랑하구 편지 왕래가 있었지. 나를 아주 보고 싶고, 곧 징용 끝나면 같이 평양 가서 살자느니 기다리라느니……그런 내용이었지. 나도 답장도 했구.

우리 형부가 부모 형제가 없는 사람이었어. 그러니 나를 귀찮아 안하고 잘해줬지. 장인 장모한테도 제 부모처럼 생각하고 잘했거든. 그러다가 만주 구경시켜준다고, 일부러 평양까지 가서 장모님을 만주로 모시고 왔어, 나 거기 있는 동안에.

어느 날은 형부가, 건너편 집 남자들이 나를 쳐다보고 노리고 한다고, 더러운 소문나기 전에 처제만 평양 집으로 들여보내자고 그러는 거야, 우리 엄마랑 언니한테. 그때까지 나는 그 남자들 중 누구랑도 아무 일도 없었는데, 형부가 괜히 말 날까봐 그런 거지. 그 남자들이 나를 노리고 있는데, 열 번 찍어 안 넘어가는 나무 없다고 놔두면 안 된다는 거야. 그래서 나더러 먼저 평양으로 가라는 거야. 근데 우리 엄마 생각에, 맨날 내가 봉천 간다구 만주 간다구 돌아다니구 하니까 봉천이고 만주고가 바로 평양 이웃인 줄 알았는데, 만주 오면서 보니 조선 땅도 아니구 밤을 새구 가서 그 이튿날이나 차를 내리구하는 걸 그제야 알게 된 거잖아. 그러니 이 노인네가 겁이 난 거지, 알고 나니까. 그래서 그 먼 데를 기집애를 어떻게 혼자 보내냐, 나를 데리고 같이 평양으로 들어가겠다는 거지. 그러니 언니랑 형부도 더 계시다 가라고 섭섭해 하고. 결국 가기로 해서 두 사람이 바리바리 선물들을 챙겨서 역으로 마중까지 나왔어. 언니랑 형부는 표를 끊어주고 들어가고 엄마랑만 역에서 차를 기다리고 있는데, 어떤 남자가 저쪽에 우두커니 서 있더라구. 그때는 그저 그런가 하고 있었어. 근데 기차가 들어서고 우리가 들어가 자리에 앉으니까, 그 남자가 얼른 차에 올라서 우리 칸으로 오더라구. 그래서는 쪽지 접은 걸 나를 얼른 주고 내리는 거야, 암 말도 안 하고. 그때는 왜정 때라 기차가 불도 안 켜고 다녔거든, 공습이 오니까. 그래서 뭔지도 모르고 얼결에 받은 거지. 보니까 사람은 그 언니네 건너편 기역 자 집에 살던 남자 중 하나더라구. 노상 보였으니까, 사람 얼굴은 기억이 나지. 순간 뭐, 어머니랑 같이 먼 길 가니까 점심이라도 사먹으라고 돈이나 주는 줄 알았어. 그래서 먼 불빛에 희미하게 비춰보니까 돈이 아니구 쪽지에 글씨가 써 있는 거야. 우리 엄마가 또 눈치가 빨라. 당장 뭐냐고 난리야. 내가 그때나 이때나 거짓말을 못 하거든. 그래서 "저 사람이 엄마랑 밥이나 사먹으라고 돈이나 주는 줄 알았더니 편지네" 그랬더니, "기집애가 행실을 어떻게 했기에 사내가 그런 걸 주느냐"고 난리법석이 났어. "더구나 혼인식까지 한 서방 있는 년이 행실을 똑바로 안 해서 그런다"고 난리지. 그래서 "가만 있어, 가만 있어" 그랬지. 챙피하게 기차간에서 떠들지 말라고, 나 그 사람이랑 아무 저기도 한 거 없다고 그랬지. 쪽지 내용은 뭐 요만한 쪽지에 얼마나 썼겠어? 초면에 미안하다고 하면서 나를 사모한다나 뭐 어쩐다나. 그리고 주소가 적혀 있고 연락을 바란다고 그렇게 써 있더라구. 그래서 평양 집에 와서 심심해서 편지를 쓰게 된 거야. 저는 만주에 있고, 나는 평양이고 하니 별일 있겠냐 싶어, 편지를 주고받은 거야. 내가 한문 글씨를 잘 모르잖아. 그때는 편지 겉봉은 꼭 한문으로 멋지게 썼거든. 그래서 야학 졸업 마친 내 친구한테 겉봉은 써달라고 하구, 내용은 내가 쓰고 해서, 편지를 좀 왔다 갔다 했지, 서너 번을. 그 편지 내용도 뭐 별로 생각나는 건 없어. 정신대 피해서 남자랑 결혼했던 것도 썼어. 난 거짓말은 안 하잖아. 난 솔직해서 그런 거 다 말해. 거짓말은 죽어도 못해.

최현숙 / 어르신은 남녀 간의 관계에 비교적 자유로운 편이셨네요. 보통 그 시대에는 결혼을 했으면 다른 남자하고는 편지는 고사하고 같이 이야기하는 것도 꺼렸을 거 같은데요.

김미숙 / 지금보다야 더 깝깝했겠지만, 그때도 사람 나름이겠지. 나도 뭐 저쪽 마음이야 모르지만, 그때 내 마음은 무슨 결혼이나 그런 걸 생각하고 그런 거는 당연히 아니지. 평양하고 만주니 만날 약속을 할 수 있는 것도 아니고 하니, 그저 재미 삼아 하는 거지. 그 남자가 나를 좋아하는 거 같으니까 그냥 좋기도 하고, 편지질 하는 재미로도 그냥 그랬던 거지. 더구나 혼인식까지 한 그 남자가 나는 마음에 들었거든.

그러다가 해방되고 언니네가 만주를 나왔잖아, 그때 그 남자가 언니네 일행하고 같이 만주에서 나온 거야. 언니네는 살림하던 사람들이니 짐이 많잖아, 그 남자는 혼자니까 달랑 가방 하나구. 그래서 그 사람이 언니네 짐을 많이 들어다 준 거지. 차도 한 차 타고 나오다가, 나중에 언니네는 정주로 다시 가고 그 남자는 이남으로 가게 되면서 갈린 거지. 그때 그 남자가 자기 큰누나네라고 하면서, 나한테 전해 주라며 언니한테 주소를 적어줬거든. 그 남자한테 신세도 지고 했으니 그 주소를 언니가 나한테 줬는데, 그게 천안 어디였어. 그 사람은 이남 사람이었던 거야. 근데 난 그게 천안인지 서울인지 구분도 않고, 그냥 서울이려니 생각하고 있었어. 나중에 서울 와서 보니까, 서울 사람들이 그 주소가 어딘지를 모르더라구. 그러다가 알고 보니까 천안이 서울에 있는 게 아니더라구. 서울하고 천안하고 그때만 해도 아주 멀었던 거야. 그건 나중 이야기고, 하여튼 그 남자가 만주를 나오고부터는 아마 나는 편지를 안 한 거 같아. 오기는 몇 번 왔는데 내가 그냥 흐지부지 하고 있었던 거지.

최현숙 / 해방돼서 평양의 분위기는 어땠어요? 다들 마음도 들뜨고 했을 텐데.

김미숙 / 글쎄……해방 되자마자 내가 서울로 온 거니까 다른 건 잘 모르겠는데 그때 쏘련군이 여자들 겁탈한다는 소문이 자고 일어나면 또 들리고 그랬어. 젊은 여자고 늙은 여자고 안 가리고 그런다는 거지. 종자가 다르니까 나이 구분을 못하는 건지 어쩐지. 우리 오빠가 쬐만한 라디오가 하나 있어서 그걸 종일 틀어놓고 그랬는데, 거기서도 맨날 어디서 쏘련군이 여자를 겁탈했다느니 하는 뉴스가 연짱 나오고 그랬어. 나도 한 날은 전차를 타고 대동강을 넘어오는데 조수가 와서 "저기 저 쏘련 놈이 누나 강탈한다구 불 끄래요. 그러니까 대동강 넘자마자 슬쩍 문 열어줄 테니 신발 들고 죽어라고 뛰어 도망가세요" 그러더라구. 그러더니 증말 대동강 딱 건너자마자 정거장도 아직 멀었는데 전차를 천천히 운전하면서 차 문을 열어주더라구. 얼른 내려서는 신발을 벗어들고 막 뛰었지 뭐……아주 징그런 놈들이야.

친구랑 서울 놀러와서 발이 묶이다

김미숙 / 해방이 되니 주변도 들썩거리고, 나도 마음이 들떠 있고 좀 그랬지. 게다가 서울이랑 이남이 살기 좋다는 소문도 들리고. 서울 화신백화점에 가면 없는 게 없이 서양 물건들도 많다고 소문이 자자하구. 그러는 중에 내 친구 하나가 서울을 가자고 꼬드기는 거야. 나보다 한 살 어린 친구였는데, 집이 가난하기도 하고 정신대 피해서 해방 직전에 애가 넷 있는 집 재취 자리로 시집을 간 친구였거든. 그러니 걔가 무슨 재미가 있었겠어? 그러다 해방도 되고 하니 걔가 마음이 들떠 멀리 도망갈 생각을 한 거지. 그 소리를 들으니 나도 서울을 가보고 싶더라구. 징용 간 서방도 곧 오면 당장은 다시 시집으로 들어가야 하니, 언제 서울 구경을 할 수 있겠어? 그래서 엄마한테 서울엘 놀러 갔다 오겠다고 했어. 서울 가면 없는 거 없이 좋은 것도 많으니, 봐서 이것저것 사오겠다고 하면서. 그때 마침 우리 언니가 친정에 와 있었어. 그리고 내가 서울 다녀오겠단 말을 듣고는 엄마한테 나 주라고 백 원(백 원인지 만 원인지 자꾸 헷갈리셨다)을 줬어. 언니가 자기 시집갈 때 나한테 아무것도 못 해줬다고 늘 미안해했거든. 그러니 서울 가면 사고 싶은 거 사게 하라고 엄마한테 돈을 맡긴 거지. 그때 백 원이면 큰돈이야. 그런데 엄마는, "모처럼 언니가 친정에 와 있는데 하나밖에 없는 동생이 집을 비우면 되겠냐"고, "언니 가고 나서나 서울을 가든가 하라"고 못 가게 말리는 거야. 그런데 내가 한번 가기로 마음이 뜨면 그렇게 주저앉아져? 말 나오면 당장 해야 하는 게 내 성질이잖아. 그래서 그냥 내가 모아놓고 있던 돈만 가지고 나왔어. 그게 백 원이었나 삼십 원이었나 그래. 그 친구한테도 객지 나가면 돈밖에 믿을 게 없으니, 돈을 챙겨가지고 나오라고 여러 번을 얘기했지.

내가 그때 엄마 말씀대로 기다리지 못한 죄를 평생 받고 사는 거구나, 나중엔 그런 생각 많이 했어. 그때 생각으로야 잠깐 서울 와서 놀고 얼른 평양 들어가, 신랑하고 같이 평양으로 이사 와서 살려고 한 거지. 생긴 것도 그렇고 성격도 그렇고, 집 재산도 많고. 내가 내 복을 차버린 거지…….

그 친구네 시집 대문이 커다란 나무 대문이었거든. 그 문을 열면 '끼이~익' 하고 소 우는 소리가 나잖아. 그래서 그 대문을 '소소리 대문'이라고 하는데, 그 소리가 나지 않게 하려고 낮에 대문에 물을 많이 쳐놓고 밤에 도망을 나왔어. 그렇게 도망 나온 그 애랑 평양역에서 만나 서울로 향한 거지. 차가 있으면 타고, 없으면 그냥 걷고 하면서. 타다가 걷다가 하며 평양에서 서울까지 여자 둘이 온 거야. 한 일주일이나 걸린 거 같아. 겁도 없었던 거지. 나는 스물한 살이고 걔는 스무 살. 그 집이 그런대로 괜찮은 집이라 돈을 좀 넉넉히 챙겨왔으려니 했어. 나중에 갚을 생각을 하고 백 원 정도는 빌릴 생각까지 한 거야. 아, 그런데 걔가, 돈을 하나도 안 가지고 나온 거야 글쎄……. 오다 보니 그걸 알게 된 거지. 그러니 나도 돈이 넉넉지 않은데, 내 돈으로 다 써야 하잖아. 그런다고 그걸 버리고 혼자만 갈 수도 없고. 걔랑 거기서부터 꼬여서는, 서울 와서도 내내 엮이고 뜯기고 하며 웬수가 된 거야.

둘이 여관에서 여러 날을 자며 서울까지 오기는 왔는데, 차비랑 먹는 거랑 해서 돈이 다 떨어진 거야. 걔는 고장 난 시계 달랑 두 개를 들고 나왔더라구. 아구, 내가 지금 생각해도 복장이 터져. 지 깐에는 그거 팔아서 돈을 만들려고 했나봐. 고장 난 시계를 누가 사냐고 글쎄……. 더구나 지가 내 돈을 다 썼으면 지 년이 나서서 시계라도 팔아보려고 해야 할 거 아냐. 그런데 그런 주변머리도 없어. 그러니 내가 얼마나 속이 터져. 돈이라도 있으면 당장 평양으로 돌아가고 싶더라구. 만일 언니가 준 그 백 원이 있었으면 그때 그 돈으로 평양으로 돌아갔을 거야. 돈이 없어서 오도 가도 못하고, 처량하게 서울에 붙들린 거지. 갈 돈도 없고 앉은 자리에서 쓸 돈도 없고. 나도 나지만, 우리 어머니가 나 기둘리면서 '돈 더 줄 걸, 그 백 원 줄 걸' 하고 얼마나 후회가 많았겠어.

그때 우리처럼 평양서 서울 오는 남자들 둘이 또 있었어. 평양 역전에서 만나서 내동 둘둘이 같이 온 거지. 근데 나는 말도 좀 억쎄고 그러잖아, 근데 내 친구는 입 뚫린 벙어리야. 입은 뚫렸는데 말을 하나도 안 해. 갑갑하기도 하고 화도 나고 죽겠는 거야. 두 남자 중 게나마 좀 나아 보인 남자는 나를 좋아하고, 장돌뱅이 같이 생긴 다른 한 놈은 내 친구를 좋아했는데, 내 친구는 또 그 남자가 마음에 안 들었고, 나를 좋아하는 남자를 마음에 들어 한 거야. 내 친구를 좋아한 장돌뱅이 그놈이 밤이면 과자랑 뭐랑 해서 잔뜩 사오는데, 친구 년은 또 입도 안 대고 말도 안 하고 그러네. 내가 이래저래 속이 터지고 화가 나서 깜깜한 밤중에 혼자 바깥으로 나와 한참을 있는데, 친구 년하고 나 좋아하는 그 남자하고, 나를 찾아 나왔더라고. 그 남자가 나를 달래는 거야. "무서운 세상인데 둘이 형제라며 같이 다니지 않고 여자 혼자 나와 있으면 어쩌냐"고, "들어가자"고. 걔랑 나랑 언니 동생이라고 말했거든. 그러면서 세상 무서운 줄 알라는 뜻으로 자기 오야

붕이 자기네 둘한테 했다는 이야기도 하더라구. 큰 여자는 네가 데리고 자고, 작은 여자는 그 장돌뱅이 같은 놈더러 데리고 자라 그랬대나 뭐 어쨌대나. 큰 여자는 나고 작은 여자는 내 친구를 말하는 거지.

그래도 뭐 어떻게 해? 그년하고 떨어져버릴 수도 없어서 싸구려 여관에 방 하나 잡아놓고 나는 그냥 돌아다닌 거지. 내 인생에서 제일 기가 차고 처량하고 불안하던 때인 거 같아. 어렸으니까 얼마나 더 그랬겠어? 나중에 미군 부대 양색시 옷 장사 들어가서 보니까 거기 양색시들이 그때 나랑 비슷한 처지드만. 그러다가들 어려서 먹고살려고 미군 부대 근처로 들어들 왔더라구. 그때는 미군이 남한에 들어와 있는 거는 알았지만, 놀러 잠깐 내려온 서울에서 그런 게 어딨는지 알게 뭐야? 몰라……알았다면 그때부터 글루 들어갔을지도 모르는 거지, 사람 일이란 게 모르는 거지.

그러다가 어느 날 아마 청계천인가 싶은데……개천에 가서 막막하고 한심한 마음으로 우두커니 앉아 있는데, 아 글쎄, 옛날 만주 언니네 건너편 집에 있던 남자 중에 지지리 못난 박색 남자 하나가 거기를 지나가더라구. 그 남자가 나를 좋아했는데 나는 본체만체 했거든. 다른 남자들 다 같이 놀러나가도 그 남자만 안 나가고 언니네 집을 건너다보고 앉았던 사람이야. 근데 워낙 지치고 막막해서도 그렇겠지만 낯선 서울 땅에서 아는 얼굴을 만나니 화들짝 반갑더라구. 그래서 내가 먼저 알은체를 한 거지. 어디 가시냐? 여기 사시냐? 반가워하며 말을 걸었더니, 그 남자도 놀라면서 "아이구, 서울서 이게 웬일이냐……그러지 않아도 기무라(연변서 기차역까지 따라 나온 남자의 일본식 이름)하고 자기하고 내일이나 모레 평양으로 찾으러 가려던 참이었다"며, 이렇게 만나는 거 보니 기무라하고 나하고 정말 인연이라나 뭐라나……한참 수선을 피우더라고. 그러자 당장 내 입에서 "기무라 상은 어디 있어요?" 그 소리가 나오데. 워낙에 막막하니까 그랬나봐. 그러자 그 남자가 나를 어디 중국집인가로 데리고 가서 기다리게 해놓고, 한참 있다 그 기무라를 데리고 왔어. 그렇게 해서 그 남자를 다시 만나게 된 거야.

✦ 본정 또는 본정통은 1914년 4월 1일부터 중구 충무로 일대에 붙여진 길 이름이다. 당시 본정은 1정목에서 5정목까지 있었다. '경성의 긴자'로 불리며 일제 강점기 내내 가장 땅값이 비싸던 일본인들의 번화가였다. 광복 후 1946년 10월 1일 일제식 명칭을 개정할 때 한국 명현, 명장의 이름을 따라 붙이면서 충무공 이순신의 시호를 따서 충무로로 개칭됐다.

그 사람은 봉천서 나와서는 천안 큰누나네 있다가, 서울 명동 근처 본정✦에 있는 작은누나네로 와 있던 거야. 작은누나가 본정에서 바bar를 하고 있었거든. 그때 생각으로 돈만 있으면 그냥 여관에 있었겠지만, 그 남자가 자꾸 자기 작은누나네 집으로 들어가자는 거야. 근데 내가 뻗댈 형편이 안 되잖아. 돈이 다 떨어졌으니까. 그 남자가 밀린 여관비를 어디서 얻어다가 내주고, 그 길로 그 남자 따라 작은누나네로 간 거야. 나를 데리고 가서는 다짜고짜 나한테는 묻지도 않고, 누나한테 내가 자기 아이를 임신해서 찾아왔다고 말을 하는 거야. 그때까지 그놈 손모가지 한 번을 안 잡아봤거든. 참 기가 차고 억울한데도 한마디 말도 못하고 있었더니, 그 누나가 "남자는 열 여자 스무 여자가 괜찮지만, 여자가 그렇게 몸 함부로 굴리면 안 된다"며 나를 나무라는 거야. 그리고 뭐, 남자가 소금 섬을 메고 물로 들어가라 그러면 들어가야 하는 게 여자라나 뭐라나. "그래, 너희나 그러고 살아라" 하는 소리가 목구멍까지 올라오드만, 내가 그럴 처지가 아니잖아. 돈은 다 떨어졌지, 사방 천지에 아는 사람은 하나도 없지…… 그래서 그냥 그 집에 눌러앉아버린 거지. 그 지지리 박색 못난 남자는, 내 친구 년만 남은 여관방엘 쥐방울 드나들 듯 들락거리다가 같이 결혼해서 살게 됐구.

그때 참 얼마나 심란하고 불안하던지…… 오죽하면 내가 그놈한테 기댔을까. 그때는 그놈이 그렇게 사람 노릇 못하는 놈인지를 모르구, 연변에서 몇 번 스치고 편지질 몇 번 오고 갔다는 그 인연으로 갑자기 나타난 그 동아줄을 얼결에 붙잡아버린 거야. 그게 썩은 동아줄인 줄도 모르고. 생각을 해봐, 얼마나 기가 막힌 거유? 인생이 그렇게 갈 줄을 누가 알았겠수?

최현숙 / 그러게요. 듣기만 하는 저도 이렇게 암담하고 심란한데, 어르신 그때 심정이야 오죽했겠어요. 더구나 그 발랄하고 호기심 많은 스물한 살짜리 처자가.

김미숙 / '끈 떨어졌다'는 말이 딱 그거더라구. 게다가 얼결에 잡은 줄이 썩은 동아줄이었으니, 내 사는 게 어떻고 속이 어떻겠수? 먹고살기 힘든 거야 그 시절에 다들 힘들었으니 그렇다 치고, 나는 마음 붙일 데가 없는 거야. 같이 내려온 친구, 믿든 곱든 그거라도 믿고 마음을 기대보려구 한 건데 그거한테 마저 사기를 당하고는, 마음 붙일 데도 없고, 붙일 마음도 없어져버린 거야. 그러니 욕만 남더라구. 그러구는 내내 뜨내기루 산 거야, 이제까지…….

원래 구경하려고 한 화신백화점*이니 종로니 명동이니 하는 데를 구경할 새도 없었어. 신세가 그렇게

✚ 화신백화점은 조선의 민족 자본으로 설립돼 조선 민족이 경영한 최초의 백화점이다. 1890년대 신태화(申泰和)가 화신상회를 설립했다. 소유주와 매장 규모가 여러 차례 바뀌다가 1980년대 서울특별시의 종로도로확장계획에 따라 모두 헐렸다. 이 백화점은 근대적인 규모, 시설, 조직을 갖추고 합리적으로 경영해 일제강점기에 조선 상업계의 선도적인 구실을 했을 뿐더러 전국적인 연쇄점을 개설하고 값싸게 물건을 공급해 중간상의 폭리를 배제하고 유통 질서를 세웠으며, 다양하고 풍부한 물건을 확보하기 위해 해외에도 지사를 두는 등 백화점 운영의 근대화에 기여했다(박흥식, 《화신오십년사》, 삼화출판사, 1977).

+ 1945년 해방 즈음해 청계
천에는 토사와 쓰레기가 하
천 바닥을 뒤덮고 있었으며,
천변을 따라 어지럽게 늘어
선 판잣집들과 거기에서 쏟
아지는 오수로 심하게 오염
돼 있었다. 1949년 광통교
에서 영도교까지 청계천을
준설하는 계획을 세우기는
했지만, 이것마저 1950년 6
월 한국전쟁이 발발하며 중
단되고 말았다.

되니 구경 다닐 마음이 나겠어? 화신백화점이 너무 너무 좋다고 평양서도 소문이 자자했거든. 제일 구경하구 싶은 게 그거였는데 거기도 들어가볼 마음이 없어진 거야. 처량한 마음에. 그저 밖에서나 한 번 보고 말았지. 처량하고 한심하게 청계천[*]에 나가 있다가 그 평생 웬수 놈의 친구를 만나서 그렇게 된 거지. 그때 청계천 꼬라지가 꼭 내 심사하고 똑같이 지저분했거든. 근데 글쎄 그 판잣집에서 사는 사람들이 부럽게 생각되더라니까, 다들 저렇게 식구들이랑 모여서 기대고 살구 있구나, 하는 생각에.

서울에서 시작한 두 번째 결혼 생활

김미숙 / 남편네 형제는 아들 둘에 딸 셋 오 남매였고, 위로 누나가 둘에, 남편은 작은아들이었어. 시어머니는 다섯을 놓고 애들 어릴 때 과부가 돼서 고생을 많이 한 사람이었지. 나는 결혼식도 안 하고 그냥 살았는데, 나중에 형이 결혼할 때가 되니까 같이 합동결혼식을 하라 그러더라구. 내가 싫다고 그랬더니 다들 못마땅해 했어. 큰 동서 된 여자가 나보다 여섯 살이나 아래라는데, 뭐 좋은 구경 시켜준다고 그 결혼식에 같이 서겠냐구 글쎄. 시아주버니가 서른으로 늦은 장가였구, 큰동서는 열일곱으로 차이가 컸거든.

손위 시누이가 본정에서 바를 했어. 명동 근처 어디 번화가를 본정(본정통本町通)이라 그랬어. 시누이가 20년이나 나이 차이가 나는 노

56

친네의 첩 노릇을 하면서 그 사람 돈으로 바를 한 거지.

시누하고 시누 남편, 시누 남편이 데리고 온 큰마누라가 낳은 아들 하나가 있더라구. 서울서 대학 다니던 아들인데, 시누하고 두 살 차이밖에 없었어. 그리고 나랑 남편, 그렇게 다섯이서 한 집에서 산 거지. 그 영감은 큰마누라한테는 아예 안 가고, 여그다 살림을 차리고 사는 거지. 오죽하면 큰마누라가 그 아들한테, "너그 아버지랑 하룻밤만 자고 죽어도 소원이 없겠다" 그러드래. 별놈의 소원도 다 있지 싶다가도, 그 여자 심정도 나보다는 낫겠다 싶구, 그런 거지…….

직장이 없으니 남편이 그 바에서 조바(회계 담당을 일컫는 일본어. 여기서는 회계만이 아닌 총무 구실을 말하는 듯)를 보고, 나는 시누네 살림집뿐 아니라 바 살림도 다 맡아서, 밥해주고 빨래에 청소에 설거지까지 다 하고 그랬어. '이다바ぃたば, 板場(도마가 놓인 주방 또는 요리사, 조리사)'라고 주방에서 음식 만들어내는 사람만 하나 두고, 시다니 뭐니 여럿이 해야 할 일을 나한테 다 시키는 거야. 하여튼 아침 8시에 일어나면 밤 11시까지 앉아볼 새가 없다니까. 그래도 통행금지가 있으니 11시에는 바 문을 닫잖아. 시누 년은 첩이라고 엔간히 옷도 갈아입어 쌌지, 하루에도 몇 번을 갈아입어. 시누랑 그 영감 사이에 댓 살 먹은 기집애 하나가 있었는데, 걔는 집을 열 번 나가면 옷을 열 번을 갈아입어대는 거야. 그러니 내가 살 만했겠어? 열네 살부터 직장 다니면서 집안 살림이라고는 해본 적이 없는데 그 살림집 일에 바 일까지 다 하려니, 그저 죽지 못해 사는 거지. 월급이 어딨어? 내가 시누한테 돈 받은 거는 목욕비 그거 말고는 한 푼 받은 게 없어. 일주일에 한 번 목욕비, 그거 하나도 내가 우겨서 받은 거야. 나

는 지금도 일주일에 한 번 목욕탕 가는 거는, 죽었다 깨나도 가야 돼. 나랑 남편이랑 부려먹으면서도 그 집에서 먹고 자고 한 거 말고는 돈 받는 게 없었다니까. 옷도 평양 나올 때 싸들고 온 유땡 치마하고 사땡 치마 딱 두 벌, 그거를 그대로 집에서든 바에서든 입고 일을 한 거야. 그 시절에 평양에서 젤 비싼 옷이 유땡 치마하고, 비로도 치마하고 그랬거든. 그런데 옷 하나 해주는 게 없으니 그 비싼 유땡 치마를 입고 부엌에서 일을 한 거야. 게다가 사내라도 위해주면 모르겠는데, 허구한 날 계집질하고 애편질 하고 댕기잖아. 그러니 내가 당장 뛰쳐나가버리고 싶지만, 서울에서 내가 갈 데가 어딨구, 갈 돈은 또 어딨어?

남편이라고 맨날 12시 통금 시간이 다 돼야 들어오든가 아니면 외박이든가 그랬어. 생기기는 멀쑥하게 생겨가지고 노래도 나훈아, 남진 저리가라 하게 잘하니, 바 여급들이 노상 쫓아다니고 그랬지. 그중에 어떤 년은 뭐 죽자 사자 쫓아다니기도 하더라구. 똑똑한 년은 붙지 않지. 그 남자가 뭐 볼 게 있어서⋯⋯여자가 모자르니까 그런 남자를 죽자고 쫓아다니는 거지. 그래서 내가 그년을 불러다가 얘기를 했어. "나 저 남자 잡고 싶은 생각도 없고, 남자 놓고 여자 둘이서 악쓰고 싸우는 짓도 하고 싶지 않다. 그러니 네가 살 거면 분명하게 말해라. 내가 나가겠다." 그렇게 딱 부러지게 말했어. 그리고 남편에게도 그랬어. "나 아무것도 아까울 것도 아쉬울 것도 없다. 그저 평양 갈 차비만 달라." 그랬더니 그 둘이서 무슨 일이 있었는지 여자가 떨어지는 거 같더라구. 모르지, 또 뒤로 어쨌는지. 어쩌거나 말거나 나중에는 신경도 안 썼어.

모처럼 찾아간 평양, 낙태를 못 하고 서울로 돌아오다

김미숙 / 서울 와서 그 남자랑 살기 시작하면서 금세 임신이 됐어. 그러고는 임신 4개월 때 한 번 평양을 갔어. 올 때 같이 내려온 그 친구 년이랑 같이 갔어. 그때만 해도 삼팔선 넘나드는 게 그렇게 어려운 게 아니었거든.

그때 평양 갈 차비를 만들려고 남편 죽자 사자 쫓아다니던 그 여급, 그년 기지 두루마기를 훔쳐다가 팔고, '멤버'라고 바에서 일하는 남자들 작업복도 훔쳐다 팔고, 그랬어. 조바실에다 옷들을 벗어 걸어 놓고, 늘어놓고 그러거든. 내가 청소니 뭐니 하느라구 늘상 들락거리잖아. 그리고 여급이 열댓 명이나 되고, 멤버들도 많고 했으니, 누가 가져가는 줄을 알아? 들킬 염려가 없겠다 싶으니 한 거지. 내가 원래 어릴 때부터 교회 다니고 해서 남의 거라면 손도 안 대고 그러는데, 그 집을 헤어날 방법이 없잖아. 기지 두루마기면 그때로는 최고거든. 그때 평양서 같이 교회도 다니던 여자 친구 하나를 서울 와서 만났거든. 그 친구가 어느 병원에서 간호원을 하면서 근처에서 방 하나 얻어 사는데, 훔친 옷들을 애기 포대기에다 싸 가지고 일단 거기다 갖다 놓았다가 나중에 팔아서 돈을 만든 거지.

차비를 겨우겨우 도둑질해서 마련해 가지고 평양을 간 거야. 그래도 처음 가는 친정이니 거지꼴로 갈 수는 없어서 대마주 옷감으로 치마저고리 한 벌을 새로 해 입고 가니까, 우리 엄마가 집 나가서 굶지는 않았는가 보다고 그러더라구. 그런데 동네 사람들이 나 임신한 거를 알아보더라구. 숨소리가 다르다나 뭐라나. 3개월 좀 넘었을 때니

배도 아직 안 부른데 다 알아내더라니까. 엄마도 그제야 알고 아버지 모르게 난리바가지를 치는 거구. 그때 임신만 아니었으면 평양에 그 대로 눌러앉는 거였는데…… 사실은 그때 평양서 간호원 하는 친구 가 있었거든. 걔를 찾아가서 애를 떼고 그냥 평양에 눌러 살려고 서 울서 챙겨갈 거를 다 챙겨서 간 거였어. 엄마야 애 밴 거니, 애 땐 거 니를 알더라도 설마 죽이기야 하겠어? 근데 그 간호원 친구가 그 병 원을 그만둔 거지. 그루구는 어디 더 애 떼는 걸 알아볼 새도 없었어.

며칠 있지도 못했어. 내 친구도 재취 자리 그 서방이 혹 찾아올까 조마조마하고, 나도 징용 나간 전남편이 돌아와 시골집에 와서 살고 있다는 말을 들었어. 오히려 찾아올까봐 겁이 나더라구. 우리 집에서 50리 길이니 나 온 거를 아직 알 리가 없지만, 우리 집 근처에 그 시 아버지 다섯째 첩 아들이 살고 있었거든. 내 신랑하고는 아주 친한 사이였어. 지네들 엄마끼리는 넷째 첩, 다섯째 첩이니 서로 질투를 했 는가 몰라도, 두 배다른 형제는 아주 죽고 못살게 친했거든. 그 사람 이 나 온 거를 보고는, 형님한테 안 가겠냐고 묻길래, "곧 가야지요" 하고 답을 하고는 속으로 애가 탄 거지. 금방 그 신랑한테 소식이 들 어갈 텐데 당장이라도 차 잡아타고 찾아올까봐 서둘러서 그 밤으로 다시 도망 나온 거야. 잠깐 갔다 금방 다시 서울로 온 거야. 배가 불 러오니 오래 있을 수도 없고. 간장을 둘러 마시면 애가 떨어진다구 해서 그걸 사발로 들이마시구 했는데도 안 떨어지더라구.

그래서 또 급하게 밤에 그 친구하고 도망치듯 내려온 거야. 두 번 째 내려올 때는 그 친구가 돈을 좀 마련해왔더라구. 그 돈으로 내려왔 어. 그렇게 서울 시누네로 다시 와서 애를 낳았는데 그 애가 10개월 만에 죽었어. 이때다 싶어 아예 평양으로 다시 돌아갈 생각을 하고 평양 갈 차비를 만들어야겠다 하고 있는데, 애 죽은 그 달에 또 애가 들어선 거야. 그게 지금 하나 있는 그 아들이지. 스물 셋에 지금 하나 있는 아들을 낳은 거야. 결국 임신 때문에 또 발목이 잡힌 거지. 그때 애를 떼는 방법을 알고 평양 갈 차비 만들 방법이 있었으면, 당연히 떼고 평양을 갔을 거야. 서방은 그래도 바에서 도둑질도 하구 해서 돈이 없지는 않았는데, 저 먹기는 싫어도 뭐 주기는 아깝다고, 집 나갈까봐 돈을 안 줘, 목욕비 말고는. 그때만 해도 삼팔선 드나드는 게 별일이 아니었거든. 돈이야 어떻게 마련을 했겠지만, 애 떼는 방법을 아무도 안 가르쳐 준 거지. 그저 생기면 별수 없이 낳는 건 줄 알았지.

첫 애 낳을 때도 어디 다른 데 가서 낳고 들어왔는데, 두 번째로 임신하고 열 달 만삭이 다 됐는데, 장사하는 집에서 애를 낳으면 재수가 없대나 어쨌대나, 바 여급 하나랑 방을 바꿨어. 바에서 좀 떨어진 동네에 방 하나를 얻어 살고 있는 여급이었거든. 첫 애 낳을 때는 그래도 시어머니가 있었는데, 둘째 때는 나 혼자 낳았어. 진통이 오믄 화장실에도 애를 빠뜨리고 한다니까 화장실 가서도 배를 올려 붙들고 오줌을 누고 했지. 비는 주룩주룩 오는데 남편이라고 애 낳을 준비를 하나 해놓은 게 있기를 해, 어째? 나도 일하느라고 그런 거 준비할 새도 없었고. 애를 쌀 헝겊이 있어, 뭐가 있어? 혼자 진통을 하다가 빨래하려고 밀어놓은 빨랫감에다 애를 낳아서 쌌어. 애 낳고 나니까 남편이 어슬렁어슬렁 오드니 애 낳아놓은 걸 보고는 놀래 자빠지면서, 그 근처에 외가 쪽 누이가 있었는데, 후다닥 뛰쳐나가더니 그 여자를 데려왔어. 그 여자가 보드니 "뭐 이런 것들이 다 있느냐? 애를 낳으려면 미리 얘기도 하고 준비도 하고 해야지, 뭐 이 지랄을 해놓구 애를 낳냐?" 하면서 야단 난리를 치고는 가새(가위)를 가지고 와서 탯줄을 잘라주더라고. 그리고선 그 여자가 사흘인가 며칠인가를 있으며 좀 봐줬어. 두 시간에 한 번씩 밥이랑 국을 내주는데 내가 그렇게 먹을 수가 있어? 젖도 모자랐어. 시어머니도 이틀인가 사흘인가를 들락거리며 봐줬나봐. 근데 그 시어머니 집에도 밥해 먹을 사람이 없다나 뭐라나, 그러구는 금방 갔어. 그르구서는 남편이래는 게 산바라지를 하는 둥 마는 둥 했어. 그놈도 벌써부터 아편하고 그랬으니까 뭐 제대로 산바라지나 했겠어?

사람 노릇을 못해서 그렇지 사람이 아주 깡패 같거나 그렇지는 않았어. 욕도 별로 안 하는 사람이구. 처음에 한 번 뭐가 어때 갖구 귀싸대기를 한 대 날리더라구. 내가 그 자리서 당장 짐 보따리를 싸서 바에서 일하는 여자 집으로 도망을 갔어. 다시는 꼬라지 안 본다구. 누구한테 들었나, 다음 날 일찍 찾아와서는 싹싹 빌더라구. 다시는 무슨 일이 있어도 손 안 댄다구. 근데 애 기저귀를 자기가 갈면 뭐 어느 하늘에 벼락 쳐? 자다가도 애 기저귀 속으로 손 넣어봐서 젖어있으면 내 볼을 때리면서까지 깨우는 거야, 기저귀 갈라고. 애를 이뻐하기는 하는데, 지 손으로는 안 챙기는 거지.

애가 기어 다닐 때나 돼서 다시 누나네 집으로 들어갔어. 누나네 일이야 애 낳고 금방 하기 시작한 거구. 그러다가 남편이 아편하느라 허구한 날 돈 훔치고 쌈 나고 하니까, 누나네가 우리를 쫓아냈어. 아예 조바 일까지 그만두게 된 거지. 갈 데가 없으니 충○동 시어머니네로 기어들어갔지 뭐.

애 업고 시작한 사과 행상

김미숙 / 서방도 거의 없이 시어머니하고 한 방에서 사는데, 하루는 시어머니가 나를 붙잡아 앉혀놓구는 "애는 놓구, 다른 데로 시집을 가라" 그러는 거야. "내가 너를 앉혀놓구 벌어멕일 수가 없다. 애는 내가 키울 테니까, 너는 너 갈 길을 가라" 그러는 거지. 자기 아들이 아직 살아 있을 땐데도 그런 말을 하더라구. 그러니 내가 얼마나 기가 막히냐구. 막 태어난 애가 젖밖에 그때 먹을 게 더 있어? 젖을 먹어야 살구, 젖 없으면 죽는 건데, 그걸 놓구 나더러 시집을 가라니, 내가 그럴 수가 있어? "어떻게 저거를 버리고 시집을 가냐? 더구나 이남 땅에 아는 사람도 하나도 없는데, 이마빡에 '나 시집갈 겁니다' 하고 써 붙이고 있냐?" 그러면서 못 간다고 했어. 아니 뭐, 결혼 상담소가 있던 시절도 아니구. 내가 너무너무 기가 막히고 신세가 서러워서 다리 뻗고 통곡을 하고 울었어. 한참을 그러고 통곡을 하고 있으니까 시어머니가 다시 하는 말이, 너하고 네 새끼 먹을 거를 네가 벌어먹고 살면, 억지로 내쫓지는 않겠대. 그러니 내가 그 소리 듣고 가만 앉았을 수가 없잖아. 평양서 공장만 다니던 여자가 서울 와서 할 일이 뭐가 있겠어? 그래서 애를 짊어지고 그냥 동네에 있는 시장 바닥을 헤매며 도는 거야. 허구한 날 뭘 해먹고 살아야 하나……그 생각만 하면서 시장 바닥을 도는 거지.

그러다가 저기 영천고개 넘어서 독립문 옆 영천시장에서 사과를 떼어서 행상을 시작했어. 동네 시장 사람들이 거기가 도매 시장이라고 하더라고. 거기서 사과 한 접을 사 가지고 머리에 이고, 애는 걸쳐 업고, 걸으며 주저앉아 팔며 해서 집으로 오면, 그걸 다 팔아도 쌀 한 됫박 값이 안 남아. 사과가 한 접이믄 백 개거든. 그러면 통밀 맷돌에 디리릭 갈아서 한 됫박씩 파는 게 있거든, 그걸 한 됫박씩 사다가 수제비도 해먹고 그랬지.

시어머니하고 나하고 한 방을 쓰는데, 어쩌다가 서방이 들어오면 나는 그 사람을 자꾸 피해. 지금 애 하나 있는 것도 키우고 살 일이 깜깜한데, 애가 또 생기면 어떻게 해. 그래서 자꾸 피하니까 시어머니는 나한테 만날 뭐라 그러는 거야. 여편네가 저렇게 무뚝뚝하고, 고집 쎄게 부리고 찬바람이 돌게 하니까, 멀쩡한 자기 아들이 바깥으로 돌고 애편이나 하고 사람 못쓰게 됐다 이거지. 그런 말을 대놓고는 안 하는데 하는 말씨나 행동이 그래. 저도 젊어서 애 다섯 혼자 키우고 살며 힘들었을 텐데, 나 힘든 거를 하나도 몰라줘. 아들 꼬라지가 그런데도 지 아들 편인 거지.

아편을 첨에는 담배처럼 피는 걸로 하드니, 나중에는 주사로 하더라구. 첨에는 나 없는 데서 하드니 나중에는 나 있는 데서도 하고 그랬어. 담배 속을 다 털어서 버리고 거기에다 아편 잎 가루를 넣어서 피우고는 그 연기를 샘키는 거거든. 주사는 팔뚝 핏줄 요 굵은 거를 따라서 놓는 건데, 나중에는 요 핏줄 따라 자국이 쪼로록 생기더라구, 주삿바늘 자국이 늘 있었어. 나중에는 핏줄 찾을 데가 없으니 아무 데나 찔러. 결국에는 찌를 데가 없어서 죽는대. 지가 혼자 놓는 거지. 끊어볼려구 내가 유치장에도 갖다 넣어보고 했는데, 나오면 그날로 당장 또 해. 처음에는 기분 좋으라구 하는데, 나중에 중독이 되면 안 하면 몸이 아파서 못 견딘대. 그러니 도둑질이라도 해다가 놓는 거지. 도둑질 댕기다, 댕기다 도둑질 할 데가 없어지는 거야.

한국전쟁, 그리고 남편의 죽음

김미숙 / 나중에 전쟁 나서 서방만 놓고 온 식구가 천안 큰시누네로 피난을 갔었는데, 피난 갔다 와보니까 도둑질 할 데도 없어서 그랬는지, 자살을 했더라구.

천안 사는 큰시누도 남의 집 첩이었어. 시어머니가 애 다섯에 혼자 돼서 너무 힘드니까 큰딸을 일가 집에 줬대. 근데 그 집에서 이 딸을 기생집에 판 거지. 기생 노릇 하다가 뭐 시집을 똑바른 데 가겠어? 기생하다가 남의 집 첩 자리를 하나 잡은 거지. 거기서 자식 낳고 살고 있는데, 전쟁 나서 서울 식구들이 아는 데가 거기밖에 없으니까 피난을 글루 간 거지. 서울 집에 김장을 가득가득 해놓은 채로 피난을 갔어. 작은시누네, 우리, 시어머니네 해서 식구가 많으니 김장을 많이 해서 독이니 그릇이니에 가득가득 쟁여놓구 별로 먹지도 못하구 피난을 갔거든. 피난 가서 애편 못 구할까봐 같이 안 가겠다고 하니, 집에 두고 다들 떠난 거지. 돌아와보니까 김장이 하나도 없더라구. 남편이 그거 퍼다가 애편하는 집에 주고 애편하구 바꿨나봐. 세간도 하나도 없이 다 갖다 없앴더라구. 남편이 나랑 5년 살았는데 아마 처음부터 애편을 했던가봐. 만주 있을 때야 했는지 안 했는지 모르지. 결국 자살을 하고서야 끊은 거야.

천안에 피난 가 있는데, 큰시누가 날만 새면 나 들으라구 바가지를 긁는 거야. "뭐라도 해야 먹고 살지, 앉아만 있으면 되느냐"구, 벌어먹고 살려면 어디 가서 뭐라도 하라고, 허구한 날 안달복달을 하는 거야. 전쟁 난리로 죽어 나가는 사람이 숱한데, 뭐 얼마나 천년만년 살겠다고 그렇게 아등바등 살 궁리를 찾으라는 건지. 그리고 내가 앉아만 있었어? 허다못해 나물이라도 뜯어야 된장국이라도 끓여 먹잖아. 나물 캐서 반찬 해주지, 나무까지 해다가 불 때지, 집안일 다 해주지, 나는 하느라고 하는데도, 앉아서 놀기만 한대는 거야. 지네 거 축내나 해서 안달을 하는 거지. 근데 내가 그 천안 바닥에서 뭘 할 수가 있겠냐구? 그래서 도저히 안 되겠다 싶어서 서울 가봐서 장사를 할 수 있으면 하겠다 하고, 전쟁 통에 애 업고 혼자서 사흘인가, 매칠을 걸어서 서울로 왔어.

와서 보니까 옆방에 살던 식구가 피난 내려갔다가 다시 와 있더라구. 그래서 "우리 애 아범 봤어요?" 하니까, 그 집 남자가 "글쎄, 매칠 전에 봤는데 요즘은 통 안 보이네요? 인기척이 없는 걸 보니 어딜 갔나?" 그러드라고. 그래서 내가 "아직까지 죽지도 않고 있느냐"구 그냥 아무 뜻 없이 욕을 하면서 방에를 들어갔는데, 아 글쎄, 남편 같아 보이는 사람 하나가 아랫목에 떠억하니 누워 있는데, 순간 소름이 쫙 돋드라구. 그러구는 "악" 하고 소리를 지르고 뛰쳐 돌아 나온 거야. 괜히 무서운 느낌이 확 들면서 다시는 들어가기가 싫은 거야. 그러자 옆방 남자가 그래도 아주머니하고 나하고 들어가 보지 누가 들어가겠느냐고, 같이 들어가 보자 하더라구. 그래서 그 집 방에 한참을 앉아서 놀란 걸 가라앉히고 들어가 보니까, 언제 죽었는지 벌써 상했더라니까.

요만한 약봉다리가 있더라구. 그리고 원래는 글씨가 상당히 얌전한데 여엉 삐뚤어진 글씨로 쓴 편지를 벽에다가 붙여놨더라구, 그니까 숨넘어가기 바로 직전에 쓴 유서지. 자기 어머니한테 쓴 건데 "우리 성○이 잘 부탁합니다" 그러구, "제가 먼저 가서 죄송합니다" 뭐 그런 거야. 자기 엄마랑 아들 얘기나 있지, 나한테는 한마디도 없어. 근데 사람 마음이 참 간사하고 복잡하더라구. 무섭고 놀라서 정신이 없으면서도, '이제야 끝났구나' 하는 마음도 한편에서 들더라구. 근데 한편으로는 불쌍하다는 생각이면서도 다른 한편으로는 너무나 서러운 거야. 내 발목을 잡아 눌러앉힌 올가미고, 미움만 있는 서방인데, 그 유서에 나한테 한마디가 없는 게, 그렇~게 섭섭하고 서럽더라구. 그 사람 마음에조차 나는 아무것도 아니었던 거잖아. 시간이 갈수록 그 마음만 남더라구.

하여튼 당장 송장을 치워야 될 거 아냐? 그때는 전쟁 때고 하니 송장이 천지야. 옆방 사람이 알아봤는지 동회에서 사람들이 와서 거적때기 말아서 구루마에 싣고 가더라구. 남산 어디 치우는 데가 있다더라구. 내가 따라갈려 그랬어. 나중에 식구들 오면 어디다 묻었다고 얘기라도 해야 할 거 아냐. 근데 그 싣고 가는 사람들이 못 따라오게 해. 나중에 자기네가 다 얘기해주겠다고. 그래서 따라가지도 않았어. 어디다 묻었나도 모르고, 한 번 가보지도 않았어. 에미도 가보지를 않았는지……에미니까 가기는 가봤겠지……모르겠어, 그건. 제사도 한 번 안 지냈어. 불쌍한 인생인 거지……. 그러구는 마음이 싹뚝 끊기는 거야. 서방한테고, 시집한테고 세상 어떤 거한테도……. 마음 기댈 데가 없는 게 아니라, 내 마음이 끝이 난 거 같아, 그때……마음이 끝나는 게 어떤 건지, 댁은 모를 거유…….

최현숙 / 그러게요. 깊게야 모르겠지만, 어르신 마음이 얼마나 허전하고 아프셨을지를 조금은 알 것 같아요. 그래도 어디 사람 마음이 끝나기야 하겠어요? 어르신도 겉으로만 그러시지 안에는 늘 마음이 있으시잖아요. 남들한테 잘 꺼내보이지를 않으셔서 그렇지…….

김미숙 / 내가 독하고 못된 거, 나도 알아. 나 잘난 거 하나도 없으면서 남 얘기도 안 듣구, 얘기 나눌 친구도 없구……. 그렇게 마음 끊기는 일이 몇 번 있으면서 마음이 다 끝나버려서 그런 거야…….

그러고는 한참을 꿈에 보이더라구. 모르지, 내 미련인지 지 미련인지……. 안 보고 싶어서 베개 밑에다 식칼을 넣어놓구 잤어. 그랬더니 안 오드라구…….

전쟁 중에도 평양 갈 생각을 못 했어. 첫 애 죽었을 때는 그 김에 평양 가야겠다 싶었는데, 둘째 낳고서는 갈 생각을 못 하겠더라구. 갈래믄 그때도 가는 방법은 있었거든. 근데 애를 버리고 갈 수는 없는 거잖아. 그렇다고 친정 동네서 혼례식까지 하고 시집살이까지 한 년이, 남의 남자 애를 데리고 기어들어갈 생각도 할 수가 없고. 나 하나만 어쩌는 게 아니고 부모 형제도 있는 거니까.

그러고는 부모 형제 소식을 들은 적이 없어. 같은 동네서 살던 사람 하나를 나중에 서울서 만났는데, 전쟁 중에 누가 죽었는지 우리 오빠가 상복을 입고 있더란 말을 들었어. 우리 어머니가 돌아가셨든가 했겠지. 어머니가 가시면서 내 생각을 하셨겠지…….

친정어머니의 죽음 이야기를 하면서, 한동안 눈물을 흘리셨다.

김미숙 / 너무 오래 살다보니까 다 가뻐리고, 남이고 북이고 이제는 아는 사람이 없어. 오래 사는 것도 죄야. 이산가족 상봉은 신청해보지도 않았어. 다 죽었을 텐데 신청할 게 없지. 조카들이나 있을지 몰라도, 잘 알지도 못할 사람들이고. 전쟁 끝나고 남북이 완전히 끊기면서, 그쪽에 대해서는 마음이 끝난 거야……모르지……마음이 다 거기 있어서 여기 마음이 끝난 건지…….

전쟁 중엔가, 친구가 국방색 몸뻬 바지를 하나 얻어다 줘서 입었는데 하도 그거만 입으니 다 닳아빠져서 거기다가 꺼먼색 천을 여러 군데 대고 기워서 입었어. 내 꼴을 들여다보니까 참 너무너무 한심한 거야. 어릴 때부터 직장 다니면서 옷은 안 아끼고 입었잖아. 어느 날 동네에 옷감 장사가 들렀어. 그래서 있는 돈 긁어서 바지 하나를 사 입으면서, '내가 이놈의 바지 다시는 안 입는다' 하고 하나밖에 없던 그 몸뻬 바지를 아궁이에 넣어버렸어. 놔두면 나무하러 가면서랑 또 입을 거 아냐? 그리고 그때 '다시는 내가 기운 옷은 안 입는다' 하고 혼자 속으로 맹세를 했어. 근데 맹세하고 나서는 정말로 기운 옷은 안 입게 되더라구. 그래서 그랬는지, 내가 옷 욕심이 많아서 늘 옷은 반듯하고 좋은 걸로 입고 살았어. 나중에도 양색시 옷 장사랑 양키 물건 장사하고, 미군 댄스홀 다니고 했으니까, 옷은 그래도 잘 입었지. 얼굴은 안 이뻐두 몸매는 늘 딱 지금하구 똑같게 살이 없구, 옷맵시는 났거든. 그러니 옷 입는 맛이 있었든 거지. 내 평생 살이 쪄본 적이 없어. 난 살찐 여자들 보면 미련하구 게을러 보여.

전쟁 때 국방군이고 인민군이고 미군이고, 여자들은 동네에 군인들만 나타나면 다 무서워서 숨어 살았어, 세수도 일부러 안 하구. 군인들이 여자를 겁탈한다는 소문이 많았거든. 여자가 군인한테 겁탈당해 죽었다는 이야기도 많이 돌았어. 이북에 있을 때도 쏘련군이 여자들 겁탈한다는 둥, 여럿이 그 짓을 해서 여자가 자살을 했다는 둥, 소문도 많았지. 그전에는 일본 놈들이 또 여자들 뽑아다가 군인들 노리개로 보내더니. 군복 입고 총 들면 다 그렇게 되나봐.

"난 그렇게는 안 살아"

김미숙 /　배운 게 도둑질이라고, 다시 서울로 돌아와서는 먼저 피난 가기 전에 하던 과일 장사를 다시 했어. 근데 가만 생각하니까 이렇게 해 가지고는 도저히 안 되겠다 싶더라구. 하루 종일 무거운 거 이고 애 업고 돌아다니니, 힘만 들고 돈도 안 되고. 그런 생각을 하며 시장을 돌아다니는데 어떤 멋쟁이 여자 하나가 지나가는 거야. '참 멋쟁이다' 하고 나도 넋을 놓고 보고 있었어. 내가 성격이 괄괄하긴 해도, 또 첨 보는 사람한텐 말도 못 걸고 그러거든. 근데 그 여자가 나한테 먼저 와서 말을 거는 거야. "가만 보니까 시장 바닥서 고생할 여자 같지 않은데, 어째 이렇게 시장 바닥을 도냐?" 그래. 그래서 "내가 할 말이 바로 당신이 한 말이다. 어째 이렇게 멋쟁이 여자가 이런 시장 구석을 돌아다니느냐?" 그랬지, 그래서 둘이 서로 사정 얘기를 하면서 친해진 거야. 그 여자도 애 둘 낳고 남편이 먼저 죽고 어쩌고 하는 이야기를 하더라고. 나보다 한 살 아래야. 남자애는 이쁜데 여자애는 지지리 못생겼어.

그 여자가 "과일 장사 같은 거는 하지 말고 나 따라서 양색시들

상대로 옷 장사를 하자. 그러면 돈이 된다" 그러는 거야. 그래서 "나는 그런 거 모른다. 어디 가서 옷을 살지도 모르고 어디 가야 양색시가 있는지도 모른다" 그랬지. 그랬더니 그 여자가 그저 자기가 하라는 대로만 하래. 어느 시장 어디 가서 옷 사는 거부터, 다 그 여자 따라다니면서 하라는 대로만 했어. 양색시들한테 팔러도 같이 다니구. 근데 그 여자랑 나랑 똑같은 옷을, 똑같은 보따리에 싸서 들고, 양색시들 집을 같이 들어가서, 같은 값에 물건을 팔아도, 그 여자는 나보다 세 배는 더 팔아. 허다못해 양말까지도 똑같은 거 가져가는데 말이야. 그 여자가 장사 수완이 좋은 것도 아닌데 그러데. 외상도 그 여자 거는 빨리 갚고 내 거는 안 갚아. 그렇게 내가 돈 복이 없대니까. 이상하게 그렇데. 아마 내가 무뚝뚝하고 곧이곧대로여서 그런가봐. 거기다 그 여자가 너무 멋쟁이로 생겼으니까 같은 여자들도 다 반하고, 그 여자한테만 꼬이는 거야. 남자들도 그냥 침을 질질 흘려. 그러니 맨날 남자들이 따라붙고 해서 내가 그 여자 덕에 한동안 밥도 많이 얻어먹었어. 성격도 좋아서 나랑도 잘 지냈어. 방을 하나 잠깐씩 얻어서 같이 살기도 했어. 그럴 땐 내가 그 집 애들도 많이 봐줬지. 나는 옷 장사를 하면서는 애를 시댁에 맡기고 돌아다녔거든. 월세 똑같이 내고, 그 여자는 세 식구고 나는 한 식구니까 내가 손해 보는 건데도 그런 거 안 따지고 서로 잘 했어.

그때는 뺑뺑 돌아 장이거든, 어디든지 늘 돌아가면서 장이 서는 거지. 그러니 이십 리 거리에 장이 서면 오고 가고 사십 리 아냐? 그 길을 걸어서 물건을 사서는, 양색시들 있는 동네면 어디고 가서 파는 거지. 미군 부대들이 있는 데면 평택, 의정부, 춘천 뭐 어디든지 가는 거지. 가서 셋방 하나 얻어서 같이 사는 거야. 돈은 과일 장사보다야 좋았지. 근데 외상도 많고, 떼이는 것도 많고 해서, 별 재미는 없었어. 미군 부대가 다른 데로 옮기거나 통째로 떠나버리고 할 때도 있었거든. 그러면 그 양색시들도 쫓아가는 거고, 나도 외상값 받으러 또 쫓아가야 하는 거구. 외상 많이 간 것들은 찾을 수가 없고, 푼돈 간 것들 돈만 받아오고 그러니, 돈도 별로 못 번 거지.

양색시 옷 장사하다 잠깐씩 충○동 시댁에 오면, 어떨 때 사는 게 너무 깝깝하고 한심해서 옷 장사 하던 것 중에 맘에 드는 거 골라 입고 혼자 한일극장에 영화도 보러 가고 그랬어. 그럼 남자들이 집까지 따라오는 거야.

동네 사람들 보면 말 날 거 아냐. 그래서 쫓아버릴려구 "우리 집 다 왔는데 뭐 하러 따라오느냐? 내가 목로집 갈보로 보이냐?" 그러면, 그게 아니고 집에서 빨래나 하고 밥이나 하는 여자 같지는 않고 직장 여성 같은데, 뭐 하는 사람인지 궁금도 하고 사귀어볼려고 따라온대는 거야. 나도 숨통을 틀 데가 없으니까, 그렇게 가끔씩 영화래도 보고 바람이라도 쐬고 해야 좀 살겠더라구.

그 무렵 양키 물건 장사도 시작했어. 그전에도 양색시들한테 옷을 팔면 그걸 돈으로도 받지만, 양키 물건으로도 받고 그랬거든. 그러면 그걸 팔아서 돈을 만드는 거지. 그러다가 직접 양키 물건을 떼서 돌아다니면서 팔게 된 거야. 처음에는 요령도 모르고, 연줄도 없고 하니 힘들었어. 그때는 불법이니까 걸리기도 하잖아. 맥주는 열 궤짝을 택시로 실어다가 넘기면 오천 원 남아. 거기서 택시비 삼천 원 빼고 나면 이천 원이 내 돈인 거지. 가끔씩 애를 내가 데리고 있기도 했는데,

우리 아들하고 나하고 팔 킬로 한 말짜리 두 개를 가지고 한 달을 먹는데, 그 돈으로는 콩나물 반찬밖에 못 먹어. 육신 종일 움직여서 겨우 굶지 않고 먹는 거야. 큰돈을 만져볼 수가 없어. 여자 혼자 산다는 게 너무나 힘든 일이야. 게다가 나는 서울 바닥이 쌩판 남인데다, 인덕도 없고 돈복도 없고. 그러니 나중에 댄스홀 나가서 먹고살 궁리를 안 할 수가 없는 거지.

미군 부대 근처에 방 얻어 살면서 전날 물건을 사뒀다가 새벽 통금 해제 싸이렌만 불면 딱 집을 나와서는 양키 물건 파는 시장들까지 차를 타거나 걸어서 가는 거야. 남대문 도깨비시장이나 동대문시장, 그런 데 거래하는 가게들이 여럿 있었거든. 춘천으로 차 타고도 다녔고. 가평에 살 때는 서울까지 버스 타고, 걷고 하면 가는 데 두 시간 걸렸어. 어디가 시세가 좋다, 소문이 있으면 거기를 찾아 가는 거지. 무조건 현찰 거래야. 물건 넘기고 돈 받고, 그러면 그 돈을 들고 다시 미군 부대를 가서 십 불 주고 물건 받아다 집에 갖다 놓고, 다음 날 통행금지만 풀리면 또 서울로 지방으로 팔러 가고.

하루에 한 번씩 맨날 그렇게 도는 거야. 한 번에 십 불을 주고 물건을 사서, 그 동네 앉은자리에서 팔면 오 불이 남고, 그걸 서울 와서 시장에 도매로 넘기면 십 불이 남고 그래. 그러니까 이문 더 남길려고 서울까지 와서 시장에 파는 거지. 웬만한 데는 다 걸어 다니는 거지 뭐. 갖고 다니기 힘드니까, 될 수 있으면 작은 걸로 하는 거야. 럭스비누라고, 하얀 세숫비누 그거 많이 했어. 그게 따불이 남았어. 젤 간단하고 돈도 많이 남고 그랬지. 몸에다 띠를 둘러서 물건을 감춰 가지고 시장 돌아다니다, 잡히면 맞기도 하구, 뺏기구, 구류도 살구 하는 거지. 구

73

류 보름을 살아봤어. 먹는 거는 유치장서 주는 거고 하니까, 먹고살기 힘들 때는 차라리 유치장살이가 그렇게 나쁘지도 않았어. 남자 유치장 여자 유치장 따로 있지. 벌금은 없고, 물건 뺏기고 유치장 사는 거지. 처음 잡히면 일주일, 두 번째는 보름, 그러다가 세 번째 잡히면 정식 재판 받고 교도소로 넘어가는 거지.

그렇게 시작했다가 나중에 무슨 운이 붙었나, 미군 부대 피엑스 한국인 책임자를 알게 된 거야. 그 사람한테 직접 물건을 받게 되고부터는 이문이 많이 남았어. 그 피엑스 책임자는 나보다 훨씬 많이 벌었겠지. 내 물건 사주면서 반반씩 이문을 나눴구, 나 같은 사람을 여럿 두고 있었을 거 아냐. 그러니 많이 벌었겠지.

그러다가 나중에는 부대 사람들하고도 친하게 되고 미군들하고 살림도 하고 하니 물건을 안전하게 많이 빼낼 수 있게 됐어. 미군하고 살림하는 동안도 그 장사를 계속 한 거지. 살림은 혹시 결혼해서 미국 갈 욕심인 거고, 돈은 양키 물건 장사로 주로 버는 거지. 그렇게 한 5년을 양키 물건 장사를 해서 서른한 살에 이 집을 산 거야. 사놓기만 했지 내가 들어와 살지는 않았어. 평양서 같이 온 친구, 그 친구네가 노상 살았지. "너 집 살 때까지 여기서 살아라"라고 했어. 11년을 그 친구네가 그냥 살고, 나는 미군 부대 따라다니면서 그 옆에 월세방 얻어서 살고 그랬지. 그 친구 내보내고도 집은 남한테 전세도 주고 했지. 내가 이리 이사 온 거는 얼마 안 돼.

그 예쁘다는 여자가 옷 장사가 별로 재미가 없었는지, "청춘을 이렇게 보내긴 너무 억울하다. 댄스홀에 들어가서 돈을 벌자" 해서, 걔하고 나하고 춤을 배웠어. 미군 부대 근처엔 댄스 교습소들도 많았거든. 남은 보름이면 배우는 걸, 난 한 달 반을 배우러 다녔어. 배우는 게 느리기도 했지만, 성격상 또 대강은 못 하거든. 둘이 춤을 배워서는 파주 '아리랑 댄스홀'이라고, 일대에서 젤 잘나가는 댄스홀에 취직을 했어. 댄스홀은 인물보다 스타일이 멋있어야 돼. 멤버가 딱 봐서 괜찮으면 나오래. 면접을 보는 거지. 얼굴도 얼굴이지만, 키 크고 날씬한 여자가 인기야. 미국 사람들은 쾌활한 거 좋아해. 걔가 워낙에 낭만적이고 명랑해서 남자들이 모두 걔랑만 춤을 추려고 줄을 서. 근데 나는 어려서부터 교회 댕기고 했으니까, 그런 게 맞지를 않아서 처음에는 꿔다 놓은 보릿자루였지. 근데 그러고 병신처럼 있을 수가 있어? 벌어먹고 살자고 나선 건데. 댄스홀 주인한테서 월급을 받는 게 아니고, 춤을 한 번 출 때마다 티켓을 하나씩 쏴. 그러면 나중에 그 티켓을 세어서 돈을 받는 거야. 미군들이 마음에 들면 팁도 많이 주고, 밤새도록 춤을 추고 그러는 거지. 인기는 걔가 더 많았지만, 나도 나중에는 잘나갔어. 남자들 비위 맞추고 쾌활하게 웃고 하는 거를, 걔 보면서 많이 배웠지. 내가 키도 크고 몸매도 안 빠지는 데다 춤도 제대로 배워서 잘 추고 하니까, 미군들이 많이 붙더라구. 그러다가 어느 날인가부터 갑자기 그 여자가 안 나타났어. 여기저기 물어봐도 다들 모르더라고. 아마 빼어나게 이쁘니까 미군 장교나, 뭐 돈 많은 미국 사람을 만나 미국으로 들어가거나 그랬나봐. 애들도 어떻게 됐는가 몰라. 친정엄마한테 맡겼는지…… 그 여자 아니었으면 내가 사과 행상이나 하면서 밥도 제대로 못 끓이고 살았을 텐데. 그 여자 만나 양색시 옷 장사 시작한 덕에 돈 벌 방도도 찾고, 양키 물건 장사로 집도 사고, 한동안 재미나게 살기도 하고 그랬어. 생각하면 그립고 고마워. 한번 보고 싶어.[1] 내가 그 여자 안 만났으면 얼마나 깝깝하게 살았을지 몰라. 미군 부대니, 양색시니, 양키 물건이니를 어디 가서 알았겠느냐구? 몰라, 남들은 그런 일을 뭐라 할지 모르지만, 나는 그 일들이나 사람들 없으면 못 살았어……고마워, 나는.

다들 먹고살자고 글루 와서 모이게 된 거지. 그때 미군들도 보면, 많이 배우고 돈 많고 한 미군은 드물었어. 높은 사람들이야 다르겠지만, 다들 지네 나라에서 가난하게 살면서 못 배운 사람들이 오는 거드라고. 지네 나라 글씨 모르는 미군들도 많더라니까. 흑인들은 더 그랬고.

그러구 말야……아구, 내가 오늘 별 얘기를 다 하네.[2] 전에는 말을 안 했는데, 그 댄스홀 다니면서 만난 미군들하고 2차도 많이 나갔고, 살림도 여러 번 채렸어. 2차를 안 나갈 수가 없지. 그게 춤춰주는 것보다 돈이 훨씬 더 되거든. 댁한테는 해도 좋을 거 같아서 하는 거야. 흉으로 보지도 않을 거 같아서. 댄스홀에서 만난 미군들 중 서로 맘에 들면 2차를 나가거든. 그러면 팸푸나 그런 사람들한테 일부 돈을 떼어줘도 받는 돈이 훨씬 많지. 그래도 살림 사는 게 더 좋은 거야. 생활비도 받고 하지만, 그거보다 그 미군이랑 결혼해서 미국 들어갈 꿈을 꿀 수 있거든.

최현숙 / 그러셨구나……믿고 이야기를 해주셔서, 감사해요. 아, 몸매도 좋으시고 춤도 잘 추고 성격도 화끈하시니, 미군들이 따로 나가자고도 하고 같이 살자고도 하고, 그런 건 당연하지요.

---

1 미군 부대 인근 진입은 김미숙의 생계와 삶에 중요한 전환이었다. 여기에 관한 설명은 후기에서 다룬다.
2 미군들하고 살림을 산 이야기는 2010년 세 번의 인터뷰에서는 없다가 2013년 초 마지막 인터뷰에서 새롭게 나온 이야기다. 이 과정은 후기에서 다룬다.

김미숙 /　아니, 서방이라고 재주도 없고 사람 구실도 못 하다가 벌어놓은 것도 없이 그렇게 죽고 없는데, 뭐가 어때? 그러고 전쟁 끝나고 난 자리에, 아는 사람 하나 없는 여자가 자식 키우기 위해 해 먹을 게 뭐가 있어? 안 굶자고 하는 거면, 도둑질만 빼놓으면 다 괜찮은 거야. 청상과부니, 그런 사람들은 그렇게 살라 그래. 난 그렇게는 안 살아. 그럴 이유가 뭐가 있어? 아들도 나 미군들하고 살림 산 거 웬만큼 알아. 살림할 때 데리고 살지는 않고, 따로 큰집에 맡기거나 하숙을 시키거나 했지만, 벌써 크고 했으니 눈치가 있고 말들도 듣고 그랬겠지. 그때 어린 아들한테야 떳떳하게 내 입으로 말할 거야 아니었지만, 지금은 당당해. 저 목사를 무슨 돈으로 만든 건데? 그 미군 부대 근처서 번 돈으로 집을 사났기에, 지 학비를 댄 건데.

댄스홀에서 돈 버는 거야 뭐 있어? 춤 한 번 출 때마다 티켓 받아서 돈으로 바꾸는데 그건 얼마 안 됐거든. 2차나 나가면 좀 돈이 되지만, 그것도 돈이 모이지는 않는 거지. 돈 있는 미군 만나 살림 차리고, 재수 좋으면 결혼까지 해서 미국 가서 사는 게, 홀에 오는 한국 여자들 꿈이지. 미군 너댓 명하고 살림을 채려봤을 거야. 첫 번째로 살림 차린 미군은 총각인데 나보다 아홉 살이나 어렸어. 걔는 "결혼하자, 결혼하자" 그러는데 내 속으로는 결혼까지 갈 맘은 없었어. 나이 차이가 많잖아. 안 한다고 하면 안 오고 생활비도 안 주고 할까봐, 나도 예스는 했지만 속으로는 딴 생각이었지. 결혼을 할려면 미국으로 서류 보내고 어쩌고 시간이 많이 걸려. 그렇게 시간 끌다가 미국 복귀하는 날짜가 돼서 가버렸어. 가자마자 서류 마쳐서 다시 오겠다고 하더니 연락도 없더만, 뭘~. 같이 산 미군 중 하나랑은 나도 정말 결혼

77

할 생각을 했어. 나보다 나이도 두 살 많고, 결혼했다 이혼한 사람이 었어. 애 둘을 자기 엄마가 키우고 있다더라구. 생긴 것도 좋고 매너도 좋고, 직업 군인에다 여섯 개짜리 싸진sergeant(사관급의 직업 군인)이었어. 미국 사람들은 여자한테 매너 좋은 건 최고야. 어디가든 여자 앉을 의자 챙겨주고, 코트 벗겨주고 입혀주고. 그 남자는 특히 깍듯하게 잘해서 사람들이 모두 정식 결혼한 부인인 줄 알고 그랬지. 나도 그 사람이랑은 꼭 결혼을 하려고 내 쪽에서도 잘했어. 돈 달란 말도 내 입으로는 안 하고, 그 사람이 알아서 주면 그걸로 알뜰하게 살림하면서 저엉 필요하면 내가 모아놓은 돈을 쓰고 그랬지. 댓 달 살면서 좋았는데, 어느 날 어머니가 큰 병이 났다고 갑자기 들어가더니 연락이 끊겼어. 세상 일이 마음대로 안 풀리더라구.

댄스홀 나가면서랑 미군들이랑 살면서, 애를 수도 없이 떼었어. 낳은 적은 없어. 생긴 거 같으면 병원 가서 진찰해서 떼구, 떼구 그랬지. 하나 있는 아들 키우기도 그렇게 힘든데, 아닌 말로 내 인생이 어떻게 될지 모르는데 어떻게 애를 또 낳냐구? 더구나 혼혈아를. 살림하는 미군한테 말도 안 하고 혼자 가서 뗐어. 하긴 결혼할 작정한 그 싸진하고는 애를 낳을 생각을 했어. 근데 그 사람이 원래 자식이 둘 있어서 그런가, 좀 피하더라구. 같이 산 게 길지 않아서 그런가, 안 생겼어. 뱃속에서 죽은 것들한테야 그것도 생명인데 생각하면 불쌍하다싶지만, 길게 보면 안 낳는 게 훨씬 나은 거지. 난 좀, 거기 여자들로는 나이가 든 축이었거든. 그래서 그런가 나중 일이 걱정되더라구. 그 때 애 많이 떼서 몸이 많이 축났을 거야. 그래서 내가 지금도 한약을, 전에는 일 년에 두 번, 이제는 네 번을 먹어. 그리고 밥도 흰밥 안 먹고 열 가지 곡식을 섞어 먹구.

사십 줄 넘어서 한동안 신나게 놀러 다녀본 적도 있기는 했어. 그
땐 살림 살 때는 아니고, 댄스홀 나가면서 2차도 나가고 양키 물건
장사도 하고 할 때지. 그러다가 만난 친구 중에 돈 많은 미군 장교랑
몇 년을 사는 여자가 있었는데, 그 여자 덕에 그렇게 매일 놀러 다닌
거지. 그 여자도 이쁘게 생겼는데, 애도 좋다, 어른도 좋다, 사람들을
맨날 자기 집으로 불러대. 한 끼에 교자상 두 개, 세 개씩을 채워서,
사람들 밥 먹이고 밤에는 재우는 게 그 여자 일이야. 미용사 하나하
고, 별명이 박물이라는 여자하고 그렇게 둘이는 노상 그 집에서 먹고
자고 아예 사는 거야. 나야 집이 가까우니 잠은 보통 집에 와서 잤
거든. 근처에 얻어놓은 방이 있었거든. 그 여자가 정식 부인인지 첩
인지는 모르지만, 미군 장교하고 살고 있으니 피엑스 물건을 맘대로
사잖아. 그럼 그 물건을 아침에 나까지 세 여자한테 나눠주는 거지.
"언니 언니, 이거 팔아다 오늘 밤에 놀자" 하면서. 그거 나눠가서 팔
아서는 그 돈으로 그날 저녁에 미장원부터 가고, 택시 타고 캬바레니
극장이니 돌아다니며 쓰고 먹고 놀고, 맨날 그러는 거야. 사십 줄에
한바탕 그렇게 놀던 적이 있어. 그때 나이는 있어도 남자들이 나를
많이 따라다녔어. 집까지 쫓아오면 동네 챙피하잖아. 그래서 저 멀리
서 떼놓고 오느라 진땀을 빼고 그랬대니깐. 내 인생에 딱 한 번 참 신
나게 놀았어. 그 여자가 그때도 무슨 암인가가 걸렸다는데, 나중에
그거로 죽었어.

생각해보면 내가 미국 덕에 산 거 아냐? 양색시 옷 장사니, 양키
물건 장사니, 미군 댄스홀 댄서니, 미군들하고 살림도 살고, 나중에

미군 집 파출부도 그렇고, 모두 미군 부대하고 관련이 있는 거잖아.

최현숙 / 글쎄요, 미군 부대 근처에서 밥을 벌어먹고 사시기는 한 거지만, 그렇다고 제 생각에는 미국이니, 미군 부대 덕이라고 하기는 좀 그렇네요. 어르신 몸으로 일해서 번 돈이고, 쟤네는 오히려 어르신 노동 덕에 편하게 살거나 어르신 노동으로 더 큰 이득을 얻은 거 아닐까요? 미군들 없었어도 어르신은 어디 가서든 몸으로 일해서 생활을 하셨을 테니까요. 어르신 젊어서 일제 때도 평양의 전매국이나 피복 공장, 고무 공장에서 일하셨는데, 그게 대부분 일제가 군수 물자나 전쟁 자금 만들려고 운영한 공장들이지만, 어르신이 그걸 일제 덕에 돈 번거라고 생각하시지는 않으시잖아요. 그거랑 마찬가지라고 생각해요.

그리고 어르신은 다행히 급하게라도 결혼을 해서 정신대에 안 끌려가셨지만, 그때 끌려간 어린 처자들도 다 같은 피해자지요.

김미숙 / 맞어. 내가 그 할머니들 이야기를 텔레비전에서 보고 하면서, 내 처지랑 많이 비슷한 거구나, 하고 생각이 되더라니까. 어려서는 그런 생각 못 했는데 내가 이렇게 살고 나서 보니까 비슷하단 생각이 들더라구. 근데 그렇게 그 할머니들이 많이 모여서 데모도 하고 자기들 당한 거를 알리고 하는 걸 보면서, '참 용기가 좋구나' 하는 생각이 들더라구. 그 사람들이야 무슨 잘못이 있어? 더구나 벌어먹고 살자고 제 발로 간 거도 아니고, 강제로 끌려간 거잖아.

최현숙 / 강제로 끌려갔다는 면에서 좀 다르기는 하지만, 힘없는 나라의 가난한 여성들이라는 면에서는 공통점이 많지요. 그런데 정신대 문제는 많이 알려지고 할머니들의 인권이나 일본의 배상에 관해 공공연하게 이야기하지만, 미군 부대 근처에서 2차도 나가고 살림도 하고 살다가, 늙고 병들어 동네를 떠나지 못한 채 가난하게 살고 계신 할머니들에게는 제대로 보상이나 혜택이 돌아가지 않고 있지요.

사실 그때 정부는 그게 가장 중요한 '딸라 벌이'[+] 중 하나였으니, 겉으로만 단속하는 척하고 속으로는 "벌어라, 벌어라" 했잖아요. 양색시 집 운영한 사람들이야 일부 돈을 벌었겠지만, 양색시들은 대부분 돈도 못 모으고 몸에는 병만 남고 혼혈아 낳고, 팸푸pimp(뚜쟁이. 성매매 현장에서 구매자와 판매자를 연결하는 일을 하는 사람을 일컫는다. 성매매 여성들을 관리, 통제하는 사람들을 일컫기도 한다)니 마마상(기지촌 클럽의 웨이트리스이면서 실질적인 중간 포주 구실을 하는 여성들)이니로 겨우 밥 먹고 살다가 두고두고 힘들게 멸시받으며 사는 사람들이 대부분이지요. 어르신이야 다행히 돈을 알뜰하게 모으셔서 일찌감치 이 집이라도 사고 아들 목사라도 만드시고 하셨으니 다르지만요. 가난한 사람들은 그때나 지금이나 닥치는 대로 살 수밖에 없고, 진짜 이익은 돈 있는 놈, 강대국, 양색시 앞세워 달라 벌이한 한국 정부, 다 거기로 간 거지요.

김미숙 / 그러고 보니 그렇네. 근데 댁이 팸푸니, 마마상이니 그런 걸 어떻게 알아?

최현숙 / 제 후배나 친구들 중에 미군 부대 근처 기지촌에서 일하는 여성들 인권 보호를 위해 활동하는 친구들이 있어요. 그러다 보니 그 일을 하는 여성도 몇 명 알고, 그 친구들 통해서 많은 이야기를 들었거든요.

✦ 당시 정부는 미군 주변의 성매매 여성들을 관이 주관하는 교육 자리에 모아, "여러분의 몸은 '달러 박스'이며 여러분은 '달라 벌이 전사'"라며 교육했다. 1964년 국가총매출 1억 달러 중 절반 이상이 미군 상대 성매매 여성들이 벌어온 돈이다.

김미숙 / 그렇구나~, 역시 배운 사람은 다르다니까. 배워도 제대로 배웠네. 배운 것들이 더 그런 사람들 무시하구 그러는 게 많거든. 댁은 제대로 배웠으니까 나 먹고 살은 거하고 일본이니 미국이니 한국이니 그런 걸 다 연관을 짓고, 그런 사람들도 이해하고 그런 거지. 나는 평생 일본이랑 미국 연관돼서 일을 하며 먹고살았어도, 그렇게 생각은 못 했거든. 근데 댁 말을 들으니 딱 들어맞는 말이네. 젊어서 북에서는 일본한테 득 되는 일을 한 거고, 남쪽 와서는 미국한테 득 되는 일을 한 거고.

최현숙 / 가난한 백성이야 무슨 잘못이 있겠어요? 잘나고 많이 배운 놈들이 지도자네, 정치인이네 하면서 나라 줏대는 안 세우고 지들 이익 챙기느라 나라를 팔아먹으니까 문제지요. 어르신이야 그저 자식 키우며 먹고 사느라 열심히 사신 거지. 그리고 다행히 돈을 알뜰히 모아 말년이라도 덜 고생하시면서 이렇게 사시니 얼마나 다행이에요. 아이구, 우리 너무 심각해진 거 같네요. 하하~.

김미숙 / 아니야, 내가 헛말하는 사람이 아닌데, 아닌 말로 댁 만나서 나 살아온 이야기 하면서 많은 걸 생각한다니까. 참 그때 그 사람에게 못되게 굴었다, 하는 생각도 들고, 아무도 관심 없는 별 볼일 없는 인생 굽이굽이 혼자만 살다 혼자 싸 짊어지고 가는구나, 생각했는데, 댁한테 이야기하다 보니 내가 뭐 그닥 잘못 산 것도 없고, 한편 또 참 열심히 살았구나 생각도 드는 거야. 한국 사람들 여자나 남자나 꽉 막혔잖아. 내가 미군들 곁에서 먹고산 거며 미군이랑 살림 산거며 어디 가서 이 이야기를 하겠어? 자랑거리도 아니고 누가 듣자고 물은 사람도 없고, 그냥 나 혼자 담고 죽는 거지. 이렇게 풀어놓으니까 남의 인생 같기도 해서 안쓰럽기도 하고, "잘 살아냈다. 다행이다" 하며 혼자서 내 위안도 한다니까…….

최현숙 / 그럼요. 어르신은 내가 아는 여성 노인 중에서도 정말 화끈한, 똑 부러지는 분이셔요. '내 인생 내가 산다' 이거 말예요. 그래서 제가 어르신 살아오신 이야기를 듣고 글로도 남기고 싶었던 거 잖아요. 그런데 어르신 생각에는 어르신이 그 미군 부대 동네를 나오시게 된 계기가 뭐라고 생각하셔요? 그 지역에서 먹고 살던 많은 여성들이 지금 나이 여든이 다 돼서도 그 지역을 못 떠나고 거기서 가난하게 살고 계시거든요. 폐휴지도 줍고 하면서, 생활 보호 대상자로 보조금 받으시면서. 다른 데 가서 살 데도 없고, 사람들한테 애먼 소리 들을까봐 못 떠나기도 하고.

김미숙 / 나는 일찌감치 집을 종로에다 사놨잖아. 아예 미국으로나 갔다면 모를까, 그거 말고는 그 미군 부대 근처 생활은 나한텐 임시였어, 우선은 돈 벌려는 거고, 또 친한 사람들이 있어 같이 어울리기도 하려구. 친구한테 집을 공짜로 빌려줬지만, 언제라도 내가 들어올 수 있는 내 집이잖아, 내가 고생고생해서 마련한 집. 나중에 아들이 목사 공부 하면서부터는 혹시라도 아들한테 걸림돌이 될까봐 그 동네를 딱 발을 끊었어. 나이가 많아서 팔리지야 않겠지만, 그래도 거기서 먹고 사는 방법도 많이 있고, 친한 여자들도 거기에 많았지. 그래도 발을 끊었어. 나는 한번 끊으면 딱 그걸루 그만이거든. 거기 끊구, 아들 목사 만들 돈 대려니까 또 바빴지. 이태원 미국 집으로 파출부 다니구, 일 안 나가는 날은 장사도 하구 하면서. 이태원에 동성연애자들도 많고, 남자가 여자 옷 입고 돌아다니는 사람들도 많아. 뭐

저런 것들이 있나 싶지만, 저 좋아서 하는 거를 남이 뭘 뭐라 그래?

"썩은 동아줄에 실속은 없고 속곳 밑만 닳는 짓"

최현숙 / 근데 어르신은 그 시대 다른 여자들에 견줘 생각도 자유로우셔서, 잠자리나 성에 관해서도 다르셨을 거 같아요. 더군다나 젊어 혼자되신 데다, 몸매도 좋으시고 성격도 활달하여서 어르신 좋아하는 남자들도 많았을 테고. 한국 남자들하고도 사귄 경험이 있으면 들려주세요. 성에 관한 어르신의 생각도 듣고 싶고요.

김미숙 / (약간 쑥스러워하면서도 활짝 웃으시며) 아~ 젊어서 혼자돼 가지구, 남자 안 사귀어봤겠어? 아닌 게 아니라 살아오면서 한국 남자들도 여럿 사귀어는 봤어. 가만 보니까 내가 뭐, 절개를 지키든 말든 누가 뭐 어쩔 사람도 없었구. 캬바레 다니고 할 때 주로 만났는데, 대체로 유부남들이었어. 근데 맻을 사귀어도 나한테 아무것도 이익이 없는 거야. 힘들 때니까 솔직히 생활비라도 좀 대줄려나 생각두 했지. 그때는 여자 혼자 사는 게 너무너무 힘든 세상이잖아. 근데 생활비를 대주기는커녕 밥 한 때라도 얻어먹을려구만 그래. 누구 하나 십 원 한 장 도와주는 사내도 없더라구. 게다가 동네 망신당할까봐 조심스럽기도 하구. 본마누라가 알면 머리끄뎅이 잡아땡기며 싸우게 될 거 아냐. 집에 와서 자고 가고도 했으니까, 동네 망신할까봐 겁도 나고 그랬지. 그걸 또 떼버릴려면 힘들거든. 한국 남자들은 싫다 그래도 계속 쫓아오더라구. 여러 날을 친구네 집 가서 자고, 집에 안 들어오고, 그러면서 겨우 떼버리구 그랬어.

한번은 피엑스 미국인 책임자였는데, 사귀자며 집에 오고 싶다는 걸 거절했어. 근데 그 사람들은 한 번 "노" 하면 그걸로 딱 끝나. 절대 두 번 다시 귀찮게를 안 해. 한국 사람들하구는 아주 딴판인 거지. 오히려 그렇게 딱 끝이니까 내가 좀 아깝더라구. 그 사람하구 사귀었으면, 양키 물건이라도 더 싸게 사서 돈도 많이 벌구 했을 텐데. 모르지, 집 몇 채 샀을지……하하~.

내가 잠자리니 섹스, 뭐 그런 거는 여엉 발달이 안 됐는지 별 취미가 없었어. 남편 만나서두 내가 뭐 나무때기니 빨래판 같아서 지가 바람피운다는 둥 그러더라구. 그러니 남자 사귀는 게 아무 필요가 없는 거지. 돈이나 좀 도움을 받을까 하는 건데, 그렇게 만나는 한국 놈들은 다 건달들인 거구. 성이 발달됐다 하더라두, 내가 거기 미쳐서 살 수는 없는 거지. 그걸로 세상을 사는 게 아니잖아. 여자 혼자 자식새끼 키울려면 정신 차리고 살아야 하는데. 난 그런 사람은 아냐.

세상에 태어나 처음이자 마지막으루 딱 한 번 제대로 그 맛을 느껴본 적이 있어. 캬바레 댕기면서 만난 한국인 대위였는데, 정말 잘하더라구. 근데 그거루만 사는 거 아니니까 더 미칠까봐 빨리 떼삐렸어. 더 미치면 못 떼잖아. '정들기 전에 끊어버리자' 허구, 오지 말라구 그랬어. 알아듣게 여러 번 얘기해도 자꾸 집으로 쫓아오더라구. 경기도 어디 미군 부대 근처 시골서 셋방 살 땐데, 밤에 와서 문 뚜들기구 하니 안집도 있는데 안 열어줄 수가 없잖아. 더구나 동지섣달이어서 무지 춥기도 했구. 그래서 문을 열어 주고는, "나 젊어서 돈 벌어야지, 당신하구 이렇게 엔조이나 하면서 살 여유가 없다. 날 먹여 살릴거냐? 속 채려라" 그러면서 그냥 한 구석에서 자고 가게만 했어. 겨우 떼어내고 한참 지났는데 한번은 그 대위 여편네가 어린애를 업고 찾아왔더라구. 그래서 "벌써 오래 전 이야기고, 몇 번 만나지도 않았고, 끝난 지 옛날"이라고 하면서 아무개 집으로 가보라구 알려줬어. 또 딴 데 여자를 뒀다구 소문이 좌악 퍼졌거든. 그 남자가 여엉 바람둥이였어. 잘생겼다구 난리들인데, 난 우리 애 애비가 워낙에 잘생겨서 그런가, 잘생긴 줄은 모르겠고, 육체관계는 정말 잘하더라구. 그때 딱 한 번 그 맛을 느껴봤어.

한국 남자들하고 연애를 하고, 좋아하고 그런 거는 없었어. 먹고살기 힘들어서 그럴 겨를도 없었지. 눈만 뜨면 물건 사다 팔아야 된대는 그 생각, 머릿속에 그것밖에 없었어. '젊어서 벌어야 늙어서 고생 안 한다', 그 목적은 그래도 좀 이룬 거지.

남자, 섹스, 가정, 그런 거가 나한테 중요하지는 않았던 거 같아. 그저 내 인생 내가 헤쳐 나가야 한다……그걸로 산 거야. 혼자가 되니 힘들어도 마음은 편했어. 남자에 기대보려고 했지만 누구 하나 기댈 게 못되는 게 남자들이었어. 순결, 정조, 뭐 그런 걸 중요하게 생각한 거는 아닌데, 남자들 만나고 관계를 맺어봤자 오히려 나 살기만 더 복잡하고 힘들어지고, 얻는 것도 없이 시끄럽게 말려든다는 생각에 그냥 별 관심이 없어지더라구. 딱 한 번 잠자리의 진짜 맛을 느끼기는 했지만, 그거에 빠져봤자 나만 더 손해 보고 망가질 거라는 두려움에 오히려 도망치게 되더라고. 남의 남잔데 내가 못 빠져나오면 나만 망치는 거지, 뭘 어쩌겠어?

유부남과 사귀는 게 결국은 도둑질이잖아, 남의 거니까. 그러니 길게 연애를 하게 되지가 않더라구. 경제적으로나 도움이 됐으면 한 건데, 결론은 '에이, 이깟 놈의 것, 실속은 없고 속곳 밑만 닳는 짓이구나', 이렇게 된 거지. 하하하~.

나중에 딱 한 번 재혼할래다 포기하고 나서는, 남자고 가정이고가 나한테는 허깨비로 여겨지더라구. 남편 덕에 잘 사는 여자들 보면 겉이 아닌 속내는 내가 알 수 없으니 뭐라 못 하는 거겠지만, 하여튼 나한테는 그런 팔자가 영 가당치도 않고, 별루 부럽지도 않고 그랬어. 지금도 그래. 성질이 더러워서 내가 누구한테 매정한 짓이야 했겠지만, 큰 죄 안 짓고 남 안 돌라먹고, 내 인생 뼈 빠지게 기를 쓰고 내가 산 건데, 미안하고 주눅 들고 후회되고 할 게 뭐 있어? 그래서 그런가, 노인 우울증, 뭐 그런 거가 나는 없어. 딱 하나 바라는 거는, 죽을 때 시간 끌지 않고 얼른 죽었으면 싶어. 그러고는 천당을 가든가 어딜 가든가, 지옥 갈 일은 안 한 거 같으니까 죽고 나서 걱정도 없구. 나는 어릴 때고 이제고 그냥 배짱으로 사는 거야. 하하하~.

최현숙 / 경제적으로 힘들기는 하셨지만, 다른 여자들이랑 다르게, 어르신 삶의 주인으로 사신 거잖아요. 어차피 인생이야 다른 사람과 비교할 일은 아닌 거고, 어르신 자신이 어떻게 느끼시느냐가 중요한 거잖아요.

김미숙 / 글쎄, 내가 남들보다 뭐 어쩐가는 모르겠고, 또 그런 거는 상관도 없어. 그냥 '내 인생 내가 살아냈구나' 그런 생각이야. 다들 뭐라고들 그러겠지만, 나는 달리 해볼 뭐가 없었던 거 같아. 그래도 댁이 나 산 거를 이해해주니, 나도 한번 생각을 해봐야겠네. 뭘 잘했고 뭐가 모자랐는가, 뭘 더 하고 가야 좋은가……. 댁 생각에는 내가 뭘 더 하면 좋겠어?

최현숙 / 글쎄요. 어르신이야 어르신이 알아서 하시는 거지만, 저 같으면 죽기 전에 미운 사람이랑 푸는 거는 좀 하고 갈까 싶어요. 그냥 내 마음 편하자고 하는 거겠지만.

김미숙 / 그르게……나야 뭐, 다른 미운 사람이 있을 게 뭐 있어? 전에 사람들은 다 죽었잖아. 이북 가족들이야 지금 나한테는 없는 세상이고, 다들 죽었을 테고. 생각해보면 내가 너무 모질게 끝낸 사람들이 많지. 서방도 그렇고, 평양서 같이 나온 친구도 그렇고, 시댁 사람들하고도 그렇고. 댁도 느꼈겠지만 내가 많이 모질고 거친 사람이야……내가 좀 잘했으면, 서로 잘하다 보냈을 수도 있었을 텐데……. 겉이야 옛날부터 무뚝뚝하고 거칠어 보였지만, 젊어서는 속까지 거칠지는 않았거든. 근데 언젠가부터 속도 다 말라버린 거지……. 서로 잘 지낸 사람들도 없지는 않았지만, 좋을 때나 좋은 거지, 어떻게 안 보게 되고 나면 그냥 그걸로 끝인 거야. 마음이 안 가서 그렇겠지……마음이 없어서…….

지금 아들 며느리 미운 거야, 지네 잘되라고 그런 거지. 에미가 자식 밉다는 게, 그게 미운 거가 아니잖아. 지네가 어떻게 생각할지는 몰라도, 그게 미운 거는 아냐. 그렇잖아?

최현숙 / 그럼요, 자식인데요. 그래도 표현을 안 하면 모르더라구요. 아드님 이야기 나온 김에 아드님 키운 이야기 좀 해주셔요.

미국인 집 파출부 하며 외아들 목사 만들다

김미숙 / 벌어먹고 살려니까, 양색시들 옷 장사 돌아다니면서는 아들은 큰어머니한테 맡겼어. 근데 애 큰어머니가 어른들한테는 그렇게 잘할 수가 없는데, 그 애한테는 그럴 수가 없이 구박을 했더라구. 계모도 그런 계모가 없게 독하게 한 거지. 여섯 살에 맡겨서 열두 살에 데려왔는데, 그 집이 못살고 큰아버지가 배운 것도 없어서 멀리 왕십리까지 가서 밭을 세내서 시금치, 김장 배추 그런 걸 키워서 시장에 내다 팔았거든. 채소를 뽑으면 열두 살짜리 애한테만 그걸 니아까에 싣게 해서 혼자서 시장으로 끌고 오라 그러고, 저그 두 내외는 차를 타고 갔대. 자기네 애들은 다섯인가 그랬는데, 시킬려고도 안 하구. 걔가 그 집 오 남매보다 컸거든. 난 몰랐지, 그걸. 나중에사 아들이 얘기를 하니까 알았지. 내가 데리고 나가려고 해도 시어머니가 못 데려나가게 해. 늘 장사 돌아다니느라 바쁜데, 데려갔다가 어디 잃어버리거나 죽기라도 하면 어쩌냐는 거지. 난 그게 애 생각해서 그런 줄 알고 고마워했거든.

나 혼자서 한 달에 딱 쌀 한 말을 먹더라구. 어린 게 나만큼이나 먹어? 그래도 내가 달마다 꼬박꼬박 쌀 한 말을 보냈어. 에미 애비 없는 자식이 옷마저 그러면 안 되겠다 싶어, 옷도 자주 사서 줬고. 근데 큰어머니가, 지 새끼들 양말 한 쪼가리 안 사줬다고 불평을 하더라구. 사주면이야 좋지만, 내 형편이 그게 안 됐거든. 더구나 나중에 보니 내 새끼를 머슴처럼 부려먹으면서 그런 거야. 게다가 시어머니가, 내 아들이 자기네 자식이니까 자기네가 키운다 그랬거든. "너는 네가 알아서 시집을 가라. 애는 우리가 키우겠다. 명 길면 살고 명 짧으면 죽을 테니 애 걱정은 말아라. 너 하나나 알아서 해라" 그 소리를 자주 했어. 그래도 에미라고 쌀 주고 옷 주고 한 건데, 더는 힘들더라구……

애가 열두 살이 되니까 맏동서가 이젠 죽어도 애를 못 키우겠대. 그 애 하나가 지네 애 다섯 키우는 거보다 더 힘들대는 거야. 할머니하고 큰어머니하고는, 마음이 또 다른 거지. 애가 열두 살이 되도록 학교도 하나도 안 보냈더라구. 그래서 내가 걔를 데려다가 가평에 하숙을 시켰어. 그러고는 그 박씨네 사람들하고는 딱 발을 끊었어. 가평 하숙집 여자가 한 달에 쌀 너 말 달래서 두말도 않고 그랬더니, 밥도 배부르게 먹이고 옷도 깨끗이 빨아 입히고 그렇게 잘할 수가 없어. 그러니 애도 좋고, 나도 신간이 편한 거지. 늦었지만 공부도 시켜야겠길래, 선생 하나를 붙여서 과외를 시켰어. 그랬더니 왜 그랬는가, 애가 달아나버렸어. 가출을 한 거지. 지 친가 말고는 천지에 아는 데도 없는 애가 글루는 안 갔대고, 어디 찾을 데도 없더라고. 아무리 찾고 기다려도 안 와서 더 찾지를 않고 포기를 하고 있었어, 한 삼 년을.

애 가출하고 삼 년 넘던 해에, 누가 중매를 서더라구. 그때 내가 양색시들 외상값 받으러 강원도 원주 한 여관에 여러 날을 있을 때야. 자고 일어나니까 부대가 싹 원주로 떠났고 그러니까 양색시들도 부대 따라서 원주로 간 거지. 그러니 어떻게 해? 외상값 받으려고 원주까지 쫓아간 거지. 그 원주 여관 주인이 나를 잘 보고 중매를 선 거야. 남자는 아주 못났어. 그래도 애 아범은 얼굴도 잘생기고 노래도 잘하고 그랬는데, 그 선본 남자는 아주 촌스럽구 못났구, 키도 작아. 거기에 내 아들만한 아들까지 하나 있고. 그런데 그 남자가 고등학교 선생이래. 그러니 내가 그동안 벌어먹기 너무너무 힘들어서 마음이 쏠린 거야. '에이, 남편 낯짝 파먹고 사냐? 밥이나 편하게 얻어먹고 살자' 싶어서 마음을 정하고 따악 살림 합할 약속을 했어. 살림을 여기 이 집에서 하기로 했어. 양키 물건 장사해서 이 집을 사놓고 친구가 살고 있었거든. 가서 집 고쳐놓고 맻 날 매칠까지 다시 오겠다고 약속했지. 그 평양 친구랑 한 집에서 살 생각을 한 거지. 원주 쪽 내 살림이야 여관방인데 정리하고 말 것도 없었어. 서방인지 남방인지 데려올래면, 수리라도 해놓구 데려오려구 한 거야. 여기 와서 막 집을 고칠라고 공사할 사람을 찾고 있는데, 아, 집 나간 아들이 떠억~하니 대문으로 들어서는 거야. 근데 참 사람 마음이 그렇데. 나도 에미는 에미더라구. 마음이 싸악 뒤집어지는 거야. 뭐 어쩔까 고민을 하는 게 아니구, 손바닥 뒤집듯 마음이 싹 바뀐 거야. '아, 몸 좀 편하자고 내가 남의 새끼 키워줘서 뭐하나? 내 자식 왔으니 내 자식이나 키우고 살자' 그렇게 뒤집어지더라구. 그래서 집수리하고 오겠다고 약속해놓고는, 안 간다 못 간다 소리도 없이 연락을 딱 끊어버린 거야. 아들한테도 이런 저런 한마디도 안 하구. 걔가 열아홉이나 스물이나 됐었어. 아들은 지금도 그 일을 몰라.

　그때까지 아들은 학교를 한 번도 다닌 적이 없었어. 평양서 같이 온 친구가 내 집 여기서 살 때, 아들을 오륙 개월을 데리고 있었어. 근데 공부시킬 생각도 안하고 전기 다마 만드는 공장을 보내서 손이 죄 베어 가지고, 많이 다치고 그랬더라구. 왜 남의 자식 데리고 있으면서 그렇게 험한 일을 시켜? 집도 자식도 돈도 다 맡길 때는, 내가 걔를 얼마나 믿은 거야? 뭐가 어쨌든 나한테는 그 친구 하나밖에 없다고 생각했거든. 근데 그게 나를 이용해먹고 사기를 친 거야.

　그 친구가 애들 애비 친구하고 결혼했다고 했잖아. 그 남자도 평생 벌이를 제대로 못해서 우리 친구가 남대문 시장 나가서 "딸라 있어요, 딸라 있어요" 하는 그 딸라 장사를 하고 살았어. 딸 둘, 아들 하나 삼 남매에 시어머니까지 해서 여섯 식군데, 서방 버는 거로는 안 됐든 거지, 그래도 애 애비보다는 나았어. 내가 돈을 버는 대로 당장 쓸 거만 남기고는 모두 그 친구한테 맡겼어. 빨갱이들이 쳐들어오면 은행부터 달아나잖아, 저기 부산으로 어디로 달아나더라구, 육이오 때 보니까. 그러니 내가 거기까지 어떻게 쫓아가? 은행 못 믿으니 이남에 아는 사람도 없구, 그 친구한테 맡긴 거지, 나는 맨날 정신없이 돌아다니니 돈을 가지고 다닐 수가 없잖아. 안 먹고, 안 쓰고 모은 돈이지. 그 돈을 다 그 친구한테 맡긴 거야. 근데 글쎄 화폐 개혁 되기 전 돈으로 내돈 백만 원을 떼먹었어. 평양서 같이 넘어온 친구라서 서로 둘밖에 없는 사인데, 그년이 그럴 줄을 몰랐지. 내 돈으로 그 식구들 먹고산 거지. 내가 돈을 버는 대로 주면서 모아서 집을 하나 사달라고 그랬어. 내가 준 돈으로 그년이 이 집을 이십이만 원에 샀대. 근데 나중에 저쪽에 있던 방 하나를 전세 내보낼 때 보니까, 아, 글쎄 삼십삼만 원을 보증금을 내고 전세를 살았대는 거야. 이십이만 원에 산 집, 방 두 칸짜리 전세 보증금이 삼십삼만 원이 말이 돼? 이 집을 서른하나 때 사서 11년을 꽁짜로 그 친구한테 살게 했어. 되배(도배)며, 장판이며를 때 되면 다 십 원 한 장 안 받고 갈아주고. 집도 관리하고, 내가 맡기는 돈이랑 물건들도 맡아놓으라고 한 거지. 이만한 고리짝에다가 돈도 넣어놓고, 그때로는 구경하기도 힘든 미제 메리야쓰니, 삼각 빤스도 넣어놓고 해서 맡겨놨어. 삼각 빤스는 월화수목금토, 그렇게 다 세트로 있는 거였어. 옷이니 옷감이니 라디오니 모두 맡겨놨는데, 나중에 보니 그런 것들도 온데간데없더라구. 라디오는 뭐, 내려쳐서 깨먹었대나 어쨌대나. 고리짝 속에 넣어놓은 라디오가 어떻게 기어 나와서 떨어져 깨지냐구,

글쎄~. 내 돈이니 물건이니 사기당한 거 알고 나가라고 했어. 그리고 남한테 세를 준 거지. 그러고는 그 친구랑은 절교를 했어.

아들은 서른 중반 넘어 결혼했어. 이래저래 다 늦은 거지. 서울서 만난 내 친구 하나가 중신을 한 번 서서 선을 봤어. 근데 내 생전에 그런 여자는 또 처음이야. 그 처자가 코가 구녕만 두 개 있어. 코 살, 요 뽈록하게 올라온, 이게 없는 거지. 우리 아들 보면 그래도 멀쩡하게 잘생기고 그랬잖아(나는 어르신 병원 모시고 가는 일로 부부 목사인 아들과 며느리를 만난 일이 있었다). 아무리 공부를 못했다고 해도 그런 여자가 맘에 차겠어? 그러니 우리 아들이 화가 나가지고 자기가 결혼할 사람 데꾸 온다구 홧김에 결혼 상담소 가서 만나 온 게, 지금 그 며느리야. 목사 될 사람을 구한다고 했대. 상담소에다가 지가 원하는 남자를 써넣을 거 아냐. 우리 아들이 아직 신학교도 안 댕길 땐데 속인 거지, 신학교 당긴다고. 그래서 결혼해서 들어와보니 신학교도 안 댕기지, 시어머니는 양키 물건 장사해서 겨우겨우 벌어먹고 살지 하니까, 한 달 만에나 그 며느리가 가버렸어. 결혼시키면서 내가 이 집을 비워주고 나갔거든, 이태원으로. 며느리 나가고 나서 어떻게 할 도리가 없어서, 내가 도로 이 집으로 들어와서, 나는 이 방 쓰고 저는 저쪽 방 쓰고 그랬지. 그제야, 소박맞고 나니까, 신학교 가서 목사 되겠다고 하더라구. 나는 첨에 막았어. 우리 아들이 원체 사람이 공부도 안 했고 또릿또릿하지도 않은데, 거기다가 목사까지 되면 지가 이 세상 어떻게 살아나가? 그래서 막았는데 지가 하겠다고 고집을 부리는 거야. 그래서 별 수 없이 놔뒀지. "알았다 그럼, 근데 네가 석 달이나 하겠니?" 그랬더니 우리 아들이 "남들은 아들 목사 만들려구 어머니가 천날 만날 기도하고 그러는데, 엄마는 어째 그러냐"는 거지. 말이야 맞지. 그래서 "알았다, 그럼 내가 기도는 열심히 해주께" 그러고는 내가 8년을 기도하러 산을 다녔어. 교회 가면 헌금 천 원을 해야 하는데, 내가 헌금 천 원 낼 돈이 없는 거야. 그러니 저 청와대 뒤에 산을 매일 다니면서 봉우리 산꼭대기까지 올라가서 그저 소리를 지르며 기도를 하는 거야, 통성 기도라 그러잖아. 두 손을 번쩍 들고 그저 "주여~" 하면서 목청이 떠나가게 하는 거야. 내가 세상 사는 게 갑갑하니 소리가 더 잘 질러지더라구. 절대, 가다가, 천에 하나 만에 하나, 아들 맘 변치 않게 해달라구, 그 기도밖에 없는 거지. 기도하러 온 사람들이 나 쫓아서 기도를 하드라구. '천에 하나, 만에 하나', 거기에다 붙여서 지네 기도들을 하더라구. 그 기도가 목사를 만든 거야, 내 기도 덕분인 거지.

목사 공부 하는 동안 내가 데리고 먹고, 입히고 하면서, 신학 대학 4년, 연구과 3년, 목회 학과 1년, 8년을 목사 공부를 시킨 거야. 일반 공부를 안 해서 밑바닥 공부가 없으니까, 목사 되는 공부를 더 오래 한 거지. 저 마흔두 살, 나 예순네 살에, 목사 안수를 받은 거구. 그동안이고 그전이고 다음이고, 지가 나한테 돈 십 원 한 푼을 안 갖다줬대니까. 나는 열네 살부터 일하기 시작해서 평생 내 손으로, 내 몸땡이로 먹고산 거잖아. 근데 걔는 습성이 지 애비를 닮았나.

공부 8년 만에 목사 안수 받을 때쯤 해서, 어디 숨어서 지켜봤는지, 알아봤는지 며느리가 다시 기어들어오더라구. 목사 안수 받으면 옆에서 챙겨줄 여자가 있어야 할 거 아냐. 그래서 딴 여자를 수소문해서 결혼 날을 받아놓고 양가 밥까지 먹었는데 말야. 그 여자도 인물도 괜찮고 허우대도 나만 하고 좋았어. 그래서 내가 내 옷을 같이 입으믄 되겠다, 생각하고 있었어. 내가 옷이 많잖아. 근데 내가 새 옷 사서 갖다 주라고 하면, 우리 아들이 안 갖다 주더라구. 그걸 보니 아마 지 맘에 안 들었던가봐. 나간 며느리 들어오니까, 두말도 못 하게 하고 약혼을 깨버리고는 집 나간 여편네를 다시 받아들인 거지. 며느리도 그동안 목사 공부를 해서 목사가 됐더라구. 지네끼리는 잘 맞는 거지. 그러니 나야, 싫고 뭐고가 없는 거지. 그러구 나서 애를 낳았으니 애가 늦었어. 그 손주가 이제사 군대 갔잖아. 아들 며느리는 둘이 죽고 못 살아. 그러니 다행인 거지 뭐. 목사 되고, 나중에 박사 학위까지 받고 나더니, 지 여편네가 박사 학위 뒤 밀어줬다구, 뭐 지 여편네밖에 없어. 나는 목사 만드느라고 8년을 뒷바라지를 했는데, 그건 다 어디로 가구, 박사 학위 밀어준 지 여편네 공만 치는 거지.

아들 목사 공부 하는 동안, 나 육십에서 육십넷까지 딱 4년을, 미국 사람네 집 파출부를 다녔어. 그 사람들은 딱 4년을 계약하고 한국을 들어오니까, 나도 딱 4년을 한 거지. 다른 미국 집에 들어가서 식모로 일하던 친구가 소개해준 자리였어. 하루걸러 일주일에 3일을, 아침 아홉 시부터 저녁 여섯 시까지 꼬박 아홉 시간을 서서 일만 하는 거야. 단 오 초, 일 초도 앉을 시간이 없어. 그 사람들은 돈을 일주일마다 줘. 주당 삼만 구천 원을 받으면, 버스비 빼고 쌀 사 키로 사고 콩나물 사면 끝이야. 지금은 여자들도 하루만 일해도 쌀 이십 키로를 더 사잖아. 그러니 시골 사람들이 농사 안 짓겠대는 거지. 그땐 품삯도 쌌지만 쌀값이 너무 비쌌던 거야. 여지껏 다른 물가는 다 오르는데 쌀값만 안 오른 거지. 지금 쌀값이 너무 싼 거야. 근데 한국 사람

집에 들어가 살면서 한 달 내내 묶여 있는 다른 파출부들보다 돈을 더 받기는 했어. 현관문 닦기가 젤루 힘들어. 양쪽이 열여섯 면인데 그걸 닦고 나면 땀으로 속 빤쓰까지 다 젖는다니까. 그 사람들은 보통 아침에 나갔다 저녁에 들어오는데 내가 주변머리가 원체 없어. 그저 곧이곧대로여서 샤워 한 번을 못 해. 남들이 그러는 거하고 나하고는 아무 상관이 없는 거야. 정 땀이 많으면 물 한 바가지 떠 가지구 저 베란다 가서 씻구 말지. 한번은 하도 땀이 나서 화장실 물 틀어서 좀 씻었더니, 그 미국 여자가 "너네 집은 수돗물도 안 나오냐?" 그러는 거야. 그것들은 대대손손이 껌댕이들 부려먹던 게 있어서, 우리 같은 사람은 사람으로 안 보이는 거야. 그래서 그 뒤로는 정 땀 씻을 일 있어도 따로 그릇 하나를 두고 거기다 물 떠서 베란다에서 쓰고, 그 집 화장실도 안 쓰려고 집에서 미리 보고 가고, 가서도 참고 그랬어.

내가 세상을 그렇게 살았어. 몸은 힘들어도 신간이 편했어, 파출부는. 뺏길 염려도 없고 잡혀갈 염려도 없고. 자기네 노는 날은 일하지 말래. 청소기랑 돌리면 소리가 시끄럽거든. 그러니까 자기네가 집에 있는 날은 쉬래. 내 사는 주인집 전화번호를 줬으니 내가 집에 있을 때 전화해주면 오죽 좋아? 막상 가야지 그때사 오늘 자기네 쉬는 날이니, 집에 가서 쉬라는 거야. 그래도 그날 돈은 주고 쉬라고 하지. 원래는 일하는 날인데 자기네 사정으로 쉬니까. 계산은 분명한 사람들인 거지. 하루라도 내 사정으로 쉬어본 적은 없어. 점심은 쌀 한 말을 미리 사줘. 가루 커피 한 통하고. 그래서 점심 먹고 커피 한 잔 마시는 게 지금까지 습관이 돼 있어. 반찬은 딱 미군 부대서 나온 깡통 하나야. 그게 우리한테는 반찬이 안 되지.

미국 사람 집에 들어간 게 너무 고마워서, 혹시 마음에 안 든다고 그만두라 할까봐, 비지땀을 흘리면서 일을 했어. 일에 관해서는 말 한 마디를 내가 안 시켰어. 알아서 깔끔하게 미리 다 마음에 맞게 하는 거지. 청소하구, 빨래하구, 옷 대리구, 그게 내 일인데, 그걸 아홉 시간 꼬박 해도 시간이 모자라는 거야. 옷들은 물론이고, 팬티부터 수건에 행주까지 다 빳빳하게 다리는 거야.

파출부 딱 4년 하고 그 사람들 미국 들어가고 나서는 나이도 그렇고 해서, 다른 일을 찾기가 힘들더라고. 아들이 목사 공부 하고 있는 중이니 전처럼 양키 물건 장사를 하기도 그렇고. 그래서 내가 사놓은 이 집에 딸린 가게 방에다 과일 가게를 시작했는데, 그게 앞으로 남고 뒤로 밑지는 장사더라고. 안 팔리는 게 상하고 하니까 별 이문이 없는 거지. 그래서 곧 과일 가게는 그만뒀어. 그러고도 가게 방 하나에 살면서 과자도 팔구, 이런 저런 장사를 했어. 그러다가 아예 가게는 남 세주고, 여기 살림집으로 들어와서 계속 살고 있는 거지. 그게 십 년째야. 그전에는 공부시키는 돈 만드느라구, 여기 전세 주고 나가서 쪼끄만 방에 두 살구 그랬던 거지. 아들이랑 같이두 살구 따루두 살구.

성남은 지옥, ○○동은 천당

김미숙 / 거의 내내 걔네랑은 따로 살았어. 목사 안수 받고 나서 지네는 성남으로 간 거야. 며느리 친정네가 그쪽이거든, 거기서 교회도 하고 아들 공부도 더 한 거지. 그러다가 재작년에 아들네 가서 열 달 이십 일을 있다 작년(2009년) 3월 그믐에 여기로 다시 왔어. 지네 집으로 갔을 때는, 내가 몸이 많이 아파서 죽으려구 간 거야. 먹은 게 체했는데 아무리 해도 내려가를 않더라구. 병원이구 침이구 다 안 되는 거야. 두 달은 여기서 죽을 먹다 간 거야. 내 생각에 이젠 죽을 때가 됐나보다, 싶었어. 그래도 하나빡에 없는 자식인데 거기 가서 죽어야지……. 혼자 있다가 남들 모르게 죽어 송장이 썩기라도 하고 그러면, 지네가 욕먹을 거 아냐. 게다가 부부 목산데 뉴스에 얼마나 난리가 나겠어. 그렇게 혼자 죽어 썩어서 나중에야 발견된 노인네들이 있어서 자식들이 욕먹고 하는 거, 뉴스에도 나고 그러잖아. 그래서 지네 욕 안 멕일려면, 거기 가서 죽어야겠다, 그런 생각에 거길 내 발로 간 거지.

근데 내가 엊그제 계산을 해보니까 열 달 이십 일 만에 거기서 내 돈을 천삼백사십만 원을 썼더라구.

최현숙 / 앗따~, 계산도 세세하게 하셨네. 그걸 다 계산해보신 거예요? 하하~.

김미숙 / 내가 다 메모를 하고 살잖아. 그리고 돈 나가는 거야 내 통장 놓고 따져보면 금방이구. 여덟 달 동안은 죽 하나에 늘 된장국 하나야. 여기서도 두 달을 죽 먹다가 갔거든. 며느리가 이만한 들통에 죽을 끓여놓구는, 그것도 한 그릇 그득 주는 게 아니고 딱 두 국자씩 줘. 그루구는 나더러 엄청 많이 먹는대는 거야. 내가 여기를 비우고 가면서, 카드를 만들었어. 여기 세 사는 사람들이랑 돈이 들고 나고 할 일이 있으니까 만든 거지. 이 방도 전세를 놓으려다가 안 돼서, 오백에 이십오만 원 사글세로 해놓고 갔거든. 성남 있는 동안 그 월세를 아들 며느리가 다 받아다 쓰고, 내 카드 가져다가 지네 맘대로 찾아 쓰고 그런 거야. 다 계산해보니까 천삼백사십만 원을 썼더라구. 내가 한 달에 삼십만 원 가지고도 그렇게는 안 먹거든. 한 달 삼십 일 된장국 한 가지에 죽, 그걸 어떻게 먹느냐구? 그러니 내가 더 있고 싶겠어? 병도 다 나아서 나중에는 밥 먹고 했거든. 그래서 내 집으로 다시 간다고, 간다고 하니까, 걔네들이 못 가게 하는데, 나는 한번 정내미가 떨어지니까 거기가 지옥이야, 여기가 천국이고. 여기야 뭐든지 내 맘대로 할 수 있잖아. 내 먹고 싶은 대로 먹고, 자고 싶은 대로 자고, 가고 싶은 대로 가고. 그래서 내가 가겠다고 우기면서, "성남은 지옥이고 ○○동은 천당"이라고, "나 보내달라"고 날만 새면 우겼어. 그래도 말을 안 들으니 수면제 한 주먹을 먹어버린 거야. 정말로 죽어버리려고 한 거지. 그런데 그게 안 죽어지고, 한참 동안 입원을 하게 된 거지. 몸 회복되고 나니 결국 일루 보내준 거야, 아들이.

　내가 쉬운 노인네야? 아니지. 그건 나두 알아. 고집쟁이에, 말이고 성격이고 쎄구, 속마음은 안 보여주구. 하지만 글쎄, 내 말이 틀렸나 보라구. 우리 친정 평양에서는 잡곡이 싸고 쌀이 비싸기 때문에 된장도 안 먹었어. 간장 빼고 난 된장이 뭔 맛이 있느냐구? 돼지나 주는 거야, 된장은. 간장 안 빼고 콩으로 메줏가루 만들어서 거기에 고춧가루 넣은 막고추장, 그걸 먹거든. 근데 여그 와서 며느리 손에 그 잘 나빠진 된장을 여덟 달을 내내 먹어대니, 아주 질려버린 거지. 그리고 그놈의 죽을 들통으로 하나 쒀놓고는, 딱 두 국자만 떠주는 거야. 난 뜨거워서 먼저 두 국자만 퍼주는 줄 알았는데, 그게 끝인 거야. 속을 다스려야 된대나 뭐래나. 거기다 대고 우리 아들이, 내가 자기보다 세배를 먹는대. 그러니 하느님이 복을 안 줘서, 복을 못 받아서, 교회가 그러고 앉았는 거야.

최현숙 / 그렇게 ○○동으로 다시 오신 거네요.

김미숙 / 그렇지. 아~, 천당이 따로 없어. 다 내 맘대로 하니까. 근데 와서 오래간만에 살림을 잡으니까 그런가, 깜빡 실수를 한 거야. 그때가 아직 봄이 다 안 온 때여서 웃풍 없앨려고 혼자 의자 놓고 커튼을 달다 떨어져서, 이 왼쪽 팔이 부러진 거야. 다리는 괜찮아서 아들도 안 부르고 혼자 택시 타고 병원을 갔더니, 팔뼈가 부러졌다는 거야. 뼈가 붙어야 하니까 땀도 닦지 말고 옷도 갈아입지 말라며, 아예 뭐로 매달아서 여기 오른쪽 어깨에다 붙들어 매주더라구. 거기다 어느 날인가는 도시가스를 틀고 뭘 해먹다가, 잠그는 걸 까먹고 그대로 잔 거야. 그러니 도시가스가 방으로 들어와서 중독이 된 거야. 그래서 또 병원을 며칠 다니고, ○○동 다시 와서 첨에는 고생을 하기는 했지. 그때 두 달을 붙들어 매놓은 이 팔이 그대로 굳어버린 거야. 아무리 펴보려고 운동도 하고, 물리치료니 침이니 맞아도 안 펴져. 그러니 뭐, 이 채로 사는 거지.

또 지네 집으로 가자 그럴까봐, 팔이 뿌러졌으니, 가스 중독이니 뻥끗도 안 했어. 나중에야 알고 막 화를 내더만. 근데 아무리 불편해도 여기가 천당이야. 밥 끓여 먹는 거야 요양 보호사가 맨날 오니까 웬만한 건 그 아줌마가 해주고, 나야 데워나 먹는 거지. 성남에 있으면 울화통이 터지고 속상할 일만 있어. 교회라고는 그저 코딱지만이나 해 가지구 교인도 없구, 툭하면 나더러 뭐 어쩌라구나 하구…….

얘기를 했으니까 하는 얘긴데, 아들이 나 살아온 거를 대강 알잖아. 미군이랑 살림도 차리고 애도 수도 없이 떼고, 그런 거를 대강 아는 거지. 그러니 며느리도 알겠지. 지네끼리야 찰떡궁합이니 말을 안 했겠어? 근데 이것들이 툭하면 날더러 그 회개를 하래는 거야. 거기 살 때도 새벽 기도 같이 하면, 툭하면 "우리 어머니, 회개의 은혜를 내려주십사!" 어쩌구 통성 기도를 하는 거야. 지들 생각에 내 회개가 뭐겠어? 뻔~하지. 언젠가 아들이 나 붙들고 조용히 말도 하더라구. 미군 부대 근처에서 몸 함부로 굴린 거랑 낙태 많이 한 거랑 그런 거를 회개를 하래는 거야. 지랄을 하고 자빠졌어. 다른 회개래면 할 거 많아두, 난 그 회개는 안 나와. 나도 예수 믿지만, 난 그런 게 별루 죄라고 생각이 안 돼. 여자 혼자 벌어먹고 사느라 한 일인데, 내가 도둑질을 했어 살인을 했어? 그리고 그렇게 임신된 거를 다 낳았어 봐. 그걸 누가 책임지고 키울 거야? 거기서도 미군이랑 살림하던 여자들은 많이들 낳았어. 남자 붙잡아놓을래니까, 남자가 낳자 그러면 낳는 거지. 그러다가 백이믄 아흔 다섯은 남자 혼자 미국 들어가든가, 안 나타나든가 하구, 그 새끼는 여자 혼자 책임이 되는 거야. 그렇게 혼혈아 낳아서 많이들 결국에는 미국으로 입양 보내고 하는 거지. 붙들고 키운 사람들 보면, 어린 것들이 손가락질당해서 학교도 못 가고 직장도 못 다니고, 그러드라고. 나 하나로 끝나면 될 걸 왜 애까지 낳아서 그 설움을 또 만드냐구? 그걸 회개하라니 말이 돼?

그리고 저 목사 만든 돈이 어디서 나온 건데? 양키 물건 장사로 일찌감치 돈 모아서 이 집이라도 사놓고, 저 일 년 학비 들어갈 때 한층 올려서 전세 돈 받아 모아놓은 돈이랑 합해서 등록금 내고, 다음 해 또 한층 올리고 하며 일 년 학비 내곤 한 거야. 그러면 저 목사 된 게 결국 내가 양키 물건 장사하고 미군이랑 살림해서 번 돈인데, 그게 뭐가 잘못이냐구? 더구나 그 돈으로 공부해서 목사 된 지가 할 소리냐구, 그게~. 회개를 하려면 지가 장성해서도 고생한 에미 하나 못 멕여 살리고, 에미가 뼈가 빠지게 고생한 돈 갖다 쓰기만 한 거를 회개를 하든가 해야지. 내가 나 팔십여덟, 저 육십다섯 되도록 지금까지 저한테 생활비 한 번을 못 받아봤어. 명절이라고 오면 딱 오만 원, 그것도 주다 말다 하는 거구, 툭하면 돈 없다고 지금도 한 몫씩 받아간다니까.

근데 왜 회개를 내가 해? 해도 지가 해야지~. 그 소리 듣기 싫어서 거기가 지옥이야.

지네들 하느님은 어쩐가 몰라도, 내 하느님은 딱 나 같은 사람을 위해 있는 하느님이야. 복음에도 나오잖아. 창녀와 세리와 죄인들을 위해 오신 예수님. 내가 성질이 못되고 사는 게 박복해서 사람들한테 잘못한 게 많지. 나도 알아. 내가 죄가 없다는 게 아냐. 남의 세정 안 살피고 싫으면 딱 매몰차게 끊어버리고, 말 험하게 하고, 게으른 사람은 사람 취급을 안 하고, 그런 거나 회개를 하라면 또 회개를 한다지만. 나도 나 못된 사람인 거 알아. 그저 나 생각하는 사람들이 해주는 말들 제대로 안 담고, 내 맘대로 성질대로 하는 거, 남의 맞는 말 알면서도 내 고집대로 하는 거. 내가 죄가 없대는 게 아냐.

최현숙 / 어르신하고 저하고 성격이 비슷한 거 같아요. 호기심도 많고 고집도 세고. 제 경우도 보면 그러다가 남한테 상처를 많이 주는 거 같아요. 특히 가까운 사람들에게, 속마음은 그게 아닌데 결과가 그렇게 되는 거지. 혼자 있을 땐 잘해야지, 하다가도 막상 보면 또 엉켜버리구.

김미숙 / 그러니까 안 보는 게 낫다는 거야. 자식인데 에미가 뭐 다른 마음 있겠어? 내가 이제 와서 지 덕을 바라겠어? 나야 내가 알아서 살 테니, 저 하나 잘되라는 거지. 다른 목사들은 안수 받고 교회 시작하면 얼마 안 있어서 교인들이 몇백 명이 늘고 그러잖아. 야네 교회는 지금도 교인이 없어. 며느리도 목사가 돼서 둘이 같이 교회를 하거든. 목사 한 지 벌써 이십 년이 됐잖아.

내가 신학 박사 학위 따는 날 쟈네 교회 사람들에게 한 턱 쏜다고 이십만 원을 들고 나갔는데, 이십만 원 쓸 교인이 없어. 몇푼 안 쓰고 도로 갖고 왔어. 지금도 교인이라고 며느리네 식구가 다야. 친정어머니, 동생 둘, 동생 남편 둘, 그 다섯만 꼬박꼬박 나와. 가족들만 있고 교인이 거의 없는 거지. 그게 속상하니까 보면 화가 나는 거야.

게다가 그 친정 사람들이 내 흉을 보는 거야. 나는 양장이 삼십 벌이고, 한복이 열 벌이었거든. 그래서 성남 살러 갈 때도 내가 옷은 좀 챙겨갔지. 그러니 아들네 교회 갈 때마다 옷을 바꿔 입는데, 그 친정 사람들은 맨날 딱 한 벌이야 한 벌~. 그러니까 지네들끼리 내가 백날 만날 옷 갈아입고 다닌다고 흉을 보나봐. 우리 아들이 나 옷 바꿔 입고 교회 가는 걸 싫어하더라구. 그러고는 나 지네 집 가 있는 새에, 장모랑 모두 데리고 와서 내 옷을 싸악 다 가져간 거야. 헌 나부랭이 몇 개만 놔두고. 세타도 공작 실 좋은 걸로 짜놓은 게 있는데, 그것까지 해서 싸악 다 싸가지고 갔어. 나 죽을 줄 알고 그랬겠지. 며느리가 팔 남매 맏인데, 지네 친정이 식모까지 두고 살았다고 하드만, 천만의 말씀이지. 하는 꼬라지 보면 몰라? 거지처럼 옷이 딱 한 벌씩밖에 없다니까. 나 죽을 거라고, 나 없을 때 내 옷장 싹 털어간 것들이. 게다가 모르긴 몰라도, 나 살아온 거를 그 친정 것들이 다 알겠지……말을 안 했겠어? 싫어, 나는 거기가.

저 사진, 내가 영정으로 하려구 찍은 건데(액자에 넣어 벽에 걸어놓으셨다), 저 한복이 공정 값만 해도 상당해. 한 칠십 세쯤에는 죽으려니 하고, 육십다섯에 홍콩 양단 두루마기까지 해 입고 찍은 거야. 근데 팔십 넘도록 살아지더니 재작년에 먹은 게 속이 막혀서, 인제 죽을래나 보다, 해서 아들네로 간 거지. 내가 저 옷감 살 때 열 벌 감을 한꺼번에 사 가지고는 두루매기 두 개, 한복 두 개는 만들어 입고, 나머지는 옷감으로 갖고 있었어. 저게 홍콩 양단이거든. 저게 홍콩에나 가야 보지, 한국에서는 구경도 힘들어. 너무 좋으니 아까워서 남은 옷감도 팔지를 못한 거지. 근데 장롱에 그거 넣어둔 옷감이랑 옷을, 그 친정 것들이 다 없앤 거야. 며느리 말이 쓰레기 봉지 큰 거, 대짜 열 개를 사서 다 채워서 버렸대. 그 아까운 걸 버렸겠어? 다 바라바리 챙겨간 거지.

전매국 다닐 때도 작업복을 따로 줘. 그러니 올 때 갈 때 옷은 좋은 걸로 사 입었어. 어릴 적부터 우리 엄마가 늘, "입은 거지는 얻어먹어도, 벗은 거지는 굶어죽는다"며 옷은 잘 사줬거든. 옷을 잘 입으면 잘 사는 줄 알지, 못산다고 생각 안 한대는 거야. 그리고 옷을 잘 입어야 못나도 좀 괜찮아 보이잖아. 그래서 내가 옷에다 무척 신경을 써. 캬바레 다닐 때도 한복이고 양장이고 옷을 잘 입어야 잘 팔려. 그리고 내 몸이 옷 가다가 좀 나오잖아. 키도 여자 키로는 큰 편이구. 그러니 웬만한 옷은 다 소화가 되고 어울려. 근데 똑같은 옷도 어떤 여자가 입으면 그렇게 촌스러울 수가 없어. 내 체격이 늘 이거야, 오십이 키로. 젤 많이 나갈 때 오십오 키로 한 번 나가보고, 늘 오십이 키로야. 난 젊은 여자고 늙은 여자고 피둥피둥 살찐 거 보면 미련해보이고, 말두 붙이고 싶지 않아. 얼굴 생긴 거야 타고나니 별수 없지만, 몸무게는 좀 자기네가 관리를 할 수 있는 거잖아. 게을러서 그렇게 살을 찌고 사는 거지.

아들 며느리는 일 년에 딱 두 번 와. 재작년엔 왜 그랬는지 세 번을 왔었거든. 그러더니 작년 추석에는 안 오고 전화만 왔어. 그래서 '엔간히 답답하고 돈 없으니 못 오나부다' 해서 옷 해 입으라고 내가 돈 좀 보냈어. 며느리가 하도 잘난 체를 하고 사람을 무시하니까 못마땅한 거지, 내가 상관할 바야 뭐 있어? 지녠 지네가 알아서 살면 되지. 지네끼리는 죽고 못 사니 다행이지 뭐.

아, 근데 지난번에 아들이 와서 손을 내밀더라구. 그 교회마저 닫아 버린 거야. 성남 재개발 뭐에 걸려서 교회를 헐어야 하는데, 겨우 삼백만 원을 받았대는 거야. 그게 원래 사글세였거든. 그러니 뭐, 갈 데가 어딨어? 지하 방 같지도 않은 데를 얻어서 수리하는 데만 이백만 원이 들어가고, 교회도 못 하고 하니, 살 길이 깜깜한 거지. 아, 그런다고 지네가 나한테 손을 내밀러 와? 내가 딱 모르는 체하고 오만 원만 줬더니, 아들은 암 말도 않구 그냥 가던데, 며느리가 나중에 전화를 해서 싫은 소리를 하더라구. "우리가 무슨 거지냐? 단돈 오만 원짜리 한 장 들려서 보내느냐?" 그러는 거지. 그래서 "나는 열네 살부터 돈 벌기 시작해서 안 해본 거 없이 다 하고 살고, 아들 공부시켜 목사 만들었다. 직업에 귀천 없으니 목사 못 하게 됐으면 아뭇~거라도 해서 먹고 살아라. 아파트 경비도 70만 원은 받는대더라" 하고 소리를 질렀어. 그랬더니 며느리가 "박 목사도 이제 육십다섯이에요" 하고 또 소리를 지르더라구. 그래서 내가 "난 일흔이 다 되도록까지 돈을 벌었다" 그랬지. 지네만 좀 살면 내가 아무 걱정이 없는데, 걔네만 생각하면 한숨이 나와.

나 죽고 나면 이거 팔아서 지네 맘대로 하겠지. 아니 그놈은, 닮을 래면 생긴 거는 지 애비 닮고 생활력은 나를 닮았어야 하는데, 완전히 꺼꾸로라니깐. 지 애비가 애편쟁이에 게을러 터졌더라도 생긴 거는 아주 잘생겼거든. 노래도 남진, 나훈아 저리가라 하게 목청도 좋았고. 근데 그놈이 생긴 거랑 목청이 나를 닮아서 여엉 별루야. 그리고 평생 돈 버는 거하고는 상관이 없이 사니, 그건 딱 지 애비 닮은 거지.

지난번 왔을 때는 지 애비 사진 쬐끄만 거 하나를 갖고 있다드만, 그걸 커다랗게 해서는 저기 내 영정 사진 옆에다가 걸어놓드라구. 그래서 내가 "그 옛날 고리짝 사진은 버리지도 않고 왜 거기다 붙여놓느냐"고, "당장 떼가라"고 난리를 쳤드니, 그 길로 떼드니 저희 집으로 가져갔는지 어쨌는지. 그래도 지는 애비니까 그립고 그런 거가 있겠지만, 그건 나 죽고 나서 하든가 말든가……

내가 사진이라고는 저거 하나야. 벌어먹고 사느라구 사진 찍을 새 도 없었어. 한참 잘나갈 때 찍어서 갖고 있던 사진들 아들 목사 공부 하고 나 기도하러 다닐 때 다 없앴고. 나 죽으면 남들 손에 태워질 거 잖아. 그래서 내 손으로 다 태웠어. 이젠 내 몸 하나만 태우면 돼……

"나 혼자서 한 달 삼십만 원이면 살아"

김미숙 / 요즘 내가 가만히 세어보니까, 나 혼자서 한 달 삼십 만 원이면 살더라구. 겨울에 제일 많이 나가는 거는, 도시가스하구 십 일조 오만 원. 내가 수입이 오십만 원이 못 되는데, 목사님이 한번은

"십일조를 동전까지 계산해서 내는 사람 있는데, 그렇게까지 할 거 있느냐" 그러더라구. 그게 나였거든. 그래서 내가 수입이 오십만 원이 좀 못 돼도 십일조를 오만 원을 채워 넣어. 그리고 한 노인네한테 주일 헌금 얼마나 내냐 물어보니까 삼천 원 낸대. 그래서 나도 주일 헌금 삼천 원씩, 한 달이면 만이천 원이야. 거기에 십일조 오만 원이니, 매달 교회에 육만 이천 원을 내는 거지. 겨울에 도시가스비 나가는 거 말고는, 교회에 내는 게 나한테는 젤로 커. 내가 생활보호자(국민기초수급 대상자) 그게 됐어. 그래서 돈이 좀 나와. 집에서 나오는 돈은 가게세 삼십만 원이 다야. 그렇게 합해서 오십만 원이 좀 못 되게 돈이 들어오는 거지.

가만 생각하니 내가 영양 있는 걸 못 먹잖아, 그래서 잡곡 열 가지 넣은 밥에, 미숫가루도 열 가지를 넣어서 만들어. 아침은 미숫가루로 먹고, 점심은 요 뒤 복지관 가서 먹고, 저녁밥만 요양 보호사한테 해 달래서 먹는 거야. 전에 아들네 있을 때는 똥을 못 눠서 침 맞고 뜸 뜨고 했는데, 여기 와서는 그게 없어. 맘이 편하니까 그런 거지. 나 아픈 거는 고혈압에 치매 3급, 그거야. 가까운 동네 길을 자꾸 헷갈리는 치매가 있는 거야. 다른 기억이나 계산 그런 거는 옛날 그대로구. 40분은 걸어야 운동이 된대서, 비만 안 오면 아침에 이 근처를 꼭 40분을 걸어 다니거든. 동회 앞으로 해서 걸어서 오는데, 저번에 동회 가려고 나갔는데, 머릿속에 길이 그림이 그려져야 할 거 아냐? 근데 여엉 동회 가는 길을 모르겠는 거야. 아들네 있을 때는 10분 거리도 안 되는 데를 나갔다가, 길을 잃어버리기도 했어. 바로 집 앞에서도 집을 못 찾고 그러더라구. 그래 겁이 나서 혼자 못 댕기겠는 거지.

아들네 있을 때 온 요양 보호사 중 다섯 번째 온 여자, 그동안 요양 보호사를 열 명도 훨씬 넘게 겪어봤는데, 딱 그 여자 하나가 맘에 쏘옥 들어. 너무너무 좋은 거야, 아주 왔따야. 라면을 끓이면 내가 스프를 삼분지 일만 넣거든. 북쪽 음식이 싱겁기도 하지만, 내가 유난히 남들은 못 먹을 정도로 싱겁게 먹거든. 근데 그 여자가 라면을 끓여주면, 내가 끓여도 그렇게 입맛에 들게 못 끓여. 전에 여기로 전화를 했길래 내가 오라 그래서 안 신는 신발도 주고 멸치도 한 박스 싸주고 그랬어.

"나라가 해준 게 뭐가 있다고, 내 집 사분지 삼을 뺏어가냐구"

김미숙 / 이 집이 사연이 많아. 서른하나에 집을 샀으니, 육십 년 가차이를 지녀온 집이지. 2층 전세 보증금 천오백, 그거가 내가 남은 빚이야. 그 보증금이 이백에서 시작해서 천오백까지 간 거야. 이 집이 다 짤려나가구 다섯 평이 채 안 돼. 솔직히 집 들어설 땅이 못되는 거지. 건물 값은 안 치고, 땅만 평당 천만 원이니까, 다섯 평으로 해도 시가로 오천이야. 원래는 스물한 평짜리 집인데, 79년도에 요 앞에 신작로 내면서 사분지 삼이 짤려 나갔어. 보상금이라고 오백이십만 원을 주더라구. 그런데 고쳐 짓는 데만 칠백이 들어갔어. 그게 말이 돼? 그때 진 빚을 작년에야 겨우 다 갚았어. 그때 시세가 평당 칠십만 원인데 반도 안 쳐준 거지. 그리로 십육칠 평이 나갔어. 그대로 있었으면 지금 일억 오천은 되는 건데, 나는 왜 그렇게 돈 재수가 없나 몰라. 큰돈 한 번 만져보지를 못하고 평생 몸땡이로 일해서 겨우겨우 먹고산 거야.

내가 이 집을 어떻게 산 건데, 갈수록 화가 나는 거야. 길 낼 때는 박정희 때잖아, 다들 그저 뺏기더라구. 나이가 일흔 넘어서 일도 더 할 수가 없고, 아들도 지 앞가림도 못 하고 하니, 더 가만히 있을 수가 없드라고. 내 고생해서 얻은 터전이구 죽을 때까지 살아갈 밑천인데. 이거 말고는 내가 믿을 데가 없는 거잖아, 젊어서나 늙어서나. 그리고 그냥 재산이나 돈이나 그런 것만이 아니야. 이 집은 내가 만든 내 천국이야. 그래서 내가 구청을 밤낮으로 쫓아가서 평생 모은 내 땅 내 집 다 가져갔으니 나를 생활보호자로 만들어 달라고 떼를 떼를 쓴 거야. 집이 있네, 아들이 있네 하며, 법이 어떻고 해서 안 된다고 천날 만날 그러더라구. 그건 지네 법이구, 나는 너무 억울해서 못살겠는데 어떻게 해? "아들이 있어도 개척 교회 목사여서 내가 돈을 계속 대줘야 할 판이고, 집세라도 받을랬더니 니네가 길 낸다고 내 집 내 땅 사분지 삼을 다 가져갔으니, 뭐가 어찌됐든 나를 생활보호자를 만들어라", "안 그러면 내 집 원래대로 해서 다시 내놔라" 하고 밥만 먹으면 구청 가서 악을 쓰고 그랬어. "나라가 나한테 해준 게 뭐 있다고 내 평생 모은 재산을 사분지 삼이나 빼앗아가냐" 소리소리 질렀어. 내가 그럴 권리는 있는 거 아냐? 몰라, 법이 어떤지는. 근데 생각할수록 너무너무 억울하고 부아가 나더라구. 그래 가지구 내가 생활보호자가 된 거야. 어쨌든 그 돈이라도 나오구, 이런 거지 같은 집이라도 있으니 다행이지.

평생을 지켜봐준 하느님

김미숙 / 교회는 이젠 멀리 못 다니구, 동네에 있는 걸 다녀. 교회는 평양서 십 년 너머를 다닌 거구, 이남 와서는 못 다니다가 육십에 미국 집 파출부 다니기 전부터 다시 다니기 시작했어. 같이 세 살면서 미국 집 파출부를 소개해준 친구가, 그전부터 강남 충현교회를 다녔거든. 그래서 같이 다닌 거지. 그 사람하고는 그니가 이사 가면서 끊겼나, 내가 이 집으로 이사 들어오면서 끊겼나……. 내가 본래 사람들하고 안 친해. 그저 만나고 살 때나 만나지, 안 만나게 되면 뭐 그러구 말어. 찾지도 않구.

충현교회는 이남에서 제일 크고 부자 교회였어. 그 교회를 내가 삼십 년 조금 못 되게 다닌 거야. 그 교회가 이십 년 전에 백오십억을 들여 새로 지었어. 지금 다니는 저 옆에 교회는 사억을 들여서 다시 짓는대나 어쩐대나. 백오십억 들일 때도 나는 건축 헌금을 한 푼도 못했어. 지금도 마찬가지구. 아들 목사 만들어 바치느라 돈 들어간 걸로, 내 혼자 생각으로 퉁친 거야. 근데 내가 평양서 다닌 교회랑 충현교회가 다 장로교인데, 지금 다니는 저 교회는 감리교야. 그래서 그런가, 나한테는 안 맞어. 뭐가 다른지 모르겠는데 여엉 안 맞어, 설교도 귀에 안 들어오고. 전도사네 애기가 하도 이뻐서 설교도 안 듣구 만날 그 애기만 쳐다봤는데, 그 전도사도 다른 데로 가버려서 이젠 더 갈 맘이 안 나. 길을 잘 모르니 가까워서 그냥 다니는 건데…….

교회고 하느님이고 그런 거는, 어려서는 그저 재미로 다녔는데, 혼자 힘들게 살면서는 그저 의지가 되더라구. 누가 나 힘든 거를 봐주고 있구나……그런 생각인가봐. 잘살게 해달라고 빌어본 적도 없구. 내가 뭐 해달라고 빈 거는 아들 목사 만들어달라고 빈 거 말고는 없어. 그거 하나 빌었는데 그게 이루어졌으니, 뭘 더 달라구 빌어? 하느님이 나를 어떻게 생각할란지는 모르겠고, 나한테 하느님은 그냥 누가 내 평생을 지켜봐준 그거야, 그분이 내게는 하느님이야. 누가 나를 지켜봐준 덕에 내가 그 험한 세상을 이렇게라도 살았구나 싶어서 감사한 거지.

평양에서 함께 내려온 친구

김미숙 / 나한텐 아무도 없어, 사람이. 내가 못돼서 그런 거지. 친구한테 배신당하고는 더는 사람을 안 사귀어. 마음이 안 생기는 거야. 내가 누가 있어? 저 하나였잖아? 자식이 나를 알아, 서방이 있어 나를 알아? 평양서 어릴 때부터 친구하다가 저랑 나랑 둘이 서울로 넘어온 거잖아. 처음에야 지가 먼저 가자고 꼬드겼지. 그래도 나이도 내가 한 살 많고 걔는 성격도 깝깝해서, 나는 내가 데리고 왔다고 내내 생각해왔어. 한 번 평양 갈 때도 동무해서 같이 갔다 같이 온 거구. 미군 부대서 벌어먹고 살면서 이야기도 그 친구한테는 안 숨겼거든. 다 하지야 않았지만, 얼만큼 말하면 지가 몰랐겠어? 다 알고 있었어, 걔는. 나 산 거를 아는 건, 그 친구 하나였어. 내가 저 잘되기를 얼마나 바랐는데……지 덕 볼려구 그런 게 아니야. 서방이 못생기고 잘 벌지는 못해도, 그래도 내 서방보다 낫다 싶어서 다행으로 여겼어. 그 서방도 나 때문에 만난 거잖아. 돈이며 미제 물건이며 다 맡기구, 알아서 집도 사달라고 하구, 그 집에 아들까지 맡기구 할 때는, 나는 핏줄보다 더 저기를 한 거야. 삼팔선 끊기고는 부모고 형제고는 끝인 거잖아. 미우나 고우나 저 하나였어, 나한테는. 내가 승질이니 말이니

111

가 곱지가 못하지만, 내가 저한테 하는 거 보면, 내 속을 모를 수는 없는 거잖아. 몰라……나는 그렇게 여겼어. 속으로는 어쨌는가 몰라도, 겉으로는 저도 나를 그렇게 쳤거든. 저도 나를 그렇게 생각했다가, 새끼 셋 낳고 살아볼려다 보니 나를 배신한 거겠지…….

맡긴 돈도 절반 이상을 떼어먹은 거구, 미제 물건도 다 팔아먹었는지 없대는 거야. 그건 또 그랬다 쳐. 그년이 나한테 뭐라 그런 줄 아슈?

어르신은 한참을 울며 말을 못 이었다. 친구가 마지막으로 했다는 그 말은 결국 하지 않았다.

김미숙 / 내가 그년을 내 집에서 내보내면서 딱 절교를 한 거야. 그냥 끝났어. 그러고는 한 번도 안 봤어.

나중에 위암으로 죽었다는 연락이 왔어, 그 서방한테서. 79년이야. 그래도 안 가봤어. 너무나 너무나 미워서 못 가겠는 거야. 하나 있는 친구까지 배신하고, 못할 소리까지 하고 나갔으면, 저는 새끼들이랑 서방 끼구, 여봐란 듯이 잘살았어야 하잖아. 그래서 남들도 부럽구 나도 부럽게 해야 할 거 아냐? 나 등쳐먹은 돈 받을려구 저 잘살기를 바랐겠어? 다시는 그런 년 안 보고 산다구 끊었지만, 나중에는 어디가서래두 나 미워하는 마음으루 제발 좀 잘살어라……그 맘이었어. 그런데 그러고 지지리 고생만 하다 일찍 죽어? 환갑도 한참 남기구 죽은 거야. 그때가 하필 도로 내느라고 내 집 헐리고 할 때(집 헐린게 1979년이니, 당시 그 친구는 만 53세)였어. 그때 한꺼번에 두 가지가 무너진 거야. 두 가지가 아니라 다 무너진 거야. 그 심정은 아무도 몰라⋯⋯내가 그렇게 기가 막히게 살았어두, 악으로 살자 하며 죽을 생각은 해본 적이 없는데, 그때는 정말 죽고 싶더라구. 그러니 내가 욕만 남았어. 욕이라두 내뱉어야 살겠는 거야⋯⋯.

시댁 사람들하고도 끝난 지 오래야. 우리 아들 큰집에서 더 못 맡겠다고 해서 열두 살 때 데리고 나와서는, 몇 년은 그래도 가기도 하구 전화도 하구 그랬어. 그러다가, 무슨 소리를 들었는가 언제 가니까 "이제는 보지를 말자", 딱 그러드라고, 시어머니가. 더 아무 말도 안 하구 그러자구만 하구 나왔어. 큰집 애들도 줄줄이 있었으니 결혼이랑 하구 했을 텐데, 거기서두 연락 온 적이 없어. 나도 우리 아들 장가갈 때고 목사 될 때고 연락 안 했어. 한 번 끊으면 그저 끝이야, 아쉬울 것도 없구. 나보다 윗사람들이야 뭐 다 죽었겠지. 아들도 가잔 소리도 않구. 저도 어렸을 때 기억이 안 좋아서 그런지 가잔 말을 안 하더라구.

내가 그렇게 세상을 끊어내면서만 산 거야. 그러려고 그런 게 아닌데, 자꾸만 그렇게 끊어지더라구. 평양서 내려와서부터 자꾸만 그렇게 되더라구. 그 친구랑 그러구서는 내가 친구를 더는 안 만들어⋯⋯. 작년부터나 복지관 할머니들이랑 이야기도 하고, 아줌마한테 부추전이랑 호박전도 해달래서 같이 불러 먹고 하지만, 그거는 그냥 시간 가라고 하는 거지⋯⋯그래도 재미는 있더라구⋯⋯.

2013년 1월 5일 낮, 할머니의 안부와 근황도 물을 겸, 추가 질문도 할 겸 할머니를 다시 방문했다. 독한 추위가 계속되던 중의 소한 날이었다. 전화

때는 이야기를 안 하시더니 도착하고 나니, 사실 오늘은 겨울 코트를 하나 사러 갈 참이라고 하셨다. 옷 욕심은 여전하시다. 할머니는 내 얼굴은 잊고 있었지만, 언젠가 누군가 자기 살아온 이야기를 책으로 쓰고 싶다며 한동안 묻고 녹음하고 기록해갔다는 사실은 다행히 기억하고 계셨다. 더구나 내가 할머니를 방문 요양하면서 도시가스비며 전기 요금을 십 프로 덜 나오게 신청해준 사람이라고 하니, "그래, 맞아, 요금이 좀 깎여 나오기는 하더라구. 내가 고지서 나오면 일일이 보거든. 그게 댁이 해준 거구나" 하며, 생면부지의 얼굴일 수도 있는 내게 금방 친근감을 보이며, 지금 오고 있는 요양 보호사에 관한 불만을 한바탕 늘어놓았다. 그날 들은 이야기들 중 일부는 원래의 글에 추가하고 수정, 편집했다. 이전 인터뷰에서 안 한, 미군 댄스홀에서 2차 나간 이야기와 미군과 살림 산 이야기를 그날 했다. 그리고는 안부 정도를 나누었다.

최현숙 / 노인 복지관 다니시는 건 여전하시지요?

김미숙 / 뭐 바로 뒤니까, 매일 점심을 거기 가서 먹지. 난 공짜야, 수급자니까. 목욕도 일주일에 한 번씩 거기 가서 공짜로 하구.

최현숙 / 전에 거기서 산수도 배우셨잖아요. 곱하기 하고 나누기를 저랑 복습도 하고 그랬는데.

김미숙 / 내가 곱하기까지는 아쉽잖게 배운 걸 써먹고 살거든. 구구단을 한국말로는 못 외워도 일본말로 다 외우니, 곱하기는 안 불편하지. 근데 나누기가 여엉 헷갈려. 그걸 배우다가 한문 때문에 열세 살에 야학을 그만뒀거든. 그래서 나누기를 배울라구 산수반을 다녔는데, 숫자가 커지면 도저히 안 되는 거야. 배울 때야 저렇게 하면 되겠구나 싶은데, 돌아서면 또 여엉 모르는 거지. 아무리 배워볼려구 해도 발전이 없어서 때려치웠어. 그리고 뭐, 이 나이에 나누기 하고 살 일이야 별로 없잖아. 더하기 빼기 곱하기만 잘해도 나누기 대신으로 되구.

2013년 7월 초 한참 장마가 이어지던 때, 다시 찾아뵈려고 전화를 드렸다. 누군지는 기억을 못 하시지만, 찾아뵙겠다는 것은 반기며, 점심 드시고 복지관에서 기다리겠다고 했다. 바깥에서 사람을 만나는 분이 아니었는데, 의외였다. 낮 한 시가 조금 못 돼 복지관으로 찾아가니, 식사를 마치고 다른 할머니들과 한담을 나누고 계셨다. 몸이 좀 말랐고 건강도 안 좋아 보였다. 전날의 전화 약속은 기억하고 계셨고, 어르신 댁으로 들어와 이야기를 나눴다. 생애사 이야기와 공과금 감면 이야기를 다행히 기억하고 계셔 거기서 이야기를 다시 이었다. 그날은 평양서 함께 내려온 친구 이야기를 주로 나눴다. 그날 이야기도 추가해 편집했다.

노인 요양 서비스 이용자와 제공자, 그리고 화자와 청자

김미숙과 나는 노인 요양 서비스 이용자와 요양 보호사로 만났다. 노인 장기 요양 제도에서 서비스 이용자와 제공자 사이에는 확연한 권력 불평등이 있다. 두 달의 방문 요양 과정에서 나는, 전기나 가스 요금 감면이나 단순 업무보다는 노인 복지 관련 지역 자원을 연결해주며 '똑똑한 요양 보호사'라는 인상을 줄 수 있었다. 그 덕에 다른 요양 보호사들보다 비교적 평등한 관계를 만들 수 있었지만, 주로 업무 범위에 관한 스트레스로 그만둘 생각을 하게 됐다. 그렇지만 두 달 동안 어르신과 나눈 대화를 통해 이후 구술사 작업을 염두에 두고 있었고, 그래서 갈등 없이 헤어지는 타협안(개인 사정으로 방문 요양을 못 하게 됐다고 설명하고, 업무 범위에 관해서도 부드럽게 이의를 제기하고 끝내는 과정)을 선택했다. 이 갈등 없는 헤어짐과 '똑똑한 요양 보호사'라는 기억은, 이후 구술사 수락이나 진행 과정에서 화자와 청자 간 관계의 균형 잡기에 많은 도움이 됐다.

생애의 사건들

김미숙은 가부장제와 초기 산업 사회의 가장자리에서 산전수전을 겪으며 혈족을 넘은 다른 시민들(가부장제에서 밀려나고 단죄 받은 여성들, 가난한 여성들, 가난한 미군들)과 의지하고 부대끼며 살다가,

피해자를 넘어 생존자이자 생활자로서 독거 여성 노인의 삶을 살아가고 있다.

한편 인생 전반에서 반복된 단절의 경험들(가족과 평양에서 우발적 이탈, 연줄 끊어진 서울 바닥, 귀향 실패, 남편의 자살, 분단 고착, 미군 부대 인근 여성들과 뜻하지 않은 이별 등), 특히 혈육보다 더 믿고 모든 것을 맡긴 친구의 배신과 낙인, 평생의 보람인 집의 '사분지삼'을 국가에 빼앗긴 경험, 목사인 외아들 외며느리와 주변 사람들에게 받은 곱지 않은 시선 등은, 김미숙의 마음에 깊은 상처를 남긴다. 이런 경험과 상처들을 겪을 때마다 스스로 마음과 관계를 '끊어'내고 '끝내'기를 반복하면서, 자신은 못되고 거칠어졌다고 구술한다. 그러나 미군 부대 인근에서 만난 여성들에 관한 감정, 친정어머니나 평양 친구에 관한 구술 과정, 자식과 남편에 관한 구술의 구석구석에서, 거친 표현 뒤에 감춰진 상처와 회환이 드러난다.

노동과 벌이

- 평양에서 한 노동
  성냥 공장 – 전매국 담배 공장 – 고무 공장 – 피복 공장 – 봉천 피복 공장
- 서울에서 한 노동
  시누네 살림집과 바에서 식모 겸 잡일 – 과일 행상 – 양색시 대상 옷 장사 행상 – 양키 물건 장사 – 미군 댄스홀 댄서와 성매매 – 미군들과 차린 살림 – 파출부 – 작은 집의 가게세 수입과 국민기초수급 대상

이북에서 일하던 직장과 남한에서 한 노동과 벌이는 차이가 있어 보이지만, 그것은 생산직 노동이냐 비공식 노동이냐의 차이일 뿐, 당

시 한반도를 점령하고 있던 제국주의 일본과 미국이 한반도를 수탈하고 지배하는 과정에서 하게 된 (최)하위 노동이라는 측면에서 공통점이 있다.

이북에서는 가사 노동을 하기 싫어 나선 직장 생활이었지만, 이남에 오자마자 정착과 생계를 위해 가사 노동 등 돌봄 노동을 도맡을 수밖에 없었다는 점, 미군 주변 인근에서 성노동(또는 성노동을 매개로 한 벌이)을 거쳐 60대가 돼 다시 파출부라는 가사 노동을 해야 한 점 등은 인적, 물적 네트워크를 잃은 한 여성이 피할 수 없는 길이었다.

다행히 부지런한 성품과 절약 덕에 일찌감치 집을 사놓았고, 그 집이 자원이 돼 자식 교육과 노후 생활의 기반이 돼줘, 당시 미군 주변의 다른 성매매 여성들이나 빈곤층 여성 가장들이 겪는 소외와 가난의 굴레에서 어느 정도 비껴나 있다. 한편 일찍 장만한 집과 목사 아들이 김미숙을 미군 부대 인근에서 나오게 했다 하더라도, 김미숙은 서울의 한복판에 있는 '자기만의 천국'에서 또 다른 독립을 살아내고 있다. 김미숙이 얼마나 경제적 생존을 위해 노력했는지는 금액이나 숫자에 관한 기억들이 자주, 상세하게 구술되는 것을 통해 흥미롭게 드러난다.

몸과 성, 가부장제와 결혼 제도

어린 시절의 성평등한 가정 분위기, 경제적 주체이자 외향적인 성격의 청년 시절 등으로 김미숙은 당시의 농촌, 봉건 사회의 여성들하고는 다른 성의식을 갖게 된다. 일제 정신대 공출을 피한 갑작스러운 결혼 역시 김미숙을 결혼 제도 속의 여성으로 묶어둘 수는 없었다.

결혼에 관한 김미숙의 태도는 돈 떨어지고 연줄 떨어진 서울에서 급한 김에 의지할 수밖에 없던 결혼 생활에서도 그대로 이어진다. 다만 임신한 여자를 대하는 관습과 시선의 벽을 깰 수 없어 귀향을 포기하며, 자녀 양육의 책임을 시작으로 '경계 너머'로 자신의 거취를 정리하게 된다.

김미숙에게 결혼 제도 바깥의 성은, 경제적 안정을 얻거나 미국 진입의 기회를 잡아보려는 생계와 탈출, 상승의 전략이었다. 그러나 '매너 좋은' 미국 남자들이나 '십 원 한 장 도움 되는 게 없는' 한국 남자들이나 모두 썩은 동아줄이었다. 따라서 남성에게 기댄 사회적 상승 전략은 늘 실패해 스스로 "이깟 놈의 것, 실속은 없고 속곳 밑만 닳는 짓"으로 결론짓게 된다.

아흔이 다 돼가는 나이에도 몸매와 옷에 자부심과 애착이 많은 김미숙에게 '여성의 몸'은, 단지 '노동하는 몸'을 넘어 '생계를 위한 성적 수단으로서 몸'이자 '욕망과 자부심의 몸'이기도 했다. 외모에 관한 김미숙의 자부심은, 다른 등장인물에 관한 설명을 할 때 얼굴 생김새와 키부터 이야기하는 습관에서도 흥미롭게 드러난다. 한편 생계와 신분 상승을 위한 전략으로서 '몸의 노동'은 김미숙에게 성노동이든 돌봄 노동이든 생산직 노동이든 큰 차이가 없다.

한편 가부장 체제 안의 여성들에 관해 김미숙은, "너희나 그러구 살아라"라며 상관할 거리가 되지 않는다고 구술한다. 더구나 미군들에게 '몸을 함부로 굴린 것'과 숱한 낙태 등을 이유로 회개를 종용해오는 자식이나 종교 등의 낙인은 도무지 당치않은 것으로, 자신으로서는 당당한 생계 노동이자 삶의 전략이었다고 항변한다. '정상적인'

성, 가족 이데올로기를 강요하는 단죄자인 종교와 자식을 지옥으로 규정하고 거부하며, '자신의 집'이라는 천국에서 자신의 고단한 삶을 지켜봐준 하느님과 직통하며 독거하고 있다. 그러나 그 항변과 당당함의 뒷면에는 깊은 상처와 소외가 드리워 있다.

경험과 정체성의 재해석과 재구성

미군들과 차린 살림이나 성매매 이야기는 2010년의 초기 인터뷰에서는 구술되지 않았다. 그러다가 2013년 1월의 구술에서야 미군 댄스홀 댄서로서 성매매 경험을 이야기했고, 미군들과 차린 살림 이야기는 다소 길게 구술했다. 여러 차례의 인터뷰를 통해 나에게 품은 신뢰가 높아지고 성매매에 관한 내 인식을 알게 되면서, 김미숙은 마지막 인터뷰에서 미군과 차린 살림이나 성매매를 통한 밥벌이에 관해 구술한 것이다. '숨은 자'로 살다가 자신의 삶을 이해하는 사람을 만나 '적극적인 증언자'로 나서면서, 자신의 경험을 발언하고 재해석하며, 사회 안에서 자신의 정체성을 재구성한 것이다. 한편 김미숙은 '양색시 상대의 옷 장사'에 관해 말할 때하고는 달리 미군과 차린 살림이나 댄서로서 한 성매매 경험에 관해서는, 낙인의 의미를 담은 '양색시'라는 용어를 사용하지 않는다. 자신을 미군 부대 인근으로 안내한 여성에 관한 그리움과 감사의 표현에서도 보이듯, 김미숙의 미군 부대 인근 삶은 김미숙의 생계와 삶의 터전 마련에 중요한 전환점이었을 뿐 아니라, 잘나가던 시절의 좋은 추억으로 정리돼 있다.

특히 다른 부분의 구술은 지나간 삶을 구술하듯 단선적이지만, 미군 부대 인근에서 꾸리던 삶에 관한 구술은 시기와 내용 면에서 복합적으로 혼재돼 있다. '지나쳐버린 삶'이 아닌 '머물러 살던 삶'인 것이다. 미리 사놓은 '자신의 집'이 돌아갈 곳이라는 점하고는 별도로, 생애의 가장 잘나가던 시절을 산 미군 부대 인근은 김미숙에게는 생계와 생활의 장이자, 처지가 비슷한 사람들과 공생하던 장이었다.

'구술자는 누구에게 무엇을 이야기하는가'의 문제, 자신을 향한 긍정과 타인(사회 또는 청자)의 시선 사이에서 갈등하고 협상하는 과정, 자신을 이해하는 사람과 하는 구술사 작업을 통해 자신의 경험을 증언하며 정체성을 재해석하고 재구성해나가는 과정, 그리고 사회적 낙인과 싸워나가는 소수자의 전략을 볼 수 있는 대목이었다. 그러나 구술 작업 이후 본인 내면에 이 부분이 어떻게 정리되는지는 별도의 문제로 여겨진다. 정체성은 존재being라기보다는 되기becoming, 끊임없는 재구성의 과정이다.

가부장과 가난을 극복하고 마련한 '내 집'

몸과 외모에 관한 자긍심과 더불어, '내 집'에 관한 김미숙의 애착과 자긍심은 대단하다. 여든 중반에 죽음을 예상하고 찾은 '아들의 집'을 지옥으로 여기며 자살까지 시도하면서 다시 돌아온 '내 집'은, 김미숙 스스로 마련한 삶과 정서의 안식처이자 자긍심의 준거지다. 독거 여성 노인의 불안한 경제적 미래를 담보할 밑천이자, 아들네나 사회의 낙인과 경합해야 하는 소수자 김미숙에게는 모든 시선에서 벗어나 자유로울 수 있는 '천국'이다.

'아버지의 집'을 우연히 떠나고, 떨려나고, 진입에 실패하고, 또는 탈출하며, 가난과 고난으로만 치환되지 않는 삶의 과정으로 지은 '내 집'을 천국으로 느끼며, 김미숙은 오늘도 여든여덟 여성 노인으로 자신의 삶을 살아나가고 있다.

(여든여덟 나이에 견줘 상대적으로 기억력이 좋았지만 구체적인 연도나 금액, 화폐 단위, 평수, 경험의 순서 등에 관해서는 꽤 혼란이 있었다. 이 구술 작업의 성격상 정확한 수치나 순서 등을 구태여 여러 번 질문해서 확인하지 않고 진행했다. 또한 다른 두 분의 여성 노인 생애사하고 다르게, 실명을 써도 좋다고 밝혔지만 내 판단에 따라 가명을 쓰게 권유했다.)

김
복
례

"아이가, 뭐 할라고? 내 몸으로 낳은 새끼들 안 굶길라고, 내 몸 고생한 거밖에는 없는디……."

딱 한 번 손사래를 쳤지만 설득은 어렵지 않았다. 할머니는 여러 번에 걸친 나의 방문을 늘 반가워했다. 같이 밥도 해먹고, 구술사 작업 이외의 대화나, 둘째와 내가 의견 차이로 티격태격하는 것을 재미있어 했다. 김복례의 기억은 놀라울 정도로 또렷해서, 늘 옆에서 통역을 해주던 둘째나 인터뷰에 두 번 함께한 첫째가 기억 못 하는 일들이나, 그간 일부러 자식에게도 말을 하지 않고 혼자만 담고 있던 이야기도 많이 풀어놓았다. 할머니와 자식들 사이에 기억이 엇갈리던 부분은 서로 시비를 주고받다가는 결국 할머니의 기억이 맞는 것으로 정리가 됐다.

김복례는 내 후배의 어머니다. 김복례를 처음 만난 것은 2007년 즈음이었다. 후배 집에 놀러 가면 안부 인사 정도를 나누는 사이였고, 후배를 통해 가끔 김복례의 이야기를 들으면서 아픈 삶에도 불구하고 참 평화롭게 늙어가는 모습이 좋아 보였다. 그러다가 2009년, 할머니들의 구술사를 쓰고 싶다는 생각을 하면서 가장 먼저 떠오른 것이 김복례였다. 후배에게 먼저 제안을 했고, 후배는 자기 엄마에게 직접 이야기해보라고 했다. 그러나 김복례의 언어 장애가 워낙 심해 직접 소통하기는 어려웠고, 설득 과정부터 구술이 끝나는 때까지 둘째인 후배와 첫째 딸 귀님이 중간에 있어줬다. 그러느라 김복례의 구술사 작업은 상당 부분 집단 구술의 형태를 띠게 됐다.

김복례는 심한 안면 장애와 언어 장애가 있으며 구술사 작업이 끝나가는 2012년부터는 상당 정도의 청각 장애도 생겼다. 볼과 코, 입 등 얼굴 여러 곳이 얽어 있고, 콧날이 없이 구멍 하나만 얼굴 한가운데 뚫린 채 구멍 주위의 살이 얽어 있다. 목젖이 없고 이와 잇몸도 없으며, 여기에서 오는 중증의 언어 장애가 있다. 꼼꼼하고 조용한 성품이다. 몸이 워낙에 작고 말라서, 둘째 말대로 "조막만" 하신 게, 영락없이 초등학교 3학년 정도의 마른 여자 아이 몸이다. 평생 즐겨왔다는 담배 때문에 조금만 움직여도 숨이 차서 애를 먹더니, 최근에는 그 담배를 끊으셨단다.

김복례(金福禮). 1927년생(주민등록상 1928년생). 2013년 현재 만 86세. 전남 영광군 대마면 칠율부락(옻방굴)의, 가난은 면한 농가에서 사남매 중 큰딸로 태어났고, 위로 오빠가 하나 있다. 형제들의 순서는 아들, 딸, 딸, 아들.

어린 시절

김복례 / 다른 집들은 큰딸이 일이 많제. 근디 난 달랐어. 몸도 쬐깐하고 성격이 깐깐하고 꼼꼼해서 별라 안 시키고, 외려 바로 밑 여동생이 살림을 많이 했어. 그 동생이 체격도 통통하고 성격도 시원

고향 풍경.
오른쪽 돌담 기와집이
김복례의 큰오라버니 댁.
위쪽 산이 안산,
왼쪽 아래가 저수지 둑이다.

시원해서 일도 잘하고 그랬거든. 아부지가 맨날 "순둥아~, 순둥이 어디 갔냐? 아나, 느그 성은 션찬응게 니가 싸게 싸게 해뻐려라잉~" 그랬어. 여동생 어릴 때 이름이 순둥이였거든. 같이 나물을 캐러 가도 나는 이~쁘구 좋은 걸로만 흙 탈탈 털어내고, 마른 보푸레기들 따듬어가며 깔끔하게 쬐금만 담아오는 거여. 근디 동생은 이것저것 나물 비스므리한 건 죄다 뜯어서 한~ 소쿠리씩 담아가지고 오곤 했어. 한 배에서 나서 어찌 그리 다른가 몰라. 지금 그 동생은 같은 서울 쩌그 화양리에 살어(마지막 인터뷰 시점인 2013년에 여동생은 경기도의 요양원에 입소했다). 젊어서 서울 살 때야 맨날 같이 다녔지만, 인자 나는 잘 안 가고 동생이 가끔 와.

큰오빠는 안즉 고향에 살아 있어. 아흔이 다 되지(2013년 6월, 큰 오라버니가 별세했다. 김복례는 전남 영광까지 외출이 불가능해 장례에 참여를 못 했다). 남매 넷이 모두 오래 나란히 살고 있어 좋았는데 얼마 전에 젤로 맴을 기댔던 남동생이 여그 옆에 성수동 살면서 이불 장사를 오래 하다가 먼저 갔어. 그 동생을 먼저 보내고 한동안 살 맴이 없었어.

긍게 내 밑으로 여동생 하나 남동생 하나가 있는 거이지. 남동생은 막내라고 이뻐해서 그렁가, 어릴 적에는 누나들이 지 밥이여 밥. 업어주면 뒤에서 지 누나들 머리카락을 쥐어뜯고 생떼를 쓰고 누나들헌티 욕을 하고. 그래도 맴이 깊고 인정이 젤 많어. 커서도 맘에 안 들면 누나들헌티 욕도 많이 했어. 근디 그 욕이 진심이 아니고 못살고 불쌍한 누나들을 도와주지 못하는 지 자신한테 하는 거이지, 잉? 못사는 누나들이 밉고 속 터지고 괜히 억울하고 부아가 나서 나오는 욕이지. 어쩔 때

술 취하면 "야 이년들아, 야 이년들아" 하고 욕을 하며 울기도 했어.

귀님 / 엄마가 작은외삼촌 돌아가시고 한동안 식음을 전폐하다시피 하구, 기운도 차악 놓아버리시고 까부라져부렀었어. 그렇게 말려도 고집부리면서 나가던 박스 깡통 모으는 일도 한참을 안 나가고 해서, 얼매나 걱정들을 했었간디. 그래두 다시 기운 채려서 나가시는 거 보면, 아마도 깡통 주슬 욕심이 엄마를 기운 차리게 하나벼, 잉?

김복례 / 친정어머니도 장수해서 구십까지 사셨고 아버지는 일찍 돌아가셨어. 징용 나갔다 와서 해방되고 인공 나고 바로 이어 전쟁 났을 때, 천지에 이질 설사가 돌았어. 그 설사병에 그만 그냥 쉽게 돌아가시더랑게.

내 친정오매가 시집올 때 친정아버지, 긍게 내게는 외할아버지지, 그 외할아버지가 논 서 마지기와 밭 두 마지기를 시집가는 딸에게 딸려 보냈다고 들었어. 친정은 전라남도 영광군 대마면 화평리. 열댓 집이나 될까 하는 작은 마을이어서 친구들이랑 놀러 다닌 기억은 별라 없어. 여동생이랑 나물 뜯으러 다닌 기억이나 좀 나고, 짓궂은 남동생 말 짓 한 거나 좀 기억나고 그려. 아, 그때가 언제 적인디 기억이 나겠어?

농사가 근방에서 크기는 했지만 일본 놈들 공출이 하도 심혀서 어려서 배고픈 기억이 많아. 그때는 모두가 그랬응게. 공출로 뺏기지 않을려고 집 여기저기에 곡식들을 숨과 놓기도 했었는디, 순사들이 와서 집 구석구석 천장이고 짚단이고 마당이고를 쇠꼬챙이로 찔러대며 숨과놓은 곡식을 찾아댈 때는 간이 콩알만 해져 갖고 구석에 숨어들어가 있었지. 왜놈들이 무선 놈들잉게.

잘살았다고는 했지만 학교를 제대로 다닐 기회는 없었다.

김복례 / 친정어머니가 넣어줘서 오후반 학교(정식 교육 과정이 아닌, 문맹자를 위한 공민학교인 듯)를 두 달인가 다녔었어. 근데 친척 어른들이 여식을 왜 학교에 보내냐며, 여식 글 가르쳐봤자 시집가서 친정에 편지질이나 해쌌다가 뚝 하면 친정으로 쫓아온담서, 나 학교 보내는 걸 마땅치 않아들 했제. 그래서 결국 아버지가 학교를 못 가게 했어. 오빠는 공부를 많이 해서 일제부터 인공 지나 아버지 돌아가실 때까지 순경도 하고 그랬어. 반란군도 잡으러 다니고 그랬지. 아버지가 돌아가시니까 집안일 맡으러 순경 그만두고 고향 집으로 들어앉았지. 남동생도 갈찼고. 여동생도 나처럼 학교 못 다녔어. 여자는 안 갈찼어, 그때는. 그게 한이지.

'시집가서 친정에 편지질할까봐'가 딸들을 가르치지 않은 이유라는 이야기는, 전라도뿐 아니라 다른 지역에서도 많은 할머니들의 구술에 나온다. 할머니는 작은 몸에 평생 소식이란다. 몸무게는 현재 32킬로그램, 늘 그 정도였다. 뼈 속도 텅텅 비었다는 얘기라고 둘째가 툴툴댄다.

둘째 / 밥 드시자고 수도 없이 부르고 끌어내다시피 억지로 식탁 의자에 앉혀놓으면, 의자에 다리까지 무릎잡이를 하고 온몸을 달랑 올려놓고는, 한참을 밥상 위를 들여다보고 있어. 내가 짜증을 내는 기색이면 그때사 겨우겨우 "무거워라~, 무거워라" 하며 젓가락을 들어 올려서는, 다른 반찬 다 놔두고 젓가락으로 동치미 국물을 찍어

드신다니까, 글쎄~. 아이구, 내가 아주 미쳐버려. 내가 오죽하면 엄마랑 일주일 식단까지 짰을까? 그래봤자 아무 소용없어. 그래도 성 귀님이 해주는 음식은 좀 드시는 편이지.

귀님 / 그러니 내가 자주 오게 되지(첫째 귀님은 경기도에 따로 살고 있고, 김복례는 광진구 자양동에 둘째와 함께 살고 있다). 우리 엄마도 맨날 나 기다리고 있어. 내가 하나라도 엄마 입에 맞는 거 만들어서 같이 앉아 먹으면, 조금이라도 드시고 하니께, 내가 일주일에 한 번은 엄마를 보고 가야 맘이 편해.

결혼 전 일제에 관한 기억은 별로 없단다. 워낙에 깊은 산골이고 집도 몇 가구 안 돼서 일본 군인들이 많이 들어오지도 않았다. 다만 해방 두 해 전 정신대를 피해 이웃 동네 한 남자와 급히 눈속임식 동거[3]를 한 달이 못 되게 하다가 남자가 징용에 끌려가자 친정으로 들어와버렸고, 그걸로 그 남자하고는 끝이었다. 당시로는 흔한 일이었다. 왠지 모르게 그 남자가 너무 무서웠단다. 사람으로 보이지 않고, 시커멓고 커다란 짐승처럼 느껴져 같이 있는 것도 무섭고 잠자리는 죽기보다 싫었다고 한다. 그러나 김복례에

---

3 이 부분 구술은 각별한 사연이 있다. 둘째는 자기 엄마의 매독이 아버지에게서 옮은 것으로 마흔일곱이 넘도록 알고 있었고, 이것이 둘째가 평생 아버지를 미워하는 이유 중 핵심이기도 했다. 그러나 셋이 함께 구술을 진행하는 과정에서 이것은 인지와 기억의 왜곡이라는 것이 드러났다. 그것도 구술 첫 자리(2009년 말)에서는 둘째의 설명대로 넘어갔는데, 이 구술사 인터뷰가 거의 끝나가는 시점(2013년)인 3년쯤 뒤에야 첫째(귀님)에게 들었다며 둘째가 내게 알려왔다. 정신대를 피한 잠깐 동안의 동거를 둘째는 모르고 있었고, 엄마나 귀님이 이야기해주지 않은 것이다. 그 동거에서 매독이 옮은 것을 알고 둘째의 마음은 잠깐 혼란스러워졌다. 아버지를 향한 미움, 그 미움에서 이어진, 살아오는 과정에서 겪은 다른 미움과 관계들, 자기 어머니를 '아버지의 몸만 아는 여성'으로 다르게 안 것에 관한 정서적 혼돈 등이었다. 글쓰기를 거의 마칠 무렵 둘째는 내게 이 부분을 삭제하고 어릴 때부터 원인 모르는 부스럼이 있었던 것으로 글을 바꿔달라고 진지하게 요청했고, 이 부분을 삭제한 원고를 보내달라고도 했다. 나는 둘째의 진지한 요청을 거부할 수 없어, 그 부분을 삭제하고 글을 정리한 그 원고를 보내 확인시켰다. 그러나 나는 이 부분을 살리고 싶었다. 근대사의 질곡에서 한 여성이 당한 피해, 그리고 '인지와 기억의 왜곡에서 오는

게는 그 짧은 눈속임식 동거가 인생의 수렁이 됐다. 그 남자한테서 매독**⁺**이 옮았고 해방 즈음부터 이미 얼굴과 몸에 부스럼이 시작됐다. 그러나 그 증상의 원인이나 병명을 자신도 모른 채 누구에게도 말하지 않았다.

해방에 관한 기억도 별로 없다. 면 지서에서 사람들이 나와 일본이 망했다고 하고, 동네 사람들이 여기저기 한바탕 불려가서 큰 모임을 했다더라는 기억뿐이다.

제대로 된 혼인은 1948년 봄이었다. 처녀적 작고 마른 몸에 곱게 치마저고리 입고 머리를 두 갈래로 쪼르륵 땋아 내리면 모두 예쁘다고들 했고, 남편도 그 모습에 반해 오랫동안 쫓아다니면서 혼인이 성사됐단다. 신랑 홍창국은 김복례보다 한 살 위로, 각시는 21살, 신랑 22살이었다. 당시로는 늦은 결혼이었다.

공동체 안의 오해와 미움', 한 공동체의 집단 구술 과정에서 엇갈리는 기억의 확인과, 오해나 미움의 화해 등을 드러내는 것이 내게는 중요했다. 그래서 둘째를 설득하는 조심스럽고 진지한 메일을 보냈고, 한동안 별다른 답이 없었다. 여러 날이 지난 뒤 다른 약속으로 둘째를 만날 기회에 슬쩍 이 이야기를 다시 꺼냈다. "구태여 그 부분을 사람들에게 알릴 게 뭐 있어요?"라는 반응에 둘째를 다시 설득했고, 둘째는 첫째와 엄마의 의견을 묻겠다고 답을 미뤘다. 며칠 뒤 답이 왔고, "그렇게 해요. 대신 잘 써요^^"였다.

그 뒤에도 나는 정신대를 피한 눈속임식 동거와 매독 전염에 관해서는 김복례와 직접 이야기하는 기회를 만들지 못했다. 많이 조심스러운 부분이기도 하고, 내가 이 부분에 관해 자기 어머니와 직접 이야기하는 것을 둘째가 원하지 않았다. 다만 그 부분을 넣기로 한 것에 김복례도 동의했다는 말을 둘째한테서 듣고, 이 부분을 다시 살렸다.

매독의 원인에 관한 구술 작업 과정은 구술자(들)와 청자/필자 간의 권력 관계의 경합과 변화를 잘 드러내는 부분이며, '누구에게 무엇이 이야기될 수 있는가'와 '무엇이 삭제 또는 가공될 수 있는가' 그리고 구술자(들)와 청자/필자 사이 신뢰 관계와 친밀 관계(rapport)의 중요성 등을 잘 드러내준다.

매독으로 안면 장애를 얻고, 남편은 새장가를 들다

김복례 / 해방이랑 인공 지나면서 우리 친정이 많이 기울기는 했어. 게다가 아무래도 한 번 갔다 온 처자니께, 가난한 집 총각하고도 혼인시킬 생각을 했겠지. 나가 부엌에서 불을 때고 있으면, 서방될 사람이 우리 대나무 숲에 숨어서 나를 훔쳐보거나 안산에 와서 지영 때 내내(오후 내내) 나를 기다렸어. 그래도 나가 안 나가면 해질녘이 돼서야 돌아가곤 했어. 남녀칠세 부동석인디 오라 한다고 그렇게 갈 수가 있간디? 그해 겨울에 집 마당에서 달랑 꺼멍 치마에 흰 저고리 입고 동네 어른들 모시고 서로 맞절로 식을 올리고는, 당일로 군도리 시댁으로 들어가서 살면서 혼인 신고를 했제.

서방은 나가 임신했을 때 군대를 갔어. 시어머니는 귀가 꽈악 막힌 분이었어. 별스럽게 시집살이를 어떻게 시킨 기억은 없고, 첨부터 뚝 하면 "친정 가라"는 그 말만 혔어. "느그 친정 잘 산게, 느그 남편 돈 벌어올 때까정 친정에 가 있그라" 그랬어. 그 냥반은 아들이 군대 간 걸 모르고 돈 벌러 간 줄 알고는, 입 하나 줄이자는 심산으루 날더러 자꾸 친정 가 있으라구 그런 거지. 군도리서 딸을 낳고 세 이레(21일)도 안 지나서 실꾸리만 한 핏덩이 딸을 치마폭에 끌어안고 친정집으로 들어갔제. 그 당시엔 온 집안에 애기가 없고 귀님(큰딸 1949년생. 2013년 현재 만 64세)이 하나뿐잉게, 온 식구가 모두 땅에 내려놓지도 않고 서로 이쁘다고 했제. 그 시어머니는 서방 군대 있을 때 여름 홍수에 집이랑 같이 휩쓸려 돌아가셔서 시체도 못 찾고 말았어.

혼례식 때도 볼이랑 입술 주위에 부스럼이 있기는 했는데 그리 심하지는 않았다고 한다. 그러나 약을 쓰지 않은 채 임신이 되자 부스럼은 점점 더 심해지고 말았다.

김복례 / 임신하구 부스럼이 심해져서, 영광한의원에서 파는 '구전단'이라는 약을 사오기는 했제. 그 구전단을 먹으면 웬만한 창(피부에 나는 질병의 통칭)이나 부스럼은 다 낫는다고들 혀서 사오기는 했어. 근데 약이 하도 독해서 뱃속 아그가 지워진다고들 하잖여. 그래서 아그를 죽일 수는 없응게, 그 약을 사다만 놓고 먹지를 않은거. 아그 낳고 두 살이나 돼서 아직 친정 살 때 그 구전단을 썼어. 먹기도 하지만 태워서 연기를 쐬기도 하거든. 방에 들어가 문이란 문은 다 꼭꼭 막고는, 구전단을 화로에 넣고 불을 피워서, 그 연기를 코랑 목구멍으로 들이마시는데, 얼마나 독한지 입과 목이 나무통처럼 부어서 물도 못 넘기겠더랑게. 구전단이 얼마나 독하냐면 그게 살에 닿으면 살이 패여. 그려서 그걸 먹으려면, 구전단을 으깬 다음 밥에 싸서 씹지를 않고 삼키기도 했나께. 그렇게 먹어도 몸서리치게 쓴 약이야. 그런데 그렇게 해도 부스럼이 낫지 않자 묘량서 순경질하던 큰오빠가 손가락만 한 페니실린 한 병을 가져와서 그걸 주사로 맞고는 입이랑 코 근방 곪은 살들이 쑥쑥 빠지고 떨어지면서 코 둔덕이 없어지더랑게. 당시 페니실린 한 병 값이 통보리 한 말 정도라고 그러드면. 그때부터 콧구멍 하나만 이렇게 얼굴 가운데 흉터가 돼서 남고, 목젖도 없어진 거고 이도 빠지기 시작한 거여. 귀님이 초등학교 다닐 때도 이미 이가 뜨문뜨문밖에 없었구, 그르구는 그나마 곧 모두 빠져버렸어.

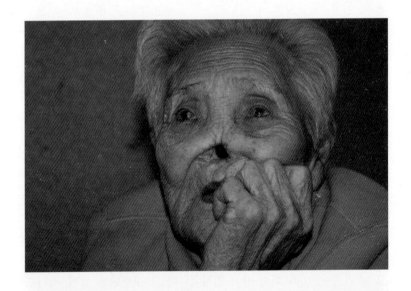

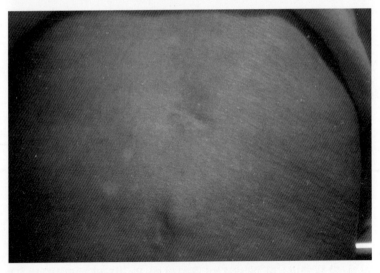

매독으로 얻은 김복례의 안면 장애와
부스럼 흉터.

잇몸도 점점 없어지니까, 나중에 자식들이 틀니를 만들어주기는 혔지만, 제대로 끼워보지를 못하고 무용지물이 되더랑게. 귀님이가 세 살때 군에 간 서방이 딸 보고 잡다고 사진을 보내라고 혔는디, 그때 이미 코가 없어져서 올케가 대신 안고 찍은 사진을 보냈당게.

귀님 / 긍게 그때 이후로 평생을 씹을 만한 단단한 음식을 제대로 드셔본 적이 없는 거이지. 워낙에 입도 짧은 데다 씹는 음식은 먹고자퍼도 먹지를 못 허니, 먹을 것이 뭐이 얼마나 있었겠는가? 게다가 늘 똥구먹이 찢어지게 가난하기만 했응게, 뭘 골라서 사먹을 수도 없었구.

혀로 발음을 만들어 말을 하려고 하지만, 목젖도 이도 없으니 발음이 제대로 만들어지지 않는다. 게다가 얼굴 한가운데 하나로 크게 뚫린 콧구멍이 그대로 입안까지 뚫려버린 셈이니, 발음이 만들어지기도 전에 흘러버리는 거다.

김복례 / 친정으로 다시 왔을 때 큰오빠는 묘량서 순경질하느라 집에 없었고, 나는 친정집에서 3~4년을 쎄가 빠지게 일만 혔어. 그때는 여동생도 시집을 갔제. 그러다가 전쟁 중에 아버지가 돌아가시고 큰오빠가 살림을 맡으면서, 사촌 오빠네 작은방으로 따로 나왔제. 거기서 1년 정도 살다가, 방태골로 시집간 여동생네 작은방에서 큰딸이 예닐곱 살 되도록 살고 있었어. 그러다가 남편이 시동생한테 말했능가 어쨌능가, 자기네 뒷방으로 들어오라 해서 시동생네로 들어가살게 되았제.

서방이 군대 있을 때 뭣에 쓸란지 돈을 보내라 혀드라고. 그래서 진뱅이한테 나락(쌀로 찧기 전의 벼) 한 가마니를 곡고리(곡식을 빌리고 곡식으로 이자를 계산해 갚는 거래 중 이자가 높게 붙는 거래 방식) 내서 팔아서 보냈는디, 그해 가을에 한 섬으로 갚았당게. 나무 장시, 첫 장시해서 모타는 거에다, 여그 저그 일한 값 보태서 한 섬을 갚았어, 한 섬을.

평생 동안 이어진 심한 안면 장애와 언어 장애, 극빈한 여성 가장의 삶 등을 감수할 각오를 임신 당시의 김복례가 미리 했을 리야 없을 테다. 어쨌든 그렇게 살려 낳은 첫 아기는 딸이었다. 아들도 못 낳은 채 얼굴이 흉하게 망가져버린 김복례를 시어머니가 불러들일 리 없었다. 친정 동네라 해봤자 시어머니가 살고 있는 집과 멀지 않은 '가차운' 곳이었다. 시어머니가 물난리에 집이랑 같이 쓸려 돌아가신 뒤 시댁으로도 못 가고 여기저기 곁방살이를 하다, 시동생네 집 뒤꼍에 있는 방 하나에 들어가 살게 됐다. 부엌도 처마도 없이 누울 자리만 하나 있는 뒤꼍 칸이었다. 군대 간 남편은 전쟁이 끝나고도 제대를 미룬 채 십오륙 년 가까이 군 생활을 했다. 취사병으로 자리를 잡아 밥이나 양껏 먹으려는 거였을 거라고 자식들은 이야기한다. 기나긴 군 생활 동안 간간이 휴가를 나왔는데, 군에서 먹으라고 준 건빵을 아껴 모았다 가져와 "우리 딸 귀님아~" 하면서 내놓곤 했단다. 남편은 귀님 아래로 생긴 15년 터울의 둘째가 태어난 해에 제대를 해서 집에 잠깐 와 있다가, 먹고살기가 빡빡하다며 옆 동네 남의 집 머슴살이로 들어가버렸다. 그러다가 그 동네 사람들의 주선으로 인근 처녀에게 새장가를 갔다. 김복례하고는 혼인 신고를 이미 했기 때문에 그 새각시하고는 신고도 안 하고 "아들 세 개, 딸 세 개"를 낳으며 살았단다. 김복례한테는 둘째 밑으로 네 살 아래의 셋째(딸)까지 만들어놓으면서도 살림은 그쪽에서 했다. 첫째와 둘째 사이에도 애가 들어섰는데 자연 유산이 됐단다.

둘째 / 아버지가 새장가간 거 알면서도 가만히 있었던 거지? 이그……그러구두 집을 가끔 들락거린 건데 그걸 그냥 받아주고 잠자리까지 한 거야…….

김복례 / 나가 요로코롬 생겼는디, 새각시 만든 것을 어뜩케 탓을 허겄냐?

그때나 지금이나 할머니 마음은 마찬가지다. 말이야 그렇게 하시지만 그 깔끔하고 깐깐한 성격에 속으로는 얼마나 깊게 골병을 앓았을까.

귀님 / 엄마가 나 땜시 구전단을 안 먹어서 얼굴이 저렇게 된 거고, 그게 엄마 인생 전체를 이렇게 기막히게 만든 거잖여. 그때 엄마가 차라리 구전단을 먹어 병을 낫고 나를 지웠더라면, 완전히 다른 인생을 살았을 턴디. 적어도 이렇게 기맥히게는 안 살았을 턴디…….

김복례 / (빙긋 웃으시며) 긍게 말여~, 그때 널 지울 껄 그랬나 보다잉…….

귀님 / 에구, 우리 엄마 웃으면서라도 저 말하는 건 오늘이 첨이네. 난 마흔 넘어 엄마한테 대들기 시작하면서, 화가 나면 그 말을 수도 없이 내질렀거든. 그때마다 우리 엄마는 약 안 먹고 나 살린 거 후회한단 소리를 한 번도 안 하시더라구. 이제야 그저 농 삼아 웃으면서라도 저 얘기 하는 걸 오늘 처음 듣네.

귀님은 아버지라면 생각하기도 싫다고 했다.[4] 그러면서도 그 아버지라는
사람에게 유일하게 하나 고마운 거라면 동생들을 만들어준 것이라고 한다.

귀님 / 어렸을 때는 아버지를 많이 미워했지만 나도 이제 환갑
을 지냈으니 이제는 좀 미운 마음은 덜한 거 같아. 저도 지 사정이 있
었겠지 싶기도 허고. 그려도 미운 맴이야 여전하지만, 그 사람에게 단
하나 고마운 거라면 동생들을 둘 만들어준 거시여. 동생들이 있어서
나도 엄마도 서로 의지하고 챙기고, 서로 때문에 못 죽고, 서로 욕 멕
일까봐 비뚤어지지 않고, 그렇게 살아온 거지. 늘 가난하다 보니 한
구뎅이에 모여 살 수밖에 없었고, 서로 안 굶길려고 먼저 멕이고 내
입 닫고 하다 보니, 있는 사람들은 모르는 깊은 속정이 자연히 맹글
어진 거이지. 나 결혼하고 나서도 우리 애들 크고 웬만큼 살게 될 때
까지는 거의 함께 산 거거든. 내 서방은 살림이고 뭐고 여엉 나몰라
라 하고 늘 싸돌아 다녔응게. 아니면 의처증으로 늘 두들겨 패곤 해
서, 맞다 맞다 죽겠다 싶으면 도망쳐서 엄마랑 동생들이랑 내 새끼들
이랑 함께 살았어. 집이 넓기를 혀, 방들이 따로 따로 있기를 혀? 그
저 맨날 방 하나 한 구뎅이에서 산 거지. 그러다보니 우리 자식들도
모두 할머니며 삼촌 이모를 더없이 끔찍하게 생각해. 특히 쟈는(둘째
를 가리킨다) 자식이 없응게 "돌아가실 때까정 니네가 챙겨드려야 한

---

4 원래의 구술은 "아버지라면 이가 갈린다"였다. 그러나 2013년 1월 구술자들이 원고 검토를 하는 과정에서 귀님
은 이 부분을 "생각하기도 싫다"로 바꿔달라고 요청했다.

다"고 내가 노상 입버릇을 했어. 막내도 지 애들한테 늘 그 말을 하고. 지금도 내가 말 안 혀도 우리 애들은 삼촌을 아버지처럼 형처럼 알아서 챙겨. 그게 개네들이 장가가고 나니 마누라들도 그렇고 손주들도 그렇게 되더라구.

남의 집 머슴살이와 행랑채살이를 하며 줄줄이 딸린 식솔들을 챙겨야 했던 남편이, 자기네 식솔들까지 챙기는 것은 불가능했을 거라고 김복례는 변명을 해준다. 자식들에게야 더없이 밉고 기억도 되살리고 싶지 않은 아버지지만, 김복례는 그래도 서방이 자기한테 잘해줬다고 이야기한다. 김복례는 작은각시네서 지내는 시댁 조상들의 제삿날마다, 이웃에서 쌀 한 되와 보리나 수수 한 되씩을 빌려서는, 귀님 손에 들려 "따또네 집"으로 보냈다. 그렇게 빌린 곡식들은 나중에 몸으로 때워 갚아야 했다. "따또"란 김복례네 식구들이 아버지의 작은각시를 부르는 호칭이다.

귀님 / 키가 난쟁이 똥짜루 모냥 짝고 밉게 생겨서, 농 삼아 우리 식구가 붙인 이름이여, 따또가. 나는 죽어도 그 집에 가기 싫었지만, 엄마 말이라면 무조건 들어야 하는 걸로 알고 살았으니께 별 수 없이 간 거지. 동생들은 절대로 그 집에 가려고 하지 않았어. 그래도 몇 번씩은 엄마 땜에 별 수 없이 갔을 거이구먼. 그때 쌀 한 되는 이틀 밥일 거리고 보리나 수수 한 되는 하루 밥일 거리였어. 따또네를 보내면서 엄마는 늘 나한테 "절대로 정지문(방에서 부엌으로 통하는 문) 앞에서 자지 말라"고, "아버지 옆자리에서 자라"고 몇 번씩 신신당부를 했지. 정지문 앞에서 자면 아침에 밥하러 나오는 따또가 부엌 들락거리느라 넘어 다닌다는 거였어. 그치만 어떻게 하다 보면 내 잠자리는 언제나 정지문 앞이었어. 집에 오면 엄마가 꼭 물어봤어, 어디서 잤냐고. 그럼 나는 엄마한테 거짓말을 못 하니까 정지문 앞에서 잤다고 하고, 그것 때문에 또 맨날 혼나고 욕먹고 그랬어.

살아서는 며느리를 늘 친정으로 쫓아내려 하던, 귀가 꽉 막혔다는 그 시어머니가, 그래도 없는 살림에 새끼들 배 굶리면서까지 제삿밥 챙겨주는 그 며느리와 새끼들 공이 고마웠는지, 살아오면서 어려운 때나 중요한 때면 꼭 꿈에 나타나 예시를 해준다고들 식구들은 믿고 있었다. 어렵게 모은 돈으로 땅을 사려다가 사기를 당할 뻔할 때도 그랬고, 10년 넘게 타던 봉고차를 사고로 폐차하던 때도 꿈으로 미리 알려줬단다. 게다가 차는 완전히 박살이 나면서도 사람은 상처 하나 안 나게 해줬다는 것이다. 귀님이 어디 가서 점을 보니 친할머니가 늘 보살피고 있다는 말을 하더라고도 한다.

김복례네 가족이 뒤꼍 방 한 칸을 얻어 산 시동생네는, 방 하나 내준 것 말고는 형네 식솔들을 전혀 돌보지 않았다. 명절이나 제사 때가 되어도 "밥 먹었냐"는 말 한마디 없이, 식솔들을 데리고 따또네 집으로 갔다. 코도 없는 형수하고 형이 앞으로 절대로 같이 살지 않을 거라는 걸 알기 때문인지, 형수를 부를 때도 "아짐씨('아주머니'의 전라도 방언. 이 용어가 가까운 집안(형수 등)이 아닌 남이나 먼 친척 간에 쓰였는지는 집안마다 다르다)"라고 불렀다. 나중에 나이가 들고 형이 죽고 형의 작은각시가 재혼하자, 그때부터 "형수"라고 부르기 시작했다고 한다.

사실 작은각시 역시 서방이 이미 혼인한 사람인 줄을 모르고 한 혼인이었다고 한다. 김복례는 최근에야 그 얘기를 자식들에게 했단다. 둘째도 얼마 전 내게 그 이야기를 하며 알고 보면 그분도 피해자이고 그 자식들 역시 미워할 수 없는 사람들이라는 이야기를 했다.

김복례 / 젊어서야 미운 마음이 없을 수야 없지만, 내 얼굴이 이렇게 내가 어쩌겠나? 그냥, 니네는 니네대로 알아서 잘 살아라, 그 마음이었제, 나중에는. 그러구 생각해보면 그 여자도 내가 미웠을 것이여. 나 때문에 결국 마지막까지 혼인 신고도 못 허고, 호적에도 저랑지 자식들이랑이 나랑 남편 밑으로 들어와 있었지. 거그다 서방이 우리 집 들락거리는 거를 몰랐을 리도 없고. 그 여자도 속이 안 좋았겠지. 이제 생각하면 여자끼리 싸울 일이 아니고 남자를 잡아야 하는 건데…….

인터뷰가 막 시작되던 무렵 둘째는 내게 심각한 어조로 전화를 해왔다. 우연히 얻어 보게 된 자기 아버지 쪽 족보에 자기 엄마 이름이 안 올라 있고 '작은 여자' 이름이 올라 있더라는 것이었다. 이걸 법적으로 싸워서 고쳐놓고 싶다는 거였다. 그것이 한평생 서러움과 한을 품고 살아온 어머니에게 자기가 마지막 해줄 수 있는 일이라는 것이었다. 자식의 그 마음이야 이해할 수 있지만, 그게 무슨 의미가 있는지 되물으며 둘째를 설득했다. '족보'란 남성 중심의 가부장적 체계를 가장 적나라하게 드러내고 있는 사문서인데, 거기에 올라 있는 한 여성을 구태여 밀어내고 내 어머니를 올린다는 것이 대체 무슨 의미인지, 첫째 부인이고 둘째 부인이고 모두 피해자인데, 빼앗기지 않고 반드시 지키거나 받아내야 할 큰 재산이 있는 것도 아니고, 더구나 김복례는 족보 이야기는 알지도 못하며 살고 있고, 이제야 난데없이 관심을 가진 것도 아닌데, 왜 그런 의미 없는 싸움을 하느냐며 말렸다. 더구나 김복례의 성품상, 이제라도 서방네 족보에 작은 여자 밀어내고 나 들어가겠다는 드잡이는 절대로 마다하실 분이었다. 다행히 둘째는 그때 이후로는 족보 이야기를 더 안 했고, 오히려 그동안 밉기만 하던 아버지의 작은 여자나 그 자식들이 조금은 다른 시각으로 보인다고도 했다. 아버지 가 사망한 뒤 '작은 여자'는 재혼해서 부산에서 살고 있고, 그 자식들과 어 쩌다가 한 번씩 명절에 작은아버지 댁에서 마주치기도 했단다. 작은아버지 는 나중에 서울로 올라와 김복례네하고는 멀지 않은 동네에 살고 있다. 둘 째의 입장에서는 죽어도 명절에 작은아버지 댁에 가고 싶지 않았으나, 김 복례가 "엄마 욕 먹이는 일이다. 내 살아생전에라도 다녀라" 해서 어쩔 수 없이 일 년에 두 번씩 다닌다고 했다.

아버지에 관한 둘째의 기억은 아주 단편적이다.

둘째 / 대여섯 살 무렵 마을 한 모퉁이에서 아버지가 다른 아저 씨들과 담배를 피우고 있는 것을 봤어. 나를 본 동네 아저씨 하나가 "어이, 저거 자네 새끼 아니여?" 하며 아는 체를 했고, 그 소리에 나도 얼굴을 돌리다 어떻게 아버지랑 눈이 딱 마주쳤지. 그날 아버지가 나 를 데리고 이발소에 가서 머리를 잘라줬어. 어른들이 앉는 의자 팔걸 이에 송판을 대고 그 위에 올라앉아서 머리를 자른 기억이 나. 허연 무명 바지저고리를 입고 두엄 지게를 지고 밭으로 일하러 가던 모습 을, 지나가다 언뜻 보고 만 것도 기억나고.

한번은 성이 시집가서 살고 있는 집을 따또한테서 낳은 아들하고, 나하고, 아버지하고 셋이서 다녀오는 길에 아버지가 동전 몇 개를 꺼내며 "이 돈으로 과자 사 먹고 걸어갈래, 아니면 차 타고 갈래?" 하고 묻길래 내가 과자를 사 먹겠다고 했어. 그리고는 셋이서 세 시간이 넘는 길을 걸어온 기억도 나네. 다 잊고 생각도 않던 기억인데, 지금 이야기를 하니까 그런 기억이 다 떠오르네. 그러고는 그 양반이 간경화로 돌아가시기 얼마 전, 엄마와 자식들을 둘러볼 겸인 듯 일부러 우리가 살고 있는 서울 집으로 찾아왔어.

둘째는 이제사 아버지가 다른 살림을 한 것이 한편으로는 이해된다고도 한다. 특히 아버지가 어머니에게 매독을 옮겨놓고 다른 살림을 차린 것으로 알았다가 구술사 작업 과정에서 진실을 알게 된 둘째는 좀 혼란스러워했다. 그렇지만 새장가를 갔건, 가난했건 간에 자신이 만들어놓은 자식들에게 애비로서 최소한의 도리도 안 한 것에 관해서는 여전히 용서하기 어렵다고 했다. 아버지 살아생전 아버지를 '아버지'라고 불러본 적이 손가락으로 꼽을 정도였고 본 적도 별로 없단다. 동네 사람들에 따르면 인정은 많고 착했으나, 좀 게으른 편이었단다.

친정으로 쫓겨 가다시피 했다 겨우 인근 시동생네 뒤꼍에 방 한 칸을 얻어 나온 뒤, 김복례는 "안 해본 거 없이 다 하며" 살았다.

"새끼들 안 굶길라고 안 해본 거 없이 다 하며 산 게 나 살아온 전부여"

김복례 / 오로지 새끼들 안 굶길라고 기를 쓰며 안 해본 거 없이 다 해본 것이 나 살아온 전부여. 근데 아무리 혀도 새끼들을 늘 굶기고 배고프게 할 수밖에 없었어.

귀님 / "남 먹는 거 쳐다보지 마라, 절대로 껄떡거리지 마라", 엄마가 늘상 하는 말이었어. 그래서 엄마가 집에 없는 동안 동생들을 업고 동네를 다니다 누가 뭐라도 먹는 것을 보면 되레 일부러 머리를 외로 이러어케 돌리고 걷곤 했었지. 어릴 땐 엄마 말은 무조건 들어야 하는 거였거덩.

둘째가 나랑 열다섯 살 차인데 늦게 얻은 동생이어서 그런가, 난 저 둘째를 너무 이뻐했어. 어렸을 때 둘째를 땅에 내려놓는 일이 거의 없다시피 늘 업고 살았다니께. 업느라고 재 엉덩이 밑으로 하도 손깍지를 끼고 있어서, 내 요기 손가락들이 늘 살이 밀려 있었어. 내가 국민학교 졸업하고 돈을 벌어볼려고 하기 시작하면서부터, 그러니까 둘째가 네 살 넘어서부터나 좀 내려놓고 그랬지. 셋째는 둘째보다 네 살 아랜데, 걔 어릴 때는 내가 돈 벌러 산판으로도 가고 서울로도 오고 해서, 업어줄 새가 없었어. 걔한테는 같이 지내주지도 못했고, 별라 해준 것도 없어. 그게 늘 미안혀지.

둘째 / 동생 못 돌봐준 거는 나도 마찬가지여. 서울 와서 걔가 학교 다니고 할 때, 나는 뭐라도 해서 돈을 벌어 엄마를 도와야 한다는 생각에 늘 돈도 안 되는 일자리 찾아다니느라 바빴고, 나중에는 못 한 공부를 하고 싶어 검정고시 학원 들락거리느라 또 못 돌봐줬어. 두고두고 그게 동생한테 미안해. 근데도 그 동생이 지금도 나를 젤 먼저 챙기구 한다니까.

귀님 / 한번은 쑥떡베로 된 포대기에 재를 업고 산에 나무를 하러 갔어. 쑥떡베라고 중 옷 색깔마냥 회색 무명천이 있는데, 그때는 애 업는 띠로 여름에는 그걸 많이 둘렀지. 산 밑에 그 쑥떡베를 하나 하나 펴서는 자는 애를 그 위에 뉘어놓고 산에 올라가 나무를 한 짐 해온 거여. 갔다 오니 햇볕 드는 쪽으로 뺨이 빨갛게 익어 가지구 애가 막 울고 있더라구. 뺨이 뜨거워서 그런가부다, 하고 그걸 그냥 업고 나무를 이고 집으로 왔지. 밤이 될수록 애가 더 심하게 우는 거야. 밤새 애를 울리고 동이 트자마자 엄마가 큰골 작은삼촌을 불렀어. 삼촌이 보니 애 얼굴 오른쪽이 발갛게 부어올라 있고 그쪽 귓속에 뭐가 꽉 찬 게 보이더라는 거야. 산 아래 눕혀 놨을 때 진드기가 들어간 거지. 소한테 달라붙어서 피 빨아먹는 진드기 그거. 그걸 거기서는 진드기라 그랬어. 그게 애 귓속에 들어가서 피를 빨아먹어서는 배가 빵빵해져 갖고 저도 나오지를 못하는 거지. 족집게 있잖아, 핀셋트같은 거. 그 족집게로 아무리 꺼낼려구 해도 그놈 배가 하도 땡땡하구 미끄덩거려서 집어지지를 않는 거지. 삼촌이 이러다가 애 죽이겠다며 귓구멍을 방바닥으로 향하게 하고 그 집게로 땅땅한 배를 꾹 찔렀어. 아이고오, 피가 피가, 아닌 말로 어른 손보재기 하나 가득 나오더라구. 그러고 나서야 껍데기만 남은 그놈을 집게로 끄집어낸 거야.

김복례는 몸은 고되지만 아무 밑천 없이 할 수 있는 나무 장사를 자주 했다. 태청산 봉우리 꼭대기까지 올라가서 나무를 해다가 일단 집에다 모아놓았다. 몸도 작고 기운도 없어서 다른 남정네들 나뭇짐하고는 비교도 안 됐다. 지게도 없이 머리에 나뭇짐을 이어 나르기도 했다. 산봉우리까지 올라가자면 그 작은 몸으로 다른 사람보다 시간도 힘도 더 많이 부쳤다. 동네 밭일 안 나가는 이른 아침이나 저녁 늦게 산을 오르락내리락하며 그렇게 모아놓은 나뭇짐을, 장날이면 아침 일찍부터 머리에 이고 쨍쨍한 십 리

거리를 걸어 장에 내다 팔았다. 팔 나무 말고도 겨우내 땔 나무는 마당 한 쪽에 따로 켜켜이 쌓아두고 살았단다. 봄이 되기도 전에 나무가 떨어진 서 방은, 지게를 지고 나무를 하러 다니다 말고 잠깐씩 김복례네에 들렸고, 그러다가 막내도 만들었단다. 그러면서도 김복례네 집에 나무 한 지게를 지어다 줘본 적이 없다고 한다.

김복례 / 틈나는 대로 나무를 하고 나 땔 거 아껴서 나무 장사를 허면, 겨우겨우 젓갈 장사 밑천이 만들어지는 거여. 새우젓이나 멸치젓 같은 젓갈이나 생굴, 마른 멸치들을 많이 팔았제. 집에서 젤로 가까운 바다인 영광 해리까지가 짱짱한 삼십 리 길인게. 산을 넘고 바다 옆 길을 걸어 장이 서는 바다 마을에 밤에나 닿으면, 암 데서나 하룻밤을 자는 거여. 그루구는 새벽 장에서 물건 받아 다시 수십 리를 걷고 걸으며, 동네 동네를 돌아다니면서 젓 장사를 했제. 근데 정작 장사는 해거름 녘은 돼야 시작이 되야. 낮이면 모두 들로 일하러 나가고 동네엔 어른들이 없는 거지. 그러다 보니 자연히 장사를 늦게까지 할 수밖에 없어. 전기도 없는 촌 동네 구석구석을 밤늦게까지 돌며 소리치면서 장사를 허는 거여. 근디 소리를 질러봤자 사람들이 알아듣지를 못혀. 내가 워낙에 소리도 작은 데다가 코가 요런 게 바람이 다 새뻐리는 거지. 게다가 발음도 제대로 안 되잖여. 그래도 어쩌겠어? 어떡케라도 소리를 질러야 사람들이 내다라도 봉게. 코 땜시 사람들이 놀랄까봐서 수건으로 얼굴을 가리고 입만 내놓고는, 소리소리를 치면서 밤늦도록 돌아다닌 거여. 더는 사람들이 문밖을 안 내다보고 잠자리에 들 시간이 돼서야, 나는 집으로 올 생각을 했지. 그러다 봉께 오밤중이나 돼야 집에 오는 거제.

한번은 동네서 얻어먹고 사는 거지 할머니가 왔제. 동냥해서 먹고 사는 할머닌데 그때만 해도 그렇게 동냥해도 살 만했지. 노인네고 하니 사람들이 안 아까와라 하고 잘 주고. 그 할머니가 "나 밥만 조께 해주라. 내가 동냥해서 벌어올게, 그걸루 새끼들이랑 같이 밥해 먹구 살자" 그라드라고. 내가 단번에 마다했어. 아, 에미가 고생해서 새끼들 벌어 먹여야, 그게 새끼들 살로도 가고 나중에라도 잘 되고 그라제, 남이 동냥 얻은 걸루 새끼들 멕이면 그게 되겠어? 그래서 마다했어.

기미네, 성천, 남산, 금산, 이천, 언데이, 건데이……김복례가 젓갈과 생굴과 마른 멸치 장사를 다니던 동네 이름들이다. 그 동네들의 골목골목과 문전 문전을, 김복례는 짐 보따리를 이고 지고 얼굴을 수건으로 가린 채 소리도 크게 치지 못하며, 수도 없이 돌고 두들기고 들락거렸다. 때로는 셋째를 업고 다니기도 했다. 당시는 곡식으로 물건 값을 치르는 것이 보통이었다. 그러다 보니 장사 나가는 짐 보따리보다, 마치고 돌아오는 짐 보따리가 훨씬 더 크고 무거웠다. 외상을 까는 경우도 태반이었다.

김복례 / 한밤중에 그 깊은 산을 다녀도, 새끼들이 나만 기둘리고 있다는 생각에, 하나 무선 맘이 없었어. 한번은 양철로 된 새우젓 통과 곡식 보따리를 이고 지고 깜깜한 밤중에 고개를 넘어오다가 그만 돌에 걸려 넘어져뿌렸어. 노상 다니던 길인데 그날따라 뭐에 씌었는가, 그 깜깜한 산길을 자꼬만 맴맴 돌며 헤매다가 깜빡 정신을 흐려버린 거지. 분명히 아까 갔던 길인디 보면 또 그 길이 나오는

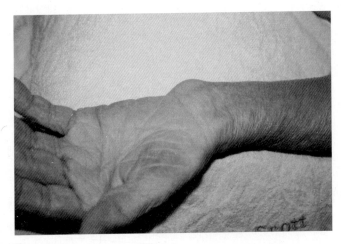

젓갈 장사를 다니던 시절 다친 손목.

거여. 첨엔 몰랐는디 계속 그 자린 거여. 그러다가 겁을 먹었는지 그만 돌부리에 걸려 넘어진 거제. 안 그래도 머리엔 새우젓 통, 이짝 어깨엔 곡식 보따리로 얼매나 무거워서, 정신만 아니라 몸도 허청허청하던 판이었어. 쥉일 돌아다니면서 집이서 싸간 밀가루 떡 한 쪼가리나 먹었을라나 했응게. 그 정신머리로도 젓갈 통과 곡식 보따리를 안 떨굴라고 외약 손(왼손)으로 땅을 짚는다는 게 그만 왼쪽 손목 바로 위, (왼쪽 손목 비뚤어진 것을 꺼내 보이시며) 여그 이거 말여, 여그요 뼈가 뿌러져 가꼬 뾰족한 뼈끝이 살을 찢고 쑥 삐져나와버린 거여. 글고 거그서 뜨듯하고 시뻘건 피가 줄줄 새 나오고 말여. 그걸 봉게 이러다가 죽는가 싶고 겁이 왈칵 낭게, 새끼들 얼굴버텀 떠오르더만. 삐져나온 뼈를 대강 땡겨서 살 속으로 밀어 맞촤 넣고, 상처는 치마 속곳을 찢어 여미고는, 일단 새끼들이 기다리는 집으로 부리나케 뛰어왔어. 그날따라 뛰지 않으면 뭣이 날 잡아갈 것만 같드라구. 뭔지는 몰라도 거기서 뭉기적대면 뭣이 나를 붙들어갈 것만 같았어야. 집에 와서는 상처에 된장을 처바르고 광목을 찢어 부러진 팔을 어깨에 붙들어 맸지. 된장 그게 균도 죽여주고 약도 되고 그러닝게. 그러고는 당장 다음 날 아침에 그 모냥으로 장사를 나갔어. 떼어놓은 물건들 하루라도 놔두면 생것들은 모다 상해버리는디. 글구 또 외상값 그날 주겠다는 아짐들도 있었고. 장사는 뭐가 어쩌도 꼬박꼬박 나가야 내 손님이 굳는 것잉게.

왼쪽 손목 한쪽으로 지금도 남의 팔과 다르게 뼈 부러진 끄트머리 자국들이 두세 개 삐져나와 있고, 그 부위에서 손목이 바깥쪽으로 뒤틀려 휘어 있다. 찢어진 흉터도 그대로 남아 있다. 셋째가 태어나고부터는 셋째를 업고 다니며 장사를 해야 했다.

김복례 / 셋째를 배고는 아들이면 좋겠다는 생각을 많이 했는데, 또 딸이었제. 막내 태어났을 때 서방이 원당서 머슴 살면서 나락 한 가마니랑 석유 기름 두 홉짜리 반병을 가져왔어. 나락은 빻으니까 쌀 두 말 가웃(두 말 반)이 나오더라고. 그 서방한테 받은 거라곤 그게 처음이고 마지막이여.

둘째 / 어이그……그거 줬다구 또 좋아하셨겠지, 하하~. 우리 엄마는 그 서방이 안 미운가봐~.

김복례 / 안 밉기야 허겄냐? 수도 없이 미웠지. 그래도 너그 아베가 나쁜 사람은 아녀, 새끼들 책임을 져야 허는데 그걸 안 해서 그렇지……. 지 살림이 또 힘들었응게…….

서둘러도 늘 지금 시간으로 치면 밤 열 시가 족히 넘어서야 집에 들어왔을 것이여. 마지막 고개를 올라서서 집 방향을 봐도 암것도 안 보이는 쌔까만 깡촌이었어. 그 밤에 누가 불을 켜는 집도 없는 한가하고 가난한 촌 동네였지. 지름이 아까운데 뭐 한다고 비싼 불을 켰겄어? 그려도 그 깜깜한 속에서 집에 두고 온 새끼들이 늘 훤하게 보이는 것 같았어. 부엌이랄 것도 읎이 가마니때기 걸어 놓은 그 마랑 안에서, 큰애와 둘째가 아침 좁쌀 시래기 죽 뒤로 쫄쫄이 굶고, 어떨 때는 이틀을 내리 굶고서는 목이 빠져라 불씨도 없는 아궁이 앞에 쪼그리고 앉아 에미를 기둘리고 있는 모냥이, 눈에 선하게 보여. 에미 눈깔인디 어뜩케 그게 안 보이겠나? 깜깜할수록 더 훤히 보이지야.

귀님 / 그 가마니때기나 제대로 있었간디? 그걸 매줄 사람이 어디 누가 있어? 엄마는 키도 작고 힘도 모질라서 매기도 힘들었지만, 힘이 된다 해도 매줄 새나 있었간디? 장사 없는 날은 끼니 때우느라 미리 빚낸 곡식 값 갚으러 넘의 집 밭일 논일 잔치 일을 새벽부터 가야 했웅게. 작은외삼촌에게 여러 번 얘기해도 맘이야 굴뚝같았겄지만 그 양반도 형네 일을 머슴보다 심하게 하느라, 매줄 새가 없었지. 처마도 부엌도 없이 한데서 암케나 되는대로 끓여먹다가, 비 오고 어쩌고 난리를 치는 꼴을 몇 번 겪고 나면, 나~중에 나중에야 삼촌이 계우 틈을 만들어 와서는, 가마니때기하고 새끼줄을 얽어서 비바람만 겨우 피하게 부엌 쪽하고 방문 앞에다 마랑을 쳐줬어. 그러다가 또 비 한 번 크게 오고 바람 한 번 씨게 불어대면 그놈의 마랑이 훌러덩 날라가고 주저앉고 했지. 그 안에서 엄마가 넘이올 고개 쪽을 올려다보고는 밤 늦게꺼정 엄마를 기둘렸지. 그 밤중에도 나는 쟤를 업고 엄마를 기둘렸어. 부엌에 쪼그리고 앉았을 때도, 나는 쟤를 땅에 안 내려놓았지. 미련하게 왜 그랬나 몰라? 늘 불쌍했어, 쟈는……

엄마가 집에 오면 일단 우리 배곯은 것부터 꺼주고는 나를 붙들어 앉혀놓고 종이에 일일이 받아 적게 했어. "싸리나무 울타리집, 새우젓 두 보시기, 보리 몇 홉, 유월 첫 장 지나고 바로", "샘물가 오른쪽 시째 집, 굴 두 보시기, 쌀 몇 홉, 가을 나락 털고 나서" 해감시롱. 엄마는 장사를 하면서도 그걸 일일이 되돌려 되뇌어대며 기억하고 있다가 잠자리 전 까먹기 전에 나한테 불러줬지. 외상값을 받아온 날은 또 그걸 하나하나 지워가면서. 근디 나는 공책을 보고서야 외상값 받을 날짜와 집을 기억하는데, 엄마는 써놓으라고만 했지 그걸 일일이

머릿속에 다 기억하고 있더라니까. 내가 공책을 펴보기도 전에 "내일 누구누구네 생굴 세 보시기 값 받는 날이지야?"라고 말여. 내가 그때서야 공책을 펴보면 그게 귀신같이 맞는 거여. 우리 엄만 아직도 우리보다 기억력이 좋아. 지금도 우리가 서로 기억이 달라서 니가 맞네 내가 맞네 시비가 붙는 일들은 엄마한테 물어보고 판정을 받는다니께.

김복례 / 그렇게 외상이 깔리다 보면 자주자주 장사 밑천이 떨어지곤 했지. 그렇다고 바닷가 장터에서 외상으로 물건을 떼어주지는 않았어. 거기는 그때도 언제나 현금이라야 혔으니께. 그러면 또 산에 가서 나무를 혀다가 집에 쌓아놓은 거랑 해서 장에 가서 팔아 돈을 만들었지. 그래도 나무 장사 하는 날은 밤늦게라도 오니까 돈은 안 돼도 좋았지. 바닷가로 젓갈 뜨러 가는 날은 물건 받는 데만 하룻밤을 넘겨야 하고, 그걸 떼어서 장사까지 하고 오면 꼬박 하루 반 너머를 새끼들을 못 보고 끼니도 제대로 못 채워줬지.

귀님이 학교 갈 나이가 되자 동네 이장인 봉동할아버지가 귀님이 학교 보내라고 알려주드라고. 근데 학교를 가서는 엄마 젖 먹겠다고 울더라는 거여. 선생이, "귀님아 울지 마라, 내가 우유 가루 더 주께" 하면서 그걸 책보재기에 싸주면, 달랑달랑 메고 집에 와서 그걸 쑤숙 밥 할 때 보새기(사기그릇)에 물에 풀어서 쪄서 먹었제. 아침은 거의 안 먹고 학교에 가거나 쑤숙 한 주먹에 실가리(시래기) 죽을 먹고 가거나 했는데, 갑자기 우유가 들어가자 설사가 나기도 혔어. 내사 뭐 굶는 날이 더 많았지.

동네서 헌 가마때기를 주워다, 남산(동네 이름)에 있는 태청산이나 마당 바우로 다니며 세발 끄렁(가는 나뭇가지)이나 나무 끌텅(굵은 나무줄기 잘린 것)들을 주워 가마니때기에 담아 영광장으로 팔러 다녔어. 세발 끄렁 한 가마니 팔면 좁쌀 한 되 값이 되았지.

귀님이 9살 무렵에, 내 요 허벅지에 주먹 반만 한 종기가 나기 시작혔어. 약이고 뭐고도 없이 그 다리를 끌고도 태청산으로 나무를 하러 다닝게, 낭중에는 그 종기가 번지면서 허벅지가 나무통만 하게 붓고 곪아서 성이 나더랑게. 그때 남동상이 이웃 동네 할아버지를 불러다가 마춰도 없이 칼로 쨌는데, 아직도 그 흉터가 요그 요렇게 남았당게. 칼로 째는 게 올~매나 아팠던지 그때 그 악쓰는 소리는 산천이 울렸을 것이여, 하하하.

그 뒤로도 낫지를 않아 움직이지 못하게 되자 귀님이 쟈가 학교를 한 학년 꿇고 내 시중을 들었어. 그러다가 귀님을 데리고 어쩔 수 없이 친정오매 방으로 들어가게 되았제. 그때 큰올케한테 세발 끄렁 팔아 모아놓은 통보리 서 말을 주면서 "내 아픈 다리 낫을 때까지 귀님이허고 나 밥 한 숟갈씩만 주씨요" 하고 들어갔제. 근데 올케란 사람이 보리밥을 해발딱한(모양새 없이 바라져서 납작한 모양) 밥그릇에 싹 깎아서 딱 한 그릇씩만 두더라고. 그걸 나가 몇 번 떠먹고 귀님이 주면 둘 다 허천 나서 죽을 지경이었어. 너무 배가 고파서 어린 귀님이 보고 "땡감이라도 줏어온나, 그거라도 먹게" 하면, 어린 것이 빨리 줏어오지 않고 해찰(딴 짓)이나 허고 있는 거여. 그러면 나가 절뚝거리는 다리를 끌고 뭐라도 집어 들고 "배고픈데 얼릉 안 가져오고 자빠졌다"며 귀님의 머리를 때리곤 혔어. 절뚝거리는 다리로 쫓아가도 귀님은 도망도 안가고 맞고 서 있었당게.

귀님 / 하이고~, 나가 도망가서 엄마가 절뚝거리믄서 쫓아오면,

엄마가 더 힘들까봐 서 있었네요…….

김복례 / 우리 여동상이 낮에는 밭에 가서 일하고, 밤에는 성 배고플까봐 고구마 순을 뜯어다 잎사귀까지 송송 썰어서 통보리를 갈아 죽을 쒀서 한 양판(양푼)씩 가져오곤 했어. 그것을 먹고 배를 채우곤 했제. 보릿고개가 무서웠제. 아, 보리가 익기도 전에 보리 모개를 따다 솥에 살살 볶아서 말린 다음 맷돌에 갈아서 고구마 순하고 같이 죽 끓여 먹기도 혔어.

귀님 / 막내 낳고서는 엄마가 그걸 업고 새우젓, 생굴 장사를 다녔어. 그때는 나가 돈 벌러 집에 없을 때도 많았고, 둘째가 애기를 보기도 어려웠지. 게다가 애기 젖도 줘야 항게 아예 들쳐 업고 장사를 나간 거지.

엄마는 찢어진 고무신을 실로 몇 겹을 꼬매고, 꿰고 해서 신고 다녔지. 양말도 없이 맨발에 그 해진 고무신을 신으면 발에 땀이 차기도 하고, 또 비라도 오는 날이면 고무신 밖으로 발이 쭉쭉 미끄러져서 넘어지고 고무신은 또 찢어지고. 그럼 그걸 또 벗어 들고도 오고 짐보따리 속에 낑겨 넣어도 오고.

김복례 / 이렇게 천하게 살 바에는 죽어버리자는 생각을 수도 없이 혔어. 핏줄한테 설움 받는 날이면 더 죽고 자팠지. 맨맞허니 귀님한테나 화풀이를 하고 욕을 하고는 했지만, 밤 깊어 애들 자고 있으면 혼자 산에 가서 울기도 많이 울었지. 집 뒤에 진뱅이네 산이 내 울음터였어. 나 죽는 거야 간단헌디, 저 새끼들이 어찌될랑가 생각허면 맘대로 죽을 수가 있어야지. 죽어지지가 않았어. 죽지는 못허고 살기는 모질게 힘들고. "에미 잘못 만나서 너그가 이렇게 고생한다" 하면서 한바탕 우는 거여. 큰딸 두들겨 패고 그년 주눅 들어 쭈그러져 있는 거 보면, 또 밤에 혼자 가서 울고. 내 팔자가 서러워서 한바탕 울고 자식새끼들 불쌍혀서 또 한바탕 울고. 울다 울다 동이 트면 새끼들 죽이라도 끓여 먹일려고 또 뿌시럭거리고 혔지. 사는 게 하도 퍽퍽허고 깜깜항게 어떤 때는 귀님 붙잡고 의지하기도 하면서도, 쟈한테 왜 그렇게 모질게 욕을 했나 몰라.

귀님 / 엄마가 나를 갈킬려고 혔어. 나가 엄마한테 그거가 너무 고마워. 자기가 글을 몰라 깜깝한 게 많았으니께 그 없는 살림에도 학교를 보낼려고 헌 거제잉. 그런데 나는 초등학교 6년을 절반도 못 갔어, 어찌어찌 하다 보면 못 가는 날이 더 많았지. 엄마가 집에 못 들어온 날 아침은 으레 못 갔고, 아침에 물 길러 가거나 다른 심부름을 갔다 오면 너무 늦어서 또 못 가고. 그러니까 교실에 내 자리는 따로 정해져 있지가 않았어. 그때도 남녀가 하나씩 짝을 지어서 앉는디, 나는 한 번도 사내애 짝꿍이 없었어. 학교를 가는 날은 젤 끝에 책상 하나 끌어다 놓고 공부를 쫓아가고, 매칠을 못 가다가 다시 가면 책상이 없어져서 또 어디 가서 하나 끌어다 놓고 했지. 엄마가 노상 장사 나가고 일 나가고 해서 집을 비우니, 내가 집에서 해야 할 일이 늘 많았던 거지. 그래도 나 성적은 좋았어야~. 통신표 받으면 수도 있고, 우가 거의 다고, 미가 하나나 둘이나 있고 했지. 월사금? 그거 나 한 번도 안 내봤어. 그건 그냥 나나 엄마한테는 낼까 어쩔까가 아니었어. 그냥 안 내고 다니는 거지. 그것 때문에 손바닥을 맞기도 했지. 근다고 집으로 쫓아 보내거나 학교를 못 오게 하거나 하지는 않았어. 시골 학교니까 못 내는 애들, 건너뛰고 내는 애들이 나 말고도 많았을 거여, 선생님들도 그렇게 모질게는 안 한 거지.

학용품 살 돈이 있을 리가 없지. 그래도 공책이며 연필 지우개는 안 떨어졌어. 내가 달음박질을 잘했거든. 운동회니 육상 대회니 해서 달음박질 나가는 거는 무조건 나갔어. 공부하려는 빠져도, 상 타는 대회는 안 빠지고 나간 거지. 반 애들이나 선생님들도 나가라고도 했고. 내가 나갔다 하믄 이기거든. 달음박질 하다가 넘어지기도 많이 넘어졌지. 봐봐, 이거 이거 이짝 여기도, 이게 다 달음박질 흉터야. 약이 어딨어? 그냥 다친 채로 놔두면 지가 알아서 낫는 거지. 그렇게 나가면 꼭 상으로 공책이랑 연필들을 한 보따리씩을 줬거든. 근데 공책이나 연필은 자주 줘도 지우개는 별라 안 줬어. 그러다 보니 지우개를 다 쓰거나 잃어버리면, 팬티 속 여기, 옛날 그 까망 고무줄을 땡겨서 짤라 가지고, 그걸로 지우개를 했지. 그러면 그때 그 공책 종이가 좋기나 해? 그걸로 지우개를 하면 공책에 빵꾸가 나고 시꺼멓게 지저분해지기도 하고. 그때는 좋은 찰고무로 된 지우개 쓰는 애들이 정말 부러웠지. 어떤 애들은 신작로에 떨어져있는 타이아 뿌시러기를 주워다가 지우개로 쓰기도 했어. 그땐 찻길이 안 좋고 타이아 고무도 안 좋응게, 차가 달리다 보면 타이아가 뜯기고 그랬거든.

학교 갔다 오는 길이든 심부름 갔다 오는 길이든, 나는 빈손으로 집에 들어오는 법이 없었어. 뭐라도 하나 주워오든가, 언덕에 나뭇가지라도 꺾어와서 엄마 나뭇짐에 보태놓으면, 엄마가 그걸 모아 영광 장터에 내다 팔았지. 한번은 둘째가 아장아장 걸을 때, 쟤를 데리고 산속 깊은 '가운데 골'을 지나오는데 커다란 소나무 비어진 등걸 하나가 나자빠져 있더라구. 욕심은 났지만 워낙에 무거워 보여서 끌고 올 엄두를 못 내고 그냥 지나왔어. 밤에 장사하고 온 엄마한테 밥을 먹다말고 그 얘기를 했더니, 엄마가 욕을 욕을 해대는 거야. "그걸 끄집고라도 오지, 그냥 왔냐"고, 밥 먹는 내내 통박을 하는 거여. 긍게 어쩌겠어? 난 그땐 엄마 말이면 죽기라도 하는 거였웅게. 혼자 가기는 너무 무서워서 아장아장하는 쟤를 업고 귀신 도망가라고 〈학교종이 땡땡땡〉이며 〈아침 바다 갈매기〉며를 흥글 노래를 하면서 갔어. 그 깜깜한 밤에 산이 깊기도 하고 묘도 많아서 어찌나 무서운지, 쟤도 안 가려고 징얼대는 걸 업고 달래며 가서, 결국 그 소나무 등걸을 끄집고 왔어. 다음날 새벽에 엄마가 그걸 낫으로 찍고 패서 나무 베늘(장작이나 나무토막이 잘 마르도록 바람 통하게 틈을 만들면서 잘 쌓아올려 놓은 것) 해서 말려서 장에 내다 팔았지.

나는 마흔까정 엄마 말 거역한 적이 한 번도 없어, 엄마가 맨맞혀서 나한테는 화도 많이 내고 억지소리도 많이 했는디, 그걸 단 한 번도 불평 같은 걸 안 했지. 순덩이 중에 순덩이, 명청이 순덩이였지. 동생이고 학교 애들한테도 내가 하는 딱 한 가지 욕이, "때찌~" 그거 하나였어. 그러니 엄마한테야 오죽했겠어. 그냥 시키면 시키는 대로, 죽으라면 죽는 시늉꺼정 하면서 다 했지. 오죽하면 그렇게 죽기보다 싫은 제삿날 따또네 가는 것도, 두말을 더 안 시키고 그냥 갔으니까. 나가 그 집을 가고 싶었겠어? 아무리 모처럼 배부르게 제사 음식 먹고 오는 날이라고 혀도, 그 작은각시랑 그 집 애들이랑 같이 앉아서 밥이 제대로 넘어갔겠어? 엄마한테 나는 딸이자 서방이자 동무이자 했던 거 같혀. 내가 어디 가서 뭐를 봉게, 엄마랑 나는 전생에 부부 연이었다고 하더라구. 옆에 있으면 좋으면서도 싸우고, 없으면 올 때까정 왜 안 오나……보고 잡고. 나도 그래. 어떡케라도 엄마를 봐야 맘이 놓이거든. 그래서 별라 하는 것이 없어도 자주 들락거리게 돼. 놀아도 여그 와서 놀고, 같이 밥도 해먹고. 엄마가 입이 워낙 짧고, 어떤 때는 한참 동안 입맛을 놓았다가도 내가 해줘서 같이 앉으면 어쨌든 먹으니까. 그니까 내가 안 올 수가 없어.

엄마랑 붙들고 울기도 많이 울었지만 친구마냥 재미지게 지내기도 혔지. 나랑 같이 영광장에 멸치 장사를 나갔다 온 날은, 남은 멸치 가지고 화투두 쳤어. 굵은 멸치를 열 마리 열 마리씩 나눠 가지고는 호롱불 밑에서 화투로 따먹기를 했지. 민화투지 머. 다 닳아 떨어져서, 중간이 쩌억 벌어지고 뒷장 색깔이 여러 가지가 섞여 있어서, 좀만 치다 보면 남 들고 있는 패를 다 알게 되지. 나보다도 엄마가 내 패 짝을 훤히 다 알고 그랬어. 그치 엄마?

나가 학교 들어갈 때까정 젖을 먹었어. 우유 가루는 젖하고는 맛이 여엉 다르지. 학교 갔다 오면 책보 찬 채로 젖에 매달렸지. 둘째 나기 전 나 혼차만 있을 때는, 엄마 장사 나가고 없는 날은 챙겨놓은 죽 그릇은 손도 안 대고 종일 쫄쫄 굶으며 젖을 기둘렸어. 엄마가 젖이 말라 빨아도, 빨아도 안 나오게 되고서야 띠었을 거여 아마. 그러다가 둘째가 생겨 젖이 다시 나온 거는 나가 열여섯 큰 애기 때였지. 나가 아버지라면 그저 웬순 줄 아는디, 그려도 동생들 만들어준 거, 그거 하나가 딱 고마워.

김복례 /　　장사 마치고 돌아오는 쌔까만 밤길에도 나같이 천한 것을 누가 해칠려나, 생각하니 하나도 안 무서웠어. 어서 새끼들한테 갈 생각에 무섭다는 생각 할 새도 없었지. 짐도 무거웠지만 셋째 업고 장사 다닐 적엔 개가 많이 고생했지. 비바람 부는 날이나 쎄게 추운 날은 한 번 내려놓지도 못한 채 쥉일토록 포대기에 묶여 있었으니, 어린 것이 다리 허리가 얼매나 아팠을 것이여. 그 애 다리 벌어지나 해서 시집보내기 전까지도 혼자 늘 들여다보곤 했웅게. 업은 채로 잠들어서 집에 와서야 내려놓으면, 큰애가 자는 애 발가락에 빨간 봉숭아 물도 들여주고 그랬지.

귀님 / 그 작은 등허리에 종일토록 애기를 업고 짐을 지고 돌아다닌 거여~. 그러니 을매나 흘러내리고 했겠어? 애기도 애기지만, 쬐끄만 엄마 허리는 오죽했겠어?

김복례 / 아, 아무리 몸이 작고 등이 쫍아두, 지 새끼 업을 등은 맨들어져 있는 거여, 에미라는 사람들은. 돼지를 키워서 새끼를 낳으면 돈이 되겠다 싶어서, 돼지 새끼도 한 마리 키웠어. 근디 어디 키울 데가 있간디? 걸어 반나절 거리인 시집간 여동생네 돼지우리에 같이 넣고 키웠제. 아무리 동생네지만 눈치가 보이더라고. 그래도 어떡햐? 키울디가 없는디. 그놈이 잘 커주면 좋았을 텐데, 얼마 못 가서 죽어버리더라고. 눈칫밥을 믹어서 그런가? 새끼는 끼고 키워야 탈이 없는 건디.

둘째 / 그 이모랑 이모부가 농한기에는 콩으로 두부를 만들어 지게에다 지고 해질녘에 이 동네 저 동네로 팔러 다닌 기억도 나네. 두부 만들고 남은 콩비지에 김치를 얹어서 끼니 때운 기억도 나고. 땀 뻴뻴 흘리면서 이모부가 두부 짜시는 모습이 생각나. 멀리 살기는 했지만 엄마가 장사 나가고 늦게까지 안 오면, 그 집 애들 보내서 우리를 데려다 밥도 챙겨 멕이고 했었어. 이모랑 이모부가 우리한테 참 따뜻하게 했어, 작은삼촌네야 더 말할 게 없고.

김복례 /　그게 언제 적이냐? 긍게……귀님이 두어 살 무렵 친정 살 때, 여동상 시집보내려고 목화솜을 한 방 가득 쌓아놓았제. 그걸 물레질을 해서 실을 뽑고 베를 짜서 이불을 만들 참이었는디, 귀님이 가 쑤싯대에 묻은 목화솜을 이리저리 갖고 놀다 호롱불에 닿는 바람 에 불이 나서 쌓아둔 목화솜이 홀라당 타버렸당게. 나가 정신없이 물 을 길어다 불을 끄고서야, 나중에 정신 차리고 봉게 야가 없는 거여. "워메, 우리 귀님이 어데 갔냐" 하고 또 한바탕 정신이 나가서 딸을 찾는디, 불냈다고 두들겨 맞을까봐 남동상이 어느새 애기를 안고 밖 으로 도망가 부렸든 거여.

여동상은 묘량으로 시집을 갔는데 그래도 형편이 괜찮은 정씨 집 안이었어. 제부 되는 사람이 독자였는데 군대 가면 죽는다고, 처가 동 네로 도망치다시피 살림을 옮겨왔어. 난리 통이었응게 그렇게 도망가 는 사람들이 많았제. 그때부터 지서에서 제부를 찾으러 오곤 했는데 제부는 이 산골 저 산골로 피해 도망다녔제. 지금도 여동상이랑 모여 앉으면 "나 시집갈 때 귀님이가 목화솜 불냈다"고 말하며 한바탕 웃 어쌌는당게.

소박맞아 사는 김복례네 식구들에게 친정이고 시댁이고가 얽혀 사는 고 향 동네가 그래도 타향보다는 나았을까? 큰오빠네에 기댈 생각은 없었지 만, 그렇게 야멸차게 굴 줄은 몰랐다. 한배에서 나와서 피붙이를 향한 마 음이 어찌 그리 다를 수 있는지. 어미 없이 굶고 있을 게 뻔한 어린 조카들 불러다, 밥 한 그릇 먹인 적이 단 한 번도 없었다. 오히려 형네서 머슴처럼 살고 있는 남동생이나 친정어머니가, 큰올케 몰래 마당이며 광에서 보리며 수수며를 누런 색 얇은 편지 봉투에 자국 안 나게 퍼 담아다 귀님에게 넣어줬다. 그러면 올케는 용케도 어떻게 그걸 알아내고서는, 다섯 살이나 위인 시누이네에 쫓아와 어린 새끼들을 향해 난리바가지를 쳤다. 그런 날이면 시동생이며 시어미 밥상도 표가 나게 엉성하거나 밥 때가 늦어졌다.

야속하던 친척들과 없는 살림 도와준 이웃사촌

귀님 / 나가 열여섯이나 되던 어느 해 일이여, 쟈가 아주 어릴 때제. 외삼촌이 형 논에서 일을 하다 밥 때가 한참 지났는데도 밥이 안 왔던가벼. 배가 고파서 집으로 들어오던 외삼촌이 마당 한가운데 우물가에서 부아가 머리끝까지 치밀어 오르는 꼴을 보게 된 거야. 큰외갓집은 텃밭에 참외도 길렀는데, 그해에 참외 농사를 망쳤던가벼. '드러움을 탄다' 그러는데, 참외들이 다 곯고 해서 내다 팔 수가 없게 되는 거지. 밥 때도 모르쇠하고 논에 시동생 밥 내갈 것도 잊은 채 형수는 우물가에서 그 상한 참외들을 씻고 있었고, 큰조카가 둘째를 업고 참외 씻는 큰외숙모를 졸졸 쫓아다니며 썩은 참외에서 눈을 떼지 못하고 있던 거였지. 영판 못 먹게 상한 거가 나와서 혹 버리기라도 하면 그걸 주워 먹으려고 부엌으로 우물로 마당으로 큰외숙모를 졸졸 쫓아다니는 모냥이 분명한데, 형수는 조카들 쫓아다니는 모냥을 아랑곳도 않은 채 썩어나는 참외들을 씻고 담고 챙겨쌌는 게, 눈에 뻔히 보이는 거였지. 그 꼬라지를 본 작은외삼촌이 갑자기 불같이 화를 내며 광주리에 담긴 참외들을 발로 걷어차 광주리째 온 마당에 내팽개쳐버리더라구. 그러면서 "야 이년아, 저 아그들 배고픈 눈구녁이 안 보여? 썩어나가는 참외 하나를 애들한테 안주는 니년이 대체 사람 년이냐 뭐냐? 이 못된 년아" 하며 정신 나간 사람처럼 형수에게 욕을 퍼부어대더라구. 작은외삼촌이 그렇게 무섭게 화를 내는 거는, 그전이고 나중이고 본 적이 없었어. 평소에 누나 사는 꼴이 속상해서 울화를 많이 쏟고 욕도 하기는 했지만서두, 그때는 그런 거랑은 아주 달랐다니께. 난 그때부터 작은외삼촌을 좋아라 하면서도 속으로 많이 어렵게 생각하게 됐어.

김해 김씨(김복례의 본) 종친 제삿날이면, 작은외삼촌이 일부러 딴 일 다 버리고 집으로 와서는, 나를 자전거 뒤에 태우고 종갓집으로 데려가곤 했어. 종친 제사는 한겨울이어서 어떨 때는 주먹만 한 우박이 쏟아지기도 하고, 늘 칼바람이 부는 매서운 날씨였다. 우리 사는 옻방굴에서 제사가 있는 영광 종갓집까지는 십 리 거린데, 그걸 자전거로 달린 거야. 커다란 어른 우와기 하나를 가져오셔서는 그걸 나한테 뒤집어씌우고 자전거 뒤에 태우신 거지. 한 해 한 끼라도 나한테 배불리 밥을 먹일 수 있는 기회를 놓칠 수 없었던 거여. 가서는 마당 한 구석에 나를 내려놓고는 밥이랑 국이랑 나물이랑을 날라다 줬어. "귀님아, 먹을 수 있을 만큼 많이 먹어라. 한참 동안 배 안 꺼지게 많이 많이 먹어라" 하면서. 지금도 그 생각만 하면 눈물이 나.

김복례 / 겨울이면 반찬이란 게 김치가 거의 유일무이혔는데, 친정 오빠네는 김치를 엄청나게 담아서 겨우내 먹었고, 우린 밭도 없을 때여서 강남 아짐네 밭에서 처진 거 주워다가, 남의 밭 마른 고춧대에 남아 있던 벌레 먹거나 이상하게 생긴 고추를 줏어다가 빻아서 이

름만 김치인 김치를 담아 먹었지야. 간장, 된장은 강남 할매 몰래 강
남 아짐이 줘서 먹고. 그러다가 봄이나 와야 산에서 취나물이나 버섯
등을 따기도 하고, 논에서 우렁을 잡아서 먹기도 하고 했제. 나가 하
도 고마워서 새우젓이랑 굴이랑 좋은 걸로 골라 일부러 챙겨드리면,
그 강남 아짐이 받을 땐 고맙다며 받으면서도, 나중에 꼭 몇 배나 되
게 갚아주고 했어.

할아버지는 일찍 돌아가시고 할머니가 계셨지만, 이미 안방을 큰아들 내
외에게 내주고 광 열쇠마저 며느리에게 빼앗긴 터여서, 외할머니나 작은외
삼촌이나 도대체 귀님네를 알은체할 수가 없었다. 끼니 때 밥할 쌀조차 며
느리가 됫박 싹 깎아 꺼내놓고 나서, 열쇠를 허리춤에 묶어 다니면서 꼬박
꼬박 잠가놓았다. 할머니는 일부러 밥 푸는 일을 자청해 맡아서는, 틈틈이
누룽지 생기는 걸 눌러 모아 벽장 속 한 귀퉁이에 말려 챙겨뒀다. 그러다
가 귀님이를 보면 아들 며느리 몰래 불러, 윗도리 속에 누룽지 뭉치를 감
춰 넣어줬다. "아가, 이거 먹고 물 먹어라. 그러면 배 안 고프다", 그 외할
머니 말소리가 귀님 귀에는 아직도 생생하단다. 때로는 티 안 나게 한 숟
갈 정도씩 떠 담아 모아둔 쌀을 누런 편지 봉투에 담아 몰래 건네주기도
했다. 조산(친정 동네 바로 뒤에 있는 작은 산) 모퉁이 저 멀리서 귀님이
보이면, "귀님아, 귀님아, 이리 온나" 하고 불러서는, "이거 가꼬 가서 씨래
기 넣고 한 끼 끼래 먹거라잉" 하며, 품에서 꺼낸 봉투를 귀님이 품속에 넣
어줬다. 귀님도 종종 꿈에 할머니가 나타났는데 둘째하고는 달리 그 할머
니가 친할머니가 아닌 외할머니라고 생각하며 살았단다.

둘째 / 올 봄에 시골 가서(2012년 4월에 있던 영광군 대마면 칠율부락(옻방굴) 향우회) 큰삼촌하고 외숙모한테, "삼촌네는 그리 잘 살면서 왜 엄마를 그렇게 한 번도 안 도와줬냐"고 웃으면서 슬쩍 물었더니 "느그 이모는 살랑살랑 죽는 소리를 하면서 도와달라고 하는디, 느그 엄마는 단 한 번도 도와달라고 한 적이 없어서 안 도와줬다"고 하시데.

김복례 / (둘째의 말에 단호하게 손사래를 치시며 조금 큰 목소리로) 아녀, 여동생은 서방이 있응게 준 거여. 무시를 못 허는 거지. 그리고 나중에 나올 구녕도 있다고 생각됭게. 근디 나는 서방이 없으니 무시를 헝 거고, 사는 꼬라지가 평생 그렇게 없이만 살 거 같구 나올 구녕이 없다고 생각됭게, 그리 다르게 대접을 한 거여. 그 여동생이 서방하고 아들 셋에 딸 셋을 키웠는디, 아, 근데 시방 양로원엘(요양원. 어르신은 요양원을 자식 없는 노인들 가는 양로원과 혼동하시며 여동생 양로원 보낸 조카들에게 많이 노여워하신다고 한다. 이 부분은 2013년 마지막 인터뷰 내용을 편집해서 넣었다) 들어가 있당게, 양로원을~. 지난번에 둘째 차 타고 갔을 때, 그 동생이랑 거그 할머니들이 모두 나보고 복 많다고 부러워하더랑게. 아들만 여덟을 낳아 키운 할머니도 거기 들어와 있드만.

서울 와서 같이 살던 그 여동생이 2012년 말에 요양원에 들어갔다는 걸 자식들이 일부러 알리지 않아서 김복례는 뒤늦게야 알았다. "왜 안 알려줬냐"며 자식들에게 한바탕 부아를 내다가, 한나절 눈물 바람을 했단다. 요즘 들어 귀도 꽉 막히고 다리 힘도 다 풀리고 무엇보다 숨이 차서 바깥출

입을 거의 못 하시지만, 강추위에도 다음 날 당장 둘째를 앞세워 기어이 요양원에 다녀오셨다. "붙들고 울고불고 난리. 노인들한테 요양원은 아직 버려진다는 느낌", 후배가 보낸 문자였다.

김복례 / 나가 이 소리는 평생 아무헌티도 안 한 소린디……새끼들한티도 안 허고 나만 혼자 담고 있었던 건디……이제는 꺼내놓고 가야제.

나가 서울 와서 살 때, 가산 아재 죽었다는 소식이 왔어. 친정 쪽으로 아재 되는 냥반인데, 그리 가찹지도 않고, 또 워낙에 우리가 힘들 때니 부주를 안 해도 누가 뭐라 그러지는 않을 거여. 근디 시골 살 때 한번은 내가 밭을 갈고 있으니까, 그 아재가 소를 끌고 와서 그 밭을 갈아주시더랑게. 그때는 내가 밭 한 쪼가리를 겨우 샀을 때니 내 밭이지. 나는 호미나 괭이로나 밭을 가니 한나절이 걸리고, 또 밭 둘러가면서는 나무뿌렁지도 많고 해서, 잘 갈지를 못허거든. 근데 그 아재가 소를 끌고 와서 한바탕 돌아주니까 가운데고 나무뿌렁지 많은 둘레고 아주 잘 갈아진 거여. 내가 그 냥반 가셨다는 소식에 대번에 그 생각이 나서, 일부러 부주를 삼만 원을 혔어. 그때로 나한테는 큰 돈이제. 같이 서울 와 살던 남동생이 오만 원 내가 삼만 원 해서, 오빠네 통장으로 팔만 원을 넣어줬어, 가지는 못하고. 근데 나중에 가산 아재 딸 만기를 서울서 봤길래, "너그 아버지 가셨을 때 못가고 부주만 해서 미안타" 그랬더니, "그려, 성 이름은 없던데……" 그러는 거여. 그래서 남동생이랑 나란히 있었을 거라구 했더니 남동생만 오만 원 돼 있고 나는 없더라는 거야. 만기한테 챙피해서도 더 묻지 않고 입을 닫았지만, 혼자 속으로 '없이 사는 여동생 부주도 돌라 먹었구나……' 그 생각을 했지. 이 소리를 누구를 붙잡고 하겠냐? 자식한테도 할 소리도 아니고. 근데 이제는 그냥 꺼내놓고 갈라우……. 작년 향우회 가서도 오빠랑 올케를 봤는데, 말은 안 하지만 속으로는 그 모질게 한 기억부터 나는 거야. 시방이야 다들 늙고 아프고 해서 안쓰럽지만, 그래도 그 섭섭한 마음은 아직도 있어. 혈육이어서 더 그런가벼.

둘째 / 그르게, 그 부주 이야기는 나도 첨 듣는 소리네……. 큰외삼촌네 산은 바로 집 앞에 있었어. 하루는 엄마가 땔감으로 쓸 나뭇가지나 도토리나무를 할 겸 산엘 갔는데, 큰외삼촌네 산과 바로 이어진 다른 사람네 산 그 경계에서 나무를 한 거야. 만약 걸리기라도 하면 얼른 삼촌네 산으로 건너와서는 "내 오빠네 산에서 나무를 하는데 무슨 상관이냐"며 핑계를 댈 요량이었지. 생나무를 베거나 자르거나 하진 않고, 솔나무, 도토리나무 마른 가지들을 털구 줍구 한 거지. 근데 그걸 외숙모가 멀리서 보고는 지 남편한테, "소나무도 별라 없는데 우리 산에서 소나무를 하더라"고 일러바친 거야. 그러니께 삼촌은 당장 엄마를 불러 욕을 하면서 두들겨 패더래. 내가 본 게 아니고 학교 갔다 오니까 엄마가 불을 때면서 울고 있길래 왜 우느냐고 물어보니까, 엄마가 그 말을 하더라구.

김복례 / 나가 넘의 집에 빌리러 가는 것이 챙피혀서 너그 외숙모한테 "여름에 밭 매줄게, 쑤숙 한 되만 주시오" 하믄 "오빠한테 물어보고 주께요" 하고는 물으러도 안 가고 딴 일을 하는 거여. 내 딴에는 어차피 일할 거, 오빠네서 갖다 먹고 바쁠 때 일해주면 동네서 챙피하지도 않고 좋을 거 같아서 그런 건데, 꼭 그라드랑게. 그 말 나오자 두말도 않고 돌아서 나와뻐렸어. 그러고는 별수 없이 다른 집으로 가지. 새끼들은 먹여야 항게. 바로 이웃에 옛날 원당 친정네들에서 머슴 살던 반가네가 있었어. 그 반가네 할아버지가 종들 해방되면서 나올 때 밭이랑 논이랑을 받아서, 나 살던 동네로 들어와서 살고 있었거든. 긍게 그 자식들이 밭이랑 논이랑 해서 살 만하게 살고 있었지. 가기는 싫지만 그 집을 안 갈 수가 없지. 거그 가서 반가네 여자 단줄댁한테 "나 밭 품 좀 주시오" 그라믄 그 말 떨어지기도 전에 광으로 가서 곡식을 퍼다 줘. 날 풀려 그 집 밭일을 해주러 가면, 왜 그렁가 그리 눈물이 줄줄 나더랑게. 그 단줄댁이 나한테 아주 잘했는데도 말여. 새벽에 우리 밭 풀 뽑고 그 집 일 가면 땀이 막 쏟아지고, 뭣이 서러웠는지 일하며 내내 몰래 울고 있으면, 그 단줄댁이 "귀님이 오매요, 울지 마씨요, 울지 마씨요. 귀님 오매는 부지런허셔서 복 받고 사실 것이요" 그럼서. 단줄댁이 나서서 밭 테두리 풀 많은 곳 잡아 일하고, 나더러는 "귀님 오매요, 이리 와서 여그 하소" 하면서 밭매기 좋은 곳으로 부르곤 했어야. 우리 집 마당하고 단줄댁네 밭하고 붙어 있는데, 통보리 씨를 뿌리면 일부러 나한테는 많이 줘. 뿌리고 남아서 내가 돌려줄라 그러면, 거기다가 또 한 주먹이나를 보태 주면서 "귀님 오매요, 이거 찧어서 새끼들하고 두어 끼라도 끼래 잡수소" 하며 행주치마에 넣어주곤 했어. 자기네가 고생하고 산 게 있어서 남 심든 거를 아는 것도 있을 테고, 아마 우리 친정네서 머슴 살면서랑 나오면서랑, 서로 좋게 했던 거제. 그 집 밭 품을 할 때면, 왜 그렇게 서럽고 눈물이 한도 없이 나던지…….

느그 외할머니가 동이 트기도 전에 외갓집 밭에 가서 일허고, 나는 새끼들 아침 주고 집을 나서 같이 외갓집 밭에서 일을 하고 있으믄, 다른 집들은 새참 먹을 때쯤에나 밥그릇에 반이나 좀 더 되게 아침이라고 할머니 밥만 가져오는 거여, 느그 외숙모가. 할머니도 그걸 드셔야 일을 항게 할머니 혼자 다 드시면서 "니는 밥 묵고 왔냐?" 하고 나한테 묻제. 나는 빈 배에 그냥 갔드라도 "야, 먹었시유~" 그라고 답을 하제. 엄만데도 안 먹었단 말이 나오지가 않더라구. 그 채로 일하다 보믄 배가 고프고 고파서 창사가 달라붙어서, 나중에는 혼차 다 잡솨버린 엄마가 미워서 괜히 짜증을 부려. 그러면 엄마가 "저년은 우리 집 일만 오면 꼬라지를 낸다냐?" 하시더랑게. 나가 그 설움을 느그 할머니 죽을 때꺼정 말할 새가 없었어야⋯⋯ 말했으면 뭐 하겠냐? 가슴만 아프제⋯⋯.

어떤 여름날 남의 일 갔다가 엄니한테 있는 귀님을 데리러 가서, 밥이라도 한 끼 얻어먹어볼까 하고 보리 까불고 있는 큰외숙모랑 밤새도록 그 많은 보리를 체로 까불랐제. 새벽에 일어나시던 어무니가 날이 훤할 때까지 일하고 있던 나를 보고, "지금까지 잠 안 자고 보리 까불랐냐? 어떠케 남의 일 갈라고 그러냐? 언능 배라도 채우고 가야 쓰겠다야~" 하시더라구. 그려도 귓구먹에 말뚝을 처박았나, 그 올케는 들은 척을 안 혀. 그런 날은 그 집 아침 시작이 유난히 늦는 거이지⋯⋯.

둘째 / 엄마, 외갓집에서 잘해준 것 없어? 그런 기억 있으면 말해봐봐.

김복례 / (손사래를 크게 치시며) 없어, 없어! 밭 품 내러 가면 오빠한테 물어보고 준다는 사람이여~. 덕석에다 보리를 널어놓은 날이면 혹시 나가 그 보리 훔쳐가지 않았나 싶어서, 당신 애들헌티 "오늘 느그 고모 몇 번이나 왔다 갔냐"고 묻곤 하더랑게. 느그 이모부가 한때 느그 외갓집에서 머슴을 살았는데, 땔감으로 '초새 나무'를 베어서 널어놓으면 밤에 바람소리에 바짝 말라버린 나무에서 바스락 소리가 나. 그라믄 혹시 이모한테 땔감으로 갖다 주지 않은가 싶어서, 큰외삼촌은 그 밤에 등잔불을 들고 나무 무데기 크기를 둘러보곤 했다고, 느그 이모부가 서울 와서 살면서도 그 말을 혀드라.

둘째 / 우리 데려다 밥 먹인 적 없어?

김복례 / 밥을 멕여? 아나, 멕였겄다~, 하이고. 느그 할머니 살아계시고 귀님이만 있을 때, 할머니한테 맡기고 장사 갔다가 늦게 오는 날은 할머니더러 데리고 자고 아침에 보내라고도 몇 번 했지. 귀님이 아침에 일어나서 집에 올려고 할 때쯤 혹시나 밥 먹고 가라 할까 싶어서 부엌에서 불을 때고 있는 외숙모를 향해 "숙모 저 가네요이" 해도 답이 없디야. 혹시 못 들었나 해서 다시 "숙모 저 가야겄구먼유" 해싸도 돌아도 안 보더라고 하더랑게. 한번은 내 이모가 손주를 데리고 언니네(김복례의 어머니네)를 왔는디, 점심으로 한 숟가락이나 되는 밥을 솥에다 넣고 숭늉으로 만들어서 한 그릇씩 내왔더래. 그걸 먹고 집에 가던 길에, 그 손주가 산모퉁이 돌아가면서 훌쩍거리며 울기에, 이모가 솔가지를 꺾어서 엉덩이를 때리면서 "이노무 자식 배부르게 밥 먹고 어째 우냐?" 야단을 친 거지. 그 손주가 "긍게 어째 외엥 주냐 마이 주지(그러니까 왜 조금 주냐 많이 주지)" 하더래. 안 그래도 낮에 오랜만에 만난 언니 동생이 방에서 도란도란 이야기를 하고 있으니까, 방에다 대고 큰삼촌이 "방에서 뭣허고 있소? 가서 소 풀이랑 뜯기지" 그러구 소리를 질르드란다. 그 생각을 허며 이모도 속이 폭폭해서 같이 울며 갔다는 말씀을 내헌테 하시더랑게.

귀님 / 내가 생각하기에 작은삼촌이나 할머니가 엄마를 챙기는 거 같으니까, 올케 입장에서 시누이가 더 미웠던 거 같아. 큰외삼촌이구 외숙모구 둘 다 참 모진 사람들이었어. 엄마가 나 도시락 싸줄려고 쌀 됫박이나 꾸러 가면, 바로 주는 게 아니고 이리저리 다니면서 자기 할 일 다 하고 나서야, 배 내밀고 느릿느릿 광에서 됫박 싸악 깎아서 갖다 줬다고 하더라고. 그때까지 엄마는 속에서 부아가 나도 꾹 참고 서서 기다렸다가 쌀을 꿔오고 한 거지. 어차피 봄 되면 몸으로 일해줘서 갚을 건데 말야. 남이면 그렇게 못 했을 거라고, 엄마가 노상 말하곤 했어. 그 꿔온 쌀하고 한쪽에는 보리쌀이나 쑤숙(조)을 넣고 밥을 해서는, 쌀밥만 살짝 떠서 내 도시락을 싸주시곤 했어.

다른 집에 쌀이나 곡식을 꾸러 가면 두말도 않고 바로 "아이고, 그러소" 하면서 꿔줬대. 봄 되면 어차피 손 모자르니까 일해달라고 하면서. 엄마가 손이 꼼꼼해서 일을 깔끔하게 잘해줬거든. 어떤 겨울엔 하도 치사하게 구니까 외갓집으로 안가고 다른 집서 꿔온 거지. 농사일 많은 봄이 돼서 그 집 품 갚는 일을 해주고 있자니까, 외숙모가 "오빠네 일은 쳐다도 안 보고, 넘의 집 일만 도와준다"며 자기네 집 일하러 온 아줌씨들에게 시누이 욕을 했더라는 거야. 그 집 일하러 간 아짐들이 엄마한테 알려주더래.

둘째 / 내가 20대 초반 정도 돼서 서울 살 때, 그래두 외갓집이라고 가서는 며칠 있는 김에 땅콩밭 일을 해주는데, 한 날은 사촌 누이가 자기네 산에서 주먹만 한 밤을 주워와서 자랑을 하며, "너도 서울 갈 때 산에 가서 밤 주워가라" 하더라구. 삼촌네 산에 밤나무가 많았거든. 땅콩밭 일 마쳐놓구 산에 가서 굵고 좋은 놈으로 한 양재기나 되게 주워와서는, 따로 봉투에 담아 부엌 한쪽에 놔놨지. 근데 서울 오려고 짐을 싸려는데 외숙모가 내가 주워온 밤 봉지를 탁 떨어가고는, 작고 벌레 먹은 놈들로 그 봉투에 담더라구. 그런데다가 그 밤 봉투 넣어준다는 핑계로 내 가방을 뒤지는 거야. 혹시 뭐라도 훔쳐가나 해서 뒤져보는 거지 뭐. 화도 나고 기분도 더럽고 한데 그래도 외숙모한테 화를 낼 수는 없고 해서, 그냥 슬쩍 가방을 끄집어와서는, 일부러 보는 앞에서 가방을 다시 싸는 것처럼 하면서, 있는 거 다 꺼내고 홀라당 뒤집어서는 탈탈 먼지까지 털어 보여줬어.

때로는 형제 사이보다 백 배 나은 이웃이 있기도 하다. 담도 부엌도 없이 달랑 칸만 막아놓은 김복례네 헛간 방 바로 이웃에, 대나무 울타리 하나 사이로 먼 친척뻘인 강남 할매와 그 큰며느리인 강남 아짐이 살고 있었다. 강남 아짐은 시어미 몰래 아예 울타리에 구멍 하나를 만들어 가려놨더란다. 그 구멍을 열고 닫고를 하면서, 국 끓이는 날은 국 한 그릇을, 죽 끓이는 날은 죽 한 그릇을, 귀님네를 불러 넣어 줬다. "귀님 오매, 이거 보태가꼬 새끼들허고 한 끼 어뜩케 해보소잉" 하며 시래기며 고구마를 주기도 했고, 새 쌀이 나오면 한 보시기나 되게 넘겨줬다. 그 강남 아짐이 김복례네한테 그리 하니, 그 집 자식들과 이 집 자식들이 서로 동기간처럼 잘 했다. 강남 아짐 큰딸인 옥순이도 "성" 하며 김복례를 불러서, 먹을 걸 담장 너머로 넣어줬다. 밤이면 귀님네로 건너와서 밤새 이야기도 하고, 불쌍하다고 붙잡고 울기도 했다. 김복례가 산에 나무를 하러 가면 강남 아짐은 그 집 둘째 아들더러, "따라가서 워카로 아카시아 나무 좀 밟아서 묶어 주고 오니라" 하며 자주 둘째 아들을 딸려 보냈다고 한다.

김복례 / 강남 아짐네가 방앗간을 혔는디, 어뜬 날은 쌀이나 보리도 한~ 바가지를 주면서 새끼들 데리고 끼래 먹으라고 했었어. 어떤 겨울 아침에는 식은 밥 한 덩이를 울타리 구멍으로 넣어 주면서 "뜨건 물에 말아 먹고 장사 나가라"고도 하시고. 나가 염치가 안 나서 손을 못 내밀고 울고 있으면, 내 손을 끌어다 꼬옥 잡고 "새끼들 크면 좋은 날 볼 것이여. 긍게 우지 마소, 우지 마소" 하시고, "새끼들 껴안고 살면 어찌 됐든 살아징게, 우지 말고 얼릉 받소" 하시면서 간장 한 종재기를 주며 밥에 찍어 먹으라고 하시고, 같이 울기도 많이 울었제.
    아이고 참말로 우리 강남 아짐, 나가 강남 아짐 덕에 살았제~. 어째 그리 언능 죽었는가 몰라……. 우리 친정 구석은 (고개를 절레절레 흔드시며) 남도 그렇게 하는데, 코도 없이 애들 데리고 타 동네로 장사 다녀도, 오라버니네는 내 새끼들 데려다 밥 한 끼를 안 멕였어. 어뜩케 그랬을까잉?

강남 아짐네 마당에 우물이 있었단다. 강남 아짐은 추운데 동이 이고 멀리 마을 가운데까지 가지 말고, 바로 옆 자기네 집에서 물을 길어다 먹으라고 늘 얘기했다. 거리상으로는 한집이나 마찬가지였다. 그렇지만 김복례는 폐가 된다며 굳이 멀리 공동 우물까지 가서 물을 길어왔다. 강남 아짐은 가난해도 남한테 염치와 경우를 차린다며, 부지런하고 깔끔한 성품의 김복례와 그 새끼들을 예뻐해줬단다.

그 강남 아짐이, 김복례가 서울로 오고 몇 년 뒤 뇌졸중으로 쉰도 채 못 살고 세상을 떠나자, 김복례는 한동안 시름에 젖어 밤낮을 울었다고 한다. "받은 은공 갚을 기회도 안 주고, 그렇게 가면 나는 어떡하냐" 하며. 강남 아짐 자손들하고는 지금도 서로 챙겨주고 산다. 사는 거야 여전히 그쪽이 한결 위지만, 마음 오고가는 것이야 서로 혈육 챙기는 것보다 더 따뜻하다. 좋은 일이고 궂은일이고 자주 연락하며, 큰일 있으면 서로 보러가기도 한다. 이번 주 토요일에는 강남 아짐 증손주 하나가 서울서 결혼식을 한단다. 강남 아짐 손녀가 일부러 전화도 하고 청첩장도 보내왔다.

김복례 / 갸가 여그 올 새는 없겠지야?

귀님 / 혼인날이 닐모렌디, 그 바쁜 아가 여길 어떠케 와? 엄마도 결혼식 같이 가면 되잖여. 둘째가 운전하고 해서 다 같이 가면 되겠네.

김복례 / 마라, 내가 무신…….

김복례는 그 얼굴로 사람 모이는 자리를 되도록 피하며 살아왔다. 좋은 일이어서 기뻐해줄 자리면 더더욱 그랬다.

김복례 / 나가 하루라도 장사를 안 가고 집에 있는 거 같으면 평산 아짐(강남 아짐의 아랫동서)이 일부러 불러서는, "귀님이 오매, 오늘은 왜 장사 안 가고 집에 있소?" 하고 묻제. "아짐, 다 외상을 줘서 장사 밑천이 떨어져서 장사를 못 가요" 하믄 "팔아서 한 푼이라도

강남 아짐 집과 사이에 있던 대나무 울타리.
앞쪽이 김복례의 집터, 뒤쪽이 강남 아짐의 집터다.

강남 아짐의 큰딸 옥순 이모와 김복례의 큰딸 귀님.

남으면 새끼들 데리고 먹고 사소" 하시면서 장사 밑천을 빌려주시더랑게.

그 강남 아짐네들이 보듬어준 것이 김복례에게는 어떻게든 새끼들을 껴안고 살아가게 하는 큰 힘이 됐다고 한다.

귀님 / 울 엄마가 딱 한 번 우릴 떼어놓으려고 했어. 나중 생각하니 떼어놓으려는 건 아닌데, 그때는 왜 그게 떼어놓는 거라고, 버리는 거라고 생각했나 몰라. 그냥 씨받이로 애만 낳아주고 오는 거고, 엄마는 그대로 우리 엄만데. 옆집의 그 강남 할매(김복례에게는 강남 아짐이고 귀님과 둘째에게는 강남 할매다) 시엄씨 신천 할매가, 웃마을 애기 없는 부잣집에 씨받이를 가라는 거였어. 딸이든 아들이든 애 하나만 낳아주면, 논밭도 주고 살림도 내내 살펴준다는 거였지. 시어미인 신천 할매가 와서는 "눈 딱 감고 애 하나 낳아주고는, 새끼들 굶기지 말고 좀 편케 살라"고 하고 가고, 시어미 가고 나면 며느리 강남 할매가 와서는 "귀님 오매, 새끼들 두고 어딜 갈라고 그렁가, 가지 마소, 가지 말고 나랑 그냥 저냥 사세" 하며 붙잡고 울고 갔어.

나도 그걸 다 들었고 눈치도 빠르니 무슨 일인지 대강 알기는 알았지. 근데 왜 그걸 우릴 떼어버리는 거라고 생각했는가 몰라. 여튼 넘의 애를 낳아주고 그 애 엄마가 되면 우리 엄마를 뺏긴다고 생각한 거지. 신천 할매 성화에 몇날 며칠을 시달리다가 결국 가겠다고 해놓고는, 당장 낼 새벽에 가기로 한 바로 전날 밤이 된 거야. 동생은 어려서 몰라도 나는 다 알고 있는데, 그 밤새 엄마가 잠을 안 자고 호롱

175

불을 켜놓고는 우리 옷을 꿰매고 앉았는 거야. 나는 자는 척하고 누워서 눈을 떴다 감았다 하며 엄마 눈치를 살피는데, 엄마가 밤새도록 옷을 꿰매면서 하염없이 울고 있는 거지. 그걸 보며 나도 이불 뒤집어쓰고 울고 있는데 뭔지도 모르는 저 둘째도 자다 말고 깨서는, 그냥 암 말도 않고 따라 울더라고. 그러다가 어느새 우린 잠이 들었고 아침에 눈을 뜨면서야 정신이 퍼뜩 차려지는데, 아 글씨, 엄마 소리가 부엌에서 나는 거야. 신천 할매가 쫓아와서는 "다 맞춰논 약정을 깨면 어찌냐"고, 가자고 가자고 해쌌고, 나는 방에 숨어서 엄마 기색을 살피는디, "말도 못 허게 죄송시러운디요, 나가 못 가겠네요"라고 그 한마디만 해놓고는, 말마디 하나를 더 안 보태고 엄마는 입을 딱 닫아버린 거야. 울 엄마가 그때 그랬어…….

그 당시에는 나이롱으로 만든 쉐타가 유행이었나 어쨌나? 동네 애들마다 다들 나이롱 쉐타를 입었는데, 그게 뜨거운 물에 빨면 쫄아들어버리는 거야. 몸보다 훨씬 짝은 딱 달라붙은 옷을 입은 애들이 많았어. 그 쉐타를 벗어서 뒤집으면 이가 얼마나 많은지. 솔기 부분에 특히. 이하고 서캐가 하얗게 담벼락을 쌓듯이 줄줄이 붙어 있었어. 그땐 왜 그리 이도 많았능가 몰라? 따땃한 봄날 집 앞에 나와 앉아 햇빛에 비추면 이들이 벌벌벌벌 기어나오고, 그걸 탈탈 털어내고는 솔기를 뒤지며 잡았지. 그래도 우린 엄마가 워낙 깔끔하게 키워서 다른 애들보다는 없는 편이었어. 학교에서도 볕 드는 자리에 옷을 벗어두기만 해도 이가 기어나온다니까. 어떤 애는 쉐타를 벗었는데 등에 이가 세 마리나 붙어 있더라고. 그걸 내가 잡아준 적이 있어.

둘째 / 그때 '다우다' 팬티 입었던 것도 생각나네. 그때 나는 헌

책이라도 찢어서 똥꼬를 닦는데, 엄마는 그 종이도 아까워서 새끼줄 꼬는 지푸라기를 막 비벼서 하든가, 나뭇잎사귀로 닦고 했었지.

나 학교 다닐 때는 시골 학곤데도 오전반 오후반이 있었어. 오후반 이면 운동장에서 공부를 하는데 얇은 시험지 공책에다가, 책받침이 어딨어? 그냥 그 채로 운동장 모래 바닥, 흙바닥 위에 놓고 쓰면 뒷면 에 모래가 달라붙기도 하고 시험지에 구멍이 나고 글씨도 삐뚤빼뚤 하게 써지고. 시험도 그렇게 봤어. 공책조차 없는 애들은 운동장 바닥 에 썼다 지웠다를 하면서 공부를 한 거지. 육성회비를 하도 안 내니 까 선생이 육성회비 안 낸 애들만 앞으로 부르더니 다 엎드리게 하고 는 가시를 떼어낸 아카시아 매로 엉덩이를 때리는데, 다우다 옷이 그 매에 또르르 말려서 착 달라붙는 거야. 그럼 선생도 더 때리지 못하고 집에 가서 육성회비 가져오라고 다 집으로 보냈지. 어차피 집에 가봐 야 엄마는 일하러 가서 없을 거고, 돈도 없다는 걸 아니까, 그냥 애들 하고 신작로서 놀다가 학교 파할 때쯤 가서 책보를 가져오곤 했지.

귀님 / 엄마가 일해서 모은 돈으로 논을 한 쪼가리 샀어. 한 돼 기나 되는디 모래 논이어서, 모를 심어 놓으면 물이 말라 벼가 다 죽 어버리는 거여. 싸게도 샀겠지만 속아서 산 거지. 그러면 논 옆 냇가 에서 물을 퍼서 논으로 옮기곤 했어. 논하고 냇가하고 높이 차이가 많이 나서, 물을 길어서 논에 부으려고 미끄러운 논 옆 두렁을 오르 락내리락하곤 했어. 둘째 업고 물 퍼 나르다가 넘어지기도 숱하게 했 네. 물도 없는 논에 벼를 심어봤자 농사가 얼마나 잘 되겠어? 흉년 들어서 어느 해엔 논에서 나온 쌀이 거의 없는 거야. 그래도 그거라도 갖다가 그늘에 앉아서 홀태로 훑고 했지.

둘째 / 그 모래 논 바로 위에 젓 장사해서 모은 돈으로 사게 된 조그만 밭이 있는데, 그 밭에다 밀을 심었어. 다른 집들은 남자 장정들이 지게로 져서 옮겨가며 일을 하는데, 엄마는 밀단을 만들어서 일일이 머리에 이고 나르는 거야. 그 밭이 동네 젤 꼭대기에 있었는데, 좀 가까운 저수지 근처로 옮겨서 말릴 요량으로 밀단을 이고 저수지 둑을 걷는 엄마를 멀리서 보게 됐어. 막내를 데리고 엄마한테 가다가 우연히 보게 된 거지. 예나 지금이나 엄마는 체구가 작고 살집이라곤 한 점 없어서 하늘하늘하잖여. 새끼줄로 꽈악 조여서 허리가 잘록한 쬐깐한 엄마가 머리에 밀단을 이고 둑을 걷는데, 바람이 씨게 불었어. 둑 이짝으로 안 밀릴려는 엄마와 둑 밑으로 밀어내려는 바람이 씨름을 하는 거시여. 자라목처럼 들어간 고개와 허리에 온 힘을 주고 휘청거리며 걷던 엄마 허리가 이쪽으로 획 휘어지더니, 밀단이 저수지 둑 밑으로 떼구르르 굴렀고, 엄마는 머리에 이고 있던 또아리를 머리에서 내려 들더니 그대로 둑에 풀썩 주저앉아서는, 굴러 떨어진 밀단을 하염없이 쳐다보고만 있더라고. 어린 나이에 봤는데도 아직도 그 기억이 생생해. 그때 저수지 둑 밑 밭에서 동생을 업고 서서 엄마를 봤거덩.

김복례 / 또 그 밭에다 고구마도 심궜어. 가을이면 수숫대로 엮어서 만든 시렁을 방 윗목에 만들어놓고, 거기에다 고구마를 쟁여놓고 겨우내 먹기도 혔어. 밖에다 두면 얼어버링게. 근데 방이 너무 따뜻하다든지 봄이 되면 고구마가 썩는 거여. 그럼 그 썩을려는 고구마를 얇게 썰어서 말리는 거지. 말려뒀다 먹으면 달착지근해서 먹을 만하거던. 그 고구마를 심을 때도 쩌 아래 냇가까지 오르내리며 동이로 물을 여다가, 일일이 고구마 순에 물을 떠멕이곤 혔어. 새끼 입에 밥

178

떠멕이는 거처럼. 그때는 웬 풀도 그리 많았는지. 넘의 일 갔다가 저녁에 와서 새끼들 밥만 챙겨주고 난 밥도 안 먹은 채 산꼭대기 밭과 냇가를 오르내리며 물을 여다가 떠멕이고, 새벽이면 다시 나가서 풀 뽑아주고 산에 가서 나무 혀오고. 낮이면 넘의 일 가야 헝게. 그렇게 키운 고구마를 캐서는 모가지가 자라목이 되게 여다가 윗목에 쟁여놓으면, 안 먹고 쳐다만 봐도 배가 불렀지야. 올 겨울은 새끼들 배 좀 덜 곯겠구나 싶응게. 그래도 그때는 젊어서 그렁가, 새끼들 품고 사는 맛에 힘든 줄 몰랐어.

먹을 것이 얼매나 있기나 허간디? 봄 되면 양식들이 다 떨어져가고 고구마도 다 먹고, 먹을 것이 있어야제. 잘 먹으면 쑤숙밥이제. 지금이야 그 수수가 귀한 양식이지만 그때는 없는 사람들은 거의가 그 밥을 먹었어. 그거나마 먹는 게 다행이었지. 어쩌다 보리밥이라도 하면 그날은 잔칫날이제. 수수로 밥을 해놓으면 껄끄러웅게 애들은 안 먹을려고 혀지. 한두 끼니도 아니고 날마다 그걸 먹으니 먹고 자빴겠어? 땅 파서 농사짓고 사는 사람들이 끼니거리가 없이 배곯고 살아야 했다는 게, 그때는 닥치는 대로 사느라 몰랐는데, 지금 생각하면 참 요상한 세상인 거지.

밭 매다가 꽈리 나무라도 어쩌다 하나 나오면 횡재했제. 배가 고파서 창사가 달라붙을라고 허는디 그거라도 먹으면 침이라도 나옹게. 그걸 다 먹기나 허간디? 좀 애꼈다가 애들 갖다주곤 했제. 다른 사람들은 이가 있응게 정금이라도 따서 먹는데, 난 이빨이 있어야 먹제? 배고플 때는 밭과 밭 사이 언덕배기 뚝을 파면 풀뿌리가 나오는디, 그 뿌리를 캐서 먹으면 달거덩. 그것도 캐서 잇몸으로 씹어 먹었어.

남보다 오래 씹어야 항게, 더 달게는 먹었을 거여. 하하…….

봄이면 삐비도 캐서 먹었지. 진짜 삐비는 크면 갈대가 되는디, 봄만 되면 시골 애들이 군것질 거리로 따먹어싸서 별라 많치가 안혀. 그것도 없을 때는 논에 나는 잡초 있잖여, 논 뒤집어 놓으면 자라는 풀 말여, 그거도 따서 먹었어. 그것도 어릴 때는 순해서 먹을 만하거덩. 칡이라도 캐서 먹으면 좋은데 내가 그거 캘 시간도 없고, 캘 힘이 있어야제…….

혼란스러운 전쟁 통과 귀님의 인생살이

둘째 / 전쟁 때랑 기억도 많았잖아, 나야 있지도 않았지만.

김복례 / 전쟁 통에 미영 보따리(목화솜 보따리) 메고 들고 해서 산으로 도망을 갔제. 미영은 나중에 베 짜서 팔면 돈이 되니까 그걸 챙긴 거여. 짚단도 들고 갔제. 산속에서 깔고 지내야 헝게. 남동생이 두 돌도 안 된 귀님이를 업고 마악 뛰어가니까, 뒤에 업힌 귀님이 좋아라고 엉덩이를 들썩거리더랑게. 뭔 신나는 일이라도 났는가 헌 거지.

귀님 / 나가 두 살 때 6·25 전쟁[+]이 났응게 나도 기억은 없을 텐디, 아마 엄마가 나중에 얘기 해줘서 아는 건가벼. 근데 꼭 내가 겪어서 기억하는 거맹키로 기억이 생생허데니께. 그때 작은외삼촌이 나를 들쳐 업고 산으로 마악 내달리고, 동네 사람들도 다 나와 뛰고 그랬제. 그러니 나는 이게

[+] 전쟁은 좌, 우익이 자행한 학살을 동반했다. 경찰과 군에 의한 보도연맹원 대학살을 포함해 나중에 정치 문제로 비화되기도 한 함평, 고창, 거창과 산청 양민 학살 사건까지 이념 대립이 남긴 상흔은 컸다. 이 고통은 전쟁이 끝난 뒤에도 계속됐다. 학살된 사람들과 월북자 가족들은 연좌제에 몰려 감시를 받고 시달리며, 1980년대까지 취직에도 큰 어려움을 겪는 등 고통스러운 삶을 살아야 했다.

뭔 난리냐 잔치냐도 모르고, 그저 좋아라 삼촌 등짝에서 뛰고 그랬든 거여. 근데 삼촌이 뒤에 처져 따라오는 엄마랑 이모를 향해 "이년들 아, 디진 게 언능 쫓아와야~!" 하고 소리를 지르면서 손짓 주먹질을 허공에 해대고 욕을 욕을 해대는 거여. 우린 지금도 그 얘기 하면서 깔깔대고 웃는다니께. 그 삼촌이 몇 해 전(2007년)에 가신 거네······.

김복례 / 찬모라는 동네 아저씨의 형은, 처갓집으로 숨으러 가는 도중에 지서 사람한테 잡혀서 죽었다고 허는디, 모르제······나중까지도 시체를 못 찾았응게. 큰아버지네와 신천 할아버지네 집의 제사가 원래 같은 날이었는디, 서로 건너편인 두 집이 제사 지내느라 불을 켜놓고 있었을 거 아녀. 그걸 순경들이 와서 보고는 "지리산 간 니네 조카 오면 밥해 멕일라고 불 켜놓고 있냐"면서 두 분을 끌고 가드라는 거여. 그걸 남동생이 어떻게 보구, 사돈네한테 어디 가시느냐 물으니 "응, 저기 갔다 금방 올란다" 하셨는디, 끌고 가던 도중에 산 속에서 두 분을 다 죽여부렸당게. 이그, 징그러워라. 그려서 원래 큰아버지네 집 제사와 신천 할아버지네 집 제사가 같은 날이었다가 큰아버지 제사와 신천 할아버지 제사도 같은 날로 다 묶인 거여. 그 지리산 간 조카래는 사람은 외갓집 바로 위에 사시는 금성 사촌인디, 그분이 두 양반네의 조카뻘이나 되는 사람이었어. 반란군하고 그냥 인사나 하고 지내는 사이였나 어쩡가······. 그냥 사니라고, 밤에 반란군이 쳐들어와도 알은체하고, 낮에 순사들이 와도 알은체하고 혔던 거지. 그걸 지서에서 반란군하고 아는 사람이라고 찾아서 죽일라 형게 영광으로 법성으로 도망 다니셨다 그라드라고. 그 길에 아자씨 되는 두 어른이 그렇게 당해버린 거여. 그 금성 사촌, 야네헌티는 삼촌

181

이제, 그 냥반은 정작 오래 사시다가 돌아가신지 얼마 안 되야. 나중에 봉게 지리산은 가도 않았드만, 순사들이 지리산 들어가서 반란군 되었다고 억지를 부린 거드만.

이불을 빨아서 널어놓으면 반란군이 가져가기도 허고, 밤에 와서 먹을 거랑 빨래랑을 들고 가기도 많이 했제. 춥고 배고픈게 어쩌겠어. 근디 우리도 살아야 게 머리를 짜기를 독에다 쌀을 넣어 논이나 밭에 구덩이를 파고 숨과놓고 그랬어.

하루는 집에 반란군들이 쳐들어왔는데 다 뒤져도 먹을 게 안 나오자 그냥 가고, 다른 집을 들어갔던가벼. 마침 우리 외할아버지가 집 뒤 산모퉁이를 돌아 집에 오다가, 다른 집 들어갔다 나오는 반란군과 딱 마주친 거여. 긍게 반란군들이 지서에 신고하러 갔다 온다며 할아버지를 죽이려고 혔다더랑게. 마침 반란군에 좀 높은 사람잉가 먼 친척으로 안면이나 있는 사람이 있었는디, 그 냥반이 같이 있었던 거여. 그 냥반이 "내 아는 형님"이라고 나서며 어디 가시냐고 묻자, 할아버지가 논에 벼 보러 간다고 답을 혀서 겨우 살았다더라고. 툭 허면 이짝에 죽고, 삑 허면 저짝에 죽고 하든 땐게, 징그러운 때였제…….

초승 작은아버지라고 영광으로 대서소 다니던 양반이었는데, 어떻게 반란군 중 아는 사람이 있었는가, 밥을 해준 모냥이여. 그걸 지서에서 눈치를 채고 새끼줄로 팔을 뒤로 한 채 묶어서 데려갔다가, 내일 총살을 시킬 모냥이면 오늘 저녁에 유치장에 잡아놨든 거지. 근디 초승 작은아버지를 잘 아는 지서 양반이 "지서도 좁응게, 오늘은 집에 가서서 하루저녁 자고 내일 오시오" 하면서 집으로 보내줬다는 거여. 대서소도 다니고 혀서 동네 사람들 일도 많이 도와주고 허든 사람잉게, 죽이기엔 아까운 양반이라 생각을 헌 거제. 그라니 도망가라는 말은 못하고, 도망가길 바라면서 풀어주셨든 거여. 아 근데, 그 꼿꼿한 초승 작은아버지가 이튿날 안 갔으면 안 죽었을 텐데, 난 죄 없으니 안 죽일 거라며 꾸역꾸역 가셨다가는, 순경들한테 죽임을 당했다는 것이여. 초승 작은아버지랑 한 동네에 같이 살던 장성 양반도 같이 끌려가서 같은 날 죽임을 당혀서 그 두 집도 제삿날이 같었제. 그날 끌려간 사람들은 영광 가는 길목에 있는 기뿡재에 한데 모아놓고 다 죽였는디, 그날 밤 총소리가 콩 볶듯이 한바탕 났제. 마침 그날 저녁이 야네 친할아버지 제사여서 나가 다 들었제.

근데 나중에 봉게 동네에서 실지로 반란군헌티 죽임을 당한 사람은 하나도 없었어. 모두 지서에서 나온 순경에게 끌려가 죽었드만. 밤에는 반란군이 와서 먹을 것을 뒤져가고, 낮에는 지서에서 순경들이 나와서 반란군에 협조적이었던 사람들을 찾아내서 끌고 가서 죽이고 헌거지. 아, 근디 반란군도 배고픈게 밤마다 총 들고 들어와 밥 내놓으라고 하면, 어떻게 있는 밥을 안 주겄어, 당장 죽일 듯이 총부리를 디미는디……. 그 밥을 줬다고 사람을 죽인 거여.

전쟁이 끝나고 땔거리가 없으면 산에서 생솔가지도 꺾어다 때곤 했는데, 그때는 생솔은 못 하게 하는 뭣이 생겨 가꼬, 저녁 무렵 연기 나는 집만 순경들이 와서 뒤지고, 들키면 벌금도 물고들 그랬어. 그걸 탕감 나왔다고 했제. 한때는 시골서 집에서 막걸리랑 술도 빚어서 먹었는데, 나중에는 또 그걸 못 허게 하는 뭣이 생겨 가꼬 한바탕 또 그걸 잡으러 다녀쌌더라고. 여차해서 실수로 부엌문 앞에 둔 사람은 외려 안 걸리고, 장독대에 섞어서 몰래 숨겨둔 사람은 들키기도 하고 그러드랑게.

둘째 / 막내에 대한 기억은 성은 칭하가 커서 별라 잘 없고, 내가 많이 업어주며 키웠어. 한번은 동네 얕은 산속으로 나물하고 버섯 같은 것을 뜯으러 갔는데, 동네 애들이랑 친척 애들이 놀고 있었어. 그냥 어떻게 한데 섞였는데, '오째'라고 친척 사내애 하나가 뛰어오다가 엎드려서 나물을 뜯고 있는 서너 살이나 된 막내 동생 등으로 엎어진 거야. 막내가 아프다며 울어대는데, 나는 뭐보다도 엄마한테 혼날까봐 겁이 난 거지. 그래서 막내를 달래고 꼬시고 한 거야. 그때는 막내를 이름으로 안 부르고 '꼬마'라고 불렀어. 태어났을 때 작기도 했고 얼마나 울었는지. 무엇보다도 아들이길 바랐는데 딸이라서, 동네 사람들도 괜히 미워하곤 했어.

내가 산딸기를 잔뜩 따주면서 "꼬마야, 이거 먹고 엄마한테 이르지 마라잉" 하며 단단히 약속을 하고 등에 업고 집엘 왔는데, 애가 밤에 열이 많이 난 거지. 그래도 꼬마는 아프다고도 다쳤다고도 말은 안 하더만. 약속을 단단히 한 거니까. 그런데 밤이 될수록 저절로 끙끙 앓는 소리가 나고 열이 펄펄 나니 엄마가 난리가 난 거지. 그래도 그냥 나으려니 하고 있는데, 도저히 안 될 정도로 애가 끙끙 앓으니까, 결국 내가 말을 했지. 놀다가 오째가 무릎으로 등을 찍었다고. 엄마는 나를 혼낼 새도 없이 늦은 밤에 당장 애를 들처 업고 뛰더니만, '고들재'라고 고개 꼭대기에 있는 '영광한약방'엘 기어올라갔어. 그렇게 장사를 많이 했으면서도 엄마는 워낙에 몸이 작아서 뭘 등에 지고 가는 거를 유난히 힘들어 해. 땀을 뻘뻘 흘리면서 막내를 업고 그 언덕을 기어올라가서 문을 막 두들기고 의사 앞에 눕혔는데 수술을 해야 한다는 거지.

"고름이 잔뜩 들었소. 칼로 째서 짜야겄소."

"칼로 째면 우리 애기 죽을 건디라우."

"안 째면 고름이 속으로 들어가서 죽소."

"안 째면 죽는단 말이요?"

"그렇당께요."

"그럼 째시오."

엄마 말이, 그렇게 해서 칼로 째고 고름을 빼는데 피고름이 한 바가지는 나오드래는 거여. 손가락으로 고름을 후벼서 파내더라드만. 그렇게 고름이 많이 나온 거야. 밤을 한약방서 지내고 다시 업고 집으로 돌아가는데, 마침 영광 장날이어서 참외 장수가 나왔더래. 애가 늘 참외 먹고 싶다고 해도 사주지도 못했는데, 안쓰러운게 엄마가 참외를 돈을 다 주고 산 거지.

"막내야 이것 먹고 죽지 말아라."

"안 죽을란다" 하면서도 참외는 안 받어.

"막내야 죽을라고 안 먹냐?"

"안 먹고 안 죽을라만."

방금까지 죽도록 아프다가 그 큰 수술을 한 애기가 뭔 참외가 먹고 싶었겠어? 며칠을 병원엘 데꼬 다녀야 하는데, 엄마는 장사도 장사지만 그 고들재 꼭대기를 애를 업고 올라가기가 너무 힘든 거야. 그래서 한 번은 삼촌한테 업히고 또 한 번은 이모한테 업혀서, 치료를 마저 다닌 거지. 셋째 등에는 아직도 큰 흉터가 남아 있어.

한숨 돌린 후, 엄마가 그 오째네 가서 오째 엄마에게 막내 이야기를 했던가봐. 근데 세상에 그 오째 엄마가 "짜잔한 가시나 하나 다친 걸 갖고 뭘 그래쌌냐"고 통박을 하더라는 거야. 그래서 엄마가 "당신 네는 아들 많아서 어느 놈이든 아파도 괜찮을랑가 몰라도, 나는 새 끼들 하나하나가 귀해서 그렇소" 하고 큰소리를 쳐줬다는 거야. 그런 데 '동기 아재'라고 그 집 큰아들이 나와서 자기 엄마한테 막 화를 내 더래. 남의 자식 다치게 해놓고 무슨 말을 어찌 그렇게 하느냐고. 그 걸 보고 엄마가 좀 화가 풀려서 돌아왔대. 다음 날부터 아침 일하러 갈 때랑 저녁에 집 들어갈 때랑 며칠을 그 아재가 일부러 들러 안부 를 묻더라구. "누님, 막내 애기는 좀 어떵가요? 막둥이는 좀 좋아졌는 가요?" 하며, "우리 엄니 말실수, 정말 죄송스럽구먼유……" 하면서. 한번은 일부러 오째를 데리고도 왔더라구. 막내랑 엄마한테 죄송스럽 다는 말도 하게 하고. 그때 우리가 그 아재를 달리 보게 되었지. 근데 그 개구쟁이 오째가 언젠가 장님이 되었다고 허대. 어떻게 살고 있나 몰라…….

귀님 / 나 산 거는 또 말도 마소…….

엄마의 구술을 돕다 말고, 귀님도 자기 이야기로 끼어들었다. 엄마의 고난 보따리 한쪽은 늘 귀님이 버팅기고 있어서 이야기가 섞일 수밖에 없는데다 가, 귀님 나름의 서러운 굽이굽이 역시 엄마와 무관할 수 없이 얽혀 있었 다. 둘째도 엄마도, 귀님 산 얘기가 기가 막히다며 어서 해보란다(귀님 이 야기는 별도의 글로 정리하기로 하고, 여기서는 김복례와 관련 있는 이야 기들만 넣었다).

귀님 / 초등학교를 다니는 둥 마는 둥 하며 마치고서는 장사 나가는 엄마를 대신해 집안 살림이고 동생 돌보는 것이며, 때로는 엄마랑 장사 나가는 것까지 다 했제. 그러다가 열일고여덟(1967년경)에 다섯 살도 안 된 둘째와 막 태어난 셋째 그리고 엄마를 두고 동네 사람 따라 서울 세검정으로 식모살이를 왔어. 오기는 왔는디, 오매하고 동생들이 너무나 너무나 보고 자픈거야. 도저히 떨어져서 못살겠더라구. 그 집 들어서자마자부터 나가 하도 우니까 주인이 담날로 당시 완행열차 삯 삼백 원을 주며 집으로 가라고 하더라구. 그래서 식구들 옆으로 다시 왔지.

그 다음 해 봄, 고향 산 산판(벌목 또는 벌목을 하는 산의 노동 현장)에 들어가 두 달을 함바집(현장 식당 또는 건설 현장 식당을 일컫는 말. 여기서는 산 속 벌목 현장에서 노동자들의 밥을 맡아 하는 식당을 말한다)을 했어. 혼자서 말이야. 그때 두 달 일해서 통보리 한 가마니를 벌었어. 그러고 나서 그해(1968년경. 당시 가발은 주요 수출 품목이었다) 겨울에, 먼저 서울 성수동에 올라와서 이불 가게를 하던 작은 외삼촌네 성수동 집으로 다시 혼자 왔어. 거기서 살면서 가발 공장을 다녔지. 외삼촌이랑도 같이 살고 집에 돈을 부쳐서 엄마 짐도 덜고 동생들 학교도 보내는 재미도 생깅게, 인자는 식구들이랑 떨어질 수 있겠더라구. 가발 공장을 잘 다니고 있는 중에 엄마가 시집갈 자리가 났다며 자꾸 내려오라고 난리를 해대는 거야. 죽어도 싫었어. 나이도 어리고, 연애고 남자고 아무 관심이 없고, 오직 돈이나 더 벌고 싶었지. 근데 그놈의 남자가 서울까지 올라와 외삼촌 집 앞에 와서는 밤늦게까지 기둘리곤 했어. 그 결혼을 안 할라고 2년을 도망 다니다 결국 그 남자에게 끌려가다시피 장충공원을 갔고, 거그서 여관까지 끌려갔어. 긍게 어쩔 것인가…… 근데 글씨 나중에 봉께, 그날로 당장 애가 들어서 버린 거여. 애도 모르겠고 남자도 싫고 그저 돈이나 벌었으면 좋겠는데, 엄마만 아니면 애도 떼어내버리고 더 도망을 가서라도 돈을 벌고 싶었는데, 엄마 땜에 그냥 그대로 주저앉아버린 거지.

시골서 구식으로 식을 올렸어. 그게 70년이야. 임신 7개월에야 식을 했으니 배가 한참 불러서 한 거지. 동짓달이었어. 서울 외삼촌이 그렇게 말리는데도 우리 엄마가 억지로 억지로 나를 그 남자랑 붙여놓더니만, 나중에는 또 살지 말라고 난리 난리를 치더라니께.

김복례 / 그 사내가 애들 큰외숙모 오촌 조카, 그니까 따지자면 당숙 아들이었어. 집안으로 연결된 사람이기도 하고, 또 애들 큰외숙모가 장담을 하며 중매를 섰었웅게, 늘 독하게 해쌌더니만 그래도 자기 조캉게 '평생에 한 번 좋은 일 하려나보다' 하구, 좋은 자리려니 했던 거지. 그놈이 그리 망나닌 줄을 나가 어뜩케 알았겄나?

무쇠 솥 걸어서 밥 해먹는 아궁이가 무너졌는디, 동생도 서울로 가버리고 큰딸도 없이 나가 어찌케 해볼 도리가 있어야제. 근데 그놈이 들락거리면서 아궁이도 고차주고 낭구도 패주고 하는 거여. 집에 사내가 없으니께 아궁이가 내려앉았는데도 못 고치고 그냥 사는디, 아궁이도 고차주고 낫도 갈아주고 헝게 괜찮은 놈인가부다 했지.

그 남자와 결혼을 하면서 귀님의 진짜 고난은 시작됐다. 9살 차이가 나는 의처증이 심한 남편은 갖은 핑계를 만들어 늘 여편네를 두들겨 팼다. 결혼 초에는 딸이 죽어도 못살겠다고 엄마한테 도망 오면, 엄마는 "이 죽일 년,

어서 가라"며 하룻밤도 안 재우고 쫓아냈다.

둘째 / 성이 큰조카 임신하고 있을 때, 그러니까 신혼 초지. 하루는 성이 친정 왔다가 평금 자기 집으로 가는데 나더러 자꾸 같이 가자는 거야. 삼 일만 있다 오랬는데 하루를 더 있었거덩. 임신한 몸으로 걸어서 오는 데만 한나절이 걸리는데다가 친정잉게, 하루라도 더 있고 싶었던 거겠제? 어린 내 생각에도 성이 매형 무서워 그러는 게 보이더라구. 그래서 바래다줄 겸, 생각해서 따라갔지. 평금 집에 왔더니 마당 한가운데 웬 잿더미가 쌓여 있고 옷이며 이불이며 타다 만 살림 찌꺼기들이 널려 있는 거야. 옆집 아저씨가 나오더니 "여편네가 친정으로 도망가고 안 온다고, '그년 시집올 때 해온 거'라며, 옷가지며 이불들을 모두 마당에 꺼내놓고 태우더라"는 거야. 말리고 불을 잡고 하니라고 그 아저씨 바짓자락이 불구멍이 나고 그랬더라구. 그 이불과 옷들을 해준다고 엄마랑 나랑 호미며 곡괭이 들고 그 산꼭대기 밭일을 얼마나 했는데. 그때 난 열 살도 안 됐는데 그 기억이 또렷해. 학교도 안가고 꽝꽝 굳어 있는 밭을 갈고 있으면, 애들이 내가 곡괭이 들고 아빠처럼 땅 판다고 얼마나 놀려댔는데……. 딸 춥지 말고 서방한테 이쁨 받으며 살라고, 울 엄니랑 나랑 정성들여 두껍게 두껍게 미영 이불 만들어줬는데, 그놈이 그걸 홀라당 태워버린 거야. 근다고 내가 그때 힘이 있기를 혀, 어쩨? 아직 쪼만한 아이였응게.

귀님 / 그게 뭐냐면, 서방이 예비군 훈련 간다고 친정 갔다 3일 있다 오래서 갔다가, 어떻게 4일 만에 갔더니 그랬드랑게. 임신 중이어서 더 억장이 무너지더라구.

큰아들을 낳고서는 그놈은 남의 집 일 갔다가 술이니 밥을 먹고 오지만, 나는 집에서 땔 나무도 없고 먹을거리도 없고 헌 날이 수태였어. 뚜들겨 맞는 거는 하루가 멀다하고제. 한번은 낮에 또 두들겨 맞고서는 내가 마음속으로 이놈하고 안 살 작정을 혔어. 그놈 나간 틈을 타 세 이레도 안 된 아들을 업고 엄마가 사준 구멍 뚫린 시루와 양은 밥통을 이고 어두컴컴할 때 길을 나섰는데, 그날따라 왜 그렇게 비는 쏟아지는지……. 친정 가는 길목에 있는 비석거리를 지나가기가 너무 무서워서, 친정에 도착하지도 못하고 비석거리쯤에 있는 아는 집에서 하룻밤을 묵었어. 이튿날 아침 일찌감치 동네를 들어서서는 밭을 매고 있는 엄마한테 손짓을 했더니 호미를 팽개치고 엄마가 달려오드라고. 또 야단이나 맞을 줄 알았제. 엄마가 어쩌거나 말거나 나는 안 살 작정이었어.

이번에는 엄마도 딸을 쫓아내지 않았다.

둘째 / 그날 내가 학교를 가려다가 멀리서 보니, 엄마가 밭에서 일을 하다 말고 쩌그 멀리에 애기 업고 뭐를 이고 지고 오는 성이 보이더라구. 그걸 보구 엄마가, 머리에 쓴 무명 수건을 벗어들고 호미를 내던지고 성한테 막 뜀박질을 해가데. 또 야단치구 쫓아내려나 싶었는데, 이번에는 성을 붙잡고 뭔가를 한동안 이야기가 오고가는 눈치더니, 집으로 데리구 들어온 거야. 그리고 이틀인가 삼 일을 성이 집에 가지 않고 우리랑 지냈고, 엄마는 뭣인가 많이 바쁜 듯 들락거려싸면서, 강남할매를 붙잡고 울어샀고 뭣인가를 주고받고 하는 눈치더만, 어느 날

학교 갔다 오니 이사 갈 짐이고 뭐고 다 준비를 해놓았더라구. 그때도 난 어디 가는 건지도 모르고 그냥 쫓아온 거여. 근데 와서 봉게, 그 길로 바로 서울로 온 거야. 친구들한테 서울 간단 자랑 한마디 못 하고 온 거지. 그때는 어린 마음에 그 자랑 못 한 것이 얼매나 아깝던지, 하하. 나한테 미리 말하면 동무들한테 말해서 혹 그놈 귀에 들어갈까 무서워, 나한티는 말을 안 해준 거지. 서울 오던 버스 뒷좌석에서 신작로를 보니까, 우리 담임 선생님이 걸어서 퇴근하고 계시더라고. 초등학교 오 학년 올라가고 논에 모 심을 때니까 오월이나 됐나……. 그때 어디 가는지도 모르고 서울을 왔으니까, 그게 내가 다닌 학교 전부야.

세 식구가 주거니 받거니 하며 흥이 나게 이어가는 구술의 흐름을 방해하지 않으려고, 나는 표정과 눈짓으로만 분위기를 맞추고 있었다.

김복례 / '못난 에미 팔자를 물려받아서 그런가' 하는 생각을 수도 없이 했제. 애비도 없다시피 자랐으니 서방 이쁨이나 받으며 살라고 보냈는데, 더구나 한사코 싫다는 시집을 억지로 보냈으니, 내가 더 맴이 아프고 많이 울었제.

귀님 / 물려받기는 뭘 물려받아? 다 자기 팔자지. 팔자 물림 타령을 하다 보면 부모는 다 죽을죄들을 지은 사람인 거게?

김복례 / 딸년 맞는 거 아니라도 시골서는 새끼들 입에 풀칠하기가 너무 힘들었어. 다들 서울로 서울로 올라오던 때였고, 아래 남동생이랑 사촌들도 서울에 먼저 와 있었거든. 그러니 우리도 가야 하나 그러고 있었는데, 귀님이 서방이 작심을 하게 헌 거지.

성수동 쪽방촌.
서울의 다른 쪽방촌에 견줘 비교적 나은 환경이나,
여전히 공동 화장실을 사용하고 있다.
현재 김복례의 집은 이 쪽방촌에
바로 이어 붙은 주거 지역이다.

서울에서 땅굴집을 짓다

김복례 / 서울 성수동 쪽방촌에 막내 남동상이 먼저 와서 방 하나를 얻어 살고 있었거든. 그 방 한 칸엘 우리 다섯 식구가 끼겨 들어간 거지. 동생 내외와 애들 넷에 우리 식구 다섯, 긍게 모다 몇이냐? 열하나냐? 하이구~. 그 열하나가 코딱지만 한 방 한 칸에 한데 산 거야. 긍게 내가 그 동상허구 동상댁 은혜를 어떻게 잊겠어? 동상댁도 동상이랑 꼭 같아, 더하면 더했지. 법 없이도 살 사람들이여. 한없이 한없이 주기만 하는 사람들이여. 정말 그런 사람들 세상에 없을 거이다. 동상은 가끔 애들에게 무섭기라도 하는데 동상댁은 그것조차도 없어. 그 좁아터진 집에 조카들이 보글대도 "쩌리 비켜서라"는 말 한 번을 해본 적이 없는 사람이여. 그 집에서 한번은 연탄 가스를 마셔가꼬, 모두 죽을 뻔한 적도 있네. 그 동상댁이 얼마 전에 혼차가 돼갖고……니네가 잘해야 혀…….

그 쪽방촌에서 일 년인가 살다가 어떤 돈 많고 땅 많은 사람 하나가 자기 땅을 개발할 요량으로 국화꽃을 키우던 화원 땅을 무허가 도지를 주고 땅굴집을 짓고 살게 해준거여. 천지가 국화꽃 비닐 화원이었는데, 화원 서너 동을 사람들한테 세를 주고, 거기다 비닐 화원처럼 땅을 파서 사람이 살게 한 거지. 긍게 말하자면 비닐하우슨가 그런 건디, 지금도 우린 그걸 땅굴집이라구 불러. 1년씩 도지로 땅만 얻었지, 집은 우리가 지어야 되는 거였지. 다들 가난한데 집 지을 돈들이 어딨겠어? 거기로 들어온 사람들은 하나같이 다 못살아서 온 사람들인데.

맨 땅에 다 큰 여자 키 하나나 되게 땅을 파고, 위에다는 나무판하구 각목들을 얼기설기 얹고, 비닐을 씌우고 그 위에 까만 먹지 같은 걸 얹어. 그게 루핑이래는 거야. 그리고는 방이 어두우니까, 손바닥만 한 유리를 천장에 냈지. 밤에 잘 때 그 유리 천장으로 하늘을 보면 별이 다 보였어. 동상은 낮에는 한양공고에 수위로 나가고, 퇴근하고 와서는 나랑 동상댁이 낮에 주워다 놓은 나무토막이나 못대가리들로 밤새 그 땅굴집을 짓는 거여. 쉬는 날이면 하루 종일 거그 붙어 일을 혀서 집을 지은 거지. 그 화원에서 조금 떨어진 곳에 쓰레기장이 있었어. 온갖 쓰레기는 다 버리는 곳인데, 그래도 그땐 비닐봉투 같은 게 별라 없어서 태워도 그리 독하진 않드만. 그 쓰레기장을 뒤져 쓸만한 나무뿌시레기를 주워오고, 그 나무에서 못을 빼서 펴 갖고 다시 쓰고, 그렇게 해서 동상네 집 한 칸 우리 집 한 칸이 생긴 거지. 비록 땅굴집이지만 너무나 좋았어. 우리 집이 생겼다는 게 얼마나 좋았는지……. 동생네는 오롯이 집 한 칸이 생긴 거고, 우리는 아직 시골에 살고 있던 여동생네랑 같이 보태서 집 한 칸이 생긴 거여. 집 한 칸에 방이 세 개씩인데, 시골 살던 여동생이 그때 돈으로 사만 원을 보내면서 자기도 서울로 온다고 집을 지어달랬던 거여. 우리는 그때 돈이 있어야 따로 도지도 내고 집칸을 마련하는데, 돈이 없었거든. 그려서 여동상이 보내온 돈으로 일 년치 도지도 내고 집 지을 각꾸멍이랑 지붕에 씌울 까만 루핑을 사고 나니, 돈이 다 떨어진 거여. 아직도 돈 들어갈 일이 많이 남았는데 말여. 그래서 동상댁이랑 밤으로 낮으로 나무며 벽돌을 줏으러 다녔지. 다라이를 들고 나가서 밤새 돌아다니다 보면 집 부수는 집이 있어. 거기서 깨진 벽돌을 다라이에 이고 오면, 고개도 아프고 넘어질 뻔도 하고. 그려도 '이것을 갖다가 집을 지으면 우리 새끼들하고 살 방 한 칸이 생기겠구나', 그 생각 허면 힘든 줄을 몰러. 벽돌 줏으러 멀리까지도 다니곤 했어. 그리고는 컴컴한 밤중에 나랑 지 댁이 호롱불 비춰주면 동상은 벽돌도 다듬고 못도 다듬고 못질도 하고. 못질하다 동상이 잘 안 보잉게 호롱불 좀 잘 갖다 대라고 욕을 해쌌고 퉁박을 주면, 얼마나 서러운지 울기도 많이 울었어. 그렇게 방 세 개를 만들어서 두 개는 여동상네 줘서 시골서 올라오고, 우리 식구가 한 칸을 쓰게 된 거지. 전기도 안 들어오는 땅굴집 방 한 칸이라도 얼마나 좋았는지……. 한참 있다 나중에 전기가 들어왔어.

땅 빌려준 화원집 주인이 이불 한 보따리랑 옷 한 보따리씩을 빨아달라고 하면, 뚝섬유원지로 이고 가서 꽁꽁 언 한강물에 빨아서 삶아서 갖다 주면 품삯을 주곤 했어야. 그라고 양은솥이나 냄비 같은 것도 닦아달라고도 허면, 유원지로 가져가서 모래로 반질반질하게 닦아다 주기도 했제. 무슨 일이든 부지런하고 깔끔하게 해준다고 화원 꿘여자가 일을 많이 해달라고 했어. 나야 새끼들 밥 멕이는 일인디 감지덕지였제.

귀님 / 근데 그 서방이 또 서울까지 쫓아왔지. 내 살아온 거 모진 것은 말로 다할 수가 없네. 여그다가도 다 얘기 못할 게 많아. 안직은 못혀. 아이구, 내 평생 사내한테 돈 한 푼 받아서 산 적이 없네.

엄마, 동생들과 함께 도망치다시피 영광을 떠나 성수동 외삼촌네로 몽땅 끼어들어가서 살고 있을 즈음, 서방이 거기까지 쫓아온 것이다. 별수 없이 따로 방 하나를 얻어 나왔지만, 남편의 폭력과 술타령은 계속됐다.

귀님 / 하루는 남편이 때려서 기절해 가꼬 뻗어 있는 것을, 죽

은 줄 알고 옆집 사람이 엄마랑 불러왔더라고. 깨보니께 엄마가 엉엉

울고 있더라니께, 그놈은 어디로 내뺐고.

큰아이 갸를 엄마나 바로 밑에 동생한테 맡기기도 하고, 아니면 기숙

사에 넣어놓고 몰래 젖을 먹이면서, 가발 공장을 다녔어. 근데 그렇게

번 돈을 월급날이면 귀신같이 알고 홀라당 털어갔지. 의처증이 심해 뚝

하면 어떤 놈이랑 붙어먹다 늦게 온다고 지랄을 하고, 어떨 때는 아예

퇴근하는 공장 문 앞까지 와서는 공장 사람들 다 보는 앞에서 전봇대

에 세워놓고 패는 거야. 어디서 가죽 장갑을 줏었능가, 그걸 꺼내 끼고

는, 요렇게 지 손바닥에 지 주먹을 빡빡 휘둘러 치면서 준비 운동을 하

는 거여. 그러고는 전봇대에 나를 박아놓고 온 힘을 다해 패는 거지. 도

망가면 잡아다가 다시 그 자리에 세워놓고 패고, 맞다 고꾸라지면 끌어

세워 또 패고, 아퍼서도 죽겠지만 공장 사람들 챙피혀서도 죽겠드라고.

그 당시 가발 공장은 원래 결혼한 여자들은 못 다니게 혔고, 중핵교 나

온 미쓰들만 다니게 해주는 거였거든. 근데 그 사람이 와서 그 지랄을

허면 서방 있고 자식 있는 게 사방에 들켜버리잖혀. 긍게 그렇게 한 번

씩 그놈이 공장 와서 지랄을 허고 가면, 그 공장을 그만둬버리게 되는

거여. 그래서 공장도 많이 옮겨 다녔고, 다니다 말다도 많이 했어.

미성, 와이바리, 그런 회사들이 내가 다니던 가발

공장*들이여. 그때만 해도 우리나라 수출 제 1호가

가발이었잖여. 그걸 '나이롱 머리'라 그래. 그 화학

머리말여. 그걸로 우리나라 돈 많이 벌었지. 인모를

수출하기 시작한 것은 한참 나중이야. 동네 할머니

아주머니들 머리도 잘라 팔아대고, 또 머리 빗을

✦ "우리나라는 금년에 200만 달러 이상의 외화를 벌어들일 것으로 기대되는, 잘 알려지지 않은 수출품을 갖고 있습니다. 바로 가발입니다." 1965년 〈대한뉴스〉의 내레이션이다. 가발은 65년 한 해에만 300만 달러나 수출됐다. 당시 연간 수출액은 1억 달러 정도였다.

때마다 나오는 머리카락도 요~렇게 손바닥으로 쓸어 봉지들에 하나하나 몽갔다가 머리카락 장사 오면 팔고 그랬잖아. 그땐 머리카락 팔라고 외치면서 장사들이 동네 구석구석을 다니기도 했잖여. 접시 매단 줄 달린 저울 들고 다니면서 "머리카락 사요" 해쌈서 다녔거든. 나도 그렇고 우리 엄마랑 이모 외숙모 모두, 그때 머리 길게 질렀다가 날 잡아 한데 모여서 서로 가새로 잘라서 팔고는 했었지.

어린 동생들 데리고 코도 없이 사는 엄마한테 한 푼이라도 보태줄려고 내가 오죽하면 그 웬수 눈길 피해서 찬장 속 그릇들 포개놓는 사이사이에다가 동전이랑 종이돈이랑 모으기도 했어. 어떨 때는 나도 그 돈을 까먹고 있는데 그놈이 살림 때려 부수다가 그게 쏟아져 나오기도 혔지. 그러면 그 새끼가 나한테 지 돈 도둑질 해다가 거기다 숨과놨다고 지랄을 하더라구. 지가 돈 한 푼을 벌기나 했었나? 지 돈이 어딨어, 지 돈이……. 어쩌다 나가서 막노동이라도 해서 한 푼이라도 벌면 그 돈으로 술 처먹고 행패나 부렸지, 단 한 푼이라도 줬간디. 아예 도망 나와서 가발 공장 기숙사에 살면서 애를 거그다 두고 공장을 다니기도 했어. 가까우니까 젖 주러 기숙사로 얼른 뛰어가고 하면서. 그럼 그놈이 기숙사로 찾아와서는 하는 소리가 "성철이(가명, 귀님의 큰아들) 다리 한짝씩 잡고 찢어 나놔서 가져가자"는 거여. 머리끄뎅이 잡혀 질질 끌려 다니기도 수도 없이 했어. 내 머리숱이 적은 게 아마 그때 머리카락 뿌리까정 다 망가져서 그런가벼. 우리 식구가 머리숱이 적지가 않거든.

그때 가발 공장은 맨날 야근이었어. 밤 열 시까지 부려먹으면서 저녁이라고 딱 삼립 단팥빵 하나 주더라구. 우유가 어딨고 음료수가 어덨어? 그거 하나를 그것도 일하면서 홀라당 먹고는 열 시까지 버티는 거여. 단팥빵 그게 또 별식이라고 안 먹고 넣어왔다가, 동생 주고 큰애 주고 그랬어. 야근 수당이 어딨어? 그냥 하는 거지. 안 짤릴려고 한마디도 못해. 게다가 나는 결혼해서 애도 있고 중학교도 안 나오고 그랬잖아. 아는 사람은 다 알면서도 부지런하고 일 잘한다고, 다들 쉬쉬하고 봐주고 있는 거였거든. 근데 어디다 대고 그런 말을 혔겠어. 야근 수당 그런 게 있는 줄도 몰랐고.

그렇게 그 사람 피해 도망 다니다 붙잡혀 살다 공장 다니다 허며 미친년처럼 되는대로 사는데, 언제 또 둘째가 임신 됐는가 입덧이 오드라고, 지랄같이. 이번에는 난 뭐라고 마음도 못 정혀고 심란해 가꼬 있는디, 엄마가 당장 애를 떼라며 성수동 시장 안에 있는 산부인과로 끌고 갔어. 병원 들어가서 다리 벌리고 누웠는데, 아직 가을 쌀쌀한 날씬디 땀이 비오듯 쏟아지더라고. 땀은 줄줄 흐르는디 날씨는 차고 항게 그런가 어쩐가, 몸이 달달달달달 떨리더랑게. 아무리 안 그럴려구 이를 앙다물고 몸을 붙들어도 다리 벌리고 누웠는 내가 덜덜덜덜 떨리는 게 나한테도 뻔히 보이는 거여. 긍게 의사가 이러고는 도저히 수술 못 혀주겠다고 그냥 가라고 하더라구. 이러다간 애기만 떼는 게 아니라 산모도 잡고 의사도 잡겠다는 거여. 몸도 마음도 더 추스르고 오라는 거였지. 서방 밉고 무서운 거야 차라리 죽여버리든가 내가 죽든가 하고 싶은 정도지만, 뱃속에 생긴 새끼를 떼어버리지는 못하겠었나벼.

근데 엄마는 막무가내였어. 집으로 돌아오자마자 금세 나가더니 성수동 약국에서 한약 세 첩을 지어왔어. 그따위 사내한테 뭔 미련이 있어 뱃속 그놈 씨를 못 죽이고 덜덜 떠냐며, 나한테 온갖 욕을 욕을 막

퍼붓더라고. "그놈이 그렇게 하는데도 좋더냐? 이년아, 나 산 기 못 봤냐? 하필 쫓아 해도 이 모진 팔자를 쫓아 하나? 그놈 씨 안 죽일려면, 에미랑 동생들이랑 한구덩이에 다 모타놓고, 한꺼번에 싹 죽어버리자." 엄마가 그렇게 모진 욕을 하는 건 그때가 처음이었어.

한약 달이는 냄새만으로도 구역질을 참을 수가 없었어. 그래서 땅굴집 골목 가지밭으로 나와 토악질을 하고 있는데 엄마가 거기까지 쫓아와서 약사발을 내밀잖아. 이게 사약이구나 싶었어. 나를 죽이는 거든 뱃속 새끼를 죽이는 거든, 우야튼 산목숨 죽이자는 거니 사약이지 뭐여? '그려, 내가 죽든 새끼가 죽든 그냥 마셔버리자' 싶더라구. '어떻게 되든 지금보다야 낫겠지' 하는 생각이 순간 들드만. 눈을 딱 감고 그걸 한 모금 마셨는데, 고 한 모금이 목구멍을 넘어가자마자 창자가 다 뒤틀리면서 뱃속 것이 모다 울컥울컥 거꾸로 쏟아져 나오더라고. 하늘도 노랬다 보라색이 됐다 하면서, 그대로 그 자리에 철푸덩 주저앉아버린 거여. 엄마가 그 꼬라지를 한참을 내려다보더니만 기운 착 내려놓은 목소리로 "새끼 죽일라다 너 죽겠다, 그만하자" 하며 자기도 주저앉더라구. 그렇게 해서 둘째 아들이 살아난 거여. 지형이랑 네 살 차이여.

김복례 / 나 산 것만으로도 기맥혀서, 딸은 시방한테 이쁨 받고 오순도순 잘 살기를 을매나 바랐겠나? 첫 아를 아들을 낳아서 내가 을매나 좋았겠나? 그런데 그게 아니더란 말이여. 쟈 사는 꼴을 봉게 나보담도 더 기가 차더라구. 귀님이 서방이 못된 짓을 많이 했거든. 의처증도 심하고 술만 처먹고 마누라니 새끼니 뚜들겨 패고. 그러니 그런 서방은 차라리 없는 게 낫지. 차라리 내가 나은 거지. 나중에도 다른 할매들 봉게, 차라리 서방 없이 살아서 더 맘 편하게 산 사람들이 많더랑게. 서방 없다고 넘들한테 무시야 당했겠지만, 더 억척같이 살고 돈 모으고 새끼들이 잘된 할머니들이 많여. 못된 서방은 없는 게 낫지.

귀님 / 그때 그놈을 피해서 땅굴집 바로 근처 성수극장 옆 흑룡이네 집으로 잠시 이사를 갔어. 거기서 작은애를 낳았지. 작은애를 낳자마자, 어이구~, 웬수 그놈이 또 찾아온 거여. 작은애 잘되라고 엄마가 윗목에다 맑은 정한수 떠놓고 빌곤 했는데, 그놈이 찾아와서 그것도 발로 차서 다 엎어버리고 깨뜨리고 한 거지. 동생하고 엄마가 그놈 가고 나서 대문 밖에서 작은애 잘되게 해달라고 빌면서 탯줄을 태웠다고 하더라고.

그놈이 그때는 집안에 큰 남자가 없고 동생들도 다 어리고 하니까, 지 세상처럼 우리를 가지고 논 거여. 수틀리면 우리한테 화풀이하고, 막노동 나갔다 일거리 없어서 허탕치고 오면 괜히 우리한테 화풀이하고. 둘째가 크고 나서 한번은 그놈이 둘째한티 디지게 두들겨 맞았지. 우리 외가 쪽에 친척이 많아서 길 가다가 친척 남자라도 만나서 인사라도 하는 걸 목격하는 날이면, 그날은 나를 아주 반 죽여놓는 거여. 어떤 놈이냐? 누구냐? 친척이라고 아무리 말을 하고 대면까지 해준다구 혀도 안 믿는 거여.

김복례 / 흑룡이네 아버지가 남의 땅을 도지 내서 농사를 지었고, 나는 거기 일을 다니고 혔어. 대파도 심고 배추도 매고, 일이 많지. 가을에 심어놓은 시금치를 겨울에 솎아내는데, 땅이 꽝꽝 얼어서 손 시렵고 발 시렵고 한디, 그때는 장갑이라도 있간디? 그래도 그 일이라도 혀야 새끼들하고 겨울에 먹고 산다 싶웅게, 힘든지 모르고 했제. 나가 시금칠 솎아오면 흑룡이 아부지는 장에 갖다 팔곤 했어. 일 시작하는 시간은 있어도 끝나는 시간이 정해진 게 없어. 해 떨어지고도 한참 일하다 더는 눈이 안 보일라 하면 끝나는 거지. 거기서 둘째 손자를 낳았어. 거기서 살고 있었는데 애들 애비 놈이 또 찾아 와서 그 난리를 피운 거여.

그렇다고 내가 코가 있길 혀, 남들처럼 목청 크게 말을 허길 혀. 목젖이 없다 보니까 사람들이 내 말을 잘 알아듣지도 못허고, 소릴 질러도 소리가 크게 나질 않으니께 부아만 나지. 그놈은 부수고 때릴 땐 말소리 한마디 없이 부수고 때리고 그려. 평상시에도 말도 별로 없어. 글고 다른 사람들하고 말할 때는 웃는 낯으로 대해. 긍게 동네 사람들은 얌전헌 줄 안다니께. 작은손자 탯줄을 태우고 얼마 있다가 도저히 안 되겠다 싶어 동생하고 의논해서 귀님을 부산으로 보내기로 혔어. 그놈 몰래 도망 보내기로 헌 거지.

귀님 따라 부산으로

귀님 / 둘째 아들 낳고는, 서방은 더 지랄을 하며 두들겨 팼어. 집에만 들어오면 애가 누구 새끼냐며 억지를 부리고 한나절씩을 나하고 새끼들을 두들겨 패는 거야. 그래서 또 두 애를 업고 걸리고 도망을 나왔어. 이번에는 성수동 외삼촌에게로 갔지. 외삼촌이 너 서울 있다간 다시 끌려간다면서, 이번엔 식구들하구 떨어져서 아주 멀리 가서 사내를 짤라버리라고 하시더라구. 부산 사는 외갓집 육촌 덕인이 오빠한테 도망가 있으라는 거여. "귀님이가 애 둘 데리고 갈 것이니, 니가 좀 데리고 있어라"며 전화로 부탁하는 걸 들었어.

큰애는 걸리고 작은애는 업고, 보따리 하나 들고 동대문 시외버스 터미널에서 버스를 타고 부산에 내렸어. 터미널에 내리면 덕인이 오빠가 나와 있을 거라는 삼촌의 말이 전부였는데 그 오빠가 없는 거야. 오후 나절에 도착해서 버스 내린 그 자리에 마냥 그대로 서 있는데, 저녁이 다 되고 캄캄해져도 아무도 나를 찾는 사람이 없더란 말여. 전화번호 하나 없이 돈도 다 떨어졌는데, 애들은 배고프다고 울고. 나도 소리만 못 냈지 속으로 꺼이꺼이 울고 있었어. 저절로 눈물이 하염없이 흐르더랑게. 내 인생에 가장 서럽고 암담했던 때가 그때였던 거 같아. 그러고 한 댓 시간은 섰는디, 그 오빠가 언니하고 자전거를 타고 와서는 "니가 귀님이지야?" 하고 묻는 거여. 나도 모르게 그 오빠를 붙잡고 엉엉 소리를 내며 울어버렸어. 그 오빠가 올케 언니랑 과일 장사를 하는디, 갑작스런 일로 시간을 맞추지 못한 거였어. 그 오빠를 따라서 그 집엘 갔어.

세상에 그런 좋은 언니 오빠도 있어야~. 아무 대책 없는 세 식구를 하룻밤도 아니고 정한 날짜도 없이 집으로 들이는 사람이 있는 거여. 언니하고 오빠는 참 사이좋은 오누이처럼 서로 위해주며 잘 지냈고, 난 그게 너무 너무 부러웠어. 우리들한테도 참 따뜻하게 해줬어. 한 푼 없이 들어간 세 식구를 암것도 안 바라고 그렇게 편하게 해줄 수가 없었어. 애들도 이뻐해주고, 나 일도 찾아주려고 알아봐주고. 그 집에서 한 달 정도를 살다 너무 미안허기도 하고 어떻게든 애들 데리고 살 궁리를 해야겠다 싶어, 엄마가 보내준 돈으로 부산 엄궁동에 보증금 없는 월세 이만 원짜리 집을 하나 얻어 나왔지. 올케 언니가 과일한 귀퉁이 멍든 것들하고 곡식들을 보따리 보따리 챙겨주더라고.

엄궁동이 낙동강 하류에 있는 동넨데, 장마철에 비가 조금만 많이 와도 부엌 문 바로 앞까지 물이 찰랑찰랑 넘치곤 했어. 그때 큰애가 네 살이었어. 뭐든 해먹고 살아야 하니까, 그 오빠네서 배운 과일 장사를 해야겠다 싶더라구. 만 원을 들고 도매상에서 감을 사서, 그걸 다라이에 담아 버스를 타고 부산 자갈치 시장서 좌판을 했어. 당시만 해도 비포장도로라 버스가 계속 덜컹덜컹 하면 감이 부닥쳐서 상하게 되잖여. 그걸 막으려고 자리가 있어도 앉지를 않고, 버스 바닥에 쪼그려 앉아 감들을 손으로 눌르고 있는 거지. 만 원어치를 사서 좌판에서 팔고 나면 사천 원, 오천 원이 남더라고. 그 재미가 좋았지만 큰애 불쌍해서 그대로는 오래 못 하겠더라구. 작은애야 업고 다닌다지만, 큰애까지 둘을 데리고 물건 떼고 차 타고 시장 좌판까지 벌리고를 할 수가 없는 거지. 그래서 아침이면 네 살짜리 손에 이십 원이나 삼십 원을 쥐어 주며. "이거로 라면땅 사 먹고 멀리 가지 말고 집 근처에서 놀아라. 놀다가 배고프면 집에 들어가서 밥상보 걷어 밥 먹고"라며 신신당부를 하고 나가지. 컴컴해져서나 들어오면 큰애는 어디 가지도 않고 하루 진종일 집 앞 강가에서 막대기 들고 강가에 기어 다니는 게를 쫓아다니며 혼자 놀고 있는 거야. 종일 밥도 안 먹어서 밥상은 그대로고, 손아귀를 꽈악 쥐고 있어서 풀어보면 거기에 아침에 쥐어주고 간 동전이 땀에 미끈거리면서 뜨뜻해져 갖고 고대로 있는 거야. 불쌍한 내 새끼. 내 새끼들이 그렇게 컸어……

하다 하다 도저히 안 되겠어서 결국 엄마랑 동생들을 부산으로 불러 같이 살자고 했어. 식구들이 모이니까 얼마나 좋은지……. 한데 모여 살면서, 다시 부산에 있는 가발 공장을 다녔어. 그러면서 집에 와서는 바닷가에서 갈대를 꺾어다가 그걸로 엄마랑 발 짜기를 했지. 아예 집에 발 짜는 기계를 들여놓고, 시간만 나면 앉아서 그걸 짰어. 내가 공장 가면 엄마는 애들 보면서 종일토록 그걸 짰지. 그 수입도 좋았어. 발을 짜주고 받은 돈으로 정부미 한 포대랑 밀가루 두어 포를 사서 집에 들여놓으면, 세상에 그렇게나 배가 부르고 속이 편한 일이 또 있을까……. 엄마는 동태를 말려서 북어로 만들고 그걸 찢어 포로 만드는 삯일도 했어. 나는 자갈치 시장 장사하는 사람들에게 재첩국 장사도 했고. 막내 동생이 학교를 들어가야 되는데 주민등록 이전이 안 되어 있어서 제대로 학교를 못 가겠는 걸, 학교 누구한테 사정을 해서 그냥 학교만 다닌 거지. 학적부고 출석이고 뭐 그런 것도 없이. 그러다가 다시 서울로 와서야 학교를 제대로 넣었어. 둘째는 내 새끼들 보느라고 학교 다닐 새가 없었어. 내가 지금도 그게 너무나 미안혀. 나하고 엄마하고가 뭐라도 닥치는 대로 하면서 벌어야 하는데 어린 애들을 맨날 달고 있을 수 없으니, 갸네들 보는 게 둘째 차지가 된 거지. 셋째도 아직 어리니 걔도 봐줘야 하구.

둘째 / 부산 시절에 나는 일하러 가는 엄마와 성, 그리고 학교에 다니는 막내 틈에서 어린 두 조카를 돌보는 일을 할 수밖에 없었어. 너무나 공부를 하고 싶었지만, 그럴 여유도 없었고. 가장 급한 것은 우선 먹고 사는 문제였으니까. 다시 서울로 올라와 내가 검정고시 학원을 다닐 때, 성이 없는 살림에도 두세 번 학원 등록금을 내주곤 했어.

우리가 살던 엄궁동 집 근처에 시냇물이 있었어. 물이 아주 맑았지. 거그서도 수돗물이 없어서 그 시냇물 옆 뚝 밑에서 나오는 샘물을 길어다 먹곤 했는데, 다른 집은 어른 남자가 물지게로 한쪽에 두 통씩 네 통을 한 번에 지고 오면 물이 금방 다 차는데, 우리는 엄마가 한 통씩을 겨우겨우 여다 먹곤 했어. 성은 공장 다니느라 맨날 늦게나 오니까 물을 길을 새가 없는 거지. 나도 그 물지게 많이 져봤네~.

하루는 엄마가 시냇물에서 빨래를 하고 있고, 나는 조카들을 데리고 근처에서 놀고 있었어. 그런데 근처 한 집 화단에 꽃들이 아주 예쁘더라구. 그때는 대문도 없고 했잖아. 어린 조카 둘을 데리고 집 안 화단까지 들어가 꽃구경을 하고 있는데, 그 집 주인이 우리를 보고 도둑이나 거지 정도 되는 줄 알았는지 야단을 치며 도둑놈 취급을 하더라고. 엄마가 그 소리를 듣고는 빨래하다 말고 빨래 방망이를 든 채 시냇물을 가로질러서 마악 쫓아온 거야. 그리고는 "어떻게 된 사람이 꽃구경하는 아그들을 야단치며 도둑놈 취급하느냐"고 막 화를 내며 소리를 지르고 싸울 듯이 대드는 거지. 코도 없는 여자가 방망이까지 들고 와서 왜 내 새끼들을 도둑놈 취급하냐며 소릴 지르니까, 그 주인이 놀랐는지 금방 사과를 하더라니까. 하하하~.

엄마는 자식들 앞가림은 언제나 앞장서서 하려고 했지. 더구나 자식들이 누구한테 멸시나 무시를 당하는 꼴을 보면 참지를 못하셨어. 그렇지만 돈 문제 앞에서는 늘 주눅이 들고 몸을 굽히곤 했어, 특히 엄마가 일 다니던 곳들이 대부분 남자들이 책임자들이잖아. 엄마 일자리는 그 사람들 손에 달려 있는 거였지. 그러니까 늘 그런 남자들 앞에서 머리를 조아리고 고개를 숙이고 했는데, 난 그게 너무 보기 싫었어. 우리 엄만 그 미운 큰외삼촌 서울 오시면 두 손을 앞으로 모으고 고개를 조아리며, "오라버니 오셨어요" 하고 공손하게 인사를 한다니까. 얼마나 꼴 보기가 싫은지, 큰외삼촌 가고 나면 맨날 그것 때문에 싸워. 우리들 앞에서는 그렇게 욕을 하면서도 옛날 습관과 기억이 몸에 그대로 밴 거지. 엄마가 강자에게 굽실댈 수밖에 없는 거를 보기 싫어하며 자라서인지, 나는 지금도 화내지 않아도 될 일, 특히 남자들하고의 작은 일에 나도 모르게 분노가 치밀어 올라 순간적으로 화를 내더라구. 소리라도 질러야 풀리는 거지. 해놓고 나서 보면, 그렇게 화낼 일도 아닌 경우가 많은데…….

나는 코가 없는 엄마를 보는 남들 시선이 늘 신경 쓰이고, 또 그것 때문에 많이 싸우기도 했어. 어른이고 아이고 길 지나가다 마주치면, 다시 돌아보고 자기들끼리 쑥덕거리고 하잖아. 자기네들로서야 자연스럽더라도, 당하는 사람은 그게 아니잖아. 한번은 엄마랑 같이 어디를 가고 있는데, 어떤 아이와 엄마가 우리를 지나치고 나서 자기들끼리 웃으면서 뒤돌아보고 쑥덕대는 게 들렸지. 자기네 코를 만지면서, 엄마 코를 흉내 내고 낄낄거리는 거야. 순간 화가 치밀어서, 엄마 팔을 뿌리치고 쫓아가서 막 화를 냈어. 당신들도 살아가면서 어떤 일을 겪을지 모르는데, 남의 얼굴 가지고 듣는 데서 그렇게 말하는 게 사람 노릇이냐며, 특히 그 엄마한테 소리를 지른 거야. 어른인데도 나도 모르게 막 큰소리를 치게 되더라구. 그 여자도 좀 생각이 있는 사람이었는지, 얼른 미안하다고 사과를 하더라구.

김복례 / 부산 살 때 전보가 왔어, 영광에서. 애들 애비가 죽었다고. 1975년 음력 7월 28일이었어. 그 전날이 내 생일이었응게, 지금도 내 생일이 그 사람 제삿날이여. 참, 기가 찬 인연이제. 진보를 받고 영광엘 갈려고 나랑 귀님이랑 작은손주 업고 부산 동산유지 앞 버스 정류장에서 버스를 기다렸어. 기차역에 갈라고. 그때 영광 가는 기차가 사람당 얼마나 했다냐……? 한참을 버스를 기둘려도 안 오는 거여. 그러고 있는데 딸애가 난데없이 그러더라구. "엄마, 우리 이 돈으로 정부미나 사다 밥이나 실컷 먹드라고." 그 길로 나도 별말 없이 집으로 들어왔어. 그냥 가고 싶지가 않더라고. 그러고는 첫 번째 제사에 갔지.

죽기 직전에, 얼마 안 있으면 죽을 거 같다고, 볼려면 와서 보라고, 영광서 연락이 한 번 온 적이 있었어. 그때 큰딸이랑 같이 가서 한 번 봤는디, 돼지 키우던 헛간을 치우고 볏짚을 깔고 거기다 뉘어놨더라고. 배는 항아리만키나 부어 갖고, 여름인디 냄새는 나고 혀서 거그다 뒀던가벼. 다리랑 팔은 온통 모기가 뜯겨 갖고, 참 인생 불쌍허더라고.

그 전전해에 그 양반이 느닷없이 서울 성수동 땅굴집으로 찾아왔어. 죽을 때가 됭게 자식들 둘러볼라고 왔나 어쨌나……. 그때 벌써 배가 많이 불렀더라고. 그 양반이 배에 물이 차서 죽었거든. 간경화라나 뭣이라나, 그걸로 죽었어. 집에 와서는 한 열흘을 있었어. 둘째가 푸대 속에 생무 꺼내먹고 할 때니까 겨울이었지. 서울 자식들 보러 오니라고 애들 작은애비 한복을 한 벌 빌려 입었든디, 꾀죄죄해 갖고 왔더라고. 뭔 맘이 들었는지 내가 겨울 한복 한 벌을 제대로 해줬지. 그때 돈으로 삼만 원도 넘게 줬어. 세끼 식사도 꼬박꼬박 따땃하게 챙겨주고. 근디 뚝섬 경마장 유원지를 놀러 가겠다고 삼백 원만 달라 하더라구. 그걸 미워서 안 줬어. 보내놓고 나서도 그렇고 낭중에 죽고 나서도, 그게 두고두고 생각나고 맘에 걸리더랑게. 지금도 그것부터 생각나네.

애들이야 좁쌀 한 됫박 안 보탠 애비여서 미웠겠지만, 나야 뭐…….

그때 마지막 봤을 때 해줄 거 다 해줘서 그랬는가 어쨌는가, 죽었다는데도 별라 가야겄다 싶지가 않더라고. 게다가 그 고향 동네 가서 뒤늦게 본부인 행세를 할 거여, 어쩔 거여? 그려서 죽었단 소식 왔을 땐 그 차비로 애들헌티 정부미나 실컷 멕일 욕심으로 안 갔어. 죽기 전에 광주육군통합병원에 한참을 입원했다고 하더라구. 긍게 서울 그렇게 왔다가 가서 바로 입원했던가벼. 전쟁 끝나고도 군대에 오래 있었으니까, 그 덕으로 군인 병원에 오래 입원을 했던가벼. 그러다가 거그서도 더 할 게 없응게, 집으로 돌려보낸 거지. 아무리 그래도 그렇지, 사람을 어뜨케 돼지우리에 뒀나 몰러. 그려도 가장인디…….

한 차례 인터뷰를 마치고 가방을 챙기는데, 저녁밥 때가 다 돼서 가는 게 어딨냐며 귀님과 둘째가 잡는다. 어영부영 늦어질 게 염려가 돼서 어쩔까 미적거리고 있는데, 김복례는 주섬주섬 옷을 챙겨 입는다. 깡통을 주우러 갈 요량이다.

귀님 / 엄마, 날 무지 추운데 오늘은 좀 쉬지?

김복례 / 안 돼야. 노래방 주인이 바뀌어서, 오늘 안 가면 거그 딴 사람헌티 내내 넘어갈지도 몰라야…….

둘째 / 넘어가면 그 김에 말지 뭐. 날도 춥고 깜깜한데 그러다 사고 나면 어쩌려고?

커다란 길까지 건너야 해서 자식들은 엄마 밤 행차가 늘 걱정이다. 그렇지만 언제나 자식들이 결국 지고 만다.

귀님 / 아무리 말려도 저걸 하시는데……안 보여야 그만두지. 내가 청주 가면 엄마를 자꼬 청주로 데꼬 가서 저걸 까먹어버리게 헐 거구먼.

최현숙 / 어머니, 깜깜하니까 저랑 같이 가요. 저도 따라가고 싶어요.

핑계 김에 김복례의 깡통과 박스 줍는 풍경을 담고 싶어 한마디 끼어들며 옷을 챙겨 입었지만, 김복례는 정색을 하며 마다한다. 포기하고 다음으로 넘겼다.

귀님이 두부를 부치며 부대찌개를 끓여놓고 한참을 기다려도, 할머니는 오지 않는다. 결국 귀님이 마중을 나갔다. 저렇게 번 돈은 한 톨 한 톨 모아 자주 들락거리는 손주들 차비도 챙겨주고, 먼저 간 손주며느리(귀님의 맏며느리. 2009년 두 딸과 남편을 남기고 병으로 일찍 죽었다) 용돈도 넣어줬단다. 둘째하고는 '라일락' 담배를 같이 피운다. 길기도 하고 맛도 제일이라신다. 김복례가 담배 한 보루를 사다 놓거나 딸네나 친지들이 사다 드리면, 둘째도 들락거리며 엄마 담배를 축낸다. 외려 좋아라 하신단다. 나도 담배 한 보루를 드리며 "절대로 둘째 주지 말라"고 당부를 했건만, 좋아라 웃으며 그러마고 해놓고는, 나 나가자마자 먼저 불러서 반을 주더란다.

둘째 / 그 담배가 맛이 좋아서 피우기 시작한 게 아니고 다른 담배보다 값이 싸니까 피우게 된 거지. 사람들이 올 때 비싼 담배를 사오면, 그걸 담배 가게 들고 가서 라일락으로 바꿔 오시곤 했다니까. 선물로 들어온 담배를 엄마보다 내가 훨씬 많이 갖다 피워. 내 책상에 슬그머니 오셨다가 담배가 없어 보이면 책상 위에 담배를 두고 가곤 하셔. 어쩔 땐 "둘째야 담배 있냐?" 하시면서 이빨이 없어 혀를 흔들며 웃으시면서 담배를 주시곤 하시지. 이빨이 없어 혀 기댈 곳이 없어서인지 입을 벌리고 있으면 유난히 혀가 흔들려 보여.

이삼 년 전엔 맥주 캔 뚜껑을 고물상에서 비싸게 쳐준 적이 있어. 또 그 캔 뚜껑을 몇 키론가를 모아가면 유모차로 바꿔준다는 말도 있었어. 그 뚜껑 재료가 비행기 만드는 재료라는 소리도 있었지. 그때 엄마는 맥주 캔을 모아서 파시면서 뚜껑만 뜯어서 따로 모았는데, 그것만 이삼 키로 가량 됐어. 말이 이삼 키로지 뚜껑만 모아서 그 정도면 몇 천 개는 모아야 했을 거야. 캔에서 뚜껑을 따내는 일도 만만치 않아서 주워온 캔에서 뚜껑을 딸 때는 시간을 잡아서 푸대에 있는 캔을 부어놓고 자리를 잡고 퍼질러 앉아 이리저리 돌려가면서 따시는 거야. 그러고 나면 손가락이랑 손목이 시큰거리곤 하시는 거지. 엄마 아는 사람들이면 모두 다 캔 뚜껑만 따로 모아다 주곤 했다니까.

깡통을 챙겼다가 주는 노래방이, 건대역 길 건너편에 있어. 그곳에 엄마가 전화번호를 주고 깡통이 나오면 아무 때나 연락을 달라고 했대. 전화가 오면 밥 먹다 말고도 일어나서 주섬주섬 나가신다니까. 어쩔 땐 신호등도 안 지키고 차가 안 온다 싶으면 건너가시나봐. 그러니 우리가 걱정들을 안 할 수가 없지.

꺼내서 말을 하지는 않지만 김복례는 늘 그 둘째가 맘에 아프다. 얼마 전 큰 수술을 했는데 자기들이 말을 안 하니 묻질 않으시더란다. 열흘 정도를 집에 안 들어왔는데도 김복례는 어디 갔냐고 더 묻지를 않더란다. 바빠서 한동안 못 들어올 거라고 둘째가 먼저 말을 했고, 식구들이 옷 갖다 준다 며 자주 들락거리는 눈치니, 그거면 됐다 싶었을 것이다. 알은체하지 않아 야 더 나눠지는 아픔이 있다.

한참을 지나 큰딸이 엄마를 모시고 들어왔다. 옷도 두껍게 안 챙겨 입고 나가시더니만, 추위에 벌벌 떨며 잘 걷지도 못하시더란다. 집에 들어오더니 당신 방에 내가 있는 것을 보고는, 마루에서 잠바를 벗으신다. 큰딸은 엄마 옷 서랍에서 주섬주섬 속옷을 챙기고, 김복례는 목욕탕으로 들어간다. 그 제야 둘째가, "추운데 나가서 떨다가 또 똥을 흘리셨나보다"며, 나더러는 그냥 모르는 체하란다. 그 연세면 항문 근육이 늘어지고도 남을 연세다.

딸과 함께 씻으러 화장실로 들어가서 한참을 있다 나온 김복례가, 침 대 위로 달랑 눕는다. 무릎을 구부리고 쪼그려 납작 엎어진 자세다. 작고 마른 몸이니 그 자세가 나온다. 엎어진 자세로 숨을 가쁘게 쉬며, 눈을 감 고 계신다. 아무 말도 없이 등만 문질러드렸다. 작은 여자아이 같다. 둘째 의 선배라고 해서 몇 번 보기는 했지만, 내가 아직은 별로 편치 않으실 거 다. 느닷없이 남한테 살아온 이야기를 털어놓은 일로, 깡통 일 다녀오시는 길에 혹 마음이 심란했을까, 나는 내심 조심스럽다. 탈탈 털어놓아 맘 편 하시라고 하는 거라며 설명은 여러 번 드렸지만, 맘이 편하고 안 편하고는 어르신 마음에 달린 거다. 잊고 싶던 이야기들, 새끼들 통해 듣고 싶지 않 던 이야기들, 새끼들이 몰랐으면 하는 이야기들이 나와버렸을 수도 있다. 금세 잠이 오락가락하는 기색이다. 더 있다 드시게 하자고, 그냥들 먼저

안면 장애를
가리려고 외출할 때
꼭 사용하는
고무코와 안경.

밥을 먹었다.

　그날 바깥에서 있었다는 얘기를 나중에 둘째가 전해줬다. 집 오는 시장
통 사거리에서 배가 아프더니만 엉겁결에 설사가 나왔단다. 춥기는 하지,
설사는 나오지, 유모차에 실은 깡통은 끌고 와야지……. 차가운 날씨에 똥
이 식어서 다리로 흘러내리는 느낌에다가, 숨은 턱까지 차올라오고. 젊어
서부터 담배를 피워서인지 이제는 조금만 움직여도 숨이 차단다. 바깥 외
출을 할 때는 인조로 만든 가짜 코를 끼우고 안경을 쓰는데, 엎드리면 코
도 안경도 벗겨지려 하고, 그날같이 추운 날은 콧김 때문에 인조 코에 김
이 서려 방울방울 물방울이 맺혀서 떨어진단다. 차가운 느낌은 있지만 코
가 흐르는지까지 신경 쓰기에는, 그날은 맘이 너무 바쁘고 정신이 없었을
거다. 인조 코다 보니까 겨울엔 좀 오그라드는지, 그날따라 헐렁거리며 얼
굴에서 겉돌더란다. 안경엔 김이 서려서 잘 보이지도 않고, 한겨울 깜깜한
밤에 저녁도 안 먹고 신작로에서 그리 안절부절못하고 있다, 마중 나온 큰
딸과 만난 것이다. 얼른 딸한테 유모차를 맡기고 다리를 어기적거리며 정
신 사나운 인조 코도 떼고 코를 손으로 움켜쥐고 집까지 온 것이다. 서울
와서 남의 밭일 다니면서 서로 아는 사람들한테야 괜찮지만, 일 끝나고 올

때는 머리에 쓴 수건으로 얼굴을 가리고 다녔단다. 이제는 인조 코가 있어, 웬만한 바깥 출입에는 꼭 인조 코를 하고 나간단다.

다시 서울로

둘째 / 부산서 한 일 년 반인가를 살고 있는데, 두 돌도 안 된 막내 조카가 심하게 아픈 거야. 병원을 다녀도 안 낫고 점점 심해져서 겁이 난 성이 점을 보러 갔더니, 걔는 아빠랑 살아야 안 죽는다고 하더래, 약으로는 못 살린다고. 그 말을 듣곤 겁이 난 성이 하도 우겨서, 별수 없이 모두 서울로 다시 올라왔어. 부산은 완전 타지라 맘으로라도 기댈 사람들도 없이 외롭기도 했고.

그래서 서울 성수동의 작은외삼촌네 근처로 땅굴집 비닐하우스에 방 하나를 얻어 다시 들어왔어. 그런 땅굴집들이 성수동 일대 국제전광사 근처로 굉장히 많이 들어섰거든. 한 오십 가구 넘었을 거야. 거기서 한 십 년 정도를 살았으려나. 그때 참 이웃들이랑 재밌게 산 거 같아. 서로 너나없이 밥도 같이 해먹고 일도 같이 다니고. 화원이나 밭에 펌프도 심어 물도 같이 나눠먹고, 화장실도 공동화장실이었지. 요 바로 뒤에 아직도 공동화장실 쓰는 쪽방촌이 있어. 지금은 그래도 많이 좋아진 거고, 그때는 모두 비닐집이었지. 하수도도 없이 밭으로 또랑을 내서 물을 버리고 했었어.

한번은 우리 외삼촌이 그 비닐집 저쪽 끝에 사는 여자 하나랑 바람이 난 거야. 애가 셋이나 딸린 과부였어. 게다가 외삼촌이랑 사이에 아들까지 하나 만들어놨어. 그걸 어떻게 알아가지고, 한 날은 외숙모랑 엄마랑 이모랑 쫓아가서 머리끄뎅이를 잡아땡기며 싸우고 난리가 난 거지. 그것 땜에 외삼촌이랑 외숙모랑 한동안 말도 안 하고 그랬는데, 나중에 외숙모는 또 그 애 데려다가 키워서 장가까지 잘 보내주고, 그 여자랑도 형님 동생 하면서 챙겨주고 하시더라구. 삼촌 돌아가시기 전까지 그 여자가 삼촌네 오면, 외숙모가 친동생 반기듯이 하면서, 그 여자가 싸온 반찬에 셋이서 한 상에 밥을 먹곤 했어. 그러다가 마침 우리가 지나가면 손짓으로 불러서 밥 먹고 가라 하고. 그 여자가 술을 제법 해서 삼촌이랑 대작하면 숙모는 안주 만들어 내오고 그랬어. 삼촌하고 사이에 낳은 아들이 와서 학비며 차비, 학용품비를 달라고 하면, 외숙모는 두말도 않고 앞치마 뒤져서 내주곤 했어. 삼촌네가 나중에 방이 딸린 이불 집을 하다가 한때는 이불 누비는 하청 공장도 했어. 그 여자가 삼촌네 이불 공장서 같이 일도 하고, 숙모는 점심 해 멕이고 집에 갈 땐 찬거리도 싸서 주기도 하고……. 우리 외숙모가 그런 사람이야. 지금은 외삼촌이 얼마 전에 돌아가셔서 많이 외로워하셔. 외삼촌이 워낙에 따뜻한 분이었어서 많이 그리우신가봐. 지금도 삼촌 손때가 묻은 물건을 보면 그걸 붙잡고 하염없이 우시는 거야. 어쩔 때 가보면 눈시울이 벌게 가지고 계셔. "숙모, 또 삼촌 생각나서 울었지?" 하면, 또 울다 말고 배시시 웃으시고.

김복례 / 그 여자가 남동생이랑 자식까지 있다는 걸 알고, 처음에야 내 설움까지 얹어서 쫓아가서 같이 뜨잡이를 한 거이지. 근데 올케가 그렇게 마음을 풀구 잘 지내는 거 봉게, 내도 다시 생각이 되드라고. 올케가 가만있는데 나가 뭘 더 할 것이여? 첨에는 올케가 바보 멍청이로 생각되만, 나중에는 참 넉넉한 사람이다 싶더라구. 사람

마다 다 남모르는 세정이 있는 거이지. 그러구 곰곰이 생각을 해보니께, 내가 그 여자랑 같은 건가 올케랑 같은 건가도 헷갈리더라니께, 하하~. 그 여자 보면서 아닌 게 아니라 내 서방하구 작은 여자도 달리 생각이 들더라고.

둘째 / 외삼촌은 자기 형제들의 자식들에게, 그러니까 조카들이지, 한 놈도 안 빼고 모두 돈을 빌려주신 분이야. 마음이 한도 없이 좋으시니까, 모두 어려우면 외삼촌에게 손을 내미는 거지. 그러면 외삼촌은 잘살지도 못하면서 얼마가 되든 또 돈을 만들어주시고는 했어. 당신 돈이 없으면 동네서 빌려다까지 주곤 하셨는데, 조카 놈들이 안 갚으면 삼촌이 이자랑 원금이랑 다 갚고 그러셨어. 누님들네 조카든 형님네 조카든 다 그랬어. 빌려가는 사람들도 없는 살림에다 대고 돈 꿔달라고 하기가 미안하지만, 말하면 어쨌든 빌려다가라도 주곤 하니까, 모두 삼촌한테 오는 거지. 많은 돈은 아니더라도 몇 십만 원에서 제일 많게는 이천만 원까지, 여자고 남자고 사촌들 하나도 안 빼놓고 외삼촌 돈을 갖다 썼어.

한번은 외삼촌이 좀 화를 내시더라구. 그렇게 급할 때 빌려가놓고 돈도 돈이지만 찾아오지도 않는다고. 큰외삼촌네 자식들이 그랬거든. 우리는 돈 빌리면 꼭 모아서 갚아드리고, 이자는 안 받으시니까 이래저래 명절 때나 그럴 때 용돈으로라도 챙겨서 억지로 드리고 했어. 그래서 우리 형제들을 늘 미더워하셨지. 외숙모도 그래. 외삼촌 돌아가시고 나서도 그전 남은 빚이 있어서 갚을랬더니, "난 몰랐는데, 그런 돈이 있었냐? 근데 난 지금 필요 없으니까, 니네가 필요한 데 더 쓰다 나중에 갚아라" 그러시더라구. 두 분이 다 그런 분이었어. 외삼촌 가시고 외숙모는 지금도 가게 하시면서 성수동 시장통에 사셔. 모두 요 근처니까 자주 찾아다니고 명절 때랑은 한데 모이고 그랬는데, 이젠 이모가 요양원에 가신 거지.

부산서 서울 돌아와서 성은 첨에 우리랑 같이 비닐집에 살지 않았어. 따로 동네에서 애 둘 데리고 그 사람이랑 같이 방 하나를 얻어서 살았어. 그 비닐 촌에서 한참 걸어서 가는 데지. 근데 서방이 툭 하면 때리고 싸우고 해서 큰애가 맨날 울면서 쫓아오는 거야. "할머니, 아버지가 엄마 때려서 엄마 죽어" 하면서. 그러면 또 엄마랑 삼촌이랑 쫓아가서 말리고 했지. 삼촌이 불같이 쫓아가서 그놈을 패기도 했는데, 그 버릇을 누굴 주겠어? 엄마는 어떨 땐 해 떨어지고 우리 밥 다 멕이고 치우고 나면, 혼자 성네를 가는 거야. 가서 창문 밑에 몰래 숨어서 방 안의 소리를 살피는 거지. 혹시 또 내 딸 두들겨 맞나 해서. 겨울이면 춥고 깜깜한데도 창문 밑에서 오들오들 떨면서 그렇게 지키다가 오밤중이 돼 잠든 기색이 나면 집으로 돌아오곤 했어. 그러다가 하도 맞고 싸우고 도망 나오고 해싸니까 삼촌이 비닐 촌 한쪽 끝으로 땅굴집 하나를 또 만들어 성을 근처에 살게 한 거야. 차라리 눈앞에 놓고 보는 게 편하셨던 거지, 조카가 맞으면 쫓아가기도 하고. 그 인정 많은 삼촌이 얼마나 애가 타고 속이 찢어졌겠어? 꽃같이 이쁘던 당신 누나가 시집가더니 코도 없어지고, 애 하나 데리고 쫓겨 와서는 친정 시댁의 천대 속에 새끼들 데리고 살다가, 그 새끼를 키워서 시집보내놨더니 그 딸마저 천벌 받을 놈한테 두들겨 맞고 이리 쫓기고 저리 도망 다니고…… 그러니 술만 먹으면 엄마 이야기를 하며 꺼이꺼이 우셨대잖아.

귀님 / 그때 성수동 일대에는 화원 농원만 아니라 밭들도 많았제. 전체가 거의 화원이나 밭들 천지였응게. 양배추, 무, 배추, 가지. 키워서 시장에 내다 팔든가, 밭쩨로 업자들이 사든가 혔어. 그러니 엄마 이모 숙모는 그런 밭일들 닥치는 대로 혔지. 다 거둬가면 못나서 남기고 간 야채 꽁다리며 뿌렁지며 푸성귀들을 주워다가, 삶고 절이고 해서 반찬 해먹고. 그러고 살았제. 그때 우리 반찬이라곤 그게 다지 뭐.

김복례 / 나가 통이 크지를 못혀서 욕심을 내서 일을 크게 벌려 보지도 못혔고, 닥치는 대로 꾸역꾸역 버티며 그저 새끼들 생각만 허면서 따복따복 살았제.

둘째 / 그 농원이나 밭을 넘어 한참 가면 공사 현장들이 많았어. 뚝섬유원지 공사장도 있고. 요 앞 건대입구역 그게 다 개천이었거든, 그거 덮는 복개천 공사도 있었고. 여기저기 새마을 일 있잖아. 그때 그 박정희 대통령 시절 여기저기 하던 새마을운동[+], 그 공사 현장들이 많았거든. 일만 있으면 엄마가 흙이며 자갈이며 퍼 나르기도 하고, 벽돌 공장에 벽돌 찍고 나르고 하는 일도 많이 했어. 남자들은 니아까에 흙 퍼 담고, 여자들은 그 흙 니아까를 여럿이서 끌고 밀고. 성도 가끔 하고 이모랑 숙모도 같이 하고. 어떤 날은 공사장에서 벽돌을 들어서 벽돌 쌓는 사람한테 올려주는 일을 했나봐. 구멍 뿅뿅 뚫린 쇠판자 걸치고 그 위에 아슬아슬하게 올라서서 벽돌을 올려주다가, 벽돌이 발등에 떨어져서 통통 부어

[+] 박정희 정부의 경제개발 정책이 가져온 농촌의 소외와 무작정 상경 현상으로 발생한 농촌 문제를 해결한다는 취지에서 1971년부터 새마을운동이 시행됐다. "새벽종이 울렸네 / 새 아침이 밝았네 / 너도나도 일어나 / 새마을을 가꾸세"라는 노래로 기억되는 새마을운동은 초기에는 환경 개선 사업에 주안점을 두고 전국적으로 농민들을 동원했다. 단기간에 농촌을 현대화하는 성과를 거뒀다는 평가를 받기도 하지만, 집권 여당의 표밭인 농촌 지역에서 공화당의 지지율을 높이고 유신 체제의 기반을 강화하는 문제와 깊이 연관돼 시행된 정책이라는 측면도 있다.

가지고 왔더라고. 고무신을 신었는데 신발이 안 보일 정도로 부었어. 그 발로 그래도 일만 있으면 다음 날도 그 채로 쩔뚝거리며 일 나가고 그랬지. 아프다 그러면 나오지 말라 그럴까봐, 부은 걸 숨기느라고 바지 기다란 놈을 질질 끌며 입고 일을 하곤 했어. 어떨 때 애들 데리고 공사장에 가보면, 엄마가 십장 아저씨들에게 굽실거리는 게 너무나 보기 싫어서 집에 오면 내가 막 신경질을 내고 그랬어.

김복례 / 겨울이면 공사장 일도 없고 밭일도 없고 항께, 돈 될 것을 찾다 찾다 별의별 일을 다 했제. 사방에 오이밭이며 배추밭이며 밭이 천지였어. 가까운 밭에서 하면 말 날까봐, 일부러 멀리 있는 밭까지 걸어가는 거여. 애들 이모 외숙모에 동네 살던 사돈댁까지 나랑 넷이서, 농사짓느라 밭에 쳐둔 노랑 빨강 파랑 나일롱 끈을 주워 모으러 다닌 거제. 그걸 죙일 모아서 팔면 하루에 일이백 원을 벌었제.

날이 추워 쉬고 있는 공사판을 뒤지고 돌아다님서, 버린 못대가리들을 주워 고물상에 팔기도 했제. 한번은 그러다가 동네 넝마주이 대장한테 걸린 거여. 거그가 자기 나와바리라나 뭐라나. 우리가 주운 것을 다 뺏고 안 주는 거여. 내가 그 사람을 붙들고, "나는 처음"이라고, "한 번만 봐달라"고 하니까, 그 사람이 내 얼굴을 보더니 안돼야 보였능가 어쩐가, "코 없는 사람인 걸 보니 처음인 게 확실하다"면서 내거 뺏은 것만 통째로 그냥 주는 거여. 세상에 살다 봉께 코 없는 덕을 다 봤다니께, 하하하~. 그러자 애들 이모가 자기 것도 달라고 사정사정을 하며 매달리고 싹싹 빌기도 혀고 오줌을 질금질금 싸면서 몸씨름도 하고 했지만 결국은 못 찾고 그냥 오게 됐제. 그 뒤로 두고두고 넝마주이 대장한테 빌고 오줌까지 지렸다고 애들 이모를 놀리고 혔제, 하하하~.

글고 보니 두부 공장도 다녔구먼. 저그 성수동 극장 근처에 두부 공장이 있었어. 두부판 닦고 공장 청소하는 일을 혔어. 어떤 때는 두부가 안 팔려 남으면 쉬어버린 걸 일하는 사람들한테 꽁으로 주기도 하고 혔제. 그걸 좀 쉬기 전에 주면 고맙겠고만, 꼭 쉬고 나서야 주는 거제. 공장일 하던 여자들이 두부가 쉬면 속으로는 모두 좋아라 하면서도 겉으로는 어쩌냐 어쩌냐 했었제, 하하하~

화원 집에 밭일도 가고 부엌일도 가고 그렸어. 밭일 하면서 솎아낸 소꿍이들을, 좋은 놈은 골라내서 주인집 몫으로 깔끔하게 다듬어주면 나머지는 알아서 싸가게 혔거든. 그걸로 나물 해먹고 남으면 삶아 말려뒀다가 겨울에 먹기도 허고 그렸제. 그 집서 밭일하는 일꾼들에게 점심으로 라면하구 밥을 줬는데, 밥 남는 거야 놓고 오지만 라면 남는 거는 싸올 수가 있었제, 어차피 버릴 거잉게. 그걸 비닐 주머니에 담아놨다가 일 끝나고 집에 가져오면, 라면이 퉁퉁 불어서 말도 아니제. 그걸 뎁혀서 먹고 혔어. 화원 집에 손님들이 오거나 허면 부엌일도 해달라고 했제. 그런 날이면 먹고 남아 버릴려는 음식들을 싸와서 따뜻하게 데워서 멕이기도 혔어.

바깥 일이 없을 때는 집에 앉아서도 허다못해 쌀 푸대, 세멘 푸대라도 주서다가 군고구마 봉투를 만들어 팔았고, 봉제 공장 옷 실밥 따기며 마늘 까기 같은 일들도 받아다가 혔지. 뭐라도 해야 겨우겨우 새끼들 목구멍에 풀칠이라도 항께, 쉬고 있을 수가 없잖여.

귀님 / 살구지다리라고 지금 저 한양대 앞, 거기에도 새마을 공사장이 있었제. 거그도 가서 자갈을 퍼 담는 일을 혔지. 한 하꼬에 얼마 해서 돈을 처주거든. 한 하꼬를 채울 때마다 표때기를 하나씩 줘서 나중에 그 표때기를 세어서 돈을 주는 거여. 표때기 하나에 백 원도 하고 그랬던 거 같아. 하꼬는 사방 일 미터 정도의 나무 상자인데, 거기에 그 돌을 퍼 담는 거여. 돌이 따로 있는 게 아니고, 커다란 바윗돌들을 트럭이 와서 부려 놓으면, 일단 그것을 망치로 일일이 쪼개. 그 쪼개는 일도 해봤제. 그러다가 그 망치에 내 손을 찧기도 했지. 그렇게 잘게 쪼갠 돌들을 세숫대야나 작은 다라이로 일일이 퍼다가 하꼬에 담는 거여. 그러니까 돌 깨는 일 따로, 작은 돌 퍼다가 하꼬에 담는 일 따로인 거이지. 그 하꼬에 시멘트를 부어 그 채로 굳으면 하꼬를 떼어내고 그걸로 수리조합 뚝을 쌓고 했었거든. 나랑 엄마가 한 하꼬를 같이 채우고, 이모 따로, 외숙모 따로 그렇게 했지. 그 일도 참많이 했네. 내가 아무래도 힘도 좋고 욕심도 많고 하니, 우리가 이모나 외숙모 세 배 가차이 일을 하지.

가발 공장은 한 달에 두 번만 놀았어. 첫째 셋째 일요일이지. 그러고는 거의 맨날 야근을 한 거지. 공장 쉬는 날에도 쉬지를 않고 일찌감치 아침을 따지고 나서는 나룻배를 타고 강 건너를 가는 거야. 개포동 그짝, 지금 그 비싼 아파트들 많은 동네가 그때는 온통 채소밭이고 똥구덩이였제. 거기를 가서 무 꼬랑지, 오이 뿌시러기를 주워다가 일단은 굵은 소금을 뿌려 절여놓는 거야. 그걸 어떻게 저떻게 해서 반찬들을 해먹었지. 올림픽대교 생긴 것이 몇 년인가(한강의 올림픽대교는 1990년 완공)? 그게 생기고는 나룻배를 안 타고 그 다리를 사람들이랑 무데기 져서 걸어가곤 했지. 나룻배도 돈을 줘야 항게. 다들 커다란 자루 한두 개씩을 신나라하며 둘러메고 떼를 지어 그 다리를 건너곤 했구먼…….

한번은 같이 밭일을 다니던 여자가 밭에서 일하는데, 아들인지 딸인지가 밭에까지 와서 라면땅 사 먹게 십 원만 달라고 울며불며 한 거여. 근데 그 엄마가 돈을 안 주고 주먹질을 해서 애를 쫓아버린 거이지. 집에 가보니 애가 없더랴. 몇날 며칠을 찾아도 못 찾고 들어오지도 않고. 그 당시엔 밭에 구덩이를 커다랗게 파놓고 거그다 거름으로 쓰려고 똥을 퍼다 놨었지. 애가 그 똥구덩이에 빠졌든가벼. 엄마 주먹질에 쫓겨 가던 아이가, 울면서 엄마를 돌아보다 그랬는가. 색깔이 흙이랑 비슷한 그 똥구덩이에 빠진 거야. 한참 후에 애를 찾았는데 머리카락만 남고 형체를 거의 알아볼 수가 없더랴. 그 뒤로 그 애 엄마가 미쳤다는 말을 들었어, 을매나 기가 막혔겠능가…….

한번은 서방 매를 피해 큰애는 엄마한테 맡기고 작은애만 데리고 도망 나와서, 신당동 저 꼭대기 응봉동에도 살았제. 부엌도 없는 연탄 아궁이 집이었어. 많이 살 돈이나 있었간디? 연탄 달랑 두 장을 새끼줄에 끼워 사서, 그 꼭대기 집까지 들고 가는 거제. 그 연탄불을 피우고 누웠다가 연탄 까스를 먹고 나랑 작은아들이랑 죽는 줄 알았네, 참말로. 나는 작은애가 아플 때마다 부산 그 점쟁이 말이 생각난단 말이여. "얘는 아버지랑 살아야 산다, 아버지랑 떨어져 살면 죽는다" 그 말이. 이제야 지 애비 죽었으니까 그 말도 없어진 거겠지만, 걔가 가끔 맘에 없는 성질부리고 술 처먹고 지 애비 하던 짓 하면, 꼭 지 애비 귀신이 씌어서 그런 거 같아. 내가 한번 살풀이를 쎄게 해줘야 혀.

남편이 가출하고 연락이 끊긴 지 십여 년이 넘어가던 시절, 구청이라며 전화가 왔어. 애들 애비 이름을 대고 내 이름을 대면서 그 집이 맞느냐고 하더라구. 얼마나 놀랬는지……. 그래서 내가 여동생인 척하고, 맞기는 맞는데 이런 전화 하지 말라고, 우리 언니가 그놈 땜에 얼마나 기가 막히게 산 줄 아냐고, 우리 언니 다른 데 시집가서 잘 살고 있으니께, 불쌍한 우리 언니랑 조카들 그냥 그대로 살게 제발 좀 가만 놔두고, 절대 찾지도 말고 알려고도 말라고 그랬어. 그랬더니 구청 사람이, 찾으려는 게 아니고 확인만 하려고 하는 거라고 하더라구. 그 인간이 뭐, 지금 말로 노숙자가 됐던가벼, 그러다가 병이 걸려서 쓰러져 있는 것을 누가 주워 갖고 행려병자로 무슨 천주교 병원에 입원을 시켰는디, 거의 죽게 됐다는 거였어. 빌어먹을 인간. 그때는 내가 죽으면 죽었지 가보기가 싫더라구. 대신에 둘째가 몇 번인가 갔을 거야.

둘째 / 아이구, 내 참 기가 차네. 내가 가기만 해? 성이 약 사먹게 하라구 돈도 주고, 시계도 사다 주라 그래서 시계도 사다 주고 그랬지. 가보니까 오십도 안 된 작자가 다 늙어 죽는 노인 행색이더라구. 중풍으로 쓰러져서는 손이 오그라들어서 펴지지도 않더라고. 천벌 받아서 그럴 거야. 내가 그 인간 정말 때려죽이고 싶을 때도 많았구, 같이 엉겨 붙들고 싸우기도 많이 했는데, 오죽하면 내가 그놈 때려줄려구 태권도까정 배웠을까? 죽게 되어 연락 닿은 거 안 찾았다 가는 혹시 나중에라도 조카들에게 죄가 되고 원망 들을까봐서, 별수 없이 몇 번 갔었어. 큰조카한테 가자는 말을 한번 해본 적이 있는데, "나는 아버지 없어요"라며 더 말을 못 붙이게 하더라구. 그러구는 성이 꿈자리가 사납다고 해서 한 번 더 갔는데, 그 전날 죽었다고 하더라구.

귀님 / 나가 그 구청 사람이랑 병원 수녀님이랑한테 전화도 몇 번인가 하면서, 어떤가도 묻고 살아온 이야기도 하게 되고 하니까, 그 사람들이 나더러 고맙다고 하더랑게. 처음엔 여동생이라고 하고 전화를 받았는데, 나중에 말을 하다 보니 엉엉 울기도 하고, 말하는 투를 봐서 내가 본인인 줄 알았을 거여. 그 사람들이 내한테 고마울 것이 뭐가 있었어? 근데 하여간 내게 고맙다고 하더라구. 잘 살아줘서 고맙다고. 내 새끼들은 그 인간 이야기는 말도 못 꺼내게 혀, 아직도 그려. 근데 우리 작은 애가 자꾸 안 좋아서 내가 뭐를 보러 가니까 그 인간이 작은놈 보고 싶어서 자꾸 개 얼굴을 만져싸서 그렇대. 한 맺혀 죽은 귀신이 자꾸 산 사람 얼굴을 만지면, 몸도 아프고 마음도 지랄을 하고 그런다더라구. 둘째 그게 가끔 승질이 돌아버리고 맘에 없는 소리랑 말 짓을 하는 게, 지가 그러는 게 아닌 거여. 지 애비가 아들 보고 자파서 와서 만지는 거라는 거여. 내가 풀어줘야지. 그건 내가 할 일이여. 작은며느리한테도 내가 말했어, 그 애 가끔 술 먹고 헤어지자고 하는 거나, 어쩔 때 지 이쁜 자식한테 말 짓 하는 거는, 지가 그러는 게 아니고 뭐가 씌어서 그러는 거라고. 내가 풀어줄 테니까 걱정 말고 잘 살라고. 이제 알았으니 내가 풀어줘야제. 내가 할 일이여, 그건.

둘째 / 성이 일 가면서 애들 사 먹이라고, 나한테 이십 원이나 삼십 원을 쥐어주고 갔어. 그 돈으로 라면땅을 사서 애들한테 밥 대신 젖 대신 줬지. 그때 라면땅이 십 원이었어. 작은 조카가 아직 이가 다 나지 않았을 때 씹어 먹지를 못하니까, 그걸 내 입에 넣어 앞니로 꼭꼭 씹어서는 개 입에 넣어주곤 했지. 셋째는 학교 다니느라 조카들 보는 건 항상 내 차지야. 둘을 업고 걸리고 하면서, 엄마나 성이 일하는 공사장이나 채소밭도 가끔 가곤 했어.

성 가발 공장 다닐 때는 점심시간 맞춰 큰애 걸리고 작은애 업고 하며, 공장 근처 벽돌 공장으로 갔어. 그러면 성이 점심 후닥닥 먹고 뛰어나오곤 했지. 벽돌 쌓아놓은 끝 막다른 곳에 숨어서 작은애 풀어 젖 먹이고 그랬어. 남한테 들키면 결혼했다고 공장 짤리니까, 숨어서 그랬던 거지. 젖 먹이러 가는 동안에 애기가 배가 고프니까 추욱 쳐져 갖고 내 어깨를 얼마나 쎄게 빨아대는지, 그게 꽤 아프고 새빨갛게 되곤 했다니까. 애가 배고파서 칭얼대다가 내 어깨를 빨며 잠들기도 많이 했어. 그 바람에 내 어깨엔 늘 빨간 자국이 나 있었고. 그걸 성은 지금도 마음 아파 해.

귀님 / 땅굴집에 살 때, 요지(이쑤시개) 일도 혔네. 요지 끝에 색색으로 꽃을 입혔는데, 집집마다 그걸 해서 부수입을 올리곤 했지. 요지 공장이라고 해봐야 조금 큰 가정집인데, 거길 가보니까 기계에서 나무를 깎아 요지를 만들더라고. 그걸 한 보따리씩 갖다가 풀을 찍어서, 쬐그만 색지 위에 놓고 또르르 말면, 이쁜 요지 꽃이 되는 거야. 그때는 그걸 일본으로 수출한다고 하더라고. 그때 나도 그걸 했는데, 어려서 그런지 손이 무지 빨랐거덩. 밥 먹자마자 앉아서 그걸 하다 화장실 가서 좀 오래 있다 가면, 엄마가 통박을 주곤 했어.

둘째 / 서울 막 올라오자마자, 성수동 지금 조양시장 근처의 한 플라스틱 바구니 공장에 엄마가 나를 넣었다. 그때는 경제가 막 발전하려던 때여서인지, 일하는 사람이 모자라서 어린아이들도 쓰곤 했

나. 나이가 어린데도(당시 둘째 열두 살) 공장에서 받아준 거지. 아마 그냥 밥 얻어먹기에는 외삼촌에게 미안해서 엄마가 나를 거기다 넣은 모양이야. 얼마 다니지도 못한 거 같아. 그 공장 주인이 조금 있다가 쉐타 공장으로 바꿨는데, 그 쉐타 공장도 잠시 다녔어. 이틀이 멀다 하고 철야를 했는데, 철야하는 날은 공장서 무슨 표 같은 걸 줬어. 그 표를 가지고 가게 가서 빵을 사 먹든가, 짜장면 집에서 짜장면을 먹든가 하면, 장사하는 주인들은 그 표를 모았다 한 달에 한 번 공장 사장한테 가져가서 돈으로 바꿔가곤 했지. 그 표를 돈으로 바꿔달라면 안 바꿔주고 짜장면으로 먹으래서, 표를 모았다가 쉬는 날 동생 데리고 가서 사준 적도 있어.

이틀이 멀다 하고 철야를 하니까 쪼그만 게, 저녁 먹고 일 좀 하고 나면 피곤하니까 졸리잖아. 그럼 쪽가위로 실밥 따다 말고 꾸벅꾸벅 조는 거야. 그때 공장장이 오면 아줌마들이 깨워주곤 했어. 시골서 막 올라온 진짜 진짜 촌뜨기 아이가 뭘 알았겠어? 주눅이 팍 들어서 한쪽 구석에 무릎까지 꿇고 앉아 흐르는 코를 닦지도 못하고 꼼짝 않고 있으니까, 아저씨 하나가 오더니 편하게 앉으라고 하고 일을 가르쳐주고 한 게 기억나. 그 플라스틱이랑 쉐타 공장을 오래 다니지는 못하고 그만뒀어. 성네가 여엉 오락가락하니까 큰조카 보는 일을 내가 맡게 됐을 거야.

지금도 12살짜리 즈음의 애들을 보면 그 생각이 나. 내가 저 나이 때 거기 공장을 다녔지……조카를 업고 성네 공장으로 젖 먹이러 다녔지……그런 생각.

둘째는 시골에서 초등학교 5학년 정도까지 다니고는 제도 교육을 더 받지 못했다. 어려운 살림, 잦은 이사, 동생과 조카들 돌보기 등의 이유로 학교를 다닐 기회가 없었고 경제적으로도 여유가 없었다. 부산에서 서울로 다시 올라와서 검정고시 학원을 다녔다. 초등학교, 중학교, 고등학교 과정을 모두 마쳤고, 대학에 입학할지 고민했지만 시기를 많이 놓쳤다고 생각해 일단 마음을 접었다. 나이가 50세인(1964년생) 지금 다시 학업에 미련이 남아 수학 방정식 공부를 인터넷으로 하고, 영어 강의를 들으러 다니기도 하며 대학을 향한 꿈을 포기하지 않고 있다. 죽기 전에 꼭 대학을 가겠다고 한다. 학과보다는 대학 자체가 중요하단다.

사람 사는 것처럼 살게 되다

둘째 / 화원 땅굴집에서 모여 살다 거기가 개발이 들어가면서 흩어졌지. 흩어진다고 해봤자 다 근처로 이사를 간 거야. 아파트로 입주하는 딱지 하나씩을 받았지만, 그걸로는 아파트를 들어갈 수가 있간디? 그걸 팔아서 돈을 더 보태서 우리는 찻길 건너 이층집에 세를 얻어 이사했고, 삼촌네는 한양공고 수위로 일하면서 모은 돈을 합해 성수동 노룬산시장 안에서 이불 가게 겸 이불 공장을 차렸어. 삼촌이 그 가게 하면서부터, 엄마는 다른 일은 줄이고 삼촌네 가게 일을 거들어줬지. 솜도 넣어주고, 손 모자르는 거 뭐든지 다 해주고, 청소도 해주고. 나도 그 일을 거들면서 배워서 면목동에서 이불 공장을 하고, 나중엔 공장이랑 같이 여기 조양시장 근처에서 이불 가게를 하고 그랬어. 우리 이불 공장 이름이 '사랑방'이었어. 하청업이었는데 그래도 그때 벌면서 우리가 좀 사람 사는 것처럼 살게 됐지. 그 돈으로 결국 용인 집도 산 거고. IMF 때 공장이 부도나면서 공장은 그만두고, 이불 가게만 하다가, 그 가게 자리에 닭갈비집을 한 거야.

이불 공장 할 때 성 남자 친구가, 레미콘 한 대를 가지고 공사장 일을 하는 기사 겸 주인이었어. 그 사람이 용인 건설 현장 일을 하던 중 집을 하나를 눈여겨봤다가, 성한테 "저 집을 사든 아니면 수지의 가게를 사든 하라"고 코치를 해준 거지. 그때도 집을 살 형편은 되지 않았어. 그때가 92년인가 그런데, 아직 힘들 때였지. 오천오백만 원짜리 집을 내 돈 백만 원밖에 없었는데 사게 된 거야. 대출 이삼천만 원에 성이 끌어온 사채 이천만 원을 합했어. 그땐 왠지 겁도 안 나고, 뭐가 어찌 되든 일단 이젠 내 집 하나 갖자는 생각에 무리를 한 거지. 사채는 성네가 세 살던 집주인 '이층집 아줌마'가 빌려줬어. 평소에 성을 신임하던 사람이지. 성은 자기가 한 말을 무슨 일이 있어도 책임을 지는 사람이야. 갚겠다는 날짜에 돈이 안 되면, 다시 빌리는 한이 있더라도 어떻게 해서든 일단 갚고, 그러고 나서 다시 빌려달라고 하는 사람이지. 그래서 그 주인집 여자가 우리를 믿은 건가봐. 이부(이자율 월 0.02) 이자의 사채 원금은 이후 수 년 동안 면목동에서 이불 공장을 해서 갚아나갔고, 지금은 모두 갚았어. 그 옆집을 성이 샀고 몇 년 뒤에 동생도 바로 옆집을 샀어. 그때 이야기로는 나중에 여기서 세 남매가 함께 모여 살자는 생각이었어. 그런데 나는 나이 들면 시골 가서 살고 싶어. 지금 용인 집은 세를 주고, 그 돈으로 아직 이 성수동에 월세를 살고 있는 거지.

닭갈비집 하면서부터 엄마는 이제 나이도 들어 별로 할 일도 없고

삼촌네가 이불 공장 겸 이불 가게를 하던
노룬산시장과 조양시장 풍경.

심심하니까, 우리 몰래 박스하고 깡통 줍는 걸 시작했더라구. 이제 먹고살 만하니까 하지 말라고 아무리 해도 소용없어. 쌈도 많이 하고 했는데, 그냥 가만있지를 못하시는 거야. 그럼 운동이나 되게 하루 한 번씩만 나가고, 돌면서도 욕심은 내지 말라고 맨날 신신당부를 해요, 수도 없이. 맨날 그러마고 하면서도, 보면 또 무거운 걸 낑낑대면서 끌고 와서는, 방에 들어가서 한참을 헉헉대신다니까. 스물 초부터 피운 담배를 여태껏 피우고 있으니 기관지도 안 좋고 천식도 심한데, 마냥 고집을 부리는 거야. 행길이나 안 건너는 코스로 하면 좋겠는데, 노래방은 저 건대입구역 행길 건너 한참을 가야 한다고. 어떨 때는 신호등도 안 지키고 차 없으면 그냥 건너가시나봐. 쫓아갈려고 따라 나서면, 아이구~, 쌩 난리를 치구 막아요. 인조 코가 고무 코라서, 여름엔 고무 냄새가 심하게 나서 구역질이 날라 그런데. 겨울에는 콧김에 김이 서려서 고무 코 밑에 물방울이 맺혀서, 쎄게 추운 날에는 고드름이 생기기도 했다니까. 도수도 안 맞는 안경을 코 가리려고 그냥 쓰는데, 코가 살에 안 달라붙고 자꾸 벗겨지니까, 그걸 시키면 장갑 낀 채 추켜올리면 안경알에 얼룩이 져. 김이 서려서 뽀얗기도 하고 앞도 잘 안 보이는데, 코끝에 고드름 맺힌 채로 그래도 나만 보면 맨날 좋다고 웃어요, 아구~.

몇 해 전에 외삼촌 돌아가셔서 엄마가 한동안 넋을 잃고 기운을 놓아버렸을 때, 그때 첨으로 한 번 여러 날 쉬고는 작년 초(2012년 초)까지는 계속 다니신 거야. 강추위와 폭설 때면 며칠 못 나가게 하느라고, 내가 아주 엄마 옆을 보초를 서고 있었다니까. 그게 또 값이 떨어져서 하루 하면 어떨 때는 천 원도 안되더라고. 죽일 놈들, 그 값을

소일거리로
시작한 박스와
깡통 줍기에
사용하는 리어카.

다 떨어뜨리다니. 그걸 또 저울눈을 속이는 놈들도 있다더군. 그렇게
한 톨 한 톨 모아서 손주들 오면 차비도 주고 나 담배도 사주고 하는
게, 아주 재미가 좋으신 거야. 근데 이젠 숨이 차고 다리 힘도 없어,
그 일을 못 하시는 거지. 담배도 끊으셨다니까, 숨찬 거 때문에.

우리 엄마는 몇 년 전까지만 해도, 매일 새벽마다 하얀 사기그릇에
정한수를 떠놓고 절을 하고 손바닥을 비비며 기도를 해왔어. 시골에
서는 장독대에서 빌고, 서울 와서는 부엌에서 빌고.

김복례 / 그게 성주지양한테 비는 거여. 성주할배, 지양할매. 모
르지, 그 양반들이 누군가는. 우리 어무니가 옛날에 그렇게 하는 거
보고 배왔지. "우리 새끼들 어디 가서든 권찌고 연찌게 해주소서" 그
기도만 빌고 비는 거지. 어디 가서든 귀염 받고 좋은 인연 만나게 해
달라, 그 소리여.

둘째 / 요즘도 자식 손주들 생일이면 새벽에 일어나 그 기도를 하셔. 명절 차례상 받아놓고도 하시고.

2012년 4월 김복례는 고향 마을인 전남 영광군 대마면 칠율부락(옻방굴)에서 열리는 향우회에 다녀오셨다. 옻방굴 향우회는 매년, 서울이나 고향 마을에서 모임을 갖는다. 김복례의 건강 문제로 고향에 가는 다음 기회는 없을지도 모른다는 생각으로, 자식들이 한바탕 마련을 했다. 향우회의 회비는 고향 발전 기금, 버스 정류장 정비, 벚꽃나무 심기, 길 넓히기 등에 내놓기도 한다. 이번 향우회 잔치는 유난히 성대해서, 마을 당산나무 아래서 노인들과 자손들이 앰프까지 틀고 노래자랑도 했단다.

최현숙 / 작년에 향우회 가셔서 정말 좋으셨겠어요. 고향도 둘러보시고 친척이니 이웃들도 많이 만나셨다면서요. 사진 보니까 어머니도 아주 신바람이 나셨더만.

김복례 / (얼굴이 환해지시며) 아, 좋았제. 보고 자픈 사람들도 모두 만나고. 고향 마을이 전에랑 많이 바뀌었더랑게.

최현숙 / 동네 양반들이 어르신 보구 부러워하셨겠네요. 뭐라고들 그러셔요?

김복례 / 아, 다들 부러워하지. 그렇게 고생하드만, 고생 끝이 좋아서 잘 됐다구들. 그저 새끼들밖에 모르고 살았는데, 다들 자손들 잘 키워서 말년 복이 있다고 칭송해쌌고. 그르케 모잉게 강남 아짐 생각이 간절하드만. 아유~, 은혜 갚을 기회를 안 주시고……. 그래도 그 아짐 딸 옥순이라도 봉게 좋더라구. 갸는 어릴 때도 그렇고 지금

옻방굴 향우회 할머니들의 모습.
두 번째 사진에서 가운데 제일 작은 키에, 안경을 쓰고
파안대소를 하는 할머니가 김복례.

도 그렇고, 지 엄니 닮아서 맘 쓰는 거나 말 한 마디나 그렇게 따스할
수가 없더랑게.

뭐 부자가 되고 크게 되고 그런 거는 아니지만, 그래도 자식들이 먹
고살 만큼은 살고, 동기간에 잘하고 몸들 건강하고 하니, 내 맘이 좋
아. 내가 생각혀도 복 받았다 싶응 거여. 새끼들이랑 고생한 끝을 보
는구나 싶응게, 나가 요즘이 젤~로 좋아. 내야 그거 하나밖에 없었거
든. 고생하며 살 때야 몰랐는데, 다 살아놓고 나니 잘했다……싶당
게. 하하~.

그려도 다시 살라면 못 살 거 같아, 하두 고생이 징그러웠응게. 모
르니까 그라고 산 거제……. 그리구 바보였잖아, 서방한테랑은. 서방
생각하면 다시 그렇게는 안 살지.

나는 지금이 젤로 좋아……. 태어나구 죽는 거는 사람은 못 잡어.

오는 대로 가는 대로 하는 거지. 말년 복도 중요하지만 죽는 복이 중요한데, 그것이 어떨랑가 모르는 거제. 남은 바람이라면 자식들 고생 안 시키고 쉽게 가는 거제. 집에서 딱 삼 일만 아프다 갔으면 젤 좋겠구만, 모르지⋯⋯죽을 복이 어떨랑가는.

최현숙 / 이제 책 만드는 걸로는 더 뵙자고 할 일 아마 없지 않을까 싶네요. 그동안 정말 고생 많으셨고, 감사했어요. 책은 아마 10월경에나 나올 거 같은데, 그전에도 자주 놀러오고, 책 나오면 또 가지고 오고 그럴게요.

김복례 / (A4 크기의 메모용 공책을 가리키시며) 요렇게 나오는 거여?

최현숙 / 아니요, 이거보다 훨씬 좋게 나올 거예요. (국판의 소설책을 보여드리며) 아마 이 비슷하게 나올 거 같아요. 출판사하고 이야기를 해야겠지만.

김복례 / (얼굴이 환해지시며) 그래? 요렇게나 좋게? 아이구~, 댁이 고생이 많았제. 증말 고생 많았어. 보니까 몇 번을 바꿨다 고쳤다 해쌌드만. 쟈네들이 지난번에 보낸 거(검토 겸 보낸 원고)를 읽어주면서 "최현숙이 고생이 무지 많겠구나" 하더만. 책 나오면 우리 잔치 한번 하드라고.

최현숙 / 좋아요 좋아요, 하하하~.

스치며 봐서는 도무지 행복한 흔적이라고는 없이 고난만이 엿보이는 사람에게서 문득 평화로움과 여유를 느낄 때 드는 반가움과 호기심, 내가 김복례에게 구술사 작업을 제안한 첫 이유다. '평화로움'과 '여유'라는 첫 느낌을 믿어서도 아니고, 가난과 고난의 구구절절한 이야기가 궁금해서만도 아니었다. '사람은 무엇으로 행복해지는가'라는 내 질문에 관해 한 할머니의 이야기를 듣고 기록하고 싶었다.

'사람은 무엇으로 행복해지는가'는 개인적이며 정치적인 질문이다. 진보 정치를 합네 하며 '계급'과 '차별'을 강령에 넣고 온갖 회견문과 피켓과 말로 선언하지만, 가난한 사람들의 이야기는 들리지 않고, 그런 사람들과 만나지지도 않았다. 아마 진보 정치는 가난한 사람들에게 '말하기'보다 '듣기'를 더 많이 해야 하고, 그 사람들의 이야기와 느낌과 욕망을 상세하게 들어야 할 것이다. 집단은 전형적일 수 있어도, 개인은 누구도 전형적이지 않다. 잃어버린 진보 정치의 실마리 중 하나를 찾자는 것이, 김복례에게 생애사 구술을 제안한 다른 이유다. 친분을 미끼로 이야기를 들려달라고 했고, 다행히 김복례는 기다렸다는 듯 수락했다.

'눈물겨운 모성애'의 전형적인 사례다. 이야기를 들으며 글로 쓰며, 나도 수도 없이 울었다. 고생하셨다며, 이제는 좋은 날을 보시게 돼 정말 다행이라며, 당연히 김복례 편에서 지지한다. 자식들 입장에서는 책으로 낸다니 둘러앉아 지난 이야기를 하느라 재미도 났지만, 자기들끼리라면 꺼내지도 듣지도 않았을 지긋지긋한 이야기일 수도 있다.

이야기를 청해 들은 사람으로서 주인공의 경험과 선택과 해석에 관해 질문하고 이견을 내고 토론해볼 수는 있지만, 옳고 그름을 가릴 일은 아니다. 게다가 토론은 고사하고 다른 해석의 여지를 끌어내보려는 시도는 늘 첫 질문에서 끝났다. 딱 한 번, 큰딸을 향해 "긍게 말여, 그때 널 지울 걸 그랬나보다잉……" 하는 말을 했고, 김복례네는 모두 웃으며 '농으로' 넘겼다. 거기까지 발언했다. 임신한 딸을 병원으로 끌고 가거나 태아를 지우는 한약을 끓여 먹이는 부분에서 다른 무늬를 힐끗 보지만, 그래봤자 딸을 아끼는 모성애다. 가히 모성애가 김복례 삶의 전부라 해도 좋을 정도다.

반면, 수긍할 수는 있지만 도무지 동의할 수 없는 구절에 관해, 김복례네의 구술을 글로 쓰면서 난감했다. '그것도 서방이라고 나무하러 가다 들르는 걸 맞아들이고 고마워하며 새끼 셋을 만들고 눈물겨운 삶을 산 김복례'의 입에서, 서방을 향한 미움과 원망의 기억을 듣고 싶었다. '그것도 아버지'라며 그 아버지에 일부종사한 어머니로 기록하고 싶어 정신대를 피한 잠깐의 동거와 매독 전염 기록을 삭제해달라는 둘째'하고는 그래도 좀 시비를 가렸지만, "대신 잘 써요^^"라는 둘째의 핸드폰 문자를 받고 한참을 멈춰 고민했다. 남편한테서 매독이 옮았으나 이혼당한 뒤, 위자료를 청구해 신문 보도까지 된 1939년의 그 여성 소식이 모처럼 반가웠다. 남몰래 애 하나 낳아주고 한몫 챙겨 고향을 떠버리면 그만일 것을, "타향이었어도 그렇게는 안 했을 거라"는 손사래에, 그 순결과 가난이 밉기까지 했다. '눈물겨운 가족사'의 뒷면에 있음직한 징그러운 사연을 에미, 새끼 따로 불러서라도 들어보려 했지만, 정식 인터뷰를 마치고 3년이 다 돼가는 지금도 변죽만 울리고 입을 닫는다. 혹시 책이 나오고 나면, 어떤 이야기가 나올지도 모르겠다. 섭섭할 것도 없다. 무엇을 말할지는 구술자의 권리다.

노동과 생계 — 빈농에서 도시 빈민으로

- 농촌에서 한 노동
  산에서 나무 해다 장에 내다 팔기 – 젓갈과 해산물 행상 – 농촌 품삯일 – 논밭 한 뙈기 사서 농사짓기
- 서울에서 한 노동
  땅 도지 낸 남의 밭에서 삯일
- 부산에서 한 노동
  갈대 발 짜기 – 북어포 찢는 삯일 – 재첩국 장사
- 다시 서울에서 한 노동
  야채밭 나일론 끈 모아다 팔기 – 뚝섬유원지, 복개천, 행당동 살구지다리 등 공사장 막노동 – 공사장 못이나 폐자재 주워 고물상에 팔기 – 두부 공장 청소 일 – 화원집 밭일과 부엌일 – 쌀 포대, 시멘트 포대 주워 봉투 만들기 – 봉제 공장 옷 실밥 따기 – 마늘 까기 – 개포동 채소밭일 – 이쑤시개에 꽃종이 입히기 – (남동생의) 이불 공장 일 – 재활용 박스와 깡통 줍기

김복례가 자식들과 살기 위해서 해온 노동이다. 이런 노동을 계속 해왔지만 늘 자식들 배를 곯릴 수밖에 없었다. 그때나 지금이나 '노동'이라 불리지 못하는 비공식 노동이자, 가장 싸구려인 틈새 노동이다. 많은 빈농들이 먹고살 길을 찾아 단행한 무작정 상경*의 앞뒤로 펼쳐진, 빈농에서 도시 빈민으로 변화한 빈한한 삶이 고스란히 담겨 있다.

+ 1960년대 초입 244만 명이던 인구가 1966년에는 380만 명으로 불어났다. 시들어가는 농촌에서 희망을 잃은 사람들은 너도나도 보따리를 싸 가난의 대물림을 끊어보려 서울로 향했다. 그러나 일자리를 구하기 힘든 서울에서 '무작정 상경'한 사람들은 구걸을 하거나 인신매매를 당하는 경우가 많아 사회 문제로 비화됐다. 상경한 도시 빈민들이 천막이나 판잣집을 지어 거주하는 '달동네' 빈민촌이 숱하게 들어선 것도 이즈음의 일이다.

모성만 남은 여성성, 정상 가족에서 떨려나다

성적으로 매력 있는 외모를 갖추거나 아들을 생산하지 못한 김복례는 남편도 시댁도 곁에 잡아놓지 못한 채, 어쩌다 들르는 남편을 통해 세 딸을 만든다. 의지 삼고 의무 삼은 '모성'이 김복례 삶의 유일한 목표이자 정체성이었다. 법적 관계를 유지하고 시댁 제사에 빚낸 곡식과 자식을 보내면서 '가족'에 포섭되려 애썼지만, 실질적으로 이미 떨려난 존재이며, 아버지가 나간 김복례네는 친정에서도 무시와 냉대를 받는다.

김복례의 몸은 모성을 위해 '노동하는 몸'으로만 존재했다. 모진 가난을 벗어날 유일한 기회이던 '씨받이' 제안조차 순결한 모성과 일부종사를 이유로 거절했고, 이것은 지금까지도 본인과 자식들의 자부심이다.

그런데도 큰딸에게 낙태와 이혼을 강권하는 모습에서, 삶의 경험과 상황에 따라 다르게 드러나는 모성을 본다. 또한 남동생의 첩에 관한 생각의 변화를 통해, 정상 가족에 관한 인식의 변화도 엿볼 수 있다. 결국 '전형적 모성'이니 '정상 가족'은 어디에도 존재하지 않는 이데올로기에 불과하다.

농촌 이웃 공동체와 여성 공동체

정상 가족에서 실질적으로 밀려나 있는 빈한한 김복례를 살게 한 힘 중 하나는, 김복례를 안쓰러워하는 농촌 이웃들이자 대체로 여성들이었다. 그렇지만 더없이 고맙고 정겨운 이 농촌 이웃들의 도움조차 김복례가 정상 가족의 허깨비를 붙들고 있었기 때문에 가능한 지원이었을 수도 있다.

2012년 4월의 옻방굴 향우회 정경은, 김복례를 안쓰럽게 대해주던 친척 이웃들뿐 아니라 김복례를 서럽게 한 고향 친지들하고도 함께 어울리며, 먼저 간 강남 아짐의 장담처럼 '참고 살아 좋은 날을 보는' 모습이다. 고향 공동체의 일원으로 보란 듯이 칭송받는 김복례와 그 자식들의 모습이 더없이 다행스럽고 따스하면서도, 한편으로 다른 선택을 한 여성들이 겪었을 배제와 아픔을 떠올리게 한다.

집단 구술의 효과와 한계

김복례의 구술사 작업은 둘째에게 한 제안에서 시작됐고, 나와 둘째가 함께 김복례를 설득하면서 성사됐다. 여러 차례의 인터뷰는 김복례의 심한 언어 장애 탓에 둘째와 첫째가 함께 있는 자리에서 진행되는 집단 구술이었고, 글쓰기도 집단 구술의 형식을 선택했으며, 글쓰기 과정에서도 구술자들이 여러 번 글을 검토했다. 주인공의 언어 장애 때문에 불가피한 측면도 있었지만, 모성을 핵심으로 한 김복례 삶의 특성에도 어느 정도 유효했다. 공동 구술 작업이 갖는 '집단의 기억 맞추기', '공통의 정체성과 화해의 공유', '구술자 외 주변 인물들에 관한 기억이나 화해의 확장'이라는 의미, 그리고 여성주의 구술사 과정에서 '구술자들과 저자 간의 소통과 평등의 공동 작업'이라는 효과가 있었다.

그러나 구술의 내용이 얼마나 김복례의 속내와 일치하는가, 무엇이 어떻게 발언됐고, 무엇이 삭제되고 가공됐는가 등 다른 질문들을 남겼다. 김복례의 생애사나 정서에서 '모성' 이외의 다른 정체성이나 욕망을 끄집어내고 확인하고 싶은 내 의도는 여지없이 실패했다. 또한 그 삶에 관한 해석/재해석의 작업 역시 자식들의 해석이거나 자식들 앞에서 발언될 수 있는 김복례의 해석이라는 한계를 지니고 있다.

다른 선택을 한 여성들을 위해

김복례의 한 세대 후배이자, 김복례하고는 달리 '모성'과 '자아' 사이의 거리 조절에 늘 헷갈리고 아파하면서, 또 자부하면서 살아온 한 여성으로서, 모성을 유일한 자아로 여기며 산 선배 여성에게 이견을 달아 추궁할 생각은 없고, 김복례를 향한 그런 추궁이 성공할 리도 없다. 일면 내 어머니나 나의 이야기이기도 하다.

그런데도 김복례의 생애사를 책으로 내면서 나는 김복례와 비슷한 삶의 굽이굽이에서 김복례하고는 다른 선택을 한 많은 여성들을 나란히 떠올린다. 어떤 이유에서건 낙태를 결정했거나 자식을 직접 키우지 못한 여성들, 모성을 자아의 상대편에 놓아 거리 두기를 한 여성들, 자신과 자식의 욕망과 성장 사이에서 관심과 시간과 돈의 배분을 저울질하며 균형을 잡아보려 부대꼈지만 늘 '이기적인 여자'라는 딱지를 붙이고 산 여성들, 온갖 곳에서 주입되고 강제되는 '모성성'에 도무지 동의하지 않아 '자신만의 여성'을 찾아 길을 만들고 있는 여성들, 그 여성들을 나는 김복례만큼 지지한다. '눈물겨운 모성애'에 관한 섣부른 칭송은 사절한다.

안
완
철

"양반집에 시집와서 종년으로만 살아온 나."

툭 하면 내뱉는 말씀이지만 맏손주 약혼식 자리, 사돈 될 양반들과 엄마로는 첫 만남인 자리에서 이 넋두리가 툭 터져 나오더란다. 시할머니 위치에서 되도록 별말 하지 말자며 여러 번 확인을 했고, 그래도 귀 잡순 아버지 빼고 제일 어른인 당신이 어떻게 말 한마디 안 할 수 있냐며, '좋고 이쁘다'는 이야기만 한마디는 하겠다며 나간 자리였다. '좋고 이쁜'으로 말이 맺어질지, 안 나간 자식들도 염려하던 터였는데, 자리 끝나고 엄마를 모셔다 드린 바로 뒤, 그 '종년 타령' 이야기가 자식들 카톡에 올라왔다. '좋고 이쁜'은 나중에야 생각나서 마저 한 거고, 오빠가 소개를 하자 자세를 갖춰 목례를 하다 말고, 그 말이 툭 불거지더란다. 다행히 이쪽 사람들은 마음의 준비가 돼 있었고, 맏손주의 재치 있는 딴전을 받아 저쪽 양반들이 세련된 양장 차림을 칭찬하면서 다음 순서로 넘어갔단다. 자리가 자리이니 엄마도 금세 찔끔은 했을 테고, 그래서 적당히 정리됐다며 카톡에 '다행다행'이 날아다녔다. 가족 모임 자리에서 그 이야기를 다시 나누며, 자식네들은 모두 좀 기가 차기도 하고 밉기도 했다. 다행히 그 정도로 넘어갔다니 며느리, 사위까지 엄마 몰래 재미있어라들 했다.

구술사 작업을 제안하자, 아니나 다를까 그 말부터 튀어나왔다. 어차피 거기서 시작되려니 생각했다. '양반집 종년' 이야기가 일단 한 보따리 풀려나오다 보면, 어느새 유년 시절의 별스런 유복함과 신바람에 섞여, 색깔이 전혀 다른 천덕꾸러기 이야기가 뒤섞일 것이다. 앞뒤 없이 다섯 자식 공부시키느라 남 벗겨먹는 것 말고는 다 해봤다는 억척스러운 전라도 아짐이 나와서는, 산업 사회 틈새 경제를 밤낮 없이 누비다 말고 사이사이 미운 서방 이야기를 섞으며 이를 갈 테다. 윗돌 빼다 아랫돌 막는 틈틈이 자식 자랑을 한껏 늘어놓을 테고, 그러다가 여차하면 큰딸년 이야기로 넘어가 "도대체 너는 어쩌고 살 거냐"며 가닥을 놓쳐버릴 거다. 그러면 나는 오랜만에 엄마네 밥 좀 먹자고 할 요량이었고, 꿈지럭거리는 엄마를 앉혀놓고 부엌으로 나오면, 이제는 또 내 등 뒤에 대고 "니가 젤로 부럽다"며 맘에 없는 소리를 할 거다. 그러니 녹음기는 계속 눌러놔야 한다.

입버릇이든 한이든 사실이든 기억의 왜곡이든, 그 넋두리를 툭툭 내뱉기만 하지 말고 작심하고 실마리를 잡아, 푸는 데까지는 풀어보자며 제안했다. 얽히고설킨 사연을 한 뭉텅이로 싸잡아 엉덩이 밑에 깔고 앉아, 툭하면 혼자서 손에 걸리는 실마리를 잡아 올려 뒤집었다 엎었다, 도로 섞어버리는 노인네였다. 풀어내느라 집었다 놨다를 수없이 할 테고, 새로 감는 실타래 역시 흠집투성이에 보는 사람마다 말이 다르겠지만, 풀 수 있는 매듭은 풀어도 보고 정 안 풀리는 매듭은 그 채로 감으면서라도, 일단은 풀어보자는 것에 엄마도 좋다고 했다.

"그려, 내가 이제 와서 뭐가 무섭냐? 다 풀어놓구 죽을란다."

들빵구리로 수락은 했지만 책으로 나온다니, 계속 오락가락하실 거다.

음력 계유년 1933년 10월 9일생, 2013년 현재 만 80세. 전라북도 남원군 보절면 신파리 신흥마을 출생.

안완철 / 우물이 많아 신파지라고도 했어. 아마 못 지池 자일거야, 그 '지' 짜가. 기와집이 가득한 부자 동네고 또 양반 동네였지. 물도 좋고 산도 좋고, 그러니 사람 살기가 좋아서 그런가, 동네도 크고 좋았어. '석새미'라는 샛강이 동네 한쪽으로 지나갔고, 동네 안에도 따로 앞 또랑이 있고, 샘들도 곳곳에 많았어. 밤하늘의 무수한 별과 눈만 올려 뜨면 보이던 지리산 천왕봉 줄기, 아버지는 하루에도 여러 번씩 그 천왕봉 정상을 바라보며 머리를 깊이 숙여 절을 하곤 하셨어.

모실아래, 접내미, 선석새미, 솔배미, 동재들, 범말, 돌촌, 섬말, 사리반, 안완철이 기억하는 어린 시절 고향의 동네 이름들이다.

"천당과 지옥이 그만큼 칭하가 날라나?"

순흥 안씨順興安氏인 완철의 집안은 인근에서 제일 큰 부자 집안이었다.

안완철 / 안채, 사랑채, 행랑채, 머슴사랑채, 외양간, 측간 등등이 별도로 칸칸이 따로 있었어. 집안에 머슴하고 여종도 늘 대여섯이 있었어. 결혼한 머슴들은 집 바깥에 따로 살림을 차렸고, 결혼 안 한 총각 머슴들이나 여종들은 집 안에 함께 살았어. 머슴 말고도 찬모니 뭔 모니 해서, 일하는 여자들이 더 있었어. 나 어려서부터 내 몸종이 따로 하나 있어서 늘 나를 챙겨주고 세수도 씻겨주고 그랬지. 세수하러 마당으로도 안 나가. 몸종이 놋쇠 대야에 세숫물 떠다 방으로 갖다 주고, 세수하는 동안 수건 받쳐 들고 있다가 건네주고 그랬어. '판동이'라는 머슴 이름도 기억나네. 아버지가 일 미터가 넘는 담뱃대를 길게 늘여 놋재떨이에 땅땅 재를 떨면서 "판동아~" 하고 크게 부르던 기억도 나. 아침에 "판동아~" 하고 부르는 그 소리가 어떻게 들리냐가 그날의 아버지 기분이었고, 또 그날의 집안 분위기였지. 그 소리가 고함 소리면 그날은 쥐 죽은 듯이 조용하게 하루가 지나갔어. 그래도 나는 막내딸이라서 그런 분위기랑 상관이 별로 없었지.

동네에서 젤로 부자는 큰아버지댁이었고 작은아버지(둘째 큰아버지)댁이 그 다음 부자라고 하더라구. 셋째 아들네였던 우리 집안은 논과 밭은 두 큰집에 비해 적기는 했을 거야. 근데 아버지가 면장에 조합장에 공직도 많이 하고, 여기저기 사업도 크게 벌리고 해서 활동 범위도 넓은 데다, 성격도 넉넉하고 신식이어서 두 형님네에 비해 훨씬 풍족하게 살았던 거 같아.

완철은 7남매의 막내였다. 아들 넷에 딸 셋. 강섭(남), 보순(여), 문섭(남, 일찍 죽음), 균섭(남), 점순(여, 완숙), 춘섭(남, 서자), 완철(여, 본인)이다. '완철'이라는 이름은 당시의 딸 이름으로는 특이할 만큼 정성이 들어간 이름이다. 완전할 완(完), 밝을 철(哲).

안완철 / 아버지는 늦게 얻은 막내딸인 나를 젤로 이뻐하고 귀해라 했고, 병석에 누워서도 어린 딸을 두고 가실 것을 늘 안타까워 했어. 검사나 변호사를 시키면 좋겠다는 이야기를 오빠들에게 많이 하셨지.

그렇지만 딸들에게는 유산을 전혀 남기지 않은 채 자신을 교육하고 돌보는 문제를 오빠들에게 넘긴 아버지의 처사가 완철은 두고두고 마음 깊이 한이 됐다. 자신의 삶의 질곡은 미혼의 딸에게는 유산 분배를 하지 않은 당시의 양반집 풍습에서 비롯됐다고 안완철은 늘 생각한다. 그래도 언니들은 아버지 사망 이전에 결혼을 해서 결혼과 함께 한 재산씩을 떼어 받았다고 한다.

안완철 / 아버지(안병용安秉鏞)는 1891년생으로 셋째 아들로 태어났어. 결혼 직후인 청년 시절에 말 하나는 타고 소 하나는 끌고 해서, 고향 남원을 도망 나와 경성으로 올라가셨다더라구. 신식 공부를 하기 위해서 혼차서 결단을 한 거지. 타고 온 말과 끌고 온 소를 팔아 뱃삯과 경비를 마련해서 일본 동경으로 유학을 간 거야. 공부를 마치고 고향으로 돌아오니까, 처음엔 어른들이 집안에 들이지도 않았대. 상투도 짜르고 웬수 놈인 왜놈들 공부를 한 후레자식이라구 그런 거지. 이마빡을 긴 담뱃대로 맞기도 하고 한동안 집안 어른들에게 꾸중도 많이 들었다고 하시더라구. 근데 워낙에 양반도 높고 인문 학식도 다른 사람이 쫓아올 수 없이 넓은 데다, 보절면 면장이니 어업 조합장이니 지역 유지에 신식 문물 선구자로 자리를 잡아 나가니, 집안 어른들도 대우를 안 할 수 없게 된 거지.

남원군 보절면 면장을 십칠 년간이나 한 데다가 남원뿐 아니라 군산까지 가서 수리 조합장, 어업 조합장 등을 맡은 그 일대 최고의 유지였어. 그런 데다가 대만, 동경, 오오사까, 홍콩 등 해외 출장을 사업이나 공무차 수도 없이 다닌 거야. 외국을 다녀올 때마다 막내딸인 내 몫으로 온갖 선물을 사오곤 했어. 당시로서는 귀한 소꿉장난감들, 풍로며 솥단지에다가 각 나라의 인형이랑 장난감들, 원피스랑 계샤츠랑 오바들까지, 내 선물만 늘 한 보따리를 따로 싸왔었어. 호강허는지도 몰랐어, 그때는. 아버지는 또 남원 지역에 커다란 방죽(저수지)을 일곱 개나 만들었어. 다 자기 돈으로 만들어서 희사를 한 거지. 동네 여기저기에 우물도 많이 파주고, 또 자기 땅을 면사무소나 학교주재소 터로 내어주기도 많이 했어. 흉년이 들거나 보릿고개 때면 광에 있는 곡식을 머슴들 시켜 집 앞에 풀어놓고 동네 사람들한테 꽁으로 나눠주기도 많이 했고.

그런 덕에 안병용은 해방 뒤 인공(해방 직후 한국전쟁 사이에 북조선의 '인민 공화국'이 지역에 따라 잠시 정권을 잡은 상황을 줄여 이르는 말) 때도 당시 지주들이 겪은 고난을 전혀 겪지 않았다고 한다. 게다가 셋째 아들 균섭은 일제부터 한국전쟁 이후까지 헌병과 군의 고관 자리를 맡고 있었고, 반대로 넷째 아들 춘섭은 좌익 지식인이자 조선노동당 비밀 당원이었던 사람이어서, 인공과 전쟁 시절의 그 무서운 회오리를 두 아들 덕에 차례로 피할 수 있었다.

안완철 / 동네 사람들이 기와지붕까지 얹은 송덕비니 석상들을 여러 개 만들어 세워줬어. 어떤 사람들은 산 사람 석상을 깎아 세워 놔서 병환이 났다고도 하드만, 모르지……. 지금도 보절면 면사무소 앞에 그 석상이 있을 것이여.

안완철의 생모는 안완철을 낳자마자 백일을 겨우 넘기고 병환으로 일찍 세상을 떠났다. 얼굴조차 모르는 생모, 일찍 병들어 자신을 돌보지 못한 아버지를 향한 아픔과 결핍은 평생 동안 안완철에게 깊은 상처로 남는다. 나중에 주변 사람들한테 들은 이야기가 생모에 관한 기억의 전부다.

안완철 / 첫째 오빠(강섭)는 내가 기억하던 처음부터 한쪽 눈을 실명한 상태였어. 어렸을 때 우물에 빠지는 사고로 한쪽 눈을 잃었다고 하더라구. 눈이 성치 않은 큰아들을 위해 아버지는 '양반이 많이 모자른 집 처자'로 많은 논과 밭을 주고 부인을 사왔대. 큰며느리는 나중에, 중풍이 심해 시서모 서당골댁(안완철의 서모)에게서 쫓겨온 시아버지를 돌아가실 때까지 병구완했지. 나두 아버지랑 함께 서당골댁에서 큰오빠네로 머슴 등에 실려오다시피 떼매왔었어. 큰올케는 아버지한테는 잘했는가 몰라도 일곱 살짜리 어린 시누인 나한테는 늘 야박했고, 자기 딸들과 차별이 심했어. 딸만 다섯을 낳고 아들이 없었지. 그래서 큰오빠가 첩을 두고 아들 둘과 딸 하나를 낳는 것을 고스란히 겪었지. 아마도 첩네 두 아들에게 큰오빠가 물려받은 수많은 재산이 모조리 넘어갔을 거여.

안완철이 태어났을 때 큰오빠 강섭과 큰언니 보선은 이미 결혼해 있었다.

안완철 / 둘째 오빠 문섭은 경성의 보성전문학교를 나왔대는데, 내게는 별다른 기억이 없어. 결혼 직후인 이십 대 초반 나이에 전염병으로 죽었다고 하더라구. 어려서 선산에 가니까 '문섭의 묘'라는 묘비가 있더라구. 그 오빠 부인인 구름다리댁은 절세가인이었다고들 해. 나두 많이 어렸지만 하얀 소복을 곱게 차려입은 구름다리댁의 가녀린 자태만은 지금도 기억난다니까. 자식도 없이 남편이 죽고 난 구름다리댁은 얼마 뒤 친정으로 돌아갔고, 의사에게 재가했다는 말을 나중에야 들었어. 큰아들의 사고에다 둘째 아들의 죽음으로 해서, 어머니가 마음에 병이 깊어 일찍 돌아가셨다는 이야기도 크고 나서야 들었어.

셋째 오빠 균섭은 아버지의 후광을 가장 많이 입은 아들이야. 일본 고관의 자녀들이나 다니는 전주남중학교를 졸업하고, 일제 때는 대전서 헌병 생활부터 해서 중령까지 했지. 아무리 큰 농사를 지어도 곡식을 모두 공출로 빼앗기던 왜정 말기 시절에도, 군인 가족 앞으로 나온 배급 덕에 남들처럼 굶주리지 않고 풍성했어. 쌀이야 남아돌 아갈 정도는 아니었지만, 대구알 말린 거니 토란이니 온갖 먹을 것들이 벽장에 늘 그득해서 썩어나가기도 했어. 그때는 아직 냉장고가 없었지. 그런데 올케는 어린 시누이인 나를 챙기지 않았구, 나두 자존심 때문에 벽장 속 음식들을 굶으면 굶었지 절대로 손을 대지 않았어. 그래서 배를 많이 곯은 거지.

안완철이 전주여중을 다니던 시절, 균섭은 전주 덕진의 방직 공장에서 노무과장을 하기도 했다. 균섭은, 인공 시절에는 배다른 동생 춘섭의 그늘

아래 수모를 피해갔고, 한국전쟁 때는 국군 대령으로 전쟁에 참여하다가, 1·4 후퇴 때는 제주도까지 피난을 갔다. 해방과 인공과 전쟁을 거치면서 친일파라는 원망을 듣기도 했지만, 이승만 정권 시 남원군에서 자유당 국회의원을 했다. 순전히 지역의 유지이자 가난한 사람들에게도 넉넉했던 아버지의 은공 덕이라고 안완철은 말한다. 두어 번의 남원 지역 국회의원을 지내다 지역구를 서울 전농동 일대로 옮겨 출마하면서는 매번 낙선했고, 출마할 때마다 안완철에게서 많은 돈을 가져가서는 전혀 갚지 않았단다.

안완철 / 넷째 오빠 춘섭은 나랑은 네 살 차이인 바로 위 오빠였구, 나하구는 각별한 우애가 있었어. 아버지의 첩 중 하나였던 서당골댁의 하나밖에 없는 자식이자 아들이지. 양반집 서자로 태어난 한을 뼈저리게 느끼며 살아야 했어. 서출의 설움은 오만 가지였겠지. 공부도 어느 형들보다 잘해서 전주사범학교까지 나왔고, 클라리넷과 바이올린을 잘 연주하고 인품도 넉넉해서, 그렇게 따뜻할 수가 없는 성품이었지. 나이 찬 머슴들에게 "해라" 소리 한 번을 안 했어. 종들이 아프면 약도 지어다 주더라구. 그렇지만 명절이면 다른 형제들은 모두 마루에서 절을 올리는데 춘섭 오빠는 마당에 덕석을 깔고 절을 해야 했어. 서당골댁이 나와 오빠를 차별해서 대하는 것을 두고 오빠는 늘 어머니를 말렸고, 자기 몫으로 오는 좋은 것, 큰 것들을 내게 돌려줬어. 일제 강점기였던 사범학교 시절부터 벌써 좌익 사상을 접하고 조선노동당 비밀 당원으로 활동했던 거 같아. 인공과 전쟁 통에는 일제에 협력했던 집안이나 지주들이 겪어야 했던 수모로부터 집안을 지켜주기도 했지. 전쟁 마지막 무렵 아마 지리산에서 동상이나 토벌로 가신 거 같아. "춘섭이가 동상이 아주 심하더만" 하는 말을 산에서 내려온 사람에게서 듣기도 했댔어. 누군가는 쌍계사 근방에서 춘섭 오빠 시신을 봤다고도 했지. 그 오빠가 지리산으로 들어가고 나서 처음에는 그래도 가끔 내려왔다 가고를 여러 번 했어. 그러다가 여엉 못 오더라구. 쌍계사 은행나무 밑에 시신을 모셨다는 말을 누구한테선가 듣고, 나중에 큰아들이랑 여러 번 가봤는데, 쌍계사에 은행나무가 천진데 어디가 오빠 묻힌 곳인 줄을 알겠어? 쌍계사 부근이 해송이고 적송이니 해서 나무들이 아주 좋더라구. 전쟁 끝나고 나서도 한동안 꿈에 보였어. 묘똥(묘, 봉분, 무덤 등을 뜻하는 전라도 사투리. '메똥'으로도 불린다) 위에서 나를 붙잡고 "나는 죽었다. 나 제사 좀 지내달라" 그러더라구.

큰언니(보순) 기억은 별로 없어. 내가 태어났을 때 이미 시집을 가 있었으니까. 큰딸이 시집갈 때 아버지가 한 재산을 딸려 보냈다는 얘기를 들었고, 나중에도 큰딸 물 길어먹기 힘들다고 사돈집 마당에 우물을 파줬다는 이야기도 들었어.

내가 결혼하고 재금(결혼을 통한 분가) 나서 서울 살 때, 큰언니의 두 딸과 두 아들이 돌아가면서 내 집에 와서 학교도 다니고 직장도 다니고 했지. 큰딸 의숙이가 우리 집에 와서 고생을 많이 했지. 그때는 우리도 살기 힘들 때였거든. 갸는 지 아버지 술과 폭력을 피해서 우리 집으로 도망 온 거였어. 계집질도 많았다더라구. 보순 언니가 지 애비 밑에 있는 것보다 차라리 낫겠다 싶어서, 서울 사는 막내 여동생네로 일부러 큰딸을 먼저 피신을 보낸 거지. 의숙이 몫으로 보순 언니가 쌀도 보내고 그랬어. 그러다가 걔 동생들도 차례로 우리 집으로 보내더라구. 아들들은 서울에서 공부해서 직장 잡을 때까지 있었어. 큰아들 석붕이도 그렇고 작은 아들 석형이도 우리 집에 잠깐 있으면서 학교 다녔어. 상고로는 최고인 덕수상고를 졸업하고, 좋은 직장으로들 취직이 됐지. 지금도 잘살아 모두들, 우체국장도 하고 외국으로 은행 지점장도 나가고. 작은딸 완숙이도 직장 얻느라고 잠깐 있었고. 그때는 내가 살기 힘들어서 별로 잘해주지를 못한 거 같아. 모두 착하구 열심히 사는 애들이어서 성공들을 한 거지.

큰언니(보순) 시댁도 시골 큰 부자였는데 외아들인 남편이 하도 술과 여자를 좋아해서 시아버지가 재산을 며느리 앞으로 물려줬다고 하드라고. 집이니 땅이니 문서들을 보순 언니 이름으로 물려준거야. 그때로 치면 참 특출하게 현명한 양반인 거지. 며느리는 그 재산을 잘 키워 자식들에게 물려줬어. 지 아버지 젊었을 때는 모두 시골서 고생들을 했고, 커서도 다들 서울 우리 집으로 피신을 와서 공부하고 취직하고 기반들을 잡은 거지. 보순 언니가 간암으로 서방보다 먼저 죽으면서도 땅이니 집이니를 자식들한테 직접 물려줬대는 거야. 시아버지 뜻을 지켜서 그렇게 한 거지.

둘째 언니 완숙(점순)은 성격이 보살 같은 사람이었어. 완숙 언니는 고향인 하촌(아랫마을)에서 바로 윗동네인 상촌(윗마을)으로 시집을 갔었어. 남편이 상촌의 높은 양반인 이씨 집안 장손이었지. 남편이 원불교여서 원불교 교당에서 혼례를 했어. 그 당시만 해도 처음 보는 신식 결혼이었지. 바로 위 언니라고는 하지만 나하고는 열 살이나 칭하가 나서 어릴 때 함께 놀고 재미있게 지낸 기억은 없어. 춘섭 오빠 말고는 나랑 같이 놀아줄 만한 언니도 오빠도 없었어. 나는 늘 혼자였지. 동네 애들이랑도 서로 반상(양반과 상민의 구분) 차이가 많응게, 놀 만한 동무가 없었지. 그 언니는 나중에 전주로 와서 지금까지 거기 살아. 지금은 당뇨랑 고혈압으로 몸이 안 좋은데 여엉 가보지를 못하네. 내가 어머니(서모) 돌아가시구는 친정이랑 발을 끊은 거나 마찬가지야. 완숙 언니는 성격이 바다 같고 안유하고 해서 '해동춘'이라고 불렀어. 느려터지기도 한 거지. 나랑은 다르지. 나는 빈틈없는 깍쟁이가 돼버렸어.

안병용의 아들들은 모두 사범학교나 보성전문학교 등 높은 교육을 받았고, 딸들은 보통학교만 다녔는데, 막내딸인 안완철만 여중학교를 다녔다. 양반 타령을 하는 친척 어른들은 왜 여식을 높은 교육을 가르치느냐고 말들을 하기도 했단다.

안완철 / 아버지가 좀더 건강하게 오래 살아계셨다면 나도 동경 유학까지 하고 신나게 보란 듯이 살았을 건데, 아버지가 일찍 돌아가시는 바람에 생모도 없는 내가 개밥에 도토리 신세가 돼버린 거여. 그게 너무 한스러워.

아버지가 병색이 깊어지기 직전 아직 정신이 쌩쌩하실 때 재산 분배를 했어. 아들들 전부랑 나하구 서당골댁까지 모두 보절면 본가 큰 마루에 가득 모아놓고, 아버지가 안방에 앉아서 분배를 한 거야. 시집 간 딸들은 안 불렀어. 시집갈 때 한 재산씩 줬다는 거지. 의논을 하는 게 아니라 아버지가 미리 다 마음을 정해 적어놓고는 발표만 하는 거야. 누구 토 다는 사람도 없었고. "모실아래 논밭은 강섭이가 하고, 범

벌 것은 균섭이가 하고" 그런 식이야. 서당골댁은 춘섭 오빠가 아직
어렁게 그 몫까지 해서 더 줬어. 전주에 있는 집 하나하고 보절면사
무소 근처 집이 그리 갔지. 내 차례는 안 오드라고. 해방되던 해 내가
열세 살이 됐을 때니까 상세히는 몰라도 눈치로 알았지. 그때로는 그
렇게 섭섭한지도 몰랐어. 아버지가 마지막에사 "완철이를 누가 맡을
거이냐? 공부도 많이 갈키고 판검사도 만들어야 한다. 쟤는 뭐라도
잘할 여식이다" 그랬거든. 두 오빠에 올케들까지 모두 자기네가 나를
가르치고 챙기겠다고 나서더라구, 나중에 생각해보니 모두 재산을
더 받을 요량으로 그랬던 거야. 그래놓고는 아무도 나를 제대로 가르
치지도 돌보지도 않은 거야. 아마 그 재산 분배 자리에서 균섭 오빠
가 큰오빠보다 내 몫으로 더 많이 받았을 거여. 내가 시집살이 힘들
게 살다가 친정이라고 큰오빠네를 가면 큰올케가 "왜 이리로 오냐?
막내 아씨 친정은 작은집이다" 그랬거든. 큰오빠는 몸도 성하지 않고
작은오빠가 활동도 많고 하니까, 아버지 생각에 여동생 앞길을 더 잘
터줄 거라고 생각하시고 글로다 더 줬을 거여. 근데 아버지 돌아가시
기도 전부터 병이 깊어지니까 오빠들이 나한테 하는 게 벌써 다른 거
야. 올케들은 말할 것도 없고. 이 집 오면 저 집 가라, 저 집 가면 이
집 가라. 피붙이한테 당한 설움은 더 큰 거야~. 누구 붙잡고 말도 못
허고. 다른 언니들은 시집갈 때나 한 몫씩 챙겼다고 하지만, 나는 시
집갈 때도 별로 없었어. 그러니 양반이라면 이가 갈려…….

"양반이라면 이가 갈려"는 양반집이자 부잣집의 막내딸이자 막내며느리로
살아온 안완철이 재산 이야기나 식구들 이야기가 나올 때마다 붙이는 말

꼬리다.

안병용은 49세인 1940년 발병한 중풍으로 사회 활동을 접기 시작했고, 1951년 지병인 중풍으로 사망했다. 환갑이 있는 해 생일을 맞지 못하고, 전쟁 중에 사망한 것이다. 막내딸 안완철이 여덟 살 때 병석에 눕기 시작해 11년간의 투병 생활 끝에 안완철이 열여덟이 돼서 돌아가신 것이다.

안완철 / "딸아 딸아 막내딸아, 곱게 먹고 곱게 커라. 우리 애기 시집갈 때, 오동나무 장을 짜자" 아버지가 손수 심은 모실아래 오동나무 아래서 나를 무릎에 앉혀 놓고 "달아 달아 밝은 달아"에 맞춰 직접 가사를 지어 노래를 불러주곤 했었어. 밤에 자다가 깨서 아버지한테 가면 당신 등에 업고 "자장 자장 우리 아기"하며 자장가를 부르면서 재워줬어. 그렇게 이뻐했으면서 왜 나를 그렇게 두고 갔나 몰라. 그럴려면 낳지나 말든가······.

아버지의 여자는 넷이었다. 첫째 부인은 자녀를 낳지 못하고 일찍 세상을 떠났다. 두 번째 정실로 들어온 분이 안완철의 생모이자 6남매를 낳은 경주 김씨 석굴댁이다. 석굴은 지리산 중턱에 있는 지역 이름이다. 남편보다 열 살이 어렸고, 막내딸인 안완철을 낳고 백일이 겨우 지난 1934년 음력 3월에 서른셋의 나이로 일찍 세상을 떴다. 병명도 모른 채 시름시름 앓다가 돌아가셨다고 들었단다. 안완철에게 어머니에 관한 기억은 당연히 없다. 주변 사람들의 말에 따르면 어머니는 성격이 호탕하고 총명하며 아랫사람들에게도 넉넉한 사람이었다고 한다. 양반 대갓집의 딸이었고, 삼국지, 사씨남정기, 옥루몽 등을 모두 외우고 있었으며, 시집올 때 몸종과 찬모가 딸려서 왔다고 한다. 부지런한 성격이어서 양반집 정실이면서도 일도 잘했고, 집안 관리도 빈틈없는 사람이었단다. 목화솜이니 각종 비단과 갑사들, 갖은 옷감 등을 딸들 혼인을 위해 장롱에 그득그득 마련해뒀다고 한다. 어머니가 돌아가시고 유물을 정리하는데, 장롱에서 아직 시집가지 않은 두 딸을 위한 치마저고리감과 비단 등 옷감, 이불감이 가득 들어 있었다고 들었단다. 옷감이야 모두 못쓰게 됐지만, 한참 나중에야 물려받은 목화솜을 안완철은 칠십오 년이 다 되도록 가지고 쓰고 있다가 작년(2012년)에 아들들, 딸들네와 손주들에게 나눠주기도 했다. 생모는 때로는 남편에게 "내가 딸을 못 낳았소, 아들을 못 낳았소? 내가 뭐가 모라자서 첩을 두었소?"라고 푸념을 하기도 했단다. 그러면 아버지는 "허허" 웃으며 등을 두드려주면서 "뭘 그래쌌느냐, 그만허지, 그만허지" 하고 달래면서 퉁소를 불어줬단다. 생모가 죽었을 때 이제 막 백일을 넘긴 완철이 죽은 생모의 젖을 빨려고 파고들었다는 말을 들었단다. 시신은 생모의 고향인 석굴로 모셨다가 나중에 할아버지 옆으로 이장을 했다. 두 분 묘지가 있는 마을 이름은 '꽃쟁이'다.

아버지의 세 번째 여자는 춘섭 오빠의 생모로, 서당골(전북 진안군 진안읍 반월리 서당골)댁이라고도 불렸다. 정실인 석굴댁이 살아 있을 때 아버지의 첩으로 들어왔다. 정실과 한집에서 살지는 않고, '솔배미'라는 보절면 면사무소가 있는 동네에 따로 집을 얻어 살았다. 유일한 자식이자 아들인 춘섭을 낳았고, 그 아들을 정성껏 키우는 데에 많은 공을 들였단다. 돈도 많고 아들도 잘나서 정실 자식들 못지않게 해줄 수는 있었지만, 늘 서자의 설움을 떨치지 못하는 아들 때문에 마음 아파했단다. 안완철은 5세 이후 보통학교를 마칠 때까지 서당골댁네 집에서 춘섭 오빠, 아버지, 서당골

어머니와 함께 살았으며, 4학년까지는 서당골댁을 자신의 생모로 알고 있었단다. 철이 들어가면서야 눈치가 생기고, 언제부턴가 어머니의 눈초리가 차갑고 말이 따뜻하지 않다고 느끼기 시작했다. 게다가 4학년 무렵 서당골댁은 중풍 증세가 깊어진 서방을 머슴 등에 지우고 막내딸까지 딸려 큰아들네로 실어 보내놓고는, 엄마를 찾아오는 안완철을 차갑게 모르쇠 하며 "큰오빠네가 네 집이다"라며 떼어냈다. 아무것도 모른 채 엄마 치마꼬리를 잡고 늘어지려는 안완철에게, "내가 쫓아내야 네가 오빠네로 가서 정을 붙인다. 거그가 너 살 집이다" 하면서 찬바람이 씽씽 불게 대했다고 한다. "첩은 그런 건가봐. 서방이 병들고 나니 서방이고 서방 자식이고를 모두 쫓아내더라구." 안완철은 이렇게 말한다.

서당골댁의 달라진 모습과 함께 "저그 땅 속 어머니가 진짜 어머니냐? 서당골 어머니가 진짜 어머니냐?" 하는 동네 사람들 질문을 받기도 하면서, 자연스레 생모가 죽었다는 것을 눈치채게 됐다고 한다. 그 뒤로 가끔 "우리 어머니는 꽃상여 타고 저 후유고개(힘들고 험한 인생살이를 마치고 넘어가는 고개)로 넘어갔단다. 어화 어화 했단다"라고 노래를 부르며 어린 나이에 청승맞게 울었단다.

일찍 죽은 남편에게서 아들 몫과 함께 많은 재산을 물려받은 서당골댁은 이후 재가하지 않고 정실 자식들한테 '어머니' 소리를 들으며 남원군 보절면에서 홀로 아흔을 넘기며 장수했다. 셋째 아들 균섭은 '어머니' 소리를 잘 붙이지 않았고 "저그요" 하며 불렀다고 한다. 돌아가시는 며칠 전까지 새벽 이른 시각에 일어나 앉아 동백기름과 참빗으로 머리를 빗고 쪽을 지는 사람이었단다. 나도 서울 막내딸네 집에 와서 단아한 자태로 새벽 단장을 하던 자그마한 할머니의 모습을 기억하고 있다.

정실이 죽고 나서도 정실 자리를 차지하지 못한 서당골댁은 남은 긴 생을 죽은 남자의 첩으로 살았고, 게다가 하나밖에 없던 아들조차 일찍 잃는 등 그 설움이 오만 가지였을 테다. 그러니 서방의 중풍이 심해지자 마음이 떠날 수밖에 없었을 것이다. 아들 춘섭이 아직 어릴 때 아들 몫의 재산까지 물려받은 서당골댁은 첩의 신분으로 더는 서방이나 집안에 기대할 것이 없었을 테다. 결국 그 재산조차 아들에게 물려주지 못하고 일부 재산은 정실 자식들에게 빼앗기며, 그래도 남은 재산으로 비교적 넉넉하게 살다가 2004년에 돌아가셨다. 서당골댁이 남기고 간 재산을 균섭의 큰아들이 선산 관리 명목으로 갖겠다고 했을 때, 안완철은 속으로는 많이 섭섭했지만 군소리 안 하고 그러라고 했다. 딸들에게 전혀 재산을 분배하지 않은 아버지가 유일하게 집안 여자에게 물려준 재산이어서, 늦게라도 그 재산은 딸들에게 돌아가야 한다는 것이 안완철의 속생각이었다. 서모 서당골댁의 죽음 이후 완철은 친정에 발길을 끊었다고 한다.

아버지의 넷째 여자 이름은 '영매'였다. 아버지가 군산에서 어업 조합장을 할 때 남원에서 군산까지 데리고 가 함께 살림을 차린 첩이다. 아버지가 건강할 때는 안완철에게 "비단옷과 맛있는 음식을 많이 해줄 테니 나랑 살자"는 말을 많이 했다고 한다. 그렇지만 어딘가 요사스럽게 느껴졌고, 막연하게라도 첩에 관해 알고 있던 완철에게는 서당골댁(당시는 생모로 알고 있던) 편에서 미운 마음이 있었다고 한다. 영매가 쥐어주는 사탕이며 과자를 손을 뒤로 감춰대며 한사코 거절하기도 했고, 영매 집에서 자지 않으려고 떼를 쓰기도 했단다. 영매가 끓여준 시금칫국을 맛있게 먹은 기억이 있단다. 아마도 아지노모도를 넣어 그렇게 맛있을 거라 생각했고, 나중에 사람들한테 아지노모도는 뱀 가루로 만든다는 말을 듣기도 했단다.

안완철 / 한번은 영매랑 살던 군산 집에서 밤에 오줌이 마려워 깼어. 근데 요강인 줄 알고 그만 화로에 주저앉아버린 거야. 벌떡 일어나서 많이 안 데고 엉덩이만 살짝 데었어. 근데 아버지가 막내딸 엉덩이를 뎄다고 한바탕 난리를 쳤어. 당시 아버지는 군산에 배 여남은 척을 가지고 있었고, 나도 아버지 따라 기차 타고 군산을 자주 갔지. 기차 식당 칸에서 영매랑 아버지랑 같이 왜놈들 스시밥을 사먹은 기억도 있어.

더운 여름날 군산 앞바다 바위 위에서 잠을 자다 아버지가 심한 풍을 맞았어, 그게 아버지 마흔여덟 때야. 아버지가 쓰러지자 서당골댁이랑 가족들이 모두 남원에서 군산 집으로 달려왔고, 그때 서당골댁과 영매가 처음으로 마주친 거야. 서로 간에 대놓고 싸움이 나지는 않았지만, 둘 사이의 냉랭한 거니 질투하는 거니는 어린 나에게도 뻔하게 보이더라구. 그때 아버지는 반신불수와 반벙어리의 몸으로 윗목에 놓여 있던 돈 궤짝을 자식들에게 자꾸 가리켜댔어. 그런데도 자식들과 서당골댁은 영매가 열쇠를 틀어쥐고 눈독을 들이며 서방에게 눈꼬리를 올려쌌는 와중이어서, 그 돈 궤짝을 당장 챙겨 나오지는 못했지. 그런데 쓰러진 아버지를 남원 서당골댁으로 모시느라 정신없는 틈을 타, 영매는 그 돈 궤짝을 들고 없어져버린 거야. 이미 아버지의 친구이자 한의사인 다른 남자와 눈이 맞은 것을, 아버지는 알고 있었을 거야. 아버지를 서당골댁네로 옮기고 얼마 안 있어 영매가 그 한의사와 살림을 차렸다는 소문이 왔고, 그 일로 서당골댁은 아버지한테 심한 쿠사리를 하기도 했지.

다섯 살 무렵 동네 방죽이 모두 떠내려와서 집 앞까지 물이 닥쳐드

는 큰 물난리가 났어. 집안 마당에도 고기가 날아다닐 정도여서 종들
이 대문을 잡고 소쿠리로 고기를 떠내고 한 게 아직도 눈에 생생하대
니까. 그때는 큰 수해와 큰 가뭄이 번갈아 자주 났던 거 같아. 가뭄이
심한 해면 동네 사람들은 쌀농사를 짓지 못하고 메물(메밀) 농사를
지어 곡식을 대신하기도 했지.

내 어린 시절은 극과 극이제, 천당과 지옥이 그만큼 칭하가 날랑
가?

양반 큰 부잣집 막내딸로 태어나 아버지와 오빠, 언니, 머슴과 여
종들, 동네 사람들의 사랑과 떠받듦을 다 받으며 자랐지. 그러다가는
재산 한 푼 물려주지 않은 채 아버지가 돌아가시자 서모와 올케들의
미움과 시기, 오빠들의 무관심 속에 온 집안의 천덕꾸러기가 돼버린
거야. 생모 얼굴조차도 모르는 채…….

외국 여행을 다녀오는 아버지는 항상 막내딸을 위한 각별한 선물
을 가져왔어. 당시로서는 구할 수 없었던 바나나며 미깡 같은 외국
과일들도 사다 주셨고, 풍로며 솥단지까지 갖춘 소꿉장난 세트나 화
려한 양산도 일부러 나 주려고 찾아다니며 사오셨다고 했어. 만주 다
녀오실 때는 '내리닫이'라고 하는 원피스도 사다 주셨고. 아버지는 혹
서모에게 받을 눈칫밥을 염려하기도 했을 테고, 또 엄마 없는 내 기를
살릴 요량이었겠지. 보절면 서모네 집에서 살 때도 면사무소 소사를
시켜 자전거 뒷자리에 모본단을 깔고 나를 면사무소로 데려가곤 했어.
면사무소 가면 아버지가 면장 업무 다니는 데를 데리고 다니기도 하
셨고, 면사무소 직원이 같이 놀아주기도 하고 그랬지. 자전거 뒷자리
에다 그 비싼 모본단을 깐다고 서모가 잔소리를 늘어놓던 게 기억나.

보통학교를 다닐 때 창씨개명한 내 이름이 '안깐데스'야. 그 이름 말고도 '야스다 노리꼬' 상이라고도 불렀어. 일본 선생님들도 나를 모두 이뻐했어. 집도 부자고 공부도 잘하는데, 맨날 몸이 약하고 생모도 없다니까 많이 챙겨준 거겠지. 그 선생님들도 보고 싶어. 그중 어떤 선생님들은 춘섭 오빠랑 친하기도 했어. 아마 좌익 활동을 같이 한 선생님들이었나봐. 그 선생님들이 서당골댁으로 놀러오기도 하고, 자고 가기도 하고 그랬지. 그 집에서 오빠 또래의 청년들이 자주 모임도 하고 그랬어. 누가 오는가 나한테 망을 보라고도 했지. 그때 그 사람들이 보던 책들을 나도 훔쳐보기도 하고 그랬어. 쁘로레따리아뜨니 레닌이니 맑스니, 그런 것들이 뭔가는 몰라도 춘섭 오빠가 하는 거니까 좋은 거려니 생각했어. 이제는 이런 이야기해도 별일 없겠지야?

전주 풍남소학교를 입학하려고 남원 보절면 서당골네서 전주 균섭 오빠네로 온 다음 날인가, 집을 잃어버려 소동을 피운 기억이 지금도 또렷하구만. 아무리 부잣집이라 해도 주로 시골에서만 살다가 처음으로 본 전주 시내의 밤 길거리는 볼거리도 많고 휘황찬란하기도 했을 거잖아. 저녁 무렵 집 근처를 구경하려고 나왔는데, 많은 전깃불이며 신기하기만 한 과일 가게, 신발 가게, 보석 가게, 철물점 등에 길거리의 차들을 넋을 놓고 졸졸 구경하고 다니다가, 많이 간 것도 아닐텐데 어느 순간 길이 헷갈려버린 거야. 아무리 둘러봐도 길을 모르겠어서 길거리에서 통곡을 하고 울고 있는데, 근처 도배 가게 주인아저씨가 데리고 들어가서 가겟방에 올려 앉히며 "여기 있으면 어른들이 찾아올 거다. 암도 안 찾아오면 나랑 살자" 하며 달래더라구. 같이 살잔 소리가 싫기는 했지만 따뜻한 온돌 방바닥이 좋아 옹그리고 있다 잠이 들어버렸는데, 어떻게 알았는지 균섭 오빠가 자전거를 타고 찾으러 온 거지. 가게 주인과 아는 사이인지 둘이 얘기를 하면서 껄껄 웃고 하더니만 "집이 바로 요 앞이구만 그 난리를 쳤느냐"며 자전거에 태워 데리고 돌아왔어.

입학을 하면서는 둘째 오빠가 손을 잡고 일일이 교무실이랑 교실로 데꼬 가서는 선생님들에게 "엄마 없이 자란 내 동생이니 많이 사랑해주시라"고 부탁을 하곤 했어. 어떤 일본 선생님들은 나를 자기 집에까지 데려가서, 우물에 토마토며 과일들을 담갔다가 주기도 하고, 해어진 몸뻬를 기워주기도 했지. 2학년 담임이었던 노다 센세이와 3학년 담임이었던 이찌마루 센세이가 유난히 귀여워해준 게 기억나. 소풍날이면 혹 주눅이 들고 괄시받을까봐 오빠가 김밥이며 음료수에 내가 먹지도 않는 귀한 단과자들까지 가방 가득 넣어주며, 반 아이들에게 나눠주라고도 했지.

그러고 보니 균섭 오빠는 나한테 잘하느라고 한 거야. 다른 사람들에게도 그런 마음이 드네. 내가 어린 마음에 공연히 엄마 아버지 없는 설움에 오빠들이나 그 부인들을 고깝게 생각하고 했는지도 모르겠어.[5]

당시 고위 헌병을 하던 작은오빠네를 따라 대전으로 학교를 옮겨 초등학교를 다니기도 했어. 작은올케가 큰딸을 임신하고 있던 때였지. 대전 시절에는 학교를 다니느라 춘섭 오빠도 함께 균섭 오빠네 집에 있어서 덜 외로웠어. 작은올케는 배다른 시동생과 어린 시누이를

5 친정이나 시댁의 거의 모든 사람, 특히 여자들을 향한 미움이 이전 안완철의 주요 감정이었고 초기 구술에서는 그 감정이 날것으로 드러났다. 이 부분 등, 친정이나 시댁 식구들을 향한 미움과 원망이 다소 풀리는 듯한 표현은, 여러 차례의 인터뷰나 나와 나눈 대화 뒤 조금씩 달라진 점인데, 글의 흐름상 여기에 넣는다.

데리고 사는 것을 싫어했어. 균섭 오빠는 늘 바쁘고 또 출장도 많았어. 게다가 올케는 맨날 갖은 멋쟁이 차림을 하고 밤낮없이 늘 극장을 쫓아다니느라 바빠서, 나랑 춘섭 오빠를 챙겨줄 새가 없는 거지.

최현숙 / 그 작은올케 입장에서는 막내시누 뒷바라지가 자기 차지가 아닌데 억울했을 수도 있고, 또 그 부잣집 딸이었으니 밥을 할 줄 알았겠어? 시부모까지 없는 집에 시집살이를 할 생각을 했겠어? 더구나 양반 타령하는 엄한 집 딸도 아니고 큰 사업을 하는 부잣집 귀한 딸이었으니, 훨씬 편하고 자유롭게 큰 여자였겠지. 그런 여자가 멋쟁이 차림하고 영화니 연극이니 보러 다니는 거야, 당시로서는 신여성 멋 좀 부린 거지 뭐~.[6]

안완철 / 그 올케는 전주 청석동 일대의 어마어마한 부잣집 딸이자 전주 제일가는 멋쟁이였어. 전주여고를 졸업하고는 작은오빠와 연애결혼을 한 거야. 당시로서는 연애결혼이 드물었지. 친정은 전주에서 '비단송방'이라는 전주서 제일가는 옷감 상점이며 버스 회사에 한약방이랑 해서, 많은 재산과 사업을 가지고 있었지. 한동안 그 올케 친정어머니를 그 집에서 모셨는데, 그 사돈 양반이 장조림을 많이 해서는 요강 단지만큼 커다란 사기그릇에 담아 광에 넣어두면서 "사돈 색씨는 아무거나 잘 먹으니까, 이건 뒀다가 우리 재창이(균섭 오빠의 큰아들) 오면 줍시다" 하면서 늘 나를 차별하더라구. 오빠가 남원서 국회의원하구 잘나갈 때야 좋았지만, 나중에 서울서 출마했다 연달아 떨어지고 하면서, 그 올케도 나이 들어서는 고생이 좀 많았을 거

6 모녀간이라는 관계를 이유로 나는 안완철의 인터뷰 과정에서 안완철의 기억이나 경험의 해석에 개입도 하고 이견을 이야기하기도 했다. 그 과정에서 때로는 화자/청자 간의 일시적인 갈등을 만들기도 했지만 크게 문제가 되지는 않았다.

야. 그런데 왜 나는 그 올케가 그렇게 밉게만 느껴졌을까 몰라? 균섭 오빠야 벌써 갔으니까 어쩔 수 없고, 그 올케라도 한번 찾아가야겠네.[7] 이제는 미운 마음이야 많이 흐려졌고 서로 안쓰러운 거지, 뭐. 몇년 전만 해도 나한테 전화해서는 "우리 한번 만납시다, 막내 애기씨" 해쌌는데 이제는 아흔도 넘어서 치매는 안 걸렸을라나 몰라. 지난 번 동○이(안완철의 맏손주) 결혼식 때도 그 올케 언니는 못 오고, 큰딸하고 며느리만 왔더만. 죽기 전에 한번 찾아가기는 해야지.

그때는 춘섭 오빠랑 같이 있어서 좋았어. 지금도 눈에 선해, 춘섭 오빠 학교 다닐 때의 모습이. 성악도 잘해서 갈마지기 방죽에 나랑 앉아서는 〈봄도 가고 여름도 가고〉니, 〈뜸북새〉니, 온갖 명곡들을 불러줬어. 〈날이 가고 달이 갈수록〉, 〈아 맹세하노니, 그대를 기다리노라〉 그런 노래가 기억나네. (완철은 인터뷰를 하면서 직접 노래를 부르기도 했다.) 내 목소리가 맑고 음정도 좋다고 칭찬해주면서, 나한테는 노래를 부르게 하고 오빠는 악기를 연주하기도 했지. 바이올린이랑 클라리넷 연주가 일품이었어. 균섭 오빠가 양반집에서 깽깽이 나면 안 된다고, 보는 데서 악기를 부수기도 하고 그랬어. 니꼬르 파가니니 같은 바이올리니스트에 대한 영화도 나를 데리고 보러가곤 했지.

작은올케가 욕심만 부리고 놀러 다니는 것을 빗대어, "우리 집 복쓰는 밥만 먹고 배불러 양양 으스대고, 오늘도 히루를 신고 영화를 보러 나간다"라며 노래도 만들어 불러주면서 둘이 깔깔 웃었지. 대전

7 올케를 향한 미움의 감정을 성찰하는 이 부분 역시 여러 차례의 인터뷰에 이은 2013년 인터뷰 과정에서 나온 구술이다.

균섭 오빠 집은 일본식 집이었어. 고다쓰에다 광에서 돌라온 대구알이랑 문어 말린 것들을 구워 깨물어 먹고 그랬어. 나 어렸을 때는 서당골댁이 그리 말려도 춘섭 오빠가 요를 띠어서 나를 업어주고 밖에 돌아다니기까지 했어. 그 오빠는 내가 자기 엄마 자식이 아니라는 것을 일찌감치 알았던 거야. 그래서 나한테 더 잘해주고 자기 생모가 내게 조금이라도 차별하면 막 화를 내고 그랬어. 전쟁 나고 인공 때 춘섭 오빠가 지리산으로 피신해 있다 가끔 집에 내려오면, 그 잘생긴 얼굴에 깔끔한 모습은 어데 가고 까칠하고 덥수룩한 모습을 해 갖고는, 까끌까끌한 손바닥으로 내 얼굴을 쓰다듬으며 "너는 내 동생이지. 너는 내 동생이지……" 하던 게 생각나.[8]

사범학교 다닐 때부터 이미 마르크스니 쏘비에트니 쁘로레따리아뜨, 레닌 그런 책들을 사람들이랑 공부도 하고 강의도 하고 그랬어. 김일성대학 교수라는 사람도 서당골 엄마네로 데리고 오고 그랬었지. 깔끔한 신사복에 도리우찌(요즘은 헌팅캡이라고도 하며, 앞부분은 납작하고 뒷부분은 풍성한 모자)라는 납작한 모자를 눌러 쓰고 어디 멀리로 여행을 간다고 하고, 한참을 안 오기도 했었어. 그러다가 어느 날인가 문득 집에 왔는데, 큰 봉지에 복숭아를 한 아름 사왔어. 나를 보자 그걸 봉지째 주면서 "너 줄려구 사왔다"며 어서 먹으라고 하더라구. 근데 나는 어릴 때 복숭아를 못 먹었거든, 그걸 오빠가 모를 리도 없고. 그래서 그냥, "오빠, 고마운데 나는 복숭아 못 먹으니까 오

---

8 인터뷰 초기, 친정과 시댁을 통틀어 안완철의 마음에 따스하게 기억되는 남자는 친정아버지를 제외하고는 배다른 오빠 춘섭이 유일했다. 더구나 친정아버지에 관해서는 높은 교육을 위한 재산을 물려주지 않았다는 원망이 겹치는 것과 달리, 춘섭 오빠에게는 가슴 아프고 따스한 기억들만 남아있다. 안완철은 평소 자식들에게도 춘섭 오빠 이야기를 자주 했는데, 춘섭 오빠가 좌익 활동을 했다는 이야기는 비교적 최근에야 했다.

빠가 먹어" 하고 다시 밀어주니까, 그 열 개도 넘을 복숭아들을 그 자리에서 다 먹어 치우더라구. 그래서 혼자 '오빠가 어디서 밥도 못 먹고 다녔는가보다' 하고 생각했어. 복숭아 먹던 모습이 안 잊혀져. 나는 어릴 때 몸이 튼튼하지 못했어. 늘 횟배며 늑막염도 자주 앓고, 입도 짧아서 뭘 제대로 먹지도 않았어.

대전서 다시 전주로 옮겨 풍남소학교를 다니다가, 4학년 때 해방이 되자 다시 남원으로 들어왔어. 그때 즈음 균섭 오빠가 전주 집을 서당골댁에게서 뺏으려고 하면서 서당골댁과 균섭 오빠 간에 싸움이 있었던 거 같았어. 그걸 계기로 아버지가 재산 분배를 싹 한 거지. 그 전주 집은 결국 서당골댁한테 간 거구. 그 후로는 서당골댁 몫으로 된 남원 보절면 면사무소 앞의 집에서 아버지와 서당골댁과 함께 살게 됐어. 그러고 얼마 후 군산 어업 조합장을 맡은 아버지를 따라 군산으로 가서 영매와 함께 산 거야. 그러다가 아버지가 중풍이 들자 아버지와 함께 남원의 서당골댁 집으로 다시 이사를 온 거지. 그러다가 병이 깊어지자 서당골댁은 머슴 등에 업혀 아버지를 큰아들네로 보냈고, 그 길에 나도 큰오빠네로 쫓겨 가게 된 거지. 그 와중에 학교를 옮기면서 4학년에서 6학년으로 월반을 한 거고. 소학교를 졸업하고 다시 전주 작은오빠네로 와서 전주여중 2학년까지를 다니다가 전쟁으로 공부가 중단됐어.

몸이 자주 아프다 보니 초등학교고 중학교고 제대로 출석을 하지 못했고, 거처를 계속 이 오빠네서 저 오빠네로 이 첩네서 저 첩네로 이리저리 옮겨대니 전학도 휴학도 잦았어. 그래서 학교에서도 친구를 사귀지 못한 거야. 늘 떠돌이였던 거 같애. 그런데도 성적은 늘 일이 등을 해서 모두 수재라고들 했다니깐. 당시에는 성적이 좋은 학생들을 대상으로 학년을 건너뛰어주는 월반제가 있었는데 소학교를 마치는 동안 두 번이나 월반을 했지. 왜놈들의 '가꾸지깡'이라는 아주 두꺼운 소설책을 모두 외우기도 했어.

다들 내가 여고 나온 줄 알고, 너그 아버지도 어디 뭐 써넬 일 있으면 고등학교 졸업이라고 쓰더라. 내가 그냥 암 말도 안 하지. 다들 내가 똑똑허고 아는 것도 많고 항게로 여고 나온 줄 아는디, 여중학교 2학년을 다니다 말았어. 전쟁이 나 갖고 공부를 멈췄지. 그리고는 더 다닐 새가 없었어. 아버지는 전쟁 중에 돌아가시고 오빠들이 다시 넣어주지를 않은 거야. 아버지가 나 가르칠 몫을 줬을 텐데…….

한국전쟁 난리 통에 학업을 그만두다

안완철 / 전쟁 나고 첫 피난 때 나를 전주에서 남원 집에까지 데리고 간 상촌 아저씨라고 있어. 균섭 오빠의 선배였던 거 같애. 그 집에 아들 하나가 있는데 나보다 두 살이 많았어. 그 피난 때도 그 애하고 여동생하고 아버지하고 해서 나까지 넷이 같이 남원까지 걸어간 거야. 그 아저씨 아들이 나를 이십 년 넘게 쫓아다녔어. 어릴 때부터 결혼하고 나서까지 이십 년은 될 거야. 편지도 수백 통은 받았을 거고. 나 시집가서도 친정 오면 어떻게든 알고 일부러 근방으로 와서는 꼭 보게 되고 그랬지. 지금으로 말하면, 그래 그 스토커 그거지, 하하. 사범학교도 다니고 인민군 조직부장이며 선전부장이며를 나랑 같이 하기도 했지. 아마 어려서 그런가, 전쟁 끝에도 북으로 끌려가지는 않았어. 한번은 작은외삼촌이 스위스 시계를 하나 사다 줬어. 소학교 6학년이나 됐을 땐가 봐. 그때 다른 학교에서 운동회가 있어서 여럿이서 갔는데 그 아이도 와 있더라구. 내 시계를 보고 다들, "쟤 봐라. 가시나가 시계를 찼다"고들 놀리기도 하고 부러워도 하면서 빼앵 둘러싸고 꽉 들어차서 나를 구경하는데, 그 애가 오더니 내 등을 밀면서 빼앵 둘러싼 틈에서 나를 빼내 데리고 나왔어. 걔랑은 손도 한 번 안 잡아봤는데 그 일로 동네에 소문이 많이 났다고 오빠한테 내가 뺨도 맞고 그랬어. 걔도 공부를 잘해서 나랑 같이 진보상(월반하는 학생에게 주는 상)도 타고 우등상도 타고 그랬어. 걔는 학교 대표 마라톤 선수도 해서 상도 많이 땄어. 봄이면 며칠 건너로 진달래꽃 한 아름씩을 꺾어다 주기도 하고, 자기네 마당 홍도화를 매년 꺾어다 우리 마루에 놓고 가곤 했어. 내가 아파서 학교 못 간 날은, 꼭 집 근처로 와서 나를 한 번 보고 가고는 했지. 항상 내 뒤 어디에 서 있고 그랬어. 나중에 들은 이야기로 서울 태능 월계초등학교 교장을 했다고 들었고, 지금도 그 근방에 살고 있을 거여. 첫 부인은 둘이 서로 사이가 안 좋아서 공방空房살이(남편 없이 혼자 지내는 생활. 독수공방과 같은 뜻)를 하다가 애 없이 죽었다고 하더라고. 처녀장가를 다시 가서 아들 셋을 낳았대. 보절면 상촌 부자였어, 갸네 집이. 근데 나랑은 손 한 번 안 잡아본 사이야. 나는 너그 아부지 말고는 누구랑도 손 한 번 잡아본 적이 없어. 근데 너그 아부지는 그걸 오해를 해서는 신혼 초에 난리를 치고 그러드라고, 내 참 기가 막혀서……. 손○○라고 전북 출신으로 국회의원을 한 사람도 나를 좋아했는데 그 사람하고도 아무 일도 없었어. 내가 누구 손을 한 번 잡아봤냐 어쨌냐? 그냥 자기들이 좋아해서 그런 건데, 그걸 가지구 늘 나를 못 잡아먹어서 난리였지…….

또 한번은 한 학년에 일곱 개씩 나오는 가죽 구두가 있었거든. 학생화인데, 비싸기도 하고 없어서 구하지도 못하던 거야. 그게 한 학년에 일곱 개가 배급되고, 그러면 원하는 사람들이 돈을 주고 사는 거야. 균섭 오빠가 그걸 사줬어. 말하자면 작은오빠는 내게 하느라고 한 거지. 근데 작은오빠는 늘 바빠서 돌아다니고 집에 없고 서로 볼 새도 없고 하니까, 나를 챙기지를 못 하는 거야. 올케가 알아서 잘 하려니 하는 건데, 올케가 모질고 서럽게 했거든. 왜 그랬나 몰라, 그 풍성한 것들을 두고 왜 어린 시누에게. 모르지, 내가 내 설움에 그렇게만 느낀 건지도……. 그렇다고 내가 일일어 오빠한테 일르고 그러지를 않았어. 자존심 때문이기도 했고, 오빠가 밉기도 했던 거 같아.

여차하다 아침밥을 놓치면 점심 도시락도 못 싸가는 거고, 집에 돌아가면 너무 지쳐서 저녁밥도 못 먹고 하루 종일 쫄쫄 굶고 쓰러져 잠이 들어버리는 거야. 내가 밥을 굶고 자도 올케가 일부러 깨워서 챙겨주지를 않는 거야, 자기 새끼가 아니니까. 자다 말고 하도 배가 고파 깨서는, '이러다가 죽을라나 보다' 하고 그대로 누웠다가 그 채로 잠이 들고 나면, 아침이면 또 안 죽고 깨어나더라고. 그렇게 굶어도 죽지 않는 게 이상하게 여겨졌어. 끼니를 제대로 안 챙긴 게, 더 아프기도 했을 거야. 자주 아팠지. 정에 말라서 아팠을 거야. 그 부잣집 막내딸이 밥도 굶고 그럴 거라고 누가 상상이나 했겠어…….

올케들이나 서모 또는 오빠들이 자신에게 모질게 했다는 어린 시절의 기억은, 어릴 때 엄마를 잃은 박탈감과 결핍감에서 오는 상당히 주관적인 기억으로 보이기도 한다. 실제로 안완철의 구술은 이곳저곳에서 서로 엇갈리는 정서를 드러냈다. 그러면서도 때때로 이 구술 과정을 통해 어릴 적 고깝기만 하던 아픔을 덜기도 하고, 그 미운 상대들에게 미안하고 안쓰러운 마음을 드러내기도 하는데, 그 진행 역시 일관적이지 않고 오락가락한다.

안완철 / 시집가기 전 기억은 한도 없이 많아. 생각해보면 천당과 지옥이 그리 칭하가 날라나? 나는 천당과 지옥을 바로 이어서 산 거 같아. 두 개를 같이 살기도 했고. 그 호화로운 어린 시절과 외롭고 서럽던 눈칫밥 먹던 어린 시절이 한데 섞여 있는 거지. 누가 나처럼 귀여움을 받고 호사를 했겠어? 그렇지만 엄마 없는 설움, 피붙이나 식구들에게 미움 받는 설움, 이리저리 쫓겨 다니는 설움은, 그럴수록 더 섭게 느껴졌나봐. 아직도 나는 그 설움과 미움이 안 씻기고 있는 거 같아. 내가 아직 철이 덜 들어서 그런가……그 철이 다 들어야 마음도 편해지고 가더라도 가볍게 갈 텐데…….

아버지는 자식들이 아무리 잘못해도 때리는 법이 없는 사람이었어. 젤 큰 벌이 웃목에 손들고 있는 거지. 한번은 서당골 서모가 우리 준다고 콩을 볶았는데 아버지가 들어서다가 우리 셋만 앉아서 먹고 있는 것을 보신 거야. 그게 그렇게 화가 났을까? 그 양반도 중풍이 들면서 마음이 약해져서 그랬겠지. 화가 나서는 후라이판째 뜨거운 콩을 다 던져버리고는 우리더러 윗목에 손들고 서 있으라는 거지. 오빠랑 나는 사실 아버지가 화내는 게 좀 이해도 안 가고 귀엽기도 했어, 하하하~. 그래서 둘이 눈을 마주쳐가면서 킥킥대다가 벌을 두 배나 서게 됐잖아. 근데 오빠가 손을 든 채로 "완철이는 잘못한 것도 없고 어리니께, 제가 완철이 벌까지 다 섰으면 좋겠구만요" 한 거야. 아버지가 한참을 못 들은 척하다가, "저 찢어쥑일 놈……" 하고서는 각자 자기 방으로 가라 그랬어.

아버지는 전쟁 중에 돌아가셨어. 1951년 음력 7월이었응게*한참 더울 때였지. 돌아가시기 전 한동안을 식음을 전폐하시더라고. 지리산에 가 있는 춘섭 오빠를 빼고 모든 가족들이 임종을 했지. 모르지……남들 모르게 왔다 갔는가도……. 전쟁 중이어도 온 동네 사람들이 참여하는 큰 장례를 했어. 멀리서도 사람들이 많이 왔고. 온 동네 사람들이 집안을 가득 채우고도 모자라, 집 주변으로도 크고 하얀 천막을 돌아가면서 쳐서 초상 손님들을 치렀지.

상여 나가는 날, 시신을 실은 상여가 앞에 나가고, 그 뒤로 남자 상주들이 대로 만든 가마를 타고 뒤따르지. 균섭 오빠가 하도 무거워서 가마 자루가 휘청휘청하니까, 가마꾼들이 그걸 안 들려고 하더라구. 여자 상주들은 가마를 못 탔지. 그냥 걸어가는 거야. 빨간색 노란색 흰색, 색색의 만장 수십 개를 머슴들과 동네 사람들이 들고, 보절면 전체가 초상집이었던 기억이야. 동네 애들이야 뭐 알아? 그저 큰 부잣집 잔치 났나 했겠지. 어른들이 야단을 쳐도 키득거리면서 몰려다니며 쫓아오기도 했어. 그도 그럴 게, 온 동네가 며칠은 아버지 장례 음식으로 먹었을 거여. 오죽허면 동네 사람들이 저 양반은 살아서도 동네 사람들 많이 멕이더니, 난리 통 배고픈 시절에 가면서 또 온 동네를 한 번 더 멕이고 간다고 치하들을 했으니까. 상여가 보절면 전체를 한 바퀴 돌고 신파리에서 신흥 거쳐 똘촌 지나 선산으로 갔어. 나도 누런 상복 치마저고리에 대막대를 들고 머리엔 새끼줄로 쓰개를 동여매고, 다른 여자 상주들이랑 같이 따라갔지. 또랑 건너면서 대막대기로 물속을 짚고 팔짝 뛰어 건너니까 큰언니가 야단을 치더라구. "상주가 돼 갖고, 동네 사람들 보는데 경망스럽게 뛰느냐"고.

아버지가 그렇게 가고 나자 나는 더 외롭고 서럽게 돼버린 거야. 전쟁 시작하고부터는 춘섭 오빠도 나랑 놀아주지를 못하고, 보더라도 잠깐씩 왔다가 금세 가버리고 했으니까.

일제 말, 우리 동네에서 정신댄가 거기 끌려간 여자들은 없었던 거 같아. 부자 아니라 가난한 집도 그랬을 것인디, 글씨……가난한 집 일은 내가 잘 모릉게. 하여튼 내 주변이나 집안으로는 정신대 그런 거는 간 사람이 없어. 정신대 안 끌려갈라고 동네 색시들을 서둘러 짝을 지어 시집보낸다는 소리는 들었지. 남자들에게는 징용이 나오기도 했는갑더만, 우리 집은 쌀 내주고 논 내주면서 머슴들을 집안 남자들 대신 보내고 그랬다더라고. 그때는 머리가 흐연 종들에게도 "애비야, 에미야" 하고 부르고, 이짝에서 반말 혀도 저짝에서는 말 올리고 그랬던 땡게.

인공 때랑 전쟁 때 우리는 한 집안에 우익 대장급하고 좌익 대장급이 한데 있는 거잖아. 속으로는 어쩐가 몰라도, 어쨌든 형제 간 우애는 좋았어. 아무래도 춘섭 오빠가 많이 서글펐겠지만, 그걸 마음에만 담지 밖으로 앙갚음을 할 사람은 아니니께. 그러니까 인민군 오면 춘섭 오빠가 나서서 막아주고, 국방군 오면 이번에는 균섭 오빠가 나서서 막아주고 해서, 우리는 어느 쪽으로도 별 피해가 없었어. 동네 사람들도 우리 아버지 덕 안 본 사람이 없응게, 지주 집이라고 해코지하는 사람도 없었지.

전쟁 때 인민공화국 본부가 우리 집 사랑채에 차려지기도 했지. 젤 넓기도 하구 먹을 거랑 쓸 만한 물건들도 많았응게 그랬겠지. 그때도 뭐 그냥 내줄 거 다 내주고 서로 잘하고 그랬던 거 같아. 이쪽이나 저쪽이나 사람 다치게 하고 하지는 않았어. 지리산 자락으로는 돌아가면서 동네 사람들끼리 서로 죽이고 웬수되고 하는 게 유난히 많았다드만, 신흥의 순웅 안씨 집안하고 식솔들 사이에서는 별라 시끄러운 게 없었지. 저녁마다 모여 인민군 노래 배우고 가르치고. 나는 어리지만 중학교를 다니다가 집에 내려왔던 건께, 아무래두 쉽게 배우잖아. 밤마다 다른 마을 가서 사람들 모아놓고 노래도 가르치고 연설도 하고 그랬어. 학교가 늦어서 중학교 2학년 다니다 왔어도 열여덟아홉이 었거든. 선전부장도 하고 그랬어. 완장도 찼지야, 하하하~. 우리 마을에서는 절대 안 하지. 그러다간 동네랑 집안에서 난리가 났게? 일부러 멀리 못 알아보는 동네로 보내는 거야. 나한테는 주로 여자들 모아놓고 가르치는 일을 줬어. 그러니까 지금도 여맹 뭣을 했다는 이야기가 있나봐. 여맹 뭣은 아니었고, 선전부장을 했던 거야. 그때는 뭔지도 모르면서 신이 나고 그랬어. 내가 양반집 부잣집 딸이었지만, 딸들 신세 서러운 건 양반이나 상놈이나 다 똑같은 거 같기도 하고 그랬지. 그리구 아마 어려서 엄마 잃고 이리저리 치인 내 설움을, 그 선전부장 일에 담았는가도 모르지. 춘섭 오빠 때문에 인민공화국에 대해 나쁘게 생각하지 않은 것도 있을 거고. 양반집이니 부잣집 어른들은 세상이 망쪼가 들었다고 한탄들을 해쌌더만, 나는 신이 나고 좋았어.

"짚자리에 떨어지는 날부터, 쓰지 못할 계집이라고 해서, 갖은 학대 다 받았지 않느냐."

원래는 힘차게 부르는 노랜데, 가사가 서럽고 딱 나를 위해 만든 노래 같아서, 혼자 구슬프게 부르며 울고 그랬었어. 진짜 어렵게 산 사람들이 보면 참 가소롭기도 했겠어, 응? 하하~. 니가 그 무슨 노동당 여성위원장인가 한다 그럴 때, 내가 겁이 난 게 그거여. 우리야 별 탈 없었지만, 그때 공화국 편에서 뭐 하던 사람들이 나중에 다 도망가고 죽고 그랬거든. 선전부장 한 얘기는 전쟁 끝나구는 아무한테도 이야기를 안 했어.[9] 그전에는 그런 얘기를 하고 살 수가 없었지. 그때 춘섭 오빠는 곁에 없었어. 어딘가는 몰라도 인민군 상부에 가서 일을 본다고 하더라구. 배치가 그렇게 되었다고 하더라구.

말 들응게 상촌마을에서는 이장이며 구장에 반장들까지 학살당하기도 했다더먼. 죽창이라고 대나무 끝을 칼로 화살촉처럼 에워서 그걸로 서로들을 찔러 죽이고 그랬다더라구.

어느 날 아침 조카랑(큰오빠네 딸) 어디를 가는데 산 들어가는 입구 한 군데서 까마귀들이 까악까악 야단들을 치구 있더라구. 그래서 가봉께, 상촌마을 이장 부인이 돌에 머리가 깨져 죽어서 거적에 덮혀 있더라구. 거적으로 덮어놔봤자 시체가 다 드러나고 벌써 까마귀들이 뜯어 먹고 있더만. 내가 그 여자를 알았지. 점순 언니(둘째 언니)네 시가 쪽 먼 친척인데, 본 적도 있었어. 이장을 죽일려다가 도망가고 없응게 대신 마누라를 돌로 쳐서 죽였던가벼. 근데 내가 알기로 그 여자는 허구한 날 서방한테 두들겨 맞고, 친정으로 가라고 쫓아내면 다

---

9 안완철은 나나 다른 자식들에게 인공 때 선전부장을 했다는 이야기를 하지 않았다. 그러다가 내가 민주노동당 여성위원장을 하던 어느 날(2004년 무렵) 자식들이 모인 자리에서 "그거 무서운 거"라며 내가 하는 진보 정당 활동을 말렸고, 지금 시대에 별 문제가 안 된다는 자식들의 이야기를 듣고서야 자신이 인공 때 선전부장 등을 했다는 이야기와 함께 춘섭 오빠의 좌익 활동 이야기를 점점 상세하게 꺼내놓기 시작했다.

시 기어들어와 또 두들겨 맞고 하던 여자였어. 그런 여자를 지 서방 대신 그렇게 돌로 머리를 쳐 죽였더라고. 참 불쌍한 게 여자지……그 때는 그런 거 저런 거 생각할 틈도 없이 무서워서……그걸 보구 며칠을 밥을 못 먹었다니께.

왜 국방군이고 인민군이고 저그들이 직접 죽이지 않고 마을 사람들을 앞세워 같은 마을 사람을 죽이게 했나 몰라. 그러니 인민군들이 가고 전쟁이 끝나고 나도, 그쪽은 동네 사람들 간에 웬수가 많이 생긴 거지. 그 웬수지간이 대를 이어 인제까징도 이어지고 있당게. 순흥 안씨 모여 살던 보절면이랑은 그런 게 없었는데, 그 근처 상촌이니 화순이니는 그런 경우들이 많더라구. 요즘도 선거 때만 되면 옛날 얘기 끄집어내서 동네가 뒤죽박죽이 되고 한다더라구.

양반 집안이라도 다른 집안은 많이 달랐어. 그때 양반집들이 돈이 많응게 유학도 보내고 높은 공부도 하고 그랬잖여. 그런 사람들이 모다 좌익 공부하고 비밀 당원도 하고 그랬잖여. 그러다가 끌려간 사람, 죽은 사람들이 셀 수 없이 많았지. 전쟁 끝나고 낭게, 소리 소문 없이 없어진 사람들이 많았어. 대놓고 묻지들도 못 허고 쉬쉬하고들 했지. 춘섭 오빠랑 친하던 학교 선생님들도 거의 없어졌어. 인근 마을 가차운 친척뻘 종손은 동경 유학까지 다녀오고 좌익 사상을 하던 사람인데도, 그 난리에 머슴들에게 죽창에 찔려 죽었지. 지주 집 아들이라는 거였어. 난리도 그런 난리가 없는 거여. 어느 짝이냐가 문제가 아니라 누구랑 웬수지고 살았느냐가 원인이었어. 모함도 많았고 억울한 사람들도 많았지. 이리 굽신대고 저리 굽신대다가 어느 짝에다가 죽는지도 모르고 죽었을 것이여들. 총 들고 온 놈이 어느 짝인 줄을 알아야 답을 지대로 둘러댈 텐디, 그걸 모르니 그저 굽신만 대다가 말 한자락 잘못하면 죽는 거지.

비암골에서는 마을 한가운데 우물에 사람들을 산 채로 잔뜩 던져 넣고, 그 위로 흙을 높게 덮어 눌러서, 산 채로 한꺼번에 몰살을 시켰다고도 했어. 애들하고 여자들이 며칠을 우물에서 울어대더라구. 총알도 아까운 년놈들이라고 하면서 그렇게 죽였다고들 해. 지리산 그 근방에서 그렇게 죽은 사람들이 수도 없어. 우리 집안에서는 춘섭 오빠만 그때 죽은 것이지. 하나밖에 없는 아들이 지리산에서 죽었다는 소식을 아무도 서모에게 말하지 않았어. 서모는 그 아들이 "이북으로 갔나, 감옥에 갔나, 어디서 숨어 살고 있나……", 죽을 때까지 늘 그런 말을 가끔씩 하고 그랬어. 죽었단 소리는 말도 못 꺼내게 했지. 자유당 정권 들어서고 나서는 균섭 오빠가 국회의원까지 하고 그러는데도, 동생 찾아보란 말을 못 하더라고. 균섭 오빠가 유난히 서모를 어머니 대접을 안 했어. 아버지 계실 때도 그랬지만 아버지 가시고 나서는 더 눈에 띄게 무시했지. 춘섭 오빠 땜에 혹시 재앙이라도 올까 일부러 거리를 두려고 그런가 아니면 첩이라서 그런가는 몰라도, 서모 입장에서 많이 서럽게 했지. 재산 분배 받은 것도 나중에 일부를 또 빼앗고 그랬어. 그러니 그 서모가 나를 이뻐라 했겠어?

전주에서 여중학교를 다니다가 전쟁이 나니까 집으로 와야잖아. 그니까 그때는 다른 데로 피난을 간 게 아니라 고향 큰오빠네, 말하자면 본가로 돌아온 거지. 균섭 오빠네 식구들은 혹 큰오빠네나 가족들에게 피해 줄라나 해서 다른 곳으로 피난을 갔어. 국군 대령 가족이니께. 내가 집으로 돌아올 때는 차가 없어서 남원까지 이백 리 넘는 길을 걸어서 왔어. 평소 같으면 여학생이라고 국방군 차도 태워주고 혔는디, 워낙에 다급하니께 태워줄 엄두를 않더라구. 근데 하필이면 그 난리 피난길에 초경이 시작된 거야. 난 그때 초경이 뭔지도 몰랐어. 언니들이 있기는 했지만 나이 칭하가 많응게 알려줄 기회가 없었던 거지. 죽을병이 걸린 줄 알고 아무한테도 말을 안 하고, 자꾸 속옷만 갈아입어댔지. 처음잉게 많이 나오지는 않았드라도 피가 꺼멓고 그렇잖아. 이러다가 딱 죽는가부다, 생각했어. 걷기가 너무 힘들고 다리가 아프니까 죽을려면 어서 죽었으면 딱 좋겠더라구. 그때 상촌 사는 오빠 친구 아저씨네 세 식구들이랑 같이 내려왔다 그랬잖아. 아마 균섭 오빠가 부탁을 했나봐. 하룻밤을 여인숙에서 자기도 혔어. 아저씨가 밥도 사주고 방 하나를 더 잡아서 자기 딸하고 나하고 자게 했지. 근데 그 딸애가 나보다 한참 어린데 달거리를 벌써 잘 알더라구. 걔가 말해줘서 그게 죽을병이 아닌 줄을 알았던 거여.

진짜 피난은 1·4 후퇴 나면서 간 피난이지. 그때는 작은올케랑 그 아들 재창이랑 같이 남원에서 화순 산꼭대기를 거쳐 구례까지 도망을 갔었어. 화순 산꼭대기가 전라북도와 전라남도의 경계선이드만. 올라가봉께, '안녕히 가세요', '어서 오세요' 그런 팻말들이 있더라구. 구례로 가봉께 거그는 또 영판 딴 세상이여. 난리 흔적도 없는 거여, 동네 전체가. 그때가 한참 보리밭 맬 땐디, 보리밭 매면 보리밥 주겠다고 해서 밭 매주고 보리밥을 배부르게 얻어먹은 기억이 나. 피난길이어서 배가 많이 고팠는디, 모처럼 배부르게 먹은 거지. 그때 작은오빠는 처음엔 지리산에 숨었는데 수염도 머리도 하도 안 깎고 체구도 거창하게 크고 하니까, 사람들이 좀 달리 보았든가봐. 일제 때 중령도 하고 전쟁 때 대령까지 하다가 어떻게 어떻게 지리산으로 들어왔응게, 뭐가 달라도 달라보였던 게지. 어디서 한 자락 해먹은 인물로 보였을 거여, 알아보는 사람도 있었을 테고. 하루는 총대를 멘 인민군편 사람들 여럿이 오빠가 숨어 있는 지리산 골짜기 집으로 몰려오더라는 거여. 그래서 뒷문을 박차고 나가 굴뚝 뒤에 파놓은 땅굴에 숨었다가, 사람들 가고 나서 그 길로 산을 도망 나와 배타고 제주도까지 피난을 간 거지. 대령잉게 가는 방법이 있었겄지.

1·4 후퇴 그 난리 때는 참 무서웠어. 인민군은 따발총이고 국방군은 기관총이었어. 남원읍에 박격포가 한번 떨어지면 커다란 방죽만한 구덩이가 하나씩 파졌지. 머리가 짤려 나가고 팔다리가 따로 따로 튀고, 재수 좋은 사람은 딿고 있는 머리채만 온데간데없고. 밤이면 인민군이 내려와 소 돼지 닭이며 밥을 한바탕 쓸어가고, 낮이면 국방군이 들어와 또 한바탕 샅샅이 뒤져 쓸어가고. 낮에는 파랑 세상 밤에는 빨강 세상, 그랬다니께. 밥을 한~ 솥 해서 소금물에 담근 손으로 한 줌씩 뭉쳐 주먹밥을 만들어서 인민군이니 빨치산들에게 싸주고 그랬어. 사람들이야 뭘 알어? 여기다가도 굽신 저기다가도 굽신, 재수 없으면 그 자리에서 총살이니까, 어디가 됐든 누가 옳든 굽신거리며 목숨을 부지하려 한 거지. 그때 학교 선생들이 다 죽었나봐, 아니면 이북으로도 많이 갔을 거여. 전쟁 끝나고도 싹 없어졌는가, 선생님들이 나타나지를 않았어.

전쟁 끝나고도 남원에 한동안 살았어. 학교를 이어서 다니지를 못한 거지. 누구도 공부 더 하자고 챙겨주지를 않은 거야. 두 오빠가 모두 자기 딸들은 고등학교까지 가르치고는, 나는 중학교를 보내다 만

거지. 나 가르칠 재산은 아버지한테 넘치게 받아놓고는. 난 높은 공부 못 한 한이 젤 커.

　큰올케네가 딸만 다섯이었거든. 둘은 일찍 죽고 셋을 키웠지. 그 핑계로 큰오빠가 첩을 얻어서 아들 둘과 딸 하나를 얻었어. 그러니 올케가 아들 낳으려고 뚝 하면 백일 제사를 지내고 그랬어. 지리산에도 들어가고 절도 찾아다니고 하면서. 한번은 동네 안씨 처자들 또래 일곱 명이 같이 사진을 찍은 거야. 사진을 찾으려면 돈이 있어야 하는데, 그때는 곡식으로도 돈 대신 줬거든. 쌀 한 종그레기를 줘야 하는데, 큰올케가 그걸 안 내주는 거야. 내가 웬만해서는 그 집 광을 안 뒤지는데 그때는 하도 부아가 나서 큰올케 나가고 나서 광을 열고 쌀 한 종그레기를 폈지. 근데 나가다 말고 올케가 그걸 보고 달려와서는 소리를 크게 지르며 뭐라구를 하는 거야. 그래서 내가 막 지랄을 했어. "우리 어머니 아버지 논밭에서 농사지어서 해마다 수백 가마니 쌀을 얻으면서, 나한테 쌀 한 종그레기를 못 주냐? 너그 집으로 가라. 아들 낳을려면 맘을 곱게 써야지, 백일산제 지내면 뭐 하냐? 집에 있는 시누이는 맨날 배곯게 하고, 지리산 귀신들에게 제사만 지내면 아들이 생기겠냐?" 분하니까 말이 막 쏟아지더라구. 그 올케가 아들 낳는 기도 한다구 노상 절을 다니면서, 갈 때마다 벼를 구루마에 가득가득 싣고 갔었거든. 한 동네에 큰아버지랑 작은아버지(둘째 큰아버지)네 식구들도 같이 살았어. 제사 때면 모두 큰집에 모이는데, 그 집 며느리들이 올케 보고 "자네가 작은 아씨에게 왜 그러는가?" 하고 나무라기도 많이 하고, "부모 없는 시누에게 잘해야 복 받지" 하기도 하구, 내 손 잡고 방으로 데려가서 "에고 세상에, 안쓰러운 우리 아씨……" 하면서 유과랑 제사 음식이랑 챙겨주기도 하고 그랬지.

큰올케도 이제 생각해보면 자기 설움이 많았을 거여. 가난한 시골 여자여서 순수하고 부지런하기는 했어. 단지 너무 애끼는 게 문제였지. 내가 아무리 어렸고 부아가 났어도, 아들 못 낳은 이야기는 담고 있어야 했는디, 젤 아픈 곳을 송곳으로 콱 찌른 거잖아. 어떤 때는 화가 나면 '논 서 마지기 주고 사온 여자'라며 대놓고 무시를 하기도 했어. 내가 참 철이 없었든 거지. 그 언니도 양반이라면 이가 갈릴 텐데……. 균섭 오빠가 기다란 왜놈 큰 칼을 디밀며, 나한테 잘하라고 윽박지른 것도 기억나는구먼. 형수한테 양반이 할 짓이 아닌데, 무시했으니까 그랬겠지, 양반 낮은 집 여자라고…….

그 큰올케 설움이 오죽했겠냐? 양반 높은 집 몸 온전찮은 장손한테 맏며느리로 시집와서, 논 서 마지긴지 몇 마지긴지는 몰라도 친정이 챙겨갔을 테고, 툭 하면 양반 모자르고 가난한 친정 때문에 서러운 소리나 수태 들었을 테고. 게다가 높은 양반집 맏며느리가 딸만 줄줄이 다섯을 낳으니 시댁 식구들한테 낯이 서기나 했었어? 서방이 작은 각시 두는 것을 반대를 할 수나 있었겄어? 게다가 서방은 몸 온전찮은 신경질이 만만치 않았을 거고. 큰오빠 성격이 불이었거든. 그러니 자기 설움이 너무 커서 막내 시누 설움이 안 보였겄지……. 거기다 아버지 가실 때 내 몫의 재산은 작은오빠네가 챙겼을 테니, 이래저래 내가 이뻐보일 리가 없지. 왜 그때는 그런저런 남의 세정들이 안 보이고, 나 아프구 서러운 것만 보였나 몰라. 그 큰올케 보기에야 내가 철딱서니 없는 부잣집 막내 시누로만 보였을 거구만…….

그 근방에만 안씨가 이백 호가 넘었지. 일찍 과부가 된 현순이라고 아짐 하나가 있는데, 아직도 부안에 살고 있지. 그 아짐이 나를 집으로 데려가서 유과며 강반이며 챙겨 주고, 낙지도 볶아 멕이고 흐연 쌀밥 해주고 그랬어, 시아재들 모르게.

시집가고 나서도 큰올케랑은 안 좋았어. 자기 딸들 친정 오면 반가워라 하면서 먹고 놀게만 하다가, 보낼 때도 이거저것 바리바리 챙겨 주고 그러잖아. 근데 내가 시집살이 하다 친정이라고 가면 노상 "뭐 하러 와? 뭐하러 와?" 그래쌌는데, 그 말이 그렇~게 싫더라구. 아니면 "막내 아씨 친정은 작은집인데요" 소리나 해쌌고. 시집살이 힘들어 좀 편케 쉬려고 친정이라고 가도, 누구 반겨주는 사람 하나 없고 챙겨주는 사람도 없고…….

일제 끝 무렵이랑 해방되고 바로는 굶어보기도 하고, 밀가루 수제비 몇 쪼가리에 시래기를 넣어서 끓여 먹어보기도 하고 그랬어. 그전에 벌써 가겠다는 종들은 모두 종문서 태워서 살림 챙겨 내보내고 났으니, 그때는 종을 두셋만 데리고 살면서 깡보리만 쓿아 먹기도 하고 그랬었지. 그때는 뭐가 뭔지 도대체 한바탕 난리가 나고, 우 아래도 없이 뒤집어졌다 엎어졌다 하던 시절이었으니께…….

정략결혼, 그리고 외롭던 시집살이

안완철 / 군섭 오빠와 의형제를 맺은 후배 유광○ 씨가 내 혼인 중매를 섰어. 아들만 일곱을 키우고 국회의원을 한 사람이지. 만석군인 유○○의 아들이야. 대단한 부자였지, 양반은 모잘랐어도. 전북 남원군 사매면 인화리. 거기가 유○○네 집안 동네야, 그 옆 이백면이 삭녕 최씨, 남편 쪽 동네고. 유○○이는 오빠랑 같은 남중학교 동창이야. 남중학교는 왜놈 고관 자식들과 조선 벼슬집 아들들이나 다닐 수 있었던 학교지. 유광○ 씨는 시어머니 유 씨의 남동생이야. 나한테는 시외삼촌인거지. 그 유광○ 씨가 얼마 전에 치매로 죽었다고 하더라구.

내가 보기에 그 결혼은 정략결혼이었어. 신랑 측으로 보면 아들들 군대 안 보내려고 대령 집을 사돈으로 한 거지. 너그 최씨네 아들 셋 모두 군대를 안 갔어. 그리고 신부 측으로 보면 균섭 오빠가 남원 국회의원 하려고 삭녕 최씨를 택한 거고. 남원 일대에 삭녕 최씨네가 많았거든. 오빠는 왜정 끝나고 계속 군에 있으면서도 정치할 생각을 했던 거야. 자기 아버지가 남원에 뿌려놓은 은공 덕을 볼 생각을 했던 거지. 결국 군 예편하고 자유당으로 국회의원을 한 거야. 남원에서 남원군 사매면, 보절면, 이백면⋯⋯다 일가거나 사돈이거나 그래. 집안뿐 아니라 머슴이며 종이며 식솔들까지 합하면 다야 다~. 다 자기 표가 된 거지.

혼인은 53년에 했어, 스무 살이 막 넘었을 때지. 난 결혼 생각이 없었어. 다른 처자들로 하면 혼인할 나이가 찼었지만, 난 학교를 더 다니고 싶었지. 결혼이 뭔가도 몰랐고. 근데 혼인 말이 오가는 거 같더니만, 금방 날을 잡더라구. 서로 간에 더 따지고 말고 할 게 없는 혼인이었던 거지 뭐. 나는 몰라도 오빠네랑은 서로 다 아는 집안이었으니까. 혼례식은 신부네서 하는 거니까 큰오빠네 집에서 했어. 신랑 측에서는 신랑 아버지랑 작은 아버지가 왔더라구. 상객인 거지. 그 부잣집 너른 마당이랑 대청이랑이 사람들로 꽉 찼었어. 소나무 대나무를 꽃병에 꽂고, 여자들이 신부 양쪽에서 잡고서는 여기저기다 대고 절을 시켜쌌고, 줄 달린 쪽박에 술을 담아서 신랑에게 마시게 하고는 그 채로 신부에게 보내서 마시게 하고, 그걸 여러 번 왔다 갔다 하고. 나는 갑사 빨간 치마에 파란 저고리를 입고 있었어. 뭔가는 몰라도 혼인이 싫어서 그 전날 밤새 울었어. 그래서 눈이랑 얼굴이랑 팅팅 부었지. 신랑 얼굴도 혼례식 하면서야 처음으로 힐끗 보았는데, 웬 노인네 같이 맘에 안 찼어. 그때도 이가 안 좋아서 그랬는가 좀 합죽이 같더라구. 턱 밑에 흉도 보이고. 신랑 안 이쁘다고 사람들이 여기저기서 쑥덕대고 그랬어. 이마 앞 꼭지보다 뒤꼭지가 더 이쁘다고 말하기도 하고. 나는 자세히 보지두 못했어. 혼인식을 하면서두 안 하구 싶은 마음만 굴뚝같았지. 음력 오월이니 더울 땐데, 옷을 하도 껴입어 더워 죽겠기도 하고. 근데 혼례를 치르는 중에 그 더운 날씨가 갑자기 폭풍이 몰아치더니 주먹만 한 우박이 후두두두둑 떨어지더라니까. 사람들이 많이 모였는데 모두들 수군거리고 그랬어.

그때 혼례는, 신부네서 이틀을 자고 삼일째에 시집으로 가는 거야. 근데 첫날밤을 자는데 갑자기 대청마루며 기둥이며가 무너지는 거야. 부잣집이니 굵은 기둥을 마루에 세우고, 두꺼운 마루짝들을 절간 짓듯이 못 안 쓰고 끼워 맞춰서, 대청을 만들었거든. 낮에 사람들이 대청마루에 그득 올라가 있기는 했지만, 그런다고 그 부잣집 대청마루가 무너질까? 하여튼 그 두꺼운 마루짝이랑 굵은 기둥들이 우수수 무너지더라구. 큰올케가 "아니, 우리가 뭘 잘못해서 혼인날 이렇게 대청마루가 무너지고 기둥이 빠지느냐"고 난리를 했지. 내 험난한 결혼 생활의 징조였나봐. 손님들도 많은데, 온 집안이 발칵 다 뒤집어졌어. 부잣집 혼인이니, 손님들이 안 가고 그 집에서 며칠을 먹고 자고 하는 거거든.

삼일 만에 신랑네로 가는데, 원래는 처음부터 가마 타고 말 타고 하는 건데, 균섭 오빠가 찦차를 내줘서 그걸 타고 시댁 동네 앞까지 갔어. 거기서 내려서 꽃가마를 갈아타고 그 채로 시집 안으로 들어간 거지. 몰라, 신랑은 말을 탔는가 걸었는가. 난 그런 거 볼 겨를도 없었어. 꽃가마를 내려서 처음 본 시댁 모습은, '고가'라는 느낌이었어. 사랑채를 골기와가 아닌 납작 기와를 얹은 거랑 안채 지붕을 짚으로 이은 거랑. 그런 게 더 양반집 전통이라고는 하더만, 그냥 내 생각에는 무슨 옛날 사람들 집 같기도 하고, 좀 없는 집 같기도 하고 그랬어. 친정은 모든 게 다 신식이었거든. 나중에 보니 머슴 사랑이며 외양간이며 행랑채는 오히려 신식 기와를 얹었더라구. 소소리 대문이라고 '끼익~' 소리 나는 그 대문이 있고, 안채로 들어가려면 오그리고 들어가는 문이 있었어. 말하자면 안채는 대문에서 한참 안쪽에 있는 거지.

그 집에는 왜 그렇게 구렁이가 많았는지……. 첫날밤을 자는데 방문으로 구렁이가 올라오더라구. 안채가 짚으로 지붕을 얹어 더 그랬겠지. 나중에도 그 집은 뚝 하면 여기저기서 구렁이가 나오는 거야. 돌구들 밑이랑 마루 밑에도 들어앉았고, 다락에 올라가도 있고, 담과 담 사이에 걸쳐도 있고. 구렁이가 사람을 봐도 도망을 안 가, 쫓아도 안 간다니까~. 화로에 고추씨를 태우면 매워서나 도망을 갈까……. 어릴 때 보절면 본가에도 구렁이가 나오기는 했지만 그렇게 천지는 아니었지. 나는 그 구렁이 때문에라도 못살겠더라구. 어디를 가도 늘 구렁이가 나올 거 같아서, 처음에는 하루 종일 마음이 조마조마한 거야. 징그럽고 무섭고.

남편은 결혼하고 나서 집에서 지내지 않고, 전주에서 학교를 다녔어. 전북대 국문과를 다 다니고 나서, 지금으로 하면 석사 과정을 다닌 거지. 그러니 집엔 가끔 오는 거야. 첫 해에 큰아들을 임신해서 다음 해에 낳았는데, 그러고 나서도 난 거기가 내 살 집 같지가 않았어. 그때 큰시아주버니네는 학교 선생이니까 미리 재금 나서 따로 학교 근방에서 살림하고, 둘째 시아주버니네도 버스 회사 상무 한다고 전주로 재금 나와 있고 했지. 그러니 막내아들이지만 처음에는 재금을 안 내주는 거야. 시집 식구들은 시어머니하고 시아버지하고 두 살 아래 결혼 안 한 시누이 하나가 같이 살고 있었어. 그 밑으로 결혼 안 한 막내 시누이 하나는 공부한다고 전주 나가 있고, 다른 시누이들은 이미 결혼을 했고. 남편 형제는 아들 셋에 딸이 넷이고, 그중 막내아들인 거야. 시어머니는 따뜻하게 잘해줬어. 아가, 아가 해싸면서, "내가 너를 공주로 안다. 나랑 오래오래 같이 살자" 노상 그 말씀을 하셨어. 그런데 오래 같이 안 살고 곧 재금을 나오게 됐지.

시누이랑 한 방에서 같이 잤는데, 그 시누이도 나는 별로였어. 결혼 자체가 싫었으니 시누이가 좋게 여겨지지가 않은 거지. 시누이가 광에서, 고추며 팥이며 찹쌀들을 내다가 돈도 모으고 옷감도 사고 수실도 사면서도, 어른들이 물어보면 절대로 안 했다는 거야. 지금 생각으로는 그 시누이가 그렇게 머리를 쓰는 거가 똑똑한 건데, 그때로는 그게 그렇게 미웠지~, 하하하. 나는 하기 싫은 결혼을 해서 집안일 하느라고 힘든데, 두 살 어린 시누이는 살림은 나 몰라라 하고 저 하고 싶은 거만 한다는 생각에 미운 생각이 드는 거지. 시어머니가 머슴이니 종이니 해서 밥하라고 쌀이랑 보리를 내주는데, 거기서 한 바가

지썩을 축내는 거야. 한 바가지면 당연히 태가 나지. 시어머니는 "왜 이렇게 밥이 적냐?" 하시고, 그런다고 시누이가 그랬다고 이를 수도 없고. 딸 버릇을 아는지 시어머니가 나를 야단을 치지는 않았어. 그 부잣집이라도 쌀 아낀다고 딱 맞게만 내줘. 밥을 할려면 보리만 한~ 솥을 우선 앉히고 가운데 위로 구멍 파듯이 해서 조심조심 쌀을 살그마니 앉히지. 조심하지 않으면 탁 풀어져서 쌀이 온데간데가 없거든. 밥을 담을 때가 되면 꼭 시누이가 와서 그 흰쌀 쪽으로 한 공기를 먼저 퍼다가 따로 놔둬. 그러고는 지가 일일이 식구들 밥을 뜨는 거야. 아버지 밥은 가운데서 허연 쌀밥으로 뜨고, 내 거는 순전히 보리만으로 그릇 끄트머리에 붙는가 마는가 하게 뜨는 거지. 시아버지 밥을 뜨고 나면 다른 사람들 밥그릇에는 눈 씻고 봐도 쌀 구경을 할 수가 없지. 나는 그런 밥을 피난 때 말고는 안 먹어봤거든. 처음에는 그 밥을 못 먹겠더라구. 미끈덩 미끈덩 해 갖고 씹어지지도 않고 밥맛도 들큰허니 이상하고. 근데 나중에는 배고프니 그것도 먹어지더라구. 그거라도 많이 먹었간디? 없어서 못 먹지. 늘 부족했어. 그런데다 내가 식성도 좋지를 않아서 있어도 뭘 많이 먹지를 않았어. 그러니 큰애 먹을 젖이 안 나와 갖고 개가 어릴 때 쇠꼬챙이처럼 빼싹 말랐었어. 눕혀놓으면 정말 깨구락지 뒤집어진 거마냥 그랬지. 밥상을 들여가면 시누이는 입맛 없다고 밥을 안 먹겠대. 그러면 지 아버지가 안쓰럽다고 "명숙아, 이리 오너라" 하고 불러서는 자기 밥을 덜어주지. 그러면 아버지 상에 앉아서 딱 고것만 먹고는 일어서버려. 그러고는 나와서 수시로 부엌을 들락거리면서 숨겨놓은 흰쌀밥을 먹는 거야. 그 시누가 지 어머니한테 내 흉이라도 볼라치면 시어머니가 자기 딸 성격을 잘 아셔서 "아구 이 찢어죽일 년, 난 니가 무슨 소리를 하든 다 안다. 입 다물어라" 그러셨지.

동네에서 돼지를 잡으면 그걸 몇 집이서 나눠 사서는 삶아서 장독대 단지 안에 넣어놔, 냉장고가 없으니까. 그럼 시누이가 오르락내리락하면서 그걸 뜯어 먹는 거야. 나중에 시아버지가 "저울 가져와라. 돼지고기를 몇 근을 샀는데 이것밖에 안 남았냐?" 하고 호통을 치셔. 일러버릴 수도 없고 그냥 쥐 죽은 듯이 가만있을 수밖에. 왜 그때는 그 시누가 그렇게 미워보였나 몰라. 지금 생각하면 똑똑한 거잖아. 나는 곧이곧대로여서 그러지를 못한 거고, 그게 미워보인 거야. 더럽고 아니꼽고 치사해서 시집살이 못하겠더라구. 나는 새벽에 일어나 밤에 꼬꾸라져 잘 때까지, 한순간을 쉴 수가 없는데, 시누는 그러니 그게 미운 거지. 한밤중에는 또 다듬이질 해야지, 애한테 이리저리 시달리고 뜯기지. 어디 나가봤자 맨 타성받이니 누구 붙잡고 하소연을 할 수도 없고.

최현숙 / 막내고모가 전주로 일찍 유학을 갔으니 그 고모가 집에서는 막내였잖아. 부잣집 막내딸이 뭐 얼마나 철이 들었겠어? 엄마를 봐도 빤하지 뭐~. 그 고모 입장에서는 또 다른 서러움이 있었을지 모르잖아. 엄마처럼 더 공부를 하고 싶었을 수도 있고. 지난 동○이(안완철의 맏손주) 결혼식 때 뵈니까 많이 늙으셨더라고, 귀도 거의 안 들리시고. 고집 센 고씨네로 시집가서 엄마 비슷한 시집살이도 하셨을 테고. 고씨네 시집살이하며 서방, 자식 뒷바라지 하는 게, 만만치 않은 일이었을 걸. 듣기로는 고씨네 고집이 최씨네만 못하지가 않겠더만, 하하하~. 고씨네고 최씨네고가 문제가 아니라, 양반집이고 부잣집이라도 여자들 살아온 거는 다 비슷비슷한 거지…….

안완철 / 시어머니는 부잣집 맏며느리여도 일을 많이 하셨어. 나랑 맨날 밖으로 돌면서 밭일 하고 그러셨지. 밭도 많아서 일은 끝이 없는데, 시아버지는 늘 담뱃대 늘어지게 물고 새막(벼나 수수 따위의 곡식이 익을 무렵에 모여드는 새를 쫓으려고 논밭가에 지은 막)에서 놀고, 비 오면 마루에서 놀고. 집안 넓은 마당에 고추니 곡식이니를 널어놓잖아. 비가 아무리 와도 시아버지는 그걸 안 거둬. 밭에서 일하다 말고 어머니랑 나랑 마악 뛰어 들어오면, 마루 유리 창문으로 담뱃대 끄트머리 내놓고 내다보고 앉아서는 "저런 찢어 죽일 년들, 왜 인제사 와? 저그 나락들 다 떠내려버릴 거냐? 뭔 지랄하고 인제 오냐?" 하구 호통만 치지. 그러면 시어머니가 내게다 대고 "너그 아버지 조깨 봐라. 자기는 손끝 까딱을 안 함시롱 우리한테다만 호령이다" 하며 불평을 했지. 시아버지가 자식이며 부인한테 말을 험하게 하고 그러더라구. 어머니한테 퇴침을 던져 가지구 머리에 피가 쏟아지지도 했어. 나 보는데서 니 아버지를 때리기도 하더라구. 시집와서 얼마 안 됐을 땐데, 무슨 일인가는 생각이 안 나는데, 새색시 보는 앞에서 새신랑을 무섭게 때리더라구. 난 부모든 형제간이든 그렇게 때리는 걸 보고 자라지를 않아 갖고, 그게 그렇게 무섭고 정내미가 떨어지더라고.

아버지가 당한 가정 폭력. 난생 처음 듣는 이야기였고, 둔기로 머리를 맞는 느낌이었다. 아버지의 가정 폭력이 트라우마이던 나는, 이 대목을 두고 두고 곱씹었다. 처음에는 아버지 역시 가정 폭력의 피해자였다는 것에 놀랐고, 시간이 좀 지나자 아버지를 가정 폭력의 가해자로만 규정하던 나 자신에게 놀랐다. 가정 폭력의 대물림, 그리고 내가 당하고 가한 가정 폭력에 관해 많은 사람들과 많은 이야기를 해왔으면서도, 쉰 중반이 되도록 아버지가 당했을 가정 폭력에 관해서는 상상도, 추정도 해본 적이 없다니. 나의 자기중심과 편향에 다시 한 번 기가 찼다.

안완철 / 그전에도 그랬지만 큰아들 낳고 나서도 내가 도망갈 생각을 수도 없이 했어. 한번은 새벽 깜깜할 때 버선이랑 신발을 들고 윤○ 업고 살금살금 기어 나와서 대문을 살그머니~ 열었어. 근데 그 소소리 대문이 '끼익~' 하고 소 우는 소리를 내는 거지. 새벽녘에 몰래 도망질을 할라다가 그 소리가 나니 내가 얼마나 놀랬겠냐? 그 소리를 시누이가 듣고 시어머니를 깨운 거야. 시어머니가 "아구구구구……아가야. 양반집에서 이게 웬일이냐? 사람들 일어나기 전에 어서 들어가자. 날 밝으면 쇠고기 끊어서 술이랑 해서 싸줄 테니까, 그거 가지고 낮에 친정 가자" 하시며, 대문까지 나와서 나를 달래서는 방으로 데려가시는 거야. 그 양반은 나한테 잘하셨어. 그 다음 날인가 시어머니가 고기도 사주고 술도 싸주고 해서 사람 하나 붙여서 친정엘 보냈어. 근데 그렇게 고된 시집살이하다 친정이라고 한 번씩 가면 큰올케니 작은올케니 모두 "뭐 하러 왔어, 뭐 하러 왔어" 그러는 거지. 지 딸년들 친정 오면 반가워서 난리를 치고, 며느리들 시켜서 상전 모시듯이 하다가, "더 있다 가라, 더 있다 가라" 붙잡아 눌러 앉히고, 좋은 거 다 바리바리 싸줘 보내드만. 근데 나한테는 들어서는 들빵구리에 "뭐 하러 왔어", 그 말이 아직도 귀에 선해.

시어머니 유 씨는 따뜻한 양반이었어. 제사 끝나면 이것저것 소반에 담아뒀다가 몰래 주시면서 "젖먹이 에미는 젖으로 다 빼앗긴 게 두 배로 먹어야 하는디, 잘 챙겨놨다 먹어라" 하시곤 했지. 당신이 호된 시집살이를 산 양반인데, 나한테는 오히려 잘해주셨어. 에미 일찍 잃었다고 불쌍해도 하시며, "친정어머니처럼 생각해라", "내가 너를 알기를 공주처럼 안다. 나랑 오래오래 같이 살자" 그 말도 많이 해주셨고. 그 양반도 다섯 살에 생모가 돌아가셨거든. 그 양반 살아계실 때는, 친정으루 도망갔다가도 그 양반 때문에 다시 와서 살았지.

그 양반하고 같이 오래 살지는 못했어. 곧 내가 재금 나와서 전주서 살게 됐고, 시어머니도 병이 나서 곧 돌아가셨어. 돌아가실 때 병간호를 많이 해드려서 게나마 덜 마음에 걸리지. 그 시어머니가 하신 말씀이 있어. "어려서는 외갓집 거 먹고살고, 젊어서는 처갓집 거 먹고살고, 늙어서는 사돈네 거 먹고사는 게 양반이다. 양반이라면 치가 떨린다", 그러시더라고. 그 말씀이 딱 맞는 거야.

시어머니 친정인 유광○이네 집안이 원래 양반이 모자르는 집이었어. 옛날에 아전을 하던 집인데, 그 일로 천석군도 훨씬 넘는 만석군 부자가 된 거야. 그러니 최씨네가 양반 기우는 혼인을 해주면서 처갓집 재산을 많이 가져왔겠지. 혼인할 때만 가져오는가? 흉년 나면 흉년 났다고 논이고 밭이고 받아오고, 경사 나면 잔치 치른다고 미리 주어 받아오고, 며느리 친정 나들이 보내면 소 구루마에 또 소 한 마리를 삶아 실어 보내니 소 두 마리 받아내고. 그러고도 맨날 그 큰살림 다 하고, 서방한테 온갖 욕을 듣고. 양반집 정실이라고는 하지만, 하루 웬종일 일만 하셨어. 새경도 없는 종년이지 뭐냐며, 시어머니가 많이 서러워하셨지. 그러니 그 양반이 막내며느리 재금 내는 것을 미루고 싶어하셨지. 같이 동무 삼아 일도 하고 푸념도 하고 할 상대가 없응게. 결국 균섭 오빠가 우겨서 별수 없이 재금을 내주면서도 많이 섭섭해하셨지. 그 양반도 참 불쌍하게 살다 가신 거야. 시어머니가 내 버선도 기워주고 제사 지내고 나면 밤이랑 송화다식 유과 떡들을 쟁반에 골고루 놓아서 밥상보 덮어서 주면서 "장롱 밑에 넣어놓고 먹어라" 그러기도 하시구. 재금 날 때 더구나 병환이 나 계셨거든. "논도 옷감도 잘 챙겨서 재금 내주려고 했는데 내가 이렇게 아파서 하나도 못 챙겨준다. 어쩌냐……" 하시면서 많이 섭섭하고 미안해하셨어. 배 먹으면 낫는다고 해서 애들 머리만큼 커다랗고 비싼 배도 사다가 깎아 드시기도 하셨어. 큰딸은 효녀고 부자였어. 둘째 아들네도 버스 사업을 해서 잘사니까, 어머니한테도 잘했지. 그 양반이 내 큰아들한테도 잘해주셨지. 업어주고 이뻐라 하고 하셨어.

그 집은 아버지 상에 올리는 김치 따로, 며느리하고 머슴들 먹는 김치 따로 그렇게 담았어. 밥상에서 시아버지랑 시어머니가 싸움도 많이 했지. 시누이는 나랑 겸상인데, 뚝 하면 밥을 안 먹겠다고 일어섰어. 내가 그 속을 뻔히 알아두, 아무 말도 안 하구 있는 거지. 시집살이 맵다는 게 괜한 소리가 아니야, 눈 뜨고 입 달렸어도, 장님처럼 벙어리처럼 사는 거야~.

한번은 또 도저히 못살겠어서 큰오빠네로 친정 나들이 온 길에 아예 시집으로 들어가지 않을 작정을 했어. 며칠이 지나도 안 가니까 큰올케가 언제 갈 거냐고 묻더라고. 그래서 안 갈 거라고 했더니만 금세 큰오빠한테 말한 거지. 큰오빠가 "여기가 어디라고 여기 살 생각을 하느냐? 시집갔으면 죽더라도 그 집 문지방을 베고 죽어야지"
하면서 큰올케랑 같이 난리를 치는 거야. 그래서 남원 큰오빠네서 나
와서 전주 작은오빠네로 갔어. 작은오빠한테 도저히 못살겠다고 막
무가내로 떼를 쓰니까 처음에는 안 된다고 하면서, 하루만 자고 가라
며 야단을 치더라고. 그래서 다음 날로 근처에 살고 있는 여학교 동
창네로 애기를 업고 또 도망을 갔지. 아버지가 없고 어머니랑 둘이
살고 있는, 아직 혼인을 안 한 동창이었지. 이틀인가를 그 친구랑 와
상에 앉아 이야기도 하고 놀았어. 시집가지 말라는 말도 했지만, 시
집살이 모질게 하는 세세한 거야 자존심 때문에 말을 못하지. 그런
데 그 집 하숙하던 학생이 와서 전주 아저씨, 그게 작은오빠야. 그 전
주 아저씨가 막 울고불고 하면서 난리가 났다고 그러더라구. 내가 간
단 말도 않고 나가서 온데간데없고 밤에도 안 들어오니, 우리 오빠가
나를 찾느라 난리가 났다는 거지. "하이고, 우리 막내가 애기 업고 덕
진 방죽에 빠져 죽었나보다"며 식모니 찬모니 가정교사에 운전수까
지 다 동원해서 사방을 찾고 돌아다닌다는 거야. 그 말을 듣고 안 올
수가 없어서 오빠 집으로 들어왔더니 이번에는 오빠도 내 말을 곧이
듣더라구. "남의 집 귀한 막내딸 데려다가 어떻게 했길래 쟤가 저렇게
마르고, 하나 있는 아들도 쇠꼬챙이냐"고 막 화를 내더라구. 자기가
취직도 시켜주고 할 테니 들어가지 말라고도 그러구. 작은올케는 눈
을 찢어 올렸다 이마에 쌍줄을 만들었다 싫은 기색을 일부러 태를 내
면서 보이더만. 그래도 오빠는 자기 방 내줄 테니 여기서 지내라며 서
재로 쓰는 방도 내주고 그랬어. 그러다가 어느 날 애를 업고 풍남학
교 골목을 돌아서는데 누가 부르는 거야. 돌아보니 남편이더라구. 그

때도 남편은 전주서 학교를 다니고 있었거든. 마악~ 도망을 쳐서 작은오빠네로 뛰어왔지. 조금 있으니까 남편이 들어서면서는 "양반집 구석에서 딸을 시집을 보냈으면 그걸로 그만이지, 시집 뛰쳐나온 동생 년을 끌어안고 있느냐"며 펄펄 뛰면서 막 화를 내더라구. 나한테도 "당장 안 가?" 하고 막 고함을 치고. 내가 안 간다고 우기니까 우리 오빠가 "놔둬라, 나라 상감도 저 하기 싫으면 그만이니, 놔두고 가라"고 내 편을 들어줬지. 그 큰 체구가 고함을 지르면서 막아서니 남편도 씩씩대면서 그냥 돌아가더라구. 근데 밤에 올케가 나서서 "양반집에서 그러면 되냐? 오늘 일은 당신이 잘못했다" 하면서 오빠를 달래면서 꼬시는 거야. 다음다음 날인가, 굴비 상품으로 한 꾸러미하고 시어머니 안경하고 시아버지 고기랑 술을 머슴 지게에 싣고 나를 시집으로 보내더라구. 그 일로 작은오빠가 우리 식구 셋을 재금 내서 아예 전주로 데려올 생각을 한 거야.

그 무렵 남편이 남원군 사매면 사매중학교에서 교편을 잡게 됐어. 그 길에 오빠가 우리를 시집에서 꺼내려고 유광○ 씨가 세운 용북 중학교로 남편을 옮겼어. 그리고 우선 학교 근처에 유광○ 씨네 빈집을 빌려, 우리더러 살라고 했지. 고대광실에 높은 기와집이긴 한데, 폐가처럼 낡고 무서웠어. 달랑 세 식구를 그 집에서 살라고 유광○ 씨한테 빌린 거야. 오빠는 그렇게라도 나를 재금 내게 해주고 싶었던 거지. 근데 나는 도저히 못살겠더라구. 무섭고 횅하고 해서. 구렁이가 드글드글하고, 꿈에 귀신 같은 영감이 나타나서 "이 집서 떠나라"고 하기도 하고, 말하자면 흉가였지. 전에 그 집에서 장가 간 아들 둘이 자식 없이 죽고, 부인들은 재가를 했다나봐. 밤낮없이 잠깐 눈을 붙였다

하면 가위가 눌리는데, 하얀 옷에 백지장같이 하얀 얼굴의 젊은 남자가 나와서 "나 제사 좀 지내 달라"고 하는데, 꿈도 아닌 생시 같은 느낌이었어. 너 갓난아이 땐데, 니가 밤새도록 울어대고 그랬어. 너를 그 집에서 낳았지.

그러다가 오빠가 아예 전주여중 국어 교사 자리를 하나 만들었어. 매제 취직시킬려고 일부러 만들었을 거야. 워낙에 세도가 큰 게 그거야 뭐 쉬운 일이었겠지. 그러고는 그 학교 옆에 방 한 칸을 얻어주었어. 한 칸짜리 방이라도 나는 차라리 그게 낫더라고. 우선 맘이 편하고. 급하게 재금 난 거여서, 그릇이고 살림이고 암 것도 없이 재금을 난 거야. 시어머니가 늘 "막내며느리는 살림 잘 챙겨서 재금 내주마" 하셨는데 도저히 견디지를 못하고 4년 만에, 더구나 시어머니 병이 깊을 때 재금을 난 거지. 그 양반이 많이 섭섭하셨을 거야. 그러다가 곧 돌아가셨어. 평소에도 자주 아프셨지. 너 임신했을 때 그 양반이 신장병으로 돌아가셨는데 시립병원 계실 때 내가 병구완을 하다가, 돌아가실 때가 되자 전주 큰시숙네으로 오셨어. 시아버님도 그리로 오셨지. 끙끙 앓아싸면서도, "나 죽거들랑 너그 아버지 마누라 얻어줘라" 그런 말씀도 하셨어. 그때 내가 노란색 옷을 하나 해 입었는데, 시누이가 "엄마 죽으라고 노란 색 옷을 해 입느냐"고 억지를 부리더라구. 상복 색깔하고 비슷하다 이거지. 그 양반 돌아가시자 영구차로 이백면 효기리 시댁 본가로 옮겨서 본가 앞산에 묻었어. 나까지 두 며느리와 딸 하나가 배가 불러 있을 때(나는 둘째 큰아버지의 아들, 둘째 고모네 아들과 1957년 같은 해에 태어났다) 돌아가셨지. 그 세 여자 중 나만 딸을 낳아서 섭섭했지만 난 그 위로 아들이 있었으니까 딸을 낳아도 꿀릴 거야 없었지. 어머니 임종하자마자 시아버님이 "어이, 어이……. 내가 오입질을 해서 자네가 속 좀 썩었지" 하고 곡을 하며 울었던 기억이 나. 기생이니 첩을 사랑에 들여놓고, 어머니한테 사랑으로 밥을 채려 오라고도 하고, 그 어머니가 몸 고생도 많았지만 맘고생이 많았지. "말도 말아라, 내 눈물은 대동강보다 더 많다"고 늘상 이야기하셨어. 남원 본가 앞산에 묻고 그날로 모두 전주로 되돌아오는데, 비가 부슬부슬 내렸어. 사람 죽으면 저렇게 버리고 오는구나 싶더만…….

시어머니 장례 치르면서도 그렇고, 사돈어른들한테 균섭 오빠가 늘 잘해드렸어. 모본단 양복감에 조끼까지 맞춰서 회중시계랑 선물해드리고, 동생 맡겨놓고 마음을 많이 썼지.

시아버지님은 곧 마누라를 얻었어. 큰딸하고 새로 오신 서모하고가 다섯 살 칭하밖에 나지 않았어. 창평 고씨네가 중매를 서서, 서씨 집안 여자와 혼인을 한 거야(내 친할머니인 서 씨는 2012년 5월에 돌아가셨다). 초혼에 자손을 못 낳고 소박맞아 남원읍 친정으로 와서 살고 계시던 분이었지. 재혼하면서 시아버님은 막내 딸 데리고 이백면으로 다시 들어가셨어. 그때 즈음 우리도 균섭 오빠가 농림부 공무원 자리를 만들어 줘서 서울로 이사를 해왔지.

그러다가 남원에 큰 물난리*가 났는데 동네 방죽이 터지고 이백여 호 근방 집들이 다 떠내려가고 난리가 났지. 근데 시아버지네만 안 떠내려간 거야. 딴 집들 서까래가 모두 그 집으로 떠내려와 대문에

+ 이 물난리에 관한 기록이 1961년 7월 13일자 동아일보 1면 기사로, 〈남원 일대에 수해 참사〉라는 제목으로 실렸다. "가장 피해가 심한 지역은 남원군 이백면 효기리. 이 마을은 오밤중에 마을 앞 수해조합 제방이 터지는 바람에 백오십 호 중 약 이십 호를 제외하고는 모조리 침수하여 전파되었고, 이 마을에서만 106명(전체 사망자 139명 중)의 사망자를 내었다."

걸쳐져서 그 집 담장 안 것들은 닭 한 마리 돼지 한 마리가 안 다쳤지. 글쎄 시아버님 부부가 안방에서 자고 막내딸이 건넌방에서 잤는데, 밤새 일어난 그 난리를 쌔~까맣게 몰랐다더라구. 전날 저녁 무렵에 시아버님이 "비가 너무 온다. 불이나 *끄고* 자자" 하며 잠자리에 드신 거 말고는, 밤새 비가 퍼부어대고 남원 전체가 물난리가 난 것을 전혀 모르고 잤다는 거야. 참, 상팔자지 상팔자. 그 집 사랑채에 전라북도 수해본부를 만들었고, 박정희도 수해 현장 방문한다고 거기를 왔었어. 남편이 가자고 해서 너희 데리고 시골을 다녀왔지, 너그 아버지가 세상에 없는 효자잖아. 그 물난리가 5·16 나고 바로 뒤였거든. 박정희랑 시아버지랑 같이 찍은 사진이 시민회관 수해 복구 사업 발표하는 데도 걸렸지. 복구 사업 한다고 군인들이랑 공무원들이랑 동네 사람들이 사랑에 그득그득 와서 밥도 먹고 그랬지. 너그 할아버지가 그렇게 팔자가 좋은 양반이야. 그 전쟁이고 인공 때도 아들 하나 사위 하나 군대 안 보내고 안 다치고 그 시절을 살았다더만, 동네가 다 떠내려가고 사람 시체가 널린 그 무서운 홍수도 그렇게 피해가더라구…….

그 물난리가 4·19 난 다음 해니, 그때 너그 아버지는 농림부 공무원을 그만둔 때였지. 4·19 나고 이승만 연줄로 해서 국회의원이나 공무원 하던 사람들이 많이 떨려났거든. 너그 아버지는 그 김에 다시 시골로 들어가서 살자고 우기더라구. 나는 죽어두 싫었어. 갈려면 혼자 가서 살으라고, 나는 자식 둘 데리고 서울서 알아서 살겠다고 우겼지. 너그 아버지는 뚝 하면 시골로 가서 살자는 말을 많이 했어. 있는 사람이든 없는 사람이든 다들 "서울로, 서울로" 하던 땐데, 겨우 올라온 서울을 왜 떠나느냐고? 나는 시골은 갑갑해서 못살겠고, 서

울서는 뭐를 하든 잘살 자신이 있었어.[10]

전주서 큰아들을 한 번 잃어버렸어. 걔 하나만 있을 때지. 한여름이었는데 해거름 녘에 아랫도리도 벗은 채 애가 없어진 거야. 두 돌도 안 된 애기들 아장아장 걷는 걸음이 십 리를 간다잖아. 전주 살던 언니랑 그 애를 찾으러 달음박질을 하고 소리를 지르면서 온 천지를 헤매고 다녔지. 밤은 깊어지는데 딱 미치겠드라고. 나중에는 신작로고 골목이고를 엉엉 울면서 다녔어. 그런데 어느 신작로에서 추럭 하나가 나오더니 헤드라이트를 쫘악 비추는데, 언니가 울면서 소리를 지르는 거야. "아구야야야야~, 우리 윤○ 저그 있다, 저그 저그." 보니까 꼬추를 달랑달랑하면서 쬐그만 게 쫄랑쫄랑 뛰어오는 거야. 겁을 잔뜩 먹고 울상이 돼 가지구는, 눈물 콧물로 얼굴이 상거지가 되었더라고. 쫓아가서 셋이서 붙잡고 길바닥에서 울고불고 난리를 쳤지.

작은동서(둘째 큰동서)는 오루골댁이었고 맏동서는 김제댁이야. 큰형님이 시부모를 한동안 모셨지. 큰형님은 성격이 곧아서 시부모 말이라고 무조건 '죽었네' 하지는 않으셨어. 시아버님한테도 할 말은 하시는 분이셨지. 그래서 시아버님한테 "찢어죽일 년" 소리를 많이 들으셨어.

서울 올라와 지금까지, 산전수전

안완철 / 1959년에 서울 올라왔지. 너 업고 오빠 걸리고 친정

---

10 4·19 혁명은 1960년, 5·16 군사 쿠데타는 1961년, 남원 일대의 수해는 1961년 7월 중순. 일련의 사건들 속에서 안완철의 남편이 다시 시골로 귀향할 생각을 한 것은 자연스러운 일이었을 것이다. 그렇지만 아내의 욕망이나 자식들 교육, 당시의 사회적 대세를 거스르지 못해, 안완철의 남편은 서울과 시골 양쪽에 걸친 채 어느 쪽에도 뿌리를 내리지 못하게 된다.

동네서 일하는 애 하나도 데리고 왔어. 그때만 해도 일하는 애는 밥만 먹여주면 됐거든. 그래도 금방 내려보냈어. 우리 먹고살기도 힘들었지. 안암동 고대 근처 산꼭대기 사글세 하꼬방 집이었어. 주인 여자가 이북서 온 사람이었지. 비행기 타러 올라가는 것마냥 한참을 올라가야 하는 동네여서 계단을 수백 개는 올라갔어. 균섭 오빠가 공무원 자리에 남편을 취직시켜줄 거라는 거 하나만 믿고, 전주서 세 살던 집 보증금을 빼서 서울을 온 거야. 살림도 거의 없었지. 그 큰 부잣집이 막내아들 서울 살림 나는 데 돈 한 쪼가리 보태준 게 없었어. 밤에 요강에 오줌을 누면 윗목에서 더글더글 얼어버릴 정도로 추운 방이었어. 현숙이 너 얼어 죽을까봐, 내 배 위에 눕혀 재우고 했어. 너 두세 살 때니, 너는 기억도 안 날 거다.[11]

이삿짐을 들이자마자 주인이 집세 올려야 한다고 우기더라구. 애가 둘 딸린 줄을 몰랐다나 뭐래나. 별수 없이 균섭 오빠한테 돈을 빌려달라고 갔더니, 고래고래 소리를 지르더라구. "저그 힘으로 살 생각을 해야지, 서울 오자마자 처음부터 돈부터 빌리러 온다"는 거였지. 그래도 빌려주기는 했지만 곧 안씨 쪽 친척한테 딸라 돈을 빌려서 갚아버렸어. 치사해서 딸라 돈이라도 급전을 빌려서 줘버린 거지. 그랬더니 이번에는 또 "그렇게 돈이 있으면서 빌려 달라 그랬다"고 화를 내더라구. 균섭 오빠네는 갈비니 뭐니 썩어나가고 있었지. 그때만 해도 오빠네도 냉장고가 없었어. 미제 제네랄 냉장고만 있던 시절인데, 그건

---

11 어린 시절 어머니한테서 받은 성차별의 경험을 기억하고 있던 나에게는, 내가 두 살 때에 해당하는 안완철의 이 구술이 실제로 많은 위로가 됐고, 어린 시절 성차별의 경험과 아픔을 객관적으로 해석할 수 있는 여유를 줬다. 다섯 남매들과 엄마는 요즘도 오래 전의 가족 간 아픈 경험에 관해 웃으면서 각자의 기억을 끼워 맞추며, 기억의 자기중심성과 편중성과 왜곡에 관해 즐거운 토론 자리를 만든다. 나에게는 그 자리가, 다섯 남매들 모두 각자의 아픔과 트라우마까지 함께 위로하고 재해석하며 서로 깊이 이해하는 자리가 된다고 생각한다.

최고위층에나 있었을 거야.

안암동 꼭대기 집에서 니 밑으로 아들 하나를 낳았었는데 곧 죽었어. 걔도 아주 잘생긴 놈이었는데……. 내가 감기가 걸려 약을 먹었는데 열이 더 확확 나더라구. 그래도 아이 젖을 안 줄 수가 없어서 물렸는데, 그 열기가 애기한테 간 건지 독한 약기가 간 건지……. 나서 이주도 못 돼서 죽었어. 주인 여자가 사람을 하나 사줘서 근처 산에 묻었어. 출생 신고도 안 했던 애야. 나중에야 낙태를 수도 없이 했지만, 금방 죽었기는 하지만 그렇게 낳았다가 먼저 보낸 아이는 잊혀지지가 않아. 더구나 내가 잘못해서 죽은 거라고 생각하니까……. 문간방에서 아들 하나 데리고 혼자 살던 여자가 주인아줌마 욕을 하며 깍두기에 밥을 푹푹 떠먹던 기억이 나네.

균섭 오빠 덕에 남편이 중앙청 농림부 개간간척과에 취직을 하게 됐어. 집도 안암동 방 두 칸짜리로 이사를 했고. 거기서 나는 구멍가게를 시작했지. 그 농림부를 얼마 못 다니고 남편은 금방 짤렸어. 곧 4·19가 나니까 이승만 빽으로 들어온 사람들 모두 떨려난 거지. 4·19 날, 남편이 중앙청에서 안암동 집까지 걸어왔더라구. 길거리는 데모꾼들로 난리가 났었지. 남편 월급 받아본 거 내 평생에 그때 딱 한 번인가 두 번인가 그게 다야. 취직하고 금방 4·19가 났으니까.

균섭 오빠도 4·19 때문에 국회의원에서 떨려나고 집으로 학생들이 몰려오고 난리가 나서는, 우리 집 뒷방으로 피난을 와 있었지. 그때 남편은 또 시골로 내려가서 교편도 잡고 농사도 지으며 살자고 우기구, 나는 절대 안 내려간다고 우기구. 자기는 거그 가서 여자 하나 얻어서 따로 살겠다고 하길래, 그러라고 했어. 결국 가서는 한 달 반을 있다 다시 오드라구. 시골 가봤자 서모랑 아버지만 있고, 그 양반들도 신혼인데 누가 좋아하겠어? 그 집 세 아들 모두가 여자 하나씩을 서모한테 맡기겠다고 했다더라구. 양반집 남자들이 다 그래 야, 하하하~.

구멍가게는 쏠쏠하게 장사가 잘됐어. 돈도 돈이지만 이제야 내가 내 살림을 키우는 재미였지. 해태 선물용 과자 한 곽에 백이십 원에 사서 삼백 원 받고, 좀 큰 거는 이백오십 원에 사서 오백 원 받고. 겨울이면 저녁에 단벌옷을 빨아 널었다가, 아침에 덜 마른 것을 입고 가게 문을 열고. 그래도 재미가 있었지. 놀고 있는 남편은 친구 끌고 방에 들어앉아서 가게 맥주나 축내고 바둑이나 두고 있는데, 나는 애 하나 업은 채 들락거리며 장사하랴 살림하랴, 뒷방에 숨어 있는 작은오빠 세끼 밥 꼬박꼬박 챙기랴, 몸은 힘들었지만 그래도 장사가 잘되니까 재미가 있었어. 할아버지도 할머니랑 싸우면 그리 오셔서 며칠이고 있다 가시고 그랬어. 서울에 있는 유일한 아들이자, 부모한테는 효자인 막내아들이었거든. 친정 서모 서당골댁도 그 가겟집을 왔다 가셨지.

주인집 남자가 큰아이를 늘 미워라 했어. 그러니 하루는 윤○가 홧김에 화장실 문을 안으로 잠그고 창문으로 빠져나왔지. 주인 남자가 욕을 하고 난리를 치니, 나는 오장이 뒤집어지며 속을 끓이고 했어. 주인집이 가게가 잘되니까 그 가게를 뺏으려고도 했어. 거기서 둘째 딸 귀○을 낳았지. 걔가 생일이 62년 4월 8일이야. 현숙이 너랑 다섯 살 차이지. 중간에 아들 죽으면서 차이가 커진 거지. 비가 억수같이 쏟아지는 날이었는데 배는 틀어오기 시작하고, 우산 하나 팔고 들어와서 드러누워 배 틀고, 또 우산 하나 팔고 들어와서 드러눕고 그랬어. 돈암산부인과에서 귀○이를 낳았어.

귀○이 낳고 나자 바로 화폐 개혁*이 있었어. "화
폐 개혁 되면 옛날 돈은 다 휴지쪼가리가 된다, 옛날
돈은 얼마까지만 바꿔준다, 그 후로는 물가가 확 뛰
어오를 거다" 그런 소문들에 한동안 다른 가게들은
물건을 안 팔더라구. 나는 그냥 팔았어. 가게에 있
던 물건들 다 팔고, 물건 파는 도매상들을 골라 찾

✦ 1962년 6월 10일 0시를 기
해 기습적으로 단행된 2차 화
폐 개혁에는 박정희 군사 정권
의 정치적 의도가 개입돼 있었
다. 부정부패로 퇴장된 자금을
끌어내자는 목적이었으나, 결과
적으로는 성공하지 못했다. 도
리어 유통 과정의 경색, 기업
가동률의 저하, 생산의 위축 등
부작용이 컸다.

아다니면서 물건을 사다가 팔고 그랬어. 산더미같이 쌓아놓아도 그 자
리에서 금방 팔렸지, 물건 파는 가게가 거의 없었으니까. 물건만 있으
면 금방 팔려서 돈이 금방금방 늘었어. 부자들이 돈을 가방에 넣고 와
서는 거스름돈도 안 받고 물건을 사가는 거야. 곧 옛날 화폐가 필요 없
게 될 거라고들 소문이 도니, 값을 부르는 대로 돈을 주며 사갔어. 다른
가게가 문들을 닫아버리니 다 우리 가게로 몰린 거지. 어차피 빈손으로
왔던 서울인데, 다 망해도 안 무섭다 생각하고, 원 없이 사다가 팔고 사
다가 팔고 그랬어. 돈이 궤짝으로 가득가득 찼지. 정작 화폐 개혁 하면
서는 옛날 돈을 모두 바꿔주더라구. 소문이 헛소문이었고, 내 생각이 들
어맞았던 거지. 사람들은 별의별 소리를 다 하던데, 내 생각에는 '나라가
만든 돈인데 그 돈을 안 바꿔줄 리가 없다' 하고, 따악 믿어지더라구. 그
화폐 개혁 때 돈을 많이 벌었던 게, 좀 살 만하게 된 기회가 됐어.

그때 즈음 균섭 오빠가 노량진으로 먼저 이사를 가서는 우리더러 그
리로 오라고 하더라구. 처음으로 노량진에 들어가서는 신작로 가에 노
점을 만들어서 그릇을 팔았어. 집이 근처였으니 그릇들을 일일이 손으
로 들어 나르면서 노점을 했지. 애들까지 시켜 그릇을 날랐어. 그러다
가 오빠가 노량진시장 건설 허가를 받아냈어. 국회의원은 떨려났어도

재주도 많고 정치인이고 높은 놈들이랑 아는 사람이 많았으니까, 시장 허가권도 받아내구 한 거겠지. 노량진시장 내에 큰 건물 하나를 여러 사람들이랑 같이 지었어. 1층은 가게고 2층은 살림집인 칸들이 줄줄이 열 칸 넘게 이어진 2층 건물인데, 지금으로 말하면 주상복합인거지. 당시만 해도 그런 커다란 2층 건물이 주변에 없었어. 우리는 두 칸 돈을 냈고, 그래서 그 두 칸이 우리 소유가 된 거지. 하나는 남 세 주고 하나는 우리가 살면서, 우리 사는 위층 방 하나를 또 세 주고, 아래층 가게는 내가 장사를 했지. 거기서 옷 가게, 잡화점, 쌀가게 그런 거를 닥치는 대로 했어. 그 후로도 나중에 대방동 상도동에서 집 장사 하면서도 가게를 했으니까, 동네를 옮겨 다니면서 가게를 많이 한 거지. 그러면서 쌀 파동, 밀가루 파동, 유류 파동*을 모두 겪었지. 박정희 시절에는 경제가 요동치고 변동이 많았지. 밀가루 값이 하루아침에 두 배가 오르고 그랬어. 쌀 값도 동결한다고 하는데도 다들 감춰놓고 안 팔고 그랬고. 식용유니 식초니도 값이 폭등을 할 거라고 도매상이고 소매상이고 모두들 쉬쉬하면서 안 팔면, 그때는 이미 늦은 거야. 나는 폭등 소문나기 전에 어떻게든 많이 사다 놨다가 나중에 이문을 많이 붙여 팔고 해서 돈을 벌었지. 이 동네 저 동네를 다니면서 가게들을 뒤져 그것들을 사 모으느라고 니네들이 고생이 많았을 거그만, 하하하~. 너도 그거 사러 다닌 거 생각나지? 밀가루 파동이니 쌀 파동이니 겪으면서 보니까, 티브이를 잘 보면 폭등 조짐이 보이는 거지. 우리 집에는 티브이를

* '석유 파동' 또는 '오일 쇼크' 라고도 부른다. 원유 값이 급등해 세계 각국에 경제적 타격을 준 경제 위기를 말하며, 지금까지 한국에 가장 큰 영향을 끼친 두 차례의 유류 파동은 각각 1973년과 1979년에 일어났다. 1차 유류 파동인 1973년 3.5퍼센트였던 물가 상승률은 1974년 24.8퍼센트로 수직 상승했고, 성장률은 12.3퍼센트에서 7.4퍼센트로 떨어졌다. 2차 유류 파동은 10·26 사건과 1980년 정치 혼란이 겹치면서 물가 상승률이 무려 28.7퍼센트에 달했다. (http://ko.wikipedia.org/wiki/유류_파동 참조)

일찍 사기 시작했어. 흑백 티브이도 그렇고 나중에 칼라 티브이 나오면서도 내가 남들보다 일찍 샀지. 내 사는 형편에 좀 무리가 되더라도 티브이는 일찍 샀어, 뉴스를 봐야 하니까. 신문이야 읽을 시간이 없지만, 티브이는 일하면서도 보고 들을 수 있잖아. 나는 그때도 지금도 뉴스는 꼭꼭 챙겨봐. 그래야 뭐가 어떻게 되겠구나 하는 거를 미리 알게 되니까. 그거 보면 곧 기름 값이 오를 거라는 예감이 오고, 그럼 내가 기름 장사를 안 하더라도 그 휘발유니 경유니로 해서 기계 돌려서 만드는 제품들 값이 줄줄이 오를 거잖아. 그럼 그런 물건들을 미리미리 사서 방 하나에 쌓아놓는 거지. 그러면 나중에 거의 내 예상이 적중했어.

노량진 그 상가 건물 살 때, 균섭 오빠는 바로 옆 칸에 살면서 철물점도 하고 연탄 가게도 하고 그랬어. 4·19 뒤니까 좀 조심을 해서 산 거겠지. 그러다가 서울 전농동 국회의원 선거를 나갔는데 떨어졌지. 다들 세상이 바뀌고 지역구도 바뀌고 해서 떨어질 거라고 말렸는데 오빠만은 당선을 철석같이 믿고 있더라구. 정치꾼들이 저렇구나, 하는 생각이 들더라구. 그놈의 선거 땜에 내 돈도 숱하게 가져갔는데 한 푼도 못 받았어. 그렇게 선거에 떨어져서 알거지가 되면 또 연탄 구루마를 끌며 연탄 장사를 하더라구. 성격이 호탕하고 하니까 그렇게도 하는 건가봐. 그 부잣집 딸인 작은올케는 가게에 나와 앉아서 지키기만 해도 다행이었지. 그 오빠가 그 떨어지는 선거를 두 번인가 세 번인가 나갔지.

큰오빠 장례비 오십만 원에 이어 나중에 서모 장례비 오십만 원을 내놓은 후론, 나는 아예 친정으로는 발길을 끊었어. 결국 서모 돌아가시는 걸 계기로 친정과 돌아선 거지. 소생이 없는 서모가 남기고 간 재산은 집안에서 유일하게 여자에게 물려진 재산이었어. 그러니 그거야말로 뒤늦게라도 딸들에게 찢어 나눠줘야 되는 거 아냐? 그걸 장손(둘째 오빠의 큰아들. 큰오빠는 본부인에게서 아들을 얻지 못했다)이 선산 관리를 핑계로 차지해버리는 걸 보고 마음이 확 돌아서더라구. "할머님 땅, 제가 가져요. 집터, 재실, 선산도 모셔야 하고 할아버지 산소도 꾸며야 하니까요." 재○이가 하는 그 소리에다 대고 내가 뭐라 그러겠냐?

한마디 반대도 못 하고 승낙을 해버린 꼴이 됐지만, 서모의 땅을 그렇게 처리한 일이 안완철에게는 아직도 그늘을 드리우는 딸 차별 사건이었다. 친정하고는 아직도 단절된 그대로라고 한다.

안완철 / 그전에도 보면 아버지 이장 비용이며 비석 값 같은 걸 나눌 때 내 앞으로 젤로 많이 나눠놓더라고. "선산 명당자리 해놓으니 딸년들 자식들만 잘 됐다. 최씨네 자손들이 젤로 잘 됐으니, 니가 제일 많이 내라"라는 균섭 오빠 말에 두말도 않고 어려운 중에 돈을 만들어줬어. 그 돈 내놓을 때가 아마 큰아들이 서울대 교수가 된 바로 직후였던 거 같아.

하여튼 서모 돌아가신 2004년 후로는, 부모 제사고 오빠들 제사고를 전혀 모르쇠를 했어. 작은오빠가 정치에 미쳐 전농동 국회의원 출마했다 떨어지고 그럴 때, 셀 수도 없이 돈을 받아가 놓구서는 입 딱 씻고 말더라구. 그래놓구 집안 여자에게 물려준 재산을 또 그 집 큰아들이 달랑 한입에 털어넣드라니까. 그러구는 내가 아주 완전히 단절을 하고 산 거야, 친정하고는. 너그 최씨네랑도 가능하면 안 보고 살았어. 내 자식들만 데리고 산 거여. 내 자식들하고만 왕국을 채리고 사는 거여, 나는……

인제 내가 다 말할라네. 풀어놓고 죽어야지. 육십 이쪽저쪽에서 죽을 줄 알았더니 이십 년을 더 사네.

최현숙　/　아고, 엄마 딴 데로 새지 말고 노량진 살 때 이야기 좀 더 하셔봐. 난 그때부터가 기억이 있거든, 한강에 물난리 구경도 갔고. 나는 거기서 초등학교를 들어갔잖아. 입학식을 아버지랑 같이 갔어. 그리고 아버지가 어딘가 직장을 다니셨는데, 토요일마다 노란 서류 봉투에 표지가 울긋불긋한 안데르센 동화집이랑 책들을 사다주셨지. 아마 아버지가 젊어서부터 가지고 계셨을 책들이 집안 구석구석과 다락에 많이 있었어. 한지로 된 한문책도 많았고, 표지가 떨어져 나가고 종이도 누렇게 바랜 오래된 소설책들도 많았고. 아버지가 아마 석사 논문으로 쓰신 《춘향전》에 관한 논문도 있었던 것 같아. 그 덕에 나는 어릴 때부터 책 읽기를 좋아했지. 아버지를 많이 미워했지만, 나이가 들수록 책과 아버지가 함께 떠올랐어. 그 책들 때문에 나중에 이사할 때마다 엄마랑 아버지가 많이 다퉜지. 그러다가 언젠가 그 책들이 없어졌어. 엄마랑 아버지가 맨날 아팠고……

안완철　/　나는 그 책들이 싫었다. 좁아터진 집안에서 고리타분한 옛날 고리짝 양반 타령이지 뭐냐? 그래두 내 손으로 버리지는 않았어. 이사할 때마다 싸우면서도 그걸 맨날 싸 짊어지고 다니더니, 어느 이삿날 며칠 전에 니 아버지가 싹 태워버리더라.

잦은 이사 때마다 책 짐을 귀찮아하던 엄마와 책 보따리를 싸던 아버지의 승강이. "책에서 쌀이 나오냐, 돈이 나오냐? 뭐하러 그 고리타분한 것들을 안 버리고 싸 짊어지고 다니냐"는 엄마의 잔소리와 "몰상식하다"는 아버지의 고함 소리, 그 부부 싸움 끝에 이어지던 가정 폭력. 아마 그 중간 어디 즈음의 이삿짐을 싸던 날, 아버지는 그 책들을 제 손으로 태웠다는 것이다. 아버지의 나이 마흔 초반 즈음일 거다.

안완철 / 노량진 살 때 큰 물난리가 나서 고개 넘어 한강대교로 물 구경을 가고 그랬어. 어디서 떠내려온 건지 모를 소며 돼지들이 둥둥 떠내려가던 게 생각나. 그때만 해도 서울 외곽에서는 소, 돼지, 닭도 키우고 밭농사들도 많이 짓고 그랬던 거지.

거기서 너 초등학교 다닐 때(1964년 입학), 니 아버지나 나나 맨날 아팠어. 그때 생각에는 길게 못 살 줄 알았는데, 내가 여든이다, 야~. 나는 애 지우고 나서 찌꺼기를 제대로 긁어내지를 않아서 하혈이 많다고 하더라구. 의사가 집에 와서 지혈을 시켜주기도 하고 그랬지. 말도 마, 내가 애를 스무 번도 넘게 지웠을 거여. 남편은 절대로 수술을 안 한다고 하고, 그래서 아나보리니 린디올이니 하는 피임약들을 많이 먹었는데, 살도 찌고 울렁증도 심하고 바쁘다보니 약 먹는 걸 자꾸 건너뛰다 보니까, 애가 자꾸 들어선 거야. 그때는 국가가 나서서 산아 제한을 하던 시기여서 낙태가 쉬웠지.[+] 동네 병원에서 쉽게 해주기도 하고, 나중에는 보건소 차가 애 지울 사람들 모으러 다니기도 하고 그랬어.

[+] 1960년대 초 연평균 3퍼센트에 이르던 인구 증가율을 억제하려고 박정희 정권은 산아 제한을 골자로 하는 가족계획을 도입했다. '아들 딸 구별 말고 둘만 낳아 잘 기르자'라는 표어로 기억되는 가족계획은 불임술을 한 가족에게 공공주택 우선권을 주거나 임신 중절의 허용 범위를 넓히는 모자보건법 등으로 적극적으로 시행됐다.

최현숙 / 낙태를 그렇게 많이 했구나~. 나두 한 번 해봤어. 둘째 낳고 바로. 근데, 엄마는 낙태에 관해서 어떻게 생각해? 그때는 그렇게 쉽고 국가에서 돈까지 줘가며 장려하던 낙태가 지금은 불법이어서 맘대로 못 하거든. 특별한 경우만 해줘. 태아가 장애가 심하거나, 성폭력으로 임신을 한 거를 증명하거나.

안완철 / 야, 내 세대나 니 세대나 결혼한 여자들 낙태 수술 안 해본 사람은 거의 없을 거다. 지금도 그럴 거여, 아마. 내 주변 여자들 중에서 그 수술 안 한 사람 한 사람도 못 봤다, 야~. 요즘은 시대가 그러니 결혼한 여자 아니라도 나이 들면 다들 수술 경험들이 있을 걸. 아, 법으루 막을 걸 막아야지~. 생기기 전에 조심해야 하는 거지만, 남자들이 말을 듣냐? 그러니 맨날 여자만 피해를 보는 거지. 뱃속 애기도 생명인데 그거 지우는 거를 어떤 여잔들 아무렇지 않게 생각하겠냐? 어쩔 수 없어서 지우는 거지. 그러구 생기는 대로 낳으면 뭐, 나라가 책임을 져준대냐? 더구나 옛날 노인네들은 뭐, "저 먹을 거는 지가 다 가지고 태어난다"구들 하든데, 그게 다 못 배우구 가난한 사람들이 아무 대책 없이 하는 말들이지. 그렇게 낳아서 제대로 못 키우구, 남 주구, 버리구, 못 멕이고 못 가르치구 해서 생긴 설움들이 얼마나 많냐? 요즘 애 안 낳아서 갈수록 돈 버는 사람들은 줄고 돈 들어가는 노인들만 늘어난다고 난리더만, 그거 해결하려면 애 키우는 비용을 나라가 다 대줘봐, 단번에 해결되지. 요즘은 뭐 애 낳으면 이십만 원인가 삼십만 원인가를 준다며? 그 돈 보구 어떤 여자가 애를 낳냐? 할려면 제대로 해야지, 괜히 애 지우는 여자들만 죄인 만들고 난리더라.

최현숙 / 와, 엄마랑 나랑 생각이 똑같네. 역시 옛날 노동당 지금 노동당, 동지구먼, 노동당 동지, 하하하~. 진짜루 판검사 아니라 대통령을 하셔야 될 양반이네, 우리 엄마가. 근데 엄마는 아직도 뉴스나 시사 프로 그런 걸 잘 보시나봐?

안완철 / 지금도 될 수 있으면 챙겨 보지, 야~. 니가 날 우습게 아는데, 그런 거는 내가 여지껏 살아보니까 알아지더라.

최현숙 / 엄마같이 몸소 몸으로 살고 깨달은 사람들이 하는 말이 진짜지. 엄마 명석한 거야 내가 전부터 인정하는 거지만, 진짜 놀랍다, 엄마가 핵심을 꿰고 있는 게. 하여튼 그건 그렇고, 노량진 살 때 이야기 더 해줘봐.

안완철 / 보리 혼식이니 분식 장려니 새마을 운동이니 뭐 그런 것들도 박정희가 많이 했어. 가난한 시절에 백성들 먹고살게 해준 거는 있을지 몰라도, 그때는 또 시절이 그렇게 경제가 커나가는 시절이었잖아. 그래, 그 경제개발 5개년계획이니 몇 백억 수출탑이니 그런 것도 많았지. 그렇게 경제가 발전하느라고, 요동치기도 많이 했지. 화폐 개혁이니 뭐니. 그걸 틈타 내가 돈을 번 거 아니냐? 하하. 뭔 조치니 계엄령이니 그런 것도 많았지. 군사 독재 아니었냐? 예비군이니 학생들이니, 국민들을 다 군인 취급을 한 거지. 맨날 북한이 쳐들어온다, 간첩 사건이다 하면서. 니가 전에 천주교에서 그 간첩들 석방하는 그 운동할 때, 내가 속이 조마조마했다. 빨치산이니 간첩이니 그런 사람들 꺼내라는 거였잖아, 그게~. 니가 맞는 거는 알고 시대도 달랐지만, 박정희 시절엔 그러다가 끌려가고 죽고 한 사람들이 얼마나 많았냐. 그래서 말린 거지. 언제 또 세상이 뒤집어질지 모르니까……. 우리 세대는 일제니 인공이니 전쟁이니 해서, 모두가 쥐 죽은 듯 사는 게 몸에 밴 거야. 먹고살기가 힘들기도 했고, 또 열심히 살면 개천에서 용도 나고 하던 시대니까, 성공할려구 모두들 다른 걸 모르고 산 거지.

나도 늘상 아팠지만, 니 아버지는 담석증으로 자주 아파서 소리를 지르며 방을 구르고 했어. 내가 신혼 초에 니 아버지 방 구르며 죽는다고 아파하는 거 보구 얼마나 놀랬는 줄 아냐……. 그때 말로 무슨 정신병 환자랑 결혼을 했나 해서 얼마나 놀랬다구. 니 아버지 그 담석증이 오래된 병이지. 젊어서는 수술 기술이 안 좋아서 못 하다가 나중에 오십 가까이 돼서 수술했지, 아마. 그러고는 너그 아버지는 많이 건강해진 거야. 담석증 때문도 그랬지만 워낙에 양반이나 따지는 선비 기질이니 직장도 길게 다니지를 못하고 어떤 일을 맡아도 기를 쓰고 하지를 않는 거지. 집 장사를 하느라고 건재상, 부로꾸(벽이나 담을 쌓아올리는 블록) 공장, 종이 도매상, 그런 거를 니 아버지가 하기도 했지만, 니 아버지 혼자 한 게 아니잖나? 다 내가 돈 만들고 거들고 했지. 혼자 그 청계천에다 당구장을 한다고 하더만 돈만 날렸어. 돈 버는 게 아등바등해도 될까 말깐데, 그렇게 선비처럼 시나브로 하면 그게 될 리가 없지. 니 아버지나 니들은 내가 너무 악착같이 산다고 불만이었을 테고, 그것 때문에 니 아버지랑 많이 싸우고 맞고 했지만, 자식 다섯을 키우면서 서방 봉급 받아 키우는 거 아닌데, 어떻게 악착을 안 부리냐고, 응? 여자가 새끼 다섯을 놓구 직장을 다닐 수도 없고, 물려받은 재산이 많아 그걸 굴리면서 돈을 버는 것도 아니구…….

내가 너그들한테 말을 안 해서 그렇지, 니 아버지랑 안 살고 도망

갈라고, 몇 번을 집을 나갔는지 아냐? 하루는 귀○이 업고 윤○, 현숙이 걸리고 해서 서울역까지 갔어. 그때도 아마 무슨 일로 싸우구, 맞구 했을 거야. 돈은 바라지도 않구, 때리는 거 때문에 그랬어. 그때 전라남도 광주 표를 끊어놓구, 기차 오기를 기다리고 있었어. 아무도 모르는 곳이 낫지. 자존심 때문에 전주나 남원, 글로 갈 생각은 눈곱만치도 안 들었어. 난 어디 가서든 먹고 살 자신은 있으니까. 짐은 무슨 짐을 챙겨 나와? 그렇게 준비할 새도 없었고, 애들만도 셋인데 어느 손으로 뭘 들어. 딱 현찰만 챙기고 나온 거지. 근데 너그 아버지가 어떻게 알고는 거까지 왔더라니깐. 아마 나 때려놓구서는 도망갈까 봐 겁이 나서 나를 지켜보다가 따라왔던가봐. 그 서울역, 사람들 많은 광장 바닥에서 난리를 치니 챙피해서 그냥 끌려온 거지.

노량진서 한강다리 건너 용산 지나 삼각지에 있는 교회까지 수도 없이 걸어갔었어. 때리는 거 때문이지 무슨 가난이 문제가 돼? 나는 가난은 안 무서워. 난 뭐든 먹고사는 거는 자신 있었어. 잠든 거 보구 혼자 거까지 걸어갔다 돌아오면, 너그 아버지는 아직도 자고 있고 그랬어. 한강도 많이 갔어, 빠져 죽을려고. 근데 물에 못 뛰어들겠는 거야. 나 죽는 거야 안 아깝고 안 무서운데, 새끼들 때문에 못 죽는 거지. 그러구 보면 살면서 죽고 싶단 생각이야 여러 번 했지만, 진짜로 죽어버릴 작정을 해본 적은 없어. 어떻게든 악착같이 살 생각만 한 거지. 새끼들만 없었으면 어디 가서 뭐라도 하고 살 자신도 있었고, 양반이고 지랄이고 친정이니 시집이니 모두 딱 인연 끊고, 혼자 맘대로 살았을 것이다. 니년처럼……하하하~.

양반을 향한 안완철의 분노 끝자락에는 때때로 큰딸인 나의 '반양반적' 행실이 꼬리처럼 따라붙는다.

최현숙 / 하하하, 또 딴 데루 새지 말고 노량진 이야기를 더 해 주셔봐. 우리 엄마 기억력이 아주 짱이네~.

안완철 / 큰아들이 돈암국민학교를 다니다가 노량진국민학교로 전학을 했고, 너도 거기서 노량진국민학교를 입학했어. 그때부터 형편이 좀 피니까, 현숙이 너한테 고전 무용도 가르치고 피아노도 가르치고 그랬지. 너는 내가 딸, 아들 차별해서 키웠다고 하고, 또 그때는 다들 그러니까 내가 좀 차별을 했던 거는 인정하지만, 나도 딸들을 잘 가르치려고 했어. 내가 여자라고 못 배운 게 한이었거든. 그래서 큰딸한테는 일찌감치, 그때로는 부잣집 아이들이나 배우는 고전 무용이니 피아노니를 시킨 거지. 전국 고전 무용 대회 나가서 트로피도 타고 그랬잖아. 그 트로피 생각나냐? 초립동 꼭두각시 그 무용을 해서 받은 거지.

최현숙 / 나도 생각나, 그 트로피랑 사진을 녹이 슬도록 책장에 올려놓고 벽에 걸어놓고 했는데 아마 이사 다니면서 없앴을 거야. 학교 입학식을, 다른 아이들과 달리 나는 아버지와 함께 갔어. 노량진 동사무소 앞의 언덕을 올라가느라 힘들었고, 당시의 모든 입학생들이 그랬듯 가슴에 하얀 손수건을 달고 있었다.

안완철 / 너는 뭐든지 잘했어. 피아노 선생님도 니가 잘한다고 칭찬이 자자했지. 근데 오래하지를 않았어. 싫다고, 싫다고 하는 걸 중학교 가서도 억지로 가르치니까, 일기장에다가 손가락을 짤라버리겠다느니 어쩌느니 해서 그만두게 한 거지. 니가 아주 무서운 년이야, 하하하~. 그래서 그 밑에 딸 귀○이한테 또 피아노를 가르쳤지, 어릴 때부터. 그랬더니 걔도 중간에 그만두더만. 그래도 걔는 나중에 유아교육과 졸업하고 유치원 교사도 하고 피아노 학원 원장까지 하면서, 결국 그걸 써먹은 거지. 셋째 딸 미○ 때는, 위에 딸들한테 가르쳐봤자 지네가 안 한다고 난리들을 치고 원망들을 해서, '이게 다 나 못 배운 설움에 억지로 시키는 거구나' 해서 안 가르쳤지. 그랬더니 걔는 또 자기만 피아노 안 가르쳤다고 원망을 하더라니까. 참, 누구 장단에 맞춰야 하는 건지. 내가 다른 건 몰라두 딸들 가르치는 걸루는 차별을 안 했다, 너 그거는 알아야 한다. 굴비 반찬으로는 좀 차별을 했는가 몰라두, 하하하~.

최현숙 / 알았수, 알았수. 엄마 평생의 한이 딸이라서 높은 공부 못 한 건데, 딸들 가르치는 걸로 차별은 안 하셨겠지. 다른 거는 좀 했는가 몰라두, 하하하~.

안완철 / 노량진 시장에서 가게를 하면서 시장서 장사하는 사람들을 상대로 일수놀이를 시작했지. 니 아버지나 아들이나 다들 반대를 했지만, 그게 돈을 띤기는 경우가 좀 있고, 매일매일 일수를 걷으러 다녀야 해서 힘들어도, 많이 남았어. 말하자면 고리대금업까지 한 거지. 내 돈도 별로 없이 남의 돈 싼 이자로 빌려서 이자 더 붙여, 남한테 빌려주고 해서 돈을 번 거야. 계니, 일수놀이니, 이자 돈놀이를 한동안 계속한 거지. 돈이 돈을 버는 거니까, 장사하는 거보다야 몸이 편키도 하고 돈도 더 버는 거지. 계속 하다가 큰아들 유학 가서 박사 돼 가지고 와서 서울대 교수 되면서, 딱 그만뒀지. 혹시 자식들한테 누가 될까봐 뒤도 안 돌아보고 그만둔 거야. 그때 받을 돈도 많이 깔렸었는데, 거의 다 못 받았어. 갚을 돈이야 다 갚았지. 돈놀이 하면서도 힘든 일 복잡한 일들이 많았어. 내가 오야를 한 계도 수도 없이 많았고, 사람 잘못 만나서 깨지기도 많이 했지. 그러면 내가 오야니까 어쨌든 다 물어줘야 돼. 이자를 못 주면 원금이라도 어떻게든 만들어 줘야지, 내 돈으로라도.

전과 6범 여자와 전과 7범 남자 부부한테 이십 명이 넘는 사람들이 당한 일도 있었어. 밤새 안녕으루 도망을 간 거야. 노량진 경찰서에 고소를 해서 일단 형사 입건을 해놓고 형사 재판을 82년에 시작해서 84년에 끝냈지. 2년 넘게 해서 내가 그 부부네 제주도 땅을 받기로 하고, 그 많은 사람 돈을 빚을 내서 갚아줬어. 땅이 하도 커서 살 사람도 없고 쪼개서 팔 수도 없고 하니 다들 어떻게 할 줄 몰라서, 내가 그 땅을 다 받고 나머지 돈들을 갚아준 거지. 그때로야 손해를 봤겠지만 이제 곧 그 땅이 괜찮아질 거야. 제주도가 관광 도시로 어마어마하게 좋아질 거니까. 지난번 하와이랑 마오이랑을 가보니까 같은 화산섬이라도 제주도가 훨씬 더 경관이 좋더라구. 지금이야 하와이를 잘 가꾸어놔서 더 좋아 보이지만, 제주도는 이제 국제 도시로 커가고 있는 곳이니까 많이 발전할 거구, 그러면 그 땅도 값이 좋아질 거야.

미제 물건 장사도 좀 했지. 당시는 그게 불법이었어. 피엑스 물건 받으러 문산 미군 부대까지 새벽에 직접 가기도 했어. 통행금지 풀리고 첫차 올 시간에 맞춰 집을 나가 버스를 타고, 다시 문산 가는 버스로 갈아타고, 미군 부대까지 가서 물건을 사오는 거지. 우리 집에 세 살던 사람한테 미제 물건 장사를 배운 거야. 쵸꼬렛, 과자, 비누, 커피, 화장품, 옷, 옷감, 작고 돈 될 만한 걸로만 골라 했어. 그걸 배에 둘러서 고무줄로 짬매. 그래 가지구 미군 부대를 빠져나오지. 그러면 뛰고 난 도둑놈들이 또 있어서 그런 여자들을 잡아. 그러면 그 여자들을 뚜들겨 패고 그 물건을 훔쳐가는 거지. 난 한 번도 뺏기지는 않았어. 한양대 교수네랑 부잣집에 많이 팔았지. 그 미군 부대를 들어갔다 나오는 것은, 사지를 들어갔다 나오는 일이여. 그만큼 위험한 일이지. 안 들킬라고 무슨 짓이든지 하는 거고, 그러다가 들키면 구류를 살고 한다더라구. 대신에 이문이 많이 남는 장사였지. 양반집 여자 할 일이 아니라고 그 장사하는 거 아는 친척들이랑 니 아버지랑 뭐라고 해쌌드만, 그때는 그런 거 안 가리고 했어. 돈이 되는 거면, 남 돌라먹는 거만 아니면 뭐든 했지.

제대로 된 살림집 온채를 내 집으로 해서 살게 된 거는, 상도동 장승배기 근처가 처음이야. 60년대 초부터 서울이 경기도를 넘어 점점 넓어지기 시작하면서[+] 그때만 해도 외곽이던 그쪽 동네가 한참 도시 개발 말이 나오고 있었거든. '마누라 없이는 살아도 장화 없이는 못산다'고들 하던 상도동이랑 대방동에 빈 땅들이 많았거든. 상도동 장승배기, 거기도 완전히 진흙탕이었어. 근데 거기에 주택 단지를 만들 거라는 소식을 듣고, 여기저기 돌아다니며 빈 땅을 산 거지. 땅도 내가 고르고 돈도 내가 만들고, 너희 아버지는 집 지을 때 감독을 했지. 한꺼번에 돈 되는 대로 똑같은 집으로 열 채도 짓고 했어. 그렇게 지으면 곧 팔렸어. 한참 서울 인구가 늘어나던 때니까. 더구나 그쪽은 그

[+] 1962년 '서울특별시 행정에 관한 특별조치법'이 제정됐다. 1963년 1월 1일자로 한강 이남의 경기도 일대를 편입, 서울의 행정구역을 확대해 강남, 강북 균형 발전의 기틀을 마련하려 했다. 1970년대에 들어 급증하는 각종 도시 행정 수요를 원활히 수행하기 위해 한강 이남 지역의 개발을 집중적으로 추진했다.

때로는 서울 외곽이고 하니, 비싸지도 않았고. 서울 중심에서 세 살던 사람들이 내 집 가지려고 글로 많이 들어왔어. 이자 돈을 빌려 집을 여러 채 지어서 팔면, 그동안 이자 주고도 돈이 많이 남았거든. 팔다 남은 거에 우리가 들어가서 살다가, 그 집 사겠다는 사람이 나오면 우선 전세로 다른 집 들어가서 살고. 그러다가 빈 땅 사서 또 집들을 지어 팔고 남는 거에 우리가 살고, 가게 붙은 집 지어서 가게도 하면서. 아마 그 일대에서 집을 백 채도 넘게 지어 팔았을 거다. 집 장사 하면서도 돈을 많이 번 거야. 그래서 그 일대에서 수도 없이 이사를 다녔어. 어디어디인지 잘 생각도 안 나. 집 지을 때마다 나는 일꾼들 밥해 먹이느라고 진을 뺐고. 그 와중에도 세멘 푸대 모아서 일일이 뜯고 닦고 해서 봉투도 만들어서 팔았지. 집 장사 하면서 공장 직공들 두고 부로꾸 공장도 하고, 도배지랑 장판이랑 파는 벽지 가게도 했지. 그런 게 다 집 짓는데도 필요하고 새 집에도 필요하고 한 거잖아. 세트로 다 한 거지. 너네도 그 부로꾸 공장에서 심부름도 많이 하고 그랬지. 부로꾸 말리느라 널어놓은 거를 너네가 걷기도 하고 그랬잖아. 그 공장을 하려면 부로꾸 말리느라고 땅도 많이 필요했어. 그 김에 땅 사놓았다가 나중에 집을 짓든가 돈이 맞으면 땅으로 팔든가도 했지.

최현숙 / 맞어. 그 블록 공장을 하면서 한쪽에 우리 집이 있었잖아. 아마 기와집이었든가? 담장 바로 너머로 텃밭도 꽤 크게 있었어. 거기에 키 순서대로 온갖 야채를 키웠는데, 젤 뒤로는 키 큰 옥수수도 심고 해서, 밤에 거기서 숨바꼭질도 하고 논 기억이 나네. 아버지가 야채니 화초니 그런 거 가꾸는 걸 좋아하셨지. 집 안에 마당이 넓을 때는 화단도 잘 가꾸시고, 새들도 많이 키우고 닭이니 토끼니 오리도 키웠었어. 그러고 보면 아버지는 그런 거를 좋아하는 분이셨나 봐. 그러니 당시의 시끄럽고 바쁜 도시 생활이 아버지한테는 안 맞았을 수도 있었겠다. 그래서 늘 시골 가서 살자는 이야기를 하셨을 텐데, 자식들 공부시키려는 마음과 엄마가 열심히 사는 모습에 그냥 서울살이를 받아들이신 거구. 아버지 입장에서는 다르게 살고 싶으셨을 수도 있겠네.[12]

안완철 / 맞아, 니 아버지는 그랬을 거다. 언제 한겨울에 너그 아버지가 보름이나 되게 시골에 가 계셨던 적이 있는데, 나중에 집에 와서 새들이 다 굶어죽은 걸 보구 얼마나 화를 내시던지…….

최현숙 / 맞어, 엄마, 나도 기억나. 우리 중 아무도 그 새가 굶고 있었다는 것조차 모르고 있었어, 아버지가 오셔서 그 새들을 돌아보실 때까지. 추우니까 마당에 내놓지 않고, 따뜻한 데 놓는다고 보일러실 입구 뒤쪽에 들여놓은 건데, 누가 거기를 가보지를 않은 거지. 아마 아버지가 시골 가시면서 우리한테 새를 부탁하고 가셨을 텐데, 다들 까먹은 거구. 나야 뭐, 아버지 없는 집이 좋기만 했을 테구, 하하하.

안완철 / 나두 그랬어. 차라리 니 아버지가 집에 없으면 신간이 편하고 좋았어. 집에 있으면 성질도 잘 내고 챙겨줄 것도 많고 하니 더 힘들기만 하지.

그때가 상도동 약국 있던 동네 살 때잖냐, 그 건너편에서 우리가 부로꾸 공장 했구, 그 한쪽에 우리 집이 있고. 그때 아폴로 11호 발사

---

12 어머니의 생애사 작업 과정에서 나는 아버지의 삶을 아버지의 입장에서 이해해보는 기회를 여러 차례 갖게 됐다. 그리고 그 깨우침을 어머니와 공유하는 과정에서 어머니 역시 아버지를 향한 마음을 많이 풀게 되는 기회가 된 것 같다.

를 하는데, 그 바로 전에 우리 테레비를 도둑을 맞았을 때였어. 그 약국 앞에 약국집 테레비를 내놓고 동네 사람들이 의자에 돗자리들까지 펴고 둘러앉고, 서고 해서 그걸 봤지. 그때는 세계 최초의 달나라 우주선이라고 난리들이 나서 테레비 장사가 아주 잘 됐지. 그 직전에 나는 내내 있던 테레비를 도둑을 맞았던 거야. 노량진 살 때부터 우리는 테레비가 있었어. 아마 서울 와서 얼마 안 되고부터 있었을 거다. 내가 보고 싶어서 일찍부터 산 거지. 테레비 도둑도 대여섯 번은 맞았을 거 같아. 생각해보면 어떤 거는 누가 가져갔는지 뻔한데, 내가 잡을 사람이 아니어서 안 잡은 거야. 그때 연속극들하고 노래들, 쑈 프로들이 생각나네. 〈눈은 나리는데 산에도 들에도 나리는데〉, 〈사화산〉, 〈너도 사나이 나도 사나이 우리는 사나이다〉, 〈태양은 늙지 않는다〉, 〈아씨〉, 〈조선노동당〉……. 한번은 뭔 특집방송을 보는 중에 자막으로 "오늘 노동당은 쉽니다"라고 나왔는데 애들이랑 그 자막을 보고는 한바탕 웃었지. '후라이보이' 곽규석이 사회 보는 〈쑈쑈쑈〉를 하는 토요일 두 시면 동네 사람들이 우리 집에 모여 와서 그걸 보고가기도 했었지. 막상 우리 식구들은 그런 쑈는 안 좋아했는데 사람들이 많이 좋아하니 그냥 보게 했었지. 최불암 나오는 〈수사반장〉은 니네들도 좋아했었어. 그 시절에 극장도 많이 늘어나고 춤도 유행이어서, 모두들 밤낮없이 극장 다니고 댄스홀들도 다니고 그랬어. 그러느라 집집이 싸움도 많이 나고 그랬었지. 그때 영화관이나 댄스홀이 갑자기 늘어났잖아. 나는 니 아버지 때문도 그렇고 또 별로 그런 데는 취미가 없어서 안 다니니까, 텔레비전 연속극이라도 안 놓치고 보려고 했는데 워낙 바쁘니까 잘 챙겨보지를 못했지. 〈저 하늘에도 슬픔이〉

317

✦ 1961년 말, 소위 '5·16 혁명 정부의 크리스마스 선물'이라는 미명으로 텔레비전이 탄생했고, 이후 70년대 말 80퍼센트를 넘는 텔레비전 보급률을 보이면서 급속히 진행됐다. 당시 높은 경제 성장률과 소득 증대 등 대중문화 향유의 물적 토대가 마련됐고, 일상생활에서 체면과 가족주의 등을 중시하는 생활 문화, 가족 오락 매체로서 텔레비전이 갖는 매력 등이 그 대중화에 결정적 영향을 미치는 문화적 환경이 됐혔다. 동시에 영화나 댄스홀 등 더 적극적인 대중문화도 확산됐으며, 일부에서는 이런 대중문화의 급속한 보급을 군사 독재 정권의 우민화 정책과 연결해 해석하기도 했다.

라는 영화를 노량진극장으로 한 번 보러가서 울기도 많이 울었네.✦

대방동 강남여중 밑에서 가게를 하면서 이층집에 살 때, 가게에 동네 깡패니 넝마주이들도 많이 와서 물건을 돌라가기도 하고 그랬지. 여럿이 와서 한 놈은 물건 사고 다른 놈들은 이것저것 몰래 집어서 숨기고 하는데, 내가 다 알면서도 모르는 척 하고 좋게 보냈어. 그런 사람들 붙잡고 싸우다가 나중에 해코지라도 할까봐 겁났던 거지. 딸도 셋이나 있는데, 피하는 게 상수지. 그냥 없는 사람들 보태준다 생각하고 놔둔 거야. 그때는 좀 살림도 폈으니까, 그런 거 갖고 아등바등하고 할 때는 아니지.

거기서 큰아들이 서울대학교에 들어간 거야. 친척들이랑 다들 한턱내라고들 해싸서, 나도 기분 좋게 한 번씩 멕이고 돈도 내고 그랬어. 그러구는 큰아들은 대학교와 군대까지 해서 팔 년 넘게 많이 집을 나가서 지낸 거지. 대학도 기숙사랑 자취 생활을 했으니까. 그게 나름대로 걔한테는 아버지나 편치 않은 집을 피하는 방법이었을 거야. 그렇게라도 해야 숨통을 트는 거니까. 걔가 데모를 좀 하는 눈치여서 걱정이 됐었어. 큰아들이고 하니까 더 그렇지. 야학도 한동안 하고 그랬어. 그때는 군대도 길어서 삼 년 육 개월인가를 갔었지. 면회 갈 때는 전자 밥솥으로 한~ 솥단지 밥을 해서 반찬이랑 고기랑 과일이랑 해서 버스를 갈아타 가면서 갔지. 그때만 해도 군대 온 애들 중에 집에서 밥 굶다가 온 애들도 많다고, 큰아들이 휴가 나와서 그러드라고.

그 말 듣고 일부러 부대 군인들 멕일려고 음식을 많이 해간 거야. 우리 아들 잘 봐달라는 그런 뜻도 있었고.

니 오빠가 군대 가 있는 동안 니가 아마 마지막으로 집을 나갔던 거 같아. 그러구는 문 서방이랑 산 거지. 그때도 나는 정신없이 살던 때였는데, 니 일로 얼마나 속이 문드러졌는 줄 아냐? 내가 잘못해서 니가 그런 거 같고. 너한테 잘못해준 거만 생각나고. 큰딸이고 하니 니가 고생이 많았겠지. 너 크는 동안은 우리 살림이 안 펴서 니가 동생들 돌보고 살림 돕느라 고생이 많았을 텐데, 그래도 공부는 또 잘했잖아. 너 집 나가고도 애들은 줄줄이 고등학교 대학교를 들어갔고, 오빠가 아무리 생활비까지 받는 장학금으로 유학을 갔다지만 그래도 돈은 자꾸 들어가지. 그전에 결혼시키느라고 또 돈이 많이 들어갔고. 내가 아직 하루하루가 정신없이 바쁜 때였어. 이짝 돌 빼서 절로 넣고, 저짝 거 빼서 일로 넣고. 뭐를 하고 살았는지 일일이 생각도 안 나고 순서도 뒤죽박죽이다~, 야. 순서랄 게 있을 수 없지, 닥치는 대로 정신없이 막으면서 산 거니까.

내가 미국 여행 간 게 큰아들 유학 중일 때냐 언제냐? 아마 유학 거의 끝나갈 무렵이었던 거 같아, 박사 학위 끝나고 한국 들어오기 전에, 부모님 미국 여행 시켜준다고 우리를 불렀었지. 큰아들 돌아와서 서울대 교수 되면서는, 돈놀이랑 다른 돈벌이는 다 그만뒀지. 큰아들이 말리기도 하고, 혹시 아들한테 욕 될까봐 딱 그만뒀어. 대신 그때부터는 주식이랑 증권을 했지. 그건 흉이 아니니까. 주식이랑 증권으로 큰 이익을 본 건 없고, 그렇다고 손해를 본 건 아니고, 조금씩 남기는 한 거지. 그러면서 딸 둘과 막내아들이 공부들을 계속한 거지.

둘째 딸은 이대 유아교육과를 나와 선경그룹에 유치원 교사 한다고 울산 가 있다가, 거기서 신랑 만나 결혼하고는 피아노 학원 원장을 한 거고. 셋째 딸은 재수해서 단국대 치대를 들어가 6년 다니고 월급 의사로 있다가, 남미로 진료 봉사를 갔다 와서 결혼하고. 막내아들은 연세대학 졸업해서 카이스트 들어갔다가 결혼을 한 거고. 그러니 너도 봐라, 내가 무슨 한숨 돌릴 새가 있었겠냐? 큰아들이 교수 되고서는 지가 아껴서 동생들한테 보태기도 하고 했지만, 그래도 다 내가 할 일이지, 내 책임이니까. 막내아들 장가보내고 나서야 내가 좀 숨을 돌렸나보다. 시집 장가 간 자식들이 용돈들도 보내고 하니 자식 키운 보람도 느끼고, 이젠 큰돈 들어갈 일도 별로 없으니, 내가 아둥바둥 안 해도 됐던 거지.

최현숙 / 아이구, 듣기만 해두 숨이 차네, 그 굽이굽이가. 그게 다 얼기설기 중복되면서 진행이 됐을 거 아냐? 정말 참 정신없이 숨 가쁘게 사신 거유~, 응.

사실 나는 십대 후반이 넘으면서는, 가족에 관한 기억이 거의 없다. 그 집에 살 때도 그랬지만 집을 나오고 나서는 더더욱, 가족 개개인의 일에 관심이 없는 사람이었다는 걸 엄마의 살아온 이야기를 들으면서 더 깊이 돌이켜보게 됐다. 아버지와 싸우느라 가족 안의 다른 사람들에게는 관심을 두지 못한 걸까? 아니면 많은 경험이 있었는데도 기억을 못 하는 걸까? 오빠나 동생들뿐 아니라 엄마까지도 아버지의 가족으로만 느꼈나보다. 그러니 개개인을 보지 못하거나, 많은 경험이 있었는데도 기억이 거의 없는 거다. 떠나고 다시 돌아와, 그러고도 한참의 시간이 지나고야, 다시 다르게 엄마도, 오빠와 동생들도, 아버지도 만나가고 있구나 싶다.

최현숙 / 근데 엄마가 사채놀이 한 거에 대해서 지금 엄마는 어떻게 생각해? 큰아들 교수되면서 딱 그만뒀다는 건 엄마가 그 일에 어떤 찜찜한 마음이 있었다는 의미인가?

안완철 / 찜찜하기야 했지만 아닌 말루 잘못이랄 거까지는 없다고 생각해. 그 시절에 시장에서 노점 하고, 쬐끄만 가게 하고, 그런 사람들이 돈 구할 방법이 사채밖에 더 있었어? 나도 은행 돈 빌릴 방법이 없어서 싼 이자 돈 빌려서 일부니 일부오리(월 1퍼센트나 1.5퍼센트) 이자 더 붙여 받는 식으로 돈놀이를 한 건데. 그러다가 못 받으면 내가 다 물어내는 거고. 그때는 집이니 땅이니 큰 담보 없는 사람들은 돈을 빌릴 데가 없어서 돈놀이하는 사람들이 필요했지. 지금 티브이에 나오는 무슨 불법 대부업, 그런 거처럼 이자가 쎄거나 깡패를 동원하거나 그런 거하고는 달랐지. 근데 그때도 그게 합법적인 건 아니고, 돈놀이니 사채놀이니 해서 세금을 안 내는 거다 보니, 남들 앞에 자랑할 만한 일은 아닌 거지만, 그 당시는 거의 다 그 돈을 놓거나 쓰거나 했지. 그거라도 없었으면 밑천 없는 사람들이 노점이니 구멍가게니로 일어설 기회가 없었을 거야. 이제는 그걸 대부업이라고 해서 법으로 인정하는 거잖아. 몰라, 그때도 나쁜 고리대금업자들이 있기는 했겠지만, 동네나 시장에서 하던 거는 그런 거하고는 달랐어. 내보기에는 시골서 부자들이 곡식이나 논밭 가지고 하는 거랑 똑같은 건데, 직접 돈을 가지고 하는 거고 이름이 '돈놀이'다 보니까, 양반답지 않다는 거였겠지. 그러니 혹시라도 자식들한테 폐 될까봐 그만둔 거지. 주식이니 증권도 다 마찬가지라고 생각해, 나는.

막내아들 장가가서 첫애 낳자마자, 대전 막내아들네로 니 아버지랑 같이 들어갔지, 애도 키워줄 겸 같이 살러. 아들, 며느리가 둘 다 카이스트에서 공부도 하고 일도 하고 할 때거든. 그러다가 걔네가 둘 다 삼성에 취직해서 서울 구로공단 있는 데로 이사 올 때 같이 왔어. 그러구 얼마 안 있어 다시 아버지랑 둘만 그 근처 시흥동 한양아파트로 이사를 왔어. 막내네 작은아이 낳으면서 아예 입주해서 살림해주는 할머니가 오셨거든.

대전 살 때도 그렇고 시흥 한양아파트 살 때까지만 해도, 럭키증권이랑 뭐랑 주식을 많이 굴리고 자주 증권회사에 나가 있고 그랬지. 증권회사에서 아예 내 책상을 하나 따로 만들어주고, 물주 대접을 제대로 해주고 그랬어. 시세를 잘 살피다가 몇 천 주씩 한꺼번에 사서는 그날로 당장 팔기도 하고. 정보도 잘 보고 판단력도 중요하지만, 판단만 하면 뭘 해? 때를 놓치지 말아야지, 팔 때 팔고 살 때 사고. 미적미적하면 벌써 늦는 거지. 내가 한양아파트 살면서 유럽 여행을 갔나보다. 서울대학교 나이 많은 교수 부부들 여행에 우리 부부도 같이 간 거지. 큰아들 지도 교수 무슨 축하 여행인가 그런 건데, 거기를 같이 간 거야. 프랑스니 이탈리아니 스위스니, 구라파 여러 나라를 많이 돌았지. 가서 보니까 내가 그 교수니 교수 부인이니 하는 사람들이랑 비교해도 꿀릴 게 없더라. 내가 거기서 산 스카프를 빠리 공항에다 놓고 왔는데, 그걸 여기저기 연락하고 빠리 공항 직원이랑 전화 통화도 해서 택배로 받은 사람이야, 하하하. 야, 내가 그런 사람이야~.

2004년 즈음에 성남 주공아파트로 가고 나서도, 삼성전자니 그런 주식은 좀 있었지, 안전하고 틀림없는 거만 골라서 했어. 그러니까 일흔두셋까지는 주식이랑 증권을 조금씩이라도 했던 거야. 그때는 뭐, 돈 벌 생각보다 재미 삼아서 한 거지. 그래도 나는 투기는 안 했어. 주식 증권 할 때도 그랬지만, 집 장사 할 때도 투기는 안 한 거야. 내가 대방동 상도동에서 한참 집 장사할 때, 강남 벼락부자들이 얼마나 난리였다구.[+] 잠실이니 개포동이니 아파트 들어서기 전에 거기가 다 밭이었잖아. 그걸 도시 개발 하면서 복부인이니 투기꾼들이 불법으로 주소만 옮기고 해서 돈도 많이 벌고, 그러다가 팍싹 망해서 집안이 거덜나기도 하고, 벼락부자는 됐지만 자식들이 망가지고. 내가 그 투기를 보니까 도둑질이더만. 여기저기 거짓말해서 남들을 속이고 불법을 하고 그래야 돈을 벌더라고. 떼돈을 벌기도 했겠지만, 그렇게 돈 벌어서 자식들 잘되는 거는 내가 보지를 못했어. 한탕으로 벼락부자가 됐으니, 그 사람들이나 자식들이나 이렇게 열심히 노력하면서 살게 되겠어? 그래서 그, 땅 투기니 그런 거는 나는 근처에도 안 갔어. 그저 어디 못 배운 상놈들이나 할 짓이고, 자식 교육시키려고 하는 사람은 못할 짓이라는 생각이 든 거지. 주식도 마찬가지야. 그러구 봐봐라, 요즘 청문회니 뭐니 하면 그 잘나가는 놈들, 다 그 시절 불법 투기에 안 걸리는 놈들이 거의 없잖아.

최현숙 / 아따, 다 좋은데, 거 잘 나가다 말고 뭔 상놈 양반놈을 또 찾으실라 그러슈~.

+ 경부고속도로 개통과 함께 1970년대 서울 강남 개발이 본격적으로 시작됐다. 자원이 부족한 상황에서 추진된 개발은 필연적으로 땅 투기를 불러왔다. 정부가 땅 주인에게 땅 일부를 받아서 개발한 뒤, 주변 땅 가격 폭등을 유도해 그 땅을 팔아서 개발 비용을 충당하는 방식으로 진행된 강남 개발은 한국 사회 땅 투기의 출발이었다. '말죽거리 신화'는 이런 사회 분위기 안에서 만들어졌다. 양재역 부근 말죽거리는 평당 30원 정도 하던 땅값이 1년 새 3000원으로 치솟았다. 말죽거리는 당시 복부인들이 가장 먼저 몰린 곳이었다. (《북한 그리고 강남스타일…냉전이 낳은 강남 개발의 역사》, 《노컷뉴스》, 2013년 6월 24일 참조)

안완철 / 야, 난 양반이야. 쌍놈들하고는 달라, 야~. 하하하.

큰아들은 고집도 세고 성질도 있지만 큰아들이니까 많이 참고 아버지랑도 안 부딪칠려고 지가 먼저 피하고, 동생들한테도 잘 하고 그랬어. 걔는 진짜 성실한 사람이지. 한 우물을 파는 사람이야. 머리도 머리지만 자기 열심과 성실로 서울대 교수가 된 거야. 대학 입시 공부할 때는 늘 도서관에서 공부하다가 집에 밥 먹으러 와서나 잠깐 테레비를 보고 그랬지. 일부러 만화 영화 볼려고 꼭 만화 영화 시간에 맞춰서 밥 먹으러 오고 그랬어. 그때는 형편이 그래도 좀 나았으니까 먹고 싶은 대로 먹으라고, 귤이고 토마토고 사과고 궤짝으로 사놓거나 몇 관씩 사다놓고 맘대로 먹게 했지. 니네 다섯이 귤을 박스째 놓고 둘러앉아 까먹으면서 테레비를 보는 거 보고, 내가 혼자 얼마나 좋았는지 아냐? 특히 큰아들은 어릴 때 젖도 제대로 못 먹인 게 가슴이 저려서 잘 먹이고 싶었어. 걔가 어려서 잘 못 먹어서 배자 작은가, 지금도 뭘 많이 먹지를 않지…….

큰아들 군대 가 있는 동안 니가 대학 다니면서 가출도 하고 그랬지. 너는 나한테 젤로 가슴 아픈 자식이야. 너 안 들어오는 동안 내가 대문도 못 잠그고 잠도 못 자고, 돈 버느라 돌아다니다 집에 와서도 한밤중에 집 바깥에 나가서 기다리고 그랬어. 너는 나한테 불만도 많았겠지만, 어떡하냐? 위로는 아들이고, 그 밑에 너 큰딸이고, 그 밑으로 동생들이 줄줄이 셋이니, 니가 동생들 돌보고 집안 살림 돕고 하느라고 고생도 불만도 많을 수밖에. 나는 돈 버느라고 늘상 나다녀야 하니 니가 힘들었을 거야. 그래도 야, 나 가르치는 거는 차별 안 했다. 먹는 거는 아버지랑 오빠를 먼저 멕일려고 했겠지만, 그건 내 시대 사람들은 다 별 수 없는 거야, 그게 몸에 밴 거니까.

근데 아무리 최씨 고집이라지만 넌 왜 그렇게 고집이 쎄냐? 어릴 때도 맞을 거 뻔히 알면서도 아버지 앞에 또박또박 대들고, 맞으면서 도망도 안 가고. 니가 이화여대 입시를 백지 내고 나왔다는 거 알았을 때 내가 얼마나 실망이 컸는 줄 아냐? 내가 못 배운 거 큰딸 이화대학 넣는 걸로 좀 속이 풀리나 했는데, 성적도 남으면서 백지를 내고 나왔다니……. 그 때 니 아버지가 우는 걸 처음 봤어. 넌 니 아버지보다도 독한 년이야.

여중과 여고를 나온 큰딸의 대학 진학에 아버지는 여대를 보내기로 결정했고, 나는 아버지의 결정권을 인정할 수 없었다. 이대 문리대 입학 시험장에 들어가 이름만 쓰고 백지를 냈고, 집에 와서 일기장에 그 일을 써놓고는 일기장을 방에 굴렸다. 아버지가 울더라는 말을 그때도 엄마한테 들었는데, 또 한바탕 다가올 폭력에 관한 일말의 두려움을 빼고는, 나는 아마도 통쾌해한 것 같다. 폭력은 없었던 것 같고, 합격자 발표 날 아버지는 나를 불러 "네 생각대로 알아서 해라"라고 조용히 말했다.

안환철 / 아버지가 난리를 치고 반대한 문 서방이랑의 결혼도 나는 문 서방이 짠해서 반대를 크게 못하겠더라. 어머니 일찍 돌아가셨다는 말 듣고 내가 동병상련이 된 거지. 세상에 없이 가난하게 살았다는 말을 듣고는 니 걱정이 됐었지. 니가 큰애 낳고 며칠 안 돼서 내가 처음으로 너네 사는 거 가보고 얼마나 기가 막혔는지 아냐? 그 독산동 벌집방, 내가 서울 처음 와서 고생할 때도 안 살아본 그런 방이더라. 너랑 등 대고 고개 돌리고 누워서는, 너도 많이 울고 나도 많이 울고 그랬지.

1980년 내가 마지막으로 집을 나올 때, 나는 그 단절이 꽤 길 거라고 생각했다. 1981년 큰아이를 낳자 엄마가 독산동 벌집방에 찾아왔고, 큰아이 백일에는 떡과 음식을 해서 다시 왔다. 백일 지나고 곧, 주인집으로 아버지가 전화를 해서 나를 찾았다. "아기랑 문 서방이랑 해서 집에 한번 오라"고. 내게는 예상치 못했을 뿐 아니라 번거롭게 느껴지는, 이른 호출이었다. 아버지는 그 뒤 내 삶의 어느 한 부분에도 개입하거나 이견을 말하지 않았다. 나를 부르고 얼마 뒤 아버지는 엄마와 함께 근처 다른 벌집방에 살고 있던 내 시아버지를 만나러 왔다. 아버지보다 스무 살은 더 많은 시아버지는 딸을 도둑질한 사람이 사돈을 뵐 수 없다며 극구 사양을 하다 눈물까지 보였다. 대여섯 해 뒤에 시아버님이 돌아가셨을 때, 어른이 없는 문 서방네가 염려된다며 아버지가 장지까지 왔고, 때를 맞춰 "곡해라"를 하셨다. 아버지는 지금도 내 작은아들에게 문 서방의 안부를 묻는다.

안완철 / 우리 시흥 한양아파트에 살 때, 니가 독산동에서 무슨 선거에 출마했잖아. 내가 학교 운동장 유세 하는 거를 가보니까, 다른 후보들보다 월등히 우리 딸이 똑똑하게 말도 잘하고 잘났더라. 니네 아버지가 안 간다 그럴 줄 알았는데, 암 말도 안 하고 따라 나서드라. 옛날 같으면 뭐, 기집년이 집안 망하게 선거를 나가냐고 할 사람인데, 그때만 해도 니 아버지가 많이 바뀐 거지. 아마 너를 자기 마음대로 못 키우고 나서 좀 생각을 달리 하게 됐을 거다. 그 덕에 너 밑으로 두 딸은 좀 편하게 컸지. 그 뒤로는 때리는 것도 별루 없었구.

어떻게 보면 니가 젤 잘 산 거야. 니 맘~대로, 하고 싶은 대로 산 거잖아. 내가 문 서방한테 사업 자금 빌려준 거 알지? 그냥 안됐어서 받을 생각 없이 준 거였어. 내 돈 준 게 아니고 나도 빌려서 준 거였어. 그때 잘 췄지~. 그렇게라도 준 게 두고두고 마음이 편하더라. 아버지가 그렇게 반대하던 결혼을 지 맘대로 해서 살다가 나중에는 또 이혼하겠다고 했을 때, 올 게 왔구나 싶더라. 안 맞았지, 문 서방이랑 너랑은. 나도 안 맞는 결혼을 억지로 해서 별수 없이 산 거지만, 너는 그렇게 갈라서는 걸 보고 한편으론 욕을 했지만 나중에는 잘했다 싶더라. 문 서방이 너를 때렸었다는 말을 들었을 때는, 내가 치가 떨렸어. 나도 그렇고 너도 그렇고 니 아버지한테 얼마나 맞고 살았냐? 그래도 나는 바보같이 그대로 산 건데, 너는 안 살고 갈라서겠다고 확실하게 고집을 부리는 거를 보고 내가 부러웠다. 난 니가 젤 가슴 아픈 자식이면서 한편으로 젤 부러워. 양반이고 뭐고 그런 거 없이 니 주관대로 똑 부러지게 사는 거잖아.

최현숙 / 작년(2012년)에 아버지 아프셔서 분당병원 입원하셨다가 요양 병원 거쳐 집으로 들어가시려고 할 때, 엄마가 딱 잡아뗐잖아, "나 인제 너그 아버지 책임 못 진다"고. 그때 보니까 엄마도 작정을 하고 똑 부러지게 고집을 피우시더만, 하하하~. 한편으로는 걱정이 많으면서도 난 한편으로 좀 속이 시원했어. 엄마가 그렇게 아버지를 거부하고 딱 잡아떼며 고집을 부리는 게, 내가 알기로는 거의 처음일 걸. 내가 보니까 그때 엄마가 아주, "배 째라, 난 죽어두 못 한다" 그거드만. 하하하~.

안완철 / 생각해봐라, 나도 늙기도 하고 무릎도 안 좋아서 겨우 둘이서 끓여 먹고 청소는 사람 사서 하고 그랬던 건데, 너그 아버지 퇴원한다는 그 며칠 전에 윤○가 산소통[13]부터 갖다 놓는데 내가 탁 기가 막히더라. 저 산소통 한 환자를 내가 어떻게 병간호를 할 거며, 그러다가 나 혼자 있을 때 돌아가시기라도 하면, 난 생각만 해도 너무 무서운 거야. 그래서 내가 무조건 우겼다, 난 이젠 못한다고. 나도 죽기 전에 딱 일 년만 혼자 편하게 살다가 죽을라니까, 이젠 너그 아버지 너네가 맡으라고. 난 육십 년간 할 거 다 했으니까 이젠 니네가 하라고. 니네도 기가 막혔겠지만, 난 그때 정말 '여기까지'라고 생각했어. 더 이상은 안 할 생각이었다니까.

최현숙 / 그때 엄마가 뭐라 그랬는지 알아? 이혼을 하면 동회에서 생활비 지원이 나오냐고 나한테 핸드폰까지 해서 물었어. 아, 엄마처럼 돈 많고 자식들도 잘사는 노인네한테 동사무소가 무슨 돈을 줘? 아버지랑 이혼해도 자식들은 그대로 엄마 자식인데.

안완철 / 그러는 거지, 응? 난 혹시 내가 니 아버지랑 이혼하면 최씨네 모두랑 끊어지는 건가 어쩐가 그 생각 했지. 아, 내가 작정을 했으면 이것저것 알아봐야지. 그래서 너한테도 전화 한 거야. 다 키워 놨고 살 만큼 살고 있으니 나 없다고 새끼들이 고생할 일도 없고 해서, 내가 너그들 안 볼 작정까지 한 거야. 너그 최씨네라면 아주 지긋지긋한 거지. 그때는 정말 내가 혼자 방을 얻어 나가든가 어디 요양원을 혼자 들어가든가 할려고 알아보고 그랬다니까. 그 성남 주공아

---

13 호흡기 질환이 있는 아버지가 독감이 폐렴까지 번졌다가 완치 뒤 퇴원하던 터여서, 만에 하나를 대비해 산소통을 마련한 건데, 엄마는 그걸 늘 하고 있어야 하는 것으로 착각을 했고, 아무리 아니라고 설명을 드려도 막무가내였다.

파트 근처에 조계사가 운영하는 요양원도 가보고. 아픈 아버지 놓고 못 모신다 그랬다고 너그는 욕을 했을랑가는 몰라도, 나는 그때 마지막으로 정말 작정을 한 거야. 이제는 좀 혼자 맘대로 살아볼라고. 어디 나가서든 혼자 살 자신도 있어. 나는 뭐 돈 없는 줄 아냐? 그러다가 죽는대도 뭐가 무섭냐? 여든이면 벌써 오래 산 건데.

최현숙 / 그래서 여기로[14] 들어오기로 타협이 됐을 때도 공간을 따로 쓰시겠다고 하신 거잖아. 잘했어, 엄마. 진~짜 잘한 거야. 그때 아버지가 많이 당황스러우셨을 거야. 처음엔 여러 가지를 못 받아들이시겠는 거지. 건강하실 땐 엄마랑 둘이 살더라도 많이 안 좋아지시면 큰아들네랑 같이 살다가 가실 거라고 막연히 생각하고 계셨던 거 같더라고. 그러니 오빠가 실버타운 이야기를 어렵게 꺼낼 때 한바탕 실망이 크셨던 거지. 그런데 실버타운 들어오기로 결정이 되고서는 이번에는 엄마가 공간을 따로 쓰겠다고 하니, 아버지는 또 한 번 놀래신 거야. 아버지한텐 미안하지만 난 한편으로 속이 좀 시원하기도 하고, 또 그렇게 하는 게 두 분 관계에도 도움이 되겠다는 생각이 들더라구. 그래서 나도 그렇고 형제들도 모두 따로 공간을 쓰는 걸로 하고 아버지를 설득한 거야. 하여튼 그때 엄마 잘 우겼고, 잘 결정했어. 그렇게라도 하셨으니 지금 엄마가 여기서라도 좀 몸도 마음도 편안해지신 거지. 아버지랑 사이도 좋아지시는 거 같고.

안완철 / 여기 들어온 게 2012년 1월 21일이야, 내가 다 기억해. 여기 들어와서도 처음엔 다른 노인들이 물어쌌는 거야. "왜 부부가 공간을 따로 쓰냐"고. 처음에는 그냥 넓고 맘에 드는 공간이 아직 안

---

14 실버타운 입주 뒤 아직 채 1년이 안 된 2013년 1월 10일에 이 부분 인터뷰가 진행되고 있다.

나와서 임시로 그러는 것처럼 둘러대면서 내 속으로 '남의 눈 때문에라도, 양반 자존심 때문에라도, 곧 합쳐야겠다' 생각을 했는데, 나중엔 그게 아니더라구. 갈수록 편하기도 하고, 내가 뭐 이 나이에 남의 눈치 보고 살 일도 없는 거구.

내가 여기에 따로 있다고 너그 아버지를 안 챙기겠냐? 그래도 내가 내 할 도리는 하고 사는 사람이다~. 하루에도 몇 번씩 2층(엄마는 3층) 너그 아버지한테 들락거리면서 사과, 배, 포도, 바나나 같은 과일이란 과일은 일일이 깎아 통에다 담아드리고, 간식도 챙기고, 뚝 하면 아프다고 어떻다고 나 불러쌌는 너그 아버지 바라지를 하고 그러지. 그래도 같이 있는 것보단 이렇게 따로 있는 게 맘이 편해. 뭘 해줘도 편한 마음으로, 좋은 마음으로 해주게 되고. 그전에는 그냥~ 미워서 뭘 해줘도 마음이 안 갔거든, 몸만 별 수 없이 하는 거구. 근데 여기서는 서로 부대낄 일 적고 하니까 미운 마음이 점점 주는 거야. 얼마 전 저 앞집 할머니랑 한바탕 했어. 쓸~데없이 남의 일에 자꾸 "왜 따로 사느냐"고 물어쌌잖아. 그 여자는 영감은 일찍 가고 혼자 있는 사람이거든. 그래서 내가 한 번 제대로 입을 꽉 틀어막아버렸어. "아, 남이야 어쩌든 무슨 상관이냐? 육십 년을 함께 살았으면 이젠 좀 떨어져도 있으면서 각자 자기 성찰도 하고 반성도 하고 그러면서 서로 챙기면 더 좋은 거 아니냐?" 그랬더니 또 뭐라고 더 참견을 보태길래, "서방 일찍 잡아먹고 나니, 이젠 남의 서방들이 걱정돼서 그리 참견을 해 대냐? 뭔 오지랖이 그리 넓냐"고 제대로 면박을 줬지. 그러고 나서는 그 소리 싹 들어가데⋯⋯하하하~. 내 마음이 지금 딱 그래. 너그들이 돈이 더 들어가서 미안하기는 하지만, 난 지금은 좀 이러고 싶어. 내가 그렇게 평생 열심히 살았는데 이것도 못 하냐?

최현숙 / 엄마 말이 좀 심하긴 했지만 하여튼 잘 들이받았네. 그런 사람은 그렇게 한번 제대로 받아줘야 돼. 그리구 공간 문제는 누가 뭐라 그러든, 엄마가 하고 싶은 대로 해요. 이렇게 따로 계시면서 서로 볼일 챙길 일 있을 때 보고 하는 게 좋으면 그대로 하고, 그러다가 또 엄마가 생각이 바뀌면 그때 또 이야기하시고. 이젠 엄마 하고 싶은 대로 하면 돼. 아버지도 뭐 따로 공간 쓰는 거 받아들이신 거니까.

안완철 / 너그 아버지 병원 정기 검진 갈 때도 직원만 딸려 보내도 그만이지만, 꼭 내가 데리고 갔다 데리고 오고 그래. 저 양반 여그 들어와서 건강해진 거 봐라. 그게 뭐 저절로 그러냐? 나도 양반 할 도리는 다 하는 거야.

최현숙 / 아따, 그놈의 얼어 죽을 양반 타령은 또~. 양반 타령을 빼든 넣든 엄마는 엄마 할 도리 다 하고, 누구보다 열심히 산 거야. 아주 열심히 최선을 다해 잘 산 거야. 자식들도 잘 키웠고 서방한테도 할 수 있는 대로 다 했고. 그래서 엄마 덕에 자식들도 다 잘돼서 이젠 자식들이 어려운 사람들한테도 잘하고 하니, 그거도 엄마가 하는 거나 마찬가지인 거구.

안완철 / 그래, 알아, 내가 평생 내 자식들밖에 모르고 산 거. 그거를 잘했다고만은 할 수 없지. 근데 나는 그럴 수밖에 없었어. 여자 혼자 자식 다섯 키우고 공부시키려니, 늘 미친년처럼 이짝 돌 빼서 절로 박고 저짝 돌 빼서 일로 박으며, 닥치는 대로 산 거지. 언제 한번 '이만하면 됐다' 하고 생각할 새가 없었어.

최현숙 / 다행히 자식들이 엄마 바람대로 잘 커줬잖아. 보니까 엄마 자식들이 엄마가 미처 못한, 없는 사람들 도와주는 일들을 많이 하고 있더라구. 엄마가 자식들을 잘 키운 덕에 그 자식들이 다 잘돼서 그런 일들을 하니, 그게 결국은 엄마도 같이 하는 거나 마찬가지지. 그러니 엄마, 엄마는 정말 열심히 잘 산 거구, 엄마가 만든 열매를 잘 거둬 남들에게 나눠주고 있는 거야. 얼마나 자랑스럽고 행복한 일이유.

안완철 / 그래 내가 복이지. 누구한테 내놔도 내 자식들이 최고지. 인간성들도 좋구. 그리구 며느리랑 사위들도 최고야.

최현숙 / 진짜 엄마같이 노년 팔자 좋은 양반이 내 주변엔 없다니까. 다들 돈이 없다든가 자식 중 하나가 웬수같이 속을 썩이든가 아니면 본인 자신이 큰 병이 들어 옴짝달싹을 못 하고 죽을 날만 기다리시든가, 그렇더라고. 근데 엄마는 여든에 60년을 함께 해로한 영감하고 아들, 딸, 손주, 며느리에 뱃속 증손주까지 거느리고 하와이 여행까지 다녀오니 얼마나 복이유? 여행 때 걱정됐는데, 두 양반 다리두 짱짱하시드만. 아버지는 그 양반 타령하는 분이 하와이 해변에서 바지 벗구 팬티만 입으시구 일광욕도 하시구, 내가 그거 보구 놀랬다니까, 하하하~.

실버타운에서 시작한 새로운 생활

최현숙 / 여기 실버타운 들어와서 생활 좀더 이야기해주세요.

안완철 / 처음 와서는 좀 적응하기 힘들었어. 내가 원래 내 집에서 혼자 자도 잠을 못 자는 사람이잖아. 근데 잠자리도, 생활 공간도,

시간표도 다 달라진 거니까, 처음에는 잠도 못 자고 이곳 사람들과도 어떻게 지내는 게 좋을지 잘 모르겠고. 더구나 처음 온 사람보고 여기 있던 사람들이, "뭐 하러 여기 왔냐? 여긴 납골당인데" 하는 말들을 해쌌고, 또 실지로 노인들 죽어나가는 것도 보고 하니, 마음이 안 좋구 착잡하기도 하고 그랬지. 그런데 이젠 많이 적응이 된 거 같아. 잠도 잘 자고, 또 생각을 내가 고쳐먹고.

최현숙 / 생각을 고쳐먹은 거는 어떤 면을 이야기하는 거야?

안완철 / 젤로 좋은 게 내 생활 공간을 따로 쓰는 거니, 마음도 몸도 편한 거야. 늙으면 몸 움직거리기 힘든 게 젤 큰 문젠데, 밥이니 빨래 청소도 다 해주니, '내 말년 팔자가 참 좋은 거다' 그렇게 생각한 거지. 여기 노인들 보면 다들 젊어서 교수니 성악가니 화가니, 한 가락씩 하던 사람들이고, 자식들도 다 성공하고 잘된 사람들이 대부분이잖아. 안 그러면 여기가 비싼 곳인데 들어올 형편이 안 되지. 그러니 '내가 일반 요양원에 간 노인이나 독거노인들에 비해 노년 팔자가 참 좋은 거다' 그런 생각을 한 거야. 노인들만 모여 있는 거, 사람들 죽어나가는 거, 그거야 뭐 별수 없는 거지. 한번 태어나면 누구나 죽는 거고, 요즘 젊은 사람들 사는 게 전처럼 노인들 모시고 같이 살 수 있는 게 아니잖아. 그러구 나부터가 자식네들이랑 같이 사는 거보다, 오히려 여기가 편해. 때 되면 밥 주고, 청소해주고, 운동이고 외출이고 내가 다 맘대로 하고, 이런저런 프로그램들도 많아서 하고 싶으면 골라서 하고. 너희가 경제적 부담이 커서 맘이 안 편하기는 하지만, 너희나 나나, 이 돈 때문에 많이 쪼들리는 것도 아니고.

최현숙 / 하이구, 우리 엄마, 마음 아주 편하게 잡수셨네. 그래요~. 여기 오기 전 엄마가 혼자 살란다고 딱 잡아뗄 때 보니까, 엄마 자식만 한 사람들이 없더라. 엄마 생떼가 다들 이해가 되는 거지. 엄마 살아온 거를 다 아니까. 그래서 귀○이도 그럼 당분간이라도 아버지를 자기가 모시겠다고 했고, 나부터도 저엉 엄마가 아버지 간병 못하겠다고 하면 나라도 두 분 집으로 들어가서 같이 살아야겠다는 생각도 하고, 오빠나 승○이도 모두 엄마 심정을 아니까, 어떻게든 엄마 편하고 아버지도 상처 안 되게 해보려고 하고. 그때 엄마가 몰라서 그렇지, 오빠랑 동생들이 얼마나 난리가 났는 줄 아슈? 어떻게 해야 엄마랑 아버지가 같이 받아들일 수 있는 타협안을 찾나 해서 맨날 모이고 여기저기 실버타운 찾아다니고…….

두 분을 집으로 못 모시는 거로 큰아들 큰며느리가 자책감에 얼마나 마음 아파하고 그랬는데……오빠가 아마 지금도 이 얘기 하면 또 울 거유. 오빠가 아버지한테 실버타운 이야기하니까 아버지가 얼굴이 하얘져서는 한 오 분을 아무 말씀을 안 하시다가, "나더러 양로원 가라는 거냐?" 그러시더래. 아버지는 옛날 자식 없는 노인들 가는 그 양로원을 생각하신 거지. 그 양반 생각으로야 말년을 당연히 큰아들네랑 사는 거라고 생각했겠지만, 내 보기에 아마 같이 살면 두 분 다 더 안 편하고 오래 못 갔을 걸. 두 양반 싸움도 더 심하고, 그러느라고 아들 며느리도 편한 날이 없고. 오빠도 아버지 반응에 너무 마음이 힘든 마당에, 귀 잡숴서 말도 안 통하는 아버지한테 글씨랑 손짓 표정들을 동원해서 그게 아니고, 현재 상황이 어떻고, 지금 어떤 대책을 만들고 있고, 실버타운이 어떤 데고……, 그런 걸 설명하느라 얼마나 진땀을 뺐겠수? 여기 사진을 보여드려도 못마땅해 하시더니, 직접 와서 보시고는 두 분 다 마음에 들어하셔서, 오빠랑 우리가 얼마나 한시름을 놓았는지 아슈? 오빠가 웬만하면 힘들다, 마음 아프다, 그런 말을 안 하는 사람인데, 그때는 거의 울면서 우리한테 그 얘기를 하더라구. 그러니 혼자 있을 때는 얼마나 더 마음이 아팠겠수? 큰아들 죄가 뭔지……. 하여튼 뭐가 어쨌든, 엄마는 그때 그렇게 잡아떼기를 아주 잘했어. 내가 오빠 동생들 고민하는 거 미안하구, 또 나는 돈 분담을 못 하니까 별 말을 못 했었지. 하지만 엄마가 혼자 살란다고 우길 때 내 속이 다 후련하기도 하고, 엄마가 배짱부리는 그게 너무나 좋아 보이더라니까. 평생의 한풀이를 하는 거 같아서.

안완철 / 여기 와서 처음에는 다들 잘사는 사람들이고, 밥 먹으러 나오면서도 여자들이 화장들을 하고 좋은 옷들을 챙겨 입고 나오고 하니까, 나도 많이 신경이 쓰이더라. 혹시 초라해 보이면 나도 자존심이 깎이고 자식들도 욕 먹이고 그러는 거니까. 그래서 나도 옷 입는 거랑 좀 신경을 썼지. 그전에야 내가 뭐 그런 거 신경 쓰디? 그래서 내가 미○가 사온 옷 보고 뭐라 그런 거야.

미국에 살고 있던 셋째 딸 미○가 한국에 올 때 엄마 옷을 사왔는데, "옷 색깔이 너무 화려하다"고, "이런 옷을 여기서 어떻게 입느냐"며 엄마가 한 바탕 쿠사리를 한 일이 있었다.

최현숙 / 하하하……아, 그렇다고 모처럼 한국 온 막내딸이 사온 옷을 대놓고 싫다고 그러셨수? 아니우~, 잘했어, 잘했어. 엄마 싫은 거는 싫다고 확실하게 얘기해. 엄마 하고 싶은 거는 해줄 수 있는 자식들이니까. 엄마 그거 알아? 나는 워낙에 옷 신경 안 쓰고 엄마가 늘 말하듯이 내 맘~대로 사는 사람인데, 여기 올 때는 안 하던 화장도 하고 옷도 신경 쓰고 하는 거. 그게 다 엄마 생각해서 그러는 거유.

안완철 / 그래, 잘했다 야~. 안 그래도 오늘 너 온다 그래서 내가, '얘가 무슨 옷을 입고 오려나, 지난번 하와이 갈 때 입었던 그 빨간 바지를 입고 오나' 좀 걱정이 됐는데, 오늘 아주 얌전하고 고상한 걸로 입고 와서 다행이다 생각했다, 야. 여기 노인들이나 자식들이나 다 잘나가는 사람들이잖냐.

처음에 와서는 사람들이 자기 자식이 뭐 이대를 나왔느니, 연세대를 나왔느니, 뭘 하느니 자랑들을 해싸서, 나도 지나가는 말로 슬쩍 자랑을 좀 해놨어, 안 귀찮을라고. 자꾸 자식 자랑하면 듣구 있기두 귀찮잖아. 그래서 "우리 큰아들은 서울대 나와서 서울대 교수 하고, 아들 며느리도 모두 서울대 나와서 유학 가 있다. 작은아들, 작은며느리도 카이스트 나와서 모두 박사다. 다른 자식들도 모두 의사고 원장이고, 며느리고 사위고 모두 대기업 이사고 그렇다"고 좀 자랑을 했지. "우리 집도 이대 나온 딸이 하나 있기는 한데, 우리는 이대는 치지도 않는다" 그 소리도 했어. 내가 지고 살 수는 없잖냐. 그랬더니 이젠 나한테다 대고 자식 자랑하는 사람이 없는 거지.

최현숙 / 그래서 미○ 왔을 때 휴게실에서 다른 노인들이 "이 딸이 이대 나온 딸이냐"고 물어봤을 때 엄마가 나서서 "이대 나온 딸은 둘째고, 애는 치대 나온 셋째 딸"이라고 소개를 먼저 한 거지? 하하하~. 미○가 지 입으로 단국대 나왔다는 말을 먼저 할까봐? 미○한테 그 소리 들으면서 우리가 얼마나 웃었는 줄 아슈? 내가 엄마 속을 들어갔다 나왔지, 하하하…….

안완철 / 야, 내가 평생에 보람이고 자랑이 자식들 잘된 건데, 그걸루 질 수야 없는 거잖아? 야네가 아주 에미를 놓구 지네들끼리 모여서 웃구 놀리구 그러나 보네.

최현숙 / 놀리는 게 아니고 좋아서 그런 거지, 우리 엄마 기분 좋았을 거 생각하니까. 근데 큰딸은 어떻게 소개를 하신 거유? 그걸 알아야 내가 다른 노인들이 물으시면 입을 맞춰서 답을 하지. 이혼하구 가난하구 데모하러 다니구, 뭐 그렇게 말을 해버리면, 나야 뭐 아무렇지도 않지만 우리 엄마가 쪽팔릴 테니까, 하하하.

안완철 / 큰딸은 대학 4년을 모두 특대장학생으로 다니고, 가난한 사람들 돕는 정당에 여성위원장도 하는 여성 정치인이어서 테레비에도 자주 나오고 그런다고 했다, 왜? 내가 거짓말은 안 해, 하고 싶은 말만 하고 안 하고 싶은 말은 안 해서 그렇지, 하하하~.

최현숙 / 그래 자알~하셨수. 누가 물으면 내가 딱 거기까지만 얘기할게.

안완철 / 내가 여기서 다른 노인들 심바람도 많이 해준다. 나이도 다들 나보다 아래면서 왜 그렇게 아파 죽겠다, 우울해 죽겠다는 할머니들이 많은지……. 나도 힘들지만 그 양반들이 나한테만 전화를 해서 와 달라 그러구, 나 붙들고 이야기하자 그러구, 그래서 내가 바쁜 거지.

최현숙 / 아구우, 좋네~. 여기서 어르신들 회장이나 그런 거 안 뽑나? 선거 좀 하자 그래. 그럼 엄마가 출마하셔서 좀 유세도 하시고 회장도 맡아 하시고 그러셔. 엄마 그런 거 잘하시잖아. 옛날에 노동당 선전부장 한 실력을 발휘해보셔야지. 하하~. 근데 그 노래자랑은 신청까지 했다면서 왜 안 나가신 거유? 우린 그날 다 올려고 시간들을 맞춰놨었구만. 엄마 목소리가 아주 꾀꼬리 저리가라잖아. 박자랑 음정두 정확하구.

안완철 / 내가 노래라면 또 안 빠지지만, 그렇다고 뭐 노래자랑까지 나가고 그러는 게 좀 남사시럽더라구. 그래서 안 나가겠다고 했어.

그러면서 〈내 고향 남쪽바다〉를 곱게 뽑으신다.

최현숙 / 여기 성악가 출신 어르신이 계시다더니 그 양반한테 비교될까봐 안 나가신 거 아냐? 하하하~. 아님 또 양반 타령하느라 아버지가 못 나가게 하신 거든가?

안완철 / 니 아버지가 무슨 상관이냐? 니 아버지가 반대했다면 내가 외려 보란 듯이 나갔을 거다. 니 아버지가 반대한 건 아냐. 내가 안 나간 거지. 내가 뭐 여기 와서까지 니 아버지 하란대로 하냐? 이젠 안 그럴란다.

모녀, 지난 세월을 풀어놓다

최현숙 / 아구, 좋아 좋아 엄마. 근데 아버지도 여기서 잘 지내고 계신 거야? 엄마 보시기에 어때요?

안완철 / 아버지도 잘 계셔. 운동도 매일 하시고 나랑 산책도 자주 나가고. 전에 성남 살 때보다 건강도 좋아지셨지. 그 양반이야 자기 몸 자기가 잘 챙기니까. 여기 식당 음식도 영양가를 맞춰 딱 식단을 짜놓고 양도 적당히 주니까 좋아. 그리고 내가 또 과일이랑 얼마나 거둬 멕이는데. 심장이랑 안 좋으신 것도 정기 검진 데리고 가서 물어보니, 많이 좋아지셨다 그러더라. 니 아버지 귀가 완전히 안 들리니까, 내가 병원 따라가서 의사 말을 잘 들어놓고 이것저것 물어도 보고, 니 아버지한테 통역도 해주고 그러지. 여기 직원도 따라가지만 그래도 내가 따라가야 해, 그 참에 나도 외출도 하고. 그 담당 의사가 아주 예쁘고 젊은 여의산데, 아마 결혼도 안 한 거 같더라. 아들 하나 더 있으면, 데리고 왔으면 좋겠더라.

최현숙 / 아따, 이 양반이 당신 나이도 모르구 장가보낼 아들을 아쉬워하네. 엄마가 늦둥이루 낳은 막내아들이 지금 마흔여섯이유. 왜? 아들 하나 더 낳으셔서 그 이쁜 의사며느리 데꾸 오시지?

안완철 / 얘가 늙은 에미 데리구 못 하는 소리가 없네, 하하하~.

최현숙 / 아버지도 잘 계시다니 다행이네. 아버지 걱정이 좀 됐었거든. 그 양반한테는 여기 들어오는 과정이 좀 충격이 되셨을 거거든. 본인이 생각하시던 바랑 많이 달랐을 거 아냐.

안완철 / 니가 아버지 마음속까지 걱정하는 거 보니 철이 들기는 드는가보다, 야~.

최현숙 / 맞아, 엄마도 알다시피 내가 아버지랑 많이 안 좋았잖우. 난 아버지의 허울뿐이고 폭력적으로만 여겨지던 그 권력을 도저히 인정할 수가 없었어. 권위를 인정 안 한다는 게 아니라 '아버지'라는 이유만으로 부리는 권력에는 절대로 순종하지 않겠다는 거였지. 결혼하고 상당히 어른이 돼서도 아버지를 향한 내 마음은 많이 냉담

했거든. 어떤 면에서 결혼은 나한테 아버지로부터의 탈출이자 출가였어. 가출이 아닌 출가……단절이지. 그때 생각으로야 다시는 안 보겠다는 생각이었지만, 지금 생각해보면 그 마지막 가출이자 결혼은, 아버지나 아버지의 집과 당분간의 단절이었어. 아버지 입장에서는 배신이었겠지. 그렇지만 그 단절이나 배신이 있었기 때문에 아버지나 가족들과 지금 다시 잘 만나고 있는 거고.

그 김에 엄마랑 오빠를 아프게도 하고, 동생들한테도 혼돈을 줘 미안하지만, 아버지라는 권력과 싸우느라고 다른 사람들을 돌아볼 여지가 없었던 거지. 큰애 낳고 아버지랑 다시 보게 되고 나서는, 아버지도 워낙 당하신 바가 있어서 그 뒤부터는 나한테 일체 간여를 안 하시더라구. 결혼해서 어린 자식 키우는 여자가, 국가보안법 싸움이니 데모니 집회니 쫓아다니는 거를 모르지는 않으시던데, 일체 한마디 뭐란 소리를 안 하시더라구. 나도 아버지랑은 거의 말을 안 하고 산 거 같아. 보기는 하지만 속마음은 안 풀린 거지. 그리구 아버지가 청각이 워낙 없으시다 보니, 뭘 소통하기도 힘들었고. 근데 나도 나이 드니까, 내 쪽에서 먼저 풀어야겠다는 생각에 몇 년 전부터 정기 검진이나 병원 모시고 가는 일을 내가 맡겠다고 하면서, 슬슬 아버지랑 만나는 시간을 만든 거야. 돈으로 해드릴 수는 없고, 시간으로라도 하다보면 마음도 생기겠다 싶었어.

안완철 / 나도 니가 아버지 병원 챙기는 거 보구, 아구, 쟤가 웬일인가 싶구 좋더라. 저것이 지 아버지한테 응어리가 클 텐데, 이제 저도 나이 먹고 아버지도 늙어가는 거 보니 먼저 마음을 풀려는구나 싶어서, 좋아 보였어. 다른 형제들이야 자가용으로 왔다 갔다 하면 되지만, 너는 성남 우리 집 올래도 버스랑 지하철을 몇 번씩 갈아타고 올 텐데, 새벽부터 밥도 안 먹고 집을 나왔겠구나 싶어서, 너 온다 그러면 병원 가면서래도 먹으라고 떡이랑 과일이랑 싸놓고 그랬지. 더구나 맨날 돈도 안 되는 남의 일 쫓아다니느라 니가 우리 집에서 젤로 바쁜 사람 아니냐? 근데 한나절 넘게 거의 하루를 그렇게 시간을 만드는 걸 보구, 이젠 니가 사람이 되는구나……생각이 되더라. 나는 니 아버지랑 못 풀어두 너는 풀고 살아야지. 부부간이야 원래 남이고 돌아서면 웬수라지만, 부모 자식이야 천륜이니까 어쩌겠냐?

니 아버지같이 독한 양반이, 너 때문에 평생 세 번을 울더라. 이대백지 내고 나왔을 때랑, 너 대학 다니면서 집 나갔을 때랑, 반대하는 결혼한다고 세 번째 집 나갔을 때. 그래, 니 말로 가출이 아니고 출가했을 때. 머리 깎고 중 되는 거만 출가가 아니지. 다시는 안 보겠다고 독한 맘 먹고 나가는 것도 출가지.

니 아버지도 독하지만, 니가 더 독한 년이야. 부모는 결국 자식한테는 지는 거더라. 근데 나도 수도 없이 집 나갈 생각을 하고 너그들 업고 걸리고 해서 한강에도 나가봤고, 아닌 말로 어디 아무도 모르는 절에 가서 머리 깎고 중으로 들어앉을까 생각도 해봤지만, 그게 어디 마음뿐이지 실행이 안 되는 거지. 새끼들 때문이기도 하지만, 새끼들이야 내가 데꼬 더 여봐란 듯이 살 자신이 있었어. 근데 그놈의 '양반'이 내 발목을 잡고, 다시 집으로 기어들어오게 만든 거지.

나는 그렇고, 너는? 니 아버지가 너한테 뭐 나쁜 일 하라고 시킨 것도 아니잖냐? 아버지 하란 대로 하라는 거고, 기집애가 험한 세상에 일 당할까봐 집에 일찍 들어오라는 거고, 여자대학 좋은 데 가서 시집 잘 가라는 거고, 좋은 신랑이랑 짝 지어서 잘살라는 거고, 그게 다 부모가 자식 사랑으로 하는 거 아니냐? 그런 거를 가지고 왜 그렇게 싸워야 했냐? 너는 니 아버지 말 안 듣고 니 맘대로 하니 결과가 뭐가 좋데?

최현숙 / 글쎄……결과가 좋냐 나쁘냐의 문제가 아니었어. 누가 결정권을 갖느냐의 문제였지. 내 삶의 주인이 나냐, 아버지냐의 문제가 나한테는 제일 중요한 거였어. 그리고 그런 문제를 아버지와 의논할 수 있는가의 문제였고. 나도 의논은 하고 싶었어. 근데 아버지는 의논하자는 게 아니었잖아. 시키는 대로 하라는 거고, 다른 의견을 말하면 화부터 내고, 더 이야기하면 손부터 올라오고 때리는 거잖아. 그런 사랑은 싫었어. 그건 사랑도 아니고 소유고, 장악이지. 자식은, 특히 딸은 부모 마음대로 할 수 있다는 그 생각을, 나는 도저히 동의할 수가 없었어.

아버지와의 그 부딪침이 나한테는 사회의 모든 관습과 부딪치는 계기이자 과정이었던 거 같아. 난들 그게 쉽고 편하기만 했겠수? 나도 너무 힘들었고, 죄책감과 미안함 때문에 스스로 나쁜 년이라고 자책도 많이 했지만, 그렇게 죽일 년 노릇을 하지 않을 수 없었어. 난 그렇게 아버지가 시키는 대로의 딸로는 도저히 못살겠는 거지. 내가 내 삶을 선택하고 싶은데, 아버지는 자기가 원하는 삶을 내게 강요한다고 나는 생각했거든. 난 그러고는 못사는 사람이잖아. 아버지와의 단절 이후 내게 아버지라는 존재는, 어떤 상황에서도 내가 내 길을 스스로 선택하게 하는 징표였어.

안완철 / 니 그런 점이, 내가 너 때문에 속이 문드러지면서도, 또 젤로 부러워하는 거야. 아니면 죽어도 아닌 거. 목구멍에 칼이 들어와도 아닌 건 아닌 거. 혈육 간이든 부녀간이든 죽일 년이 되더라도 니 판단대로 실행하는 거. 난 그걸 평~생, 한~번도 못했거든. 내 친정아버지와 오빠들한테도 그렇고, 남편과 자식들한테도 그렇고. 넌 무서운 년이야…….

최현숙 / 엄마랑 반대 같지만 같기도 해. 무엇 때문에 아프냐가 다른 거지. 엄마, 난들 편했겠수? 나도 많이 아팠다우. 상황은 엄마랑 거의 반대였지. 엄마한테 아버지는, 더없이 자상하고 큰 사랑을 줬고 많은 정신적 유산을 남겨준, 그게 양반이든 부성애든, 그런 거였잖아. 그러니 그 아버지를 배반하고 거부할 생각을 못한 거지. 그렇지만 뒤집어서 보면, 딸이라는 이유로 그 많은 재산을 한 푼도 안 물려줘서 너무나 하고 싶었던 높은 공부를 못하게 한, 그래서 평생에 한이 되게 한 분이기도 하잖아. 그 시절 관습이 그랬으니 개인에게만 책임을 물을 일은 아니지만, 결과적으로는 그런 측면이 많은 거지. 그런데 내 경우 그 시절 나한테 아버지는 폭력적이고 책임은 없이 권력만 내세우는, 나쁜 아버지로만 여겨졌어. 그래서 나는 아버지를 배반하기가 훨씬 쉬웠고, 내 스스로한테 정당성도 있었지.

안완철 / 자상하고 사랑 많으면 뭐 하냐? 그렇게 낳아만 놓구 어머니도 백일이 지나자 가셔서 얼굴도 모르고, 아버지도 일찍 쓰러져서 결국 나 공부시켜 판검사 만들겠다는 약속도 다 허사가 되게 돌아가셔버리고…….

최현숙 / 엄마, 나 오늘 엄마한테 말이 길어질지도 몰라. 이 인터뷰 하느라고 엄마 얘기를 오래 들었으니까, 이젠 엄마가 내 얘기도 좀 들어주슈. 오늘 내 얘기가 얼루 뻗칠 지 몰라. 화를 내고 싸울지도 모르고, 통곡을 하고 울지도 몰라. 오늘은 나도 좀 그럽시다.

안완철 / 애가 아주 협박을 하네. 그래 해봐라~. 오늘은 내가 너한테 묻기도 하고 들어도 주고 할 테니. 나도 너 좀 인터뷰하고 싶더라. 도대체 뭘 믿고 그렇게 지 맘~대로 사나 궁금해서.

최현숙 / 엄마, 잘 보자구. 엄마의 경우, 아버지 가시고 그 다음에 엄마를 맡은 다음 남자인 오빠는, 내가 보기엔 어릴 때 부모 없는 막내 여동생한테 그럭저럭 잘한 거야. 근데 엄마는 그 오빠한테도 한이 많더라고. 그리고 그 핵심은 늘 '딸이라는 이유로 재산 물려받지 않음'과 '딸이라는 이유로 공부 더 시키지 않음'이었어. 왜냐면 엄마가 오빠한테 원한 건 돌봄이 아니라 엄마의 꿈을 키울 공부였으니까. 그러니 '저 오빠가 나 공부시킬 몫의 재산을 아버지한테 받았을 텐데, 나를 공부를 안 시켰구나' 하는 미움과 한이 그대로 오빠한테 간 거지. 실제로 엄마 몫의 재산을 그 오빠가 받았든 안 받았든, 엄마 마음이 그런 거지. 대놓고 물어보거나 따지지도 못하고, 내놓으라고도 못하고. 왜냐면 대들고 거부하면 안 되는, 아버지를 대신하는 남자들이었으니까.

그 다음으로 엄마를 넘겨받은 남자는 남편이야. 그 결혼 역시 엄마가 선택한 게 아닌, 넘겨진 결혼이었어. 엄마가 그 결혼을 '정략결혼'이라고 지금도 주장할 정도로, 엄마 입장에서는 넘겨진 거야.

안완철 / 맞아, 그건 정략결혼이었어, 야~. 안씨 양반네는 최씨 양반네 표가 필요했던 거구. 최씨 양반네는 안씨 양반네 재산과 권세가 필요했던 거구. 너그 외삼촌이 그 최씨네 집안들이랑 식솔들이랑 동네 사람들 표로 국회의원을 두 번을 했어, 너그 최씨네는 안씨네 덕에 군대 하나를 안 갔고.

최현숙 / 맞어, 내 생각에도 상당히 정략결혼이야. 근데 그 시절엔 엄마네 양반뿐 아니라 모든 양반네들이 실제로 정략결혼을 했어. 양쪽 집안의 주로 남자들이, 서로 양반 따지고 재산 따지고 권세 따지면서. 그런데 문제는, 엄마라는 여자가 그렇게 양반 남자들 사이에서 넘겨지는 것을 불만 없이 순응하고 군소리 없이 살 순종하는 양반 여인네가 아니었다는 거지. 엄마는 똑똑하고 에너지가 잠재된 여자였던 거야. 그런데 일찍 가신 아버지나 춘섭 오빠 말고는 아무도 엄마의 잠재력을 격려해주지도 않았고, 엄마의 꿈을 지지하고 지원하지를 않은 거지. 그리고 엄마 스스로 잠재력을 확신하며 반대를 무릅쓰고 싸우는 것은 불가능했던 거고. 그 시절의 한계도 있었겠지만, 내 보기에는 유년 시절부터 기억과 정서에 깊게 남겨진, 덕망 있고 자상하고 능력 있는, 그래서 거역할 수 없는 양반 아버지가 오히려 올가미가 된 거라고 보여. 아버지는 돌아가셨지만 양반은 남은 거지. 그러니 이 양반을 어떻게 해? 미워할 수도 없고 좋아할 수도 없고, 버릴 수도 없고 편하게만 향유할 수도 없는, 평생 엄마의 가슴 속에 들어앉은 채 도무지 식지 않는 뜨거운 감자잖아. 그 뜨거운 감자를 품고 엄마가 선택한 것은, 별수 없이 양반 관습에 순종하는 거였어. 그게 '양반집 여자'의 자세라고 믿은 거지. 아버지를 향한 근원적인 한과 이율배반이 두고두고 엄마한테 남아서, 다음 남자들인 오빠들이나 남편에게로 옮겨간 거지. 물론 다음 남자들은 아버지만큼 엄마한테 잘하지도 않았고 존경의 대상들도 아니었으니까, 불만을 말하거나 미워하는 것은 가능했지. 그렇지만 이미 걸려든 올가미 탓에 그 뜨거운 감자를 버리지도, 식히지도 못해온 거잖아. 아니, 생각은 수천 번도 더 했겠지만, 실천을 못한 거지. 입고 있어도 벗어던져도 도무지 거추장스러운 게 양반이었잖아. 젊어서 돈을 벌어야 할 때는 홀라당 벗어던졌다가, 웬만큼 이루었다 싶으니 다시 주워 입었지만, 한편으로는 자부심이면서 한편으로는 이가 갈리는 거잖아.

안완철 / 그래, 니가 바로 말했다. 더없이 좋은 아버지였지만 더없이 원망스러운 게 내 아버지다. 꿈만 부풀게 해놓고 일찍 가서 나를 천덕꾸러기를 만든 거잖냐? 그리구 양반이라면 이가 갈려. 지네 맘~대로 이리저리 넘기고 평생을 나를 뜯어먹구 살구. 안씨네구 너그 최씨네구 다 똑같아.

최현숙 / 그 아버지인들 귀하고 아까운 막내딸을 놓고 일찍 가고 싶으셨겠수? 그리고 엄마 친정네를 생각해봐. 그 시절에 막내 여동생한테 높은 공부를 안 시킨 걸 놓고, 개인들을 나쁘다고만 할 수도 없는 일이었어. 나이도 차서 시집 갈 때도 된 거였잖아, 그 시절에 스물이면. 다만 엄마가 남다른 여자였지. 그 시절이나 그 양반네들 관습대로 집안 남자들의 결정에 따라 이리저리 넘겨지기에는 엄마의 열정과 욕망이 남다른 거였지.

그러니 엄마 가슴 속 미움이나 한의 진짜 원인은 아버지나 오빠나 혹은 남편이 아닌 거지. 올케나 시누이 같은 여자들은 더더구나 아니고. 그 사람들은 모두 그 시절의 한계와 개인적 한계 속에서 엄마를 대한 거지. 엄마도 마찬가지고. 엄마 한의 진짜 원인은 구체적인 사람들이 아니라, 남성 위주의 사회 관습, 남존여비, 바로 '가부장제'라고 생각해. 지금은 많이 좋아졌다고 하지만 그 시절엔 너무나 철벽 같은 거였겠지. 엄마는 양반이라는 올가미 속에서 그 관습을 한편으로는 향유하고 한편으로는 미워한 거지. 그러니 막연하게만 억울하고 이건 아닌 거 같은데, 집어던져버릴 수도 없고, 내내 헷갈리는 거지. 엄마 입에 붙은 그 '양반집 종년'이라는 한의 원인은 사람보다는 제도라고 봐. 물론 사람들에게 책임이 전혀 없는 것은 아니지. 어쨌든 안완철이라는 한 여자에게 그 관습을 내세워 구체적으로 억압을 가한 사람들이 있으니까. 자신들이 억압자인지를 그 사람들이 알았든 몰랐든, 그 사람들은 기득권자의 위치에서 엄마를 억압한 거니까.

근데 불행하게도 기득권자들은 자신이 기득권자로 누구를 억압하고 있다는 걸 깨닫는 게 정말 '죽었다 깨나는' 일이더라구. 철저한 성찰과 비움이 있어야 가능한 거지. 그리고 요행히 그걸 깨달았다 하더라도 그 기득권을 내어주는 것은 또 다른 문제야. 자기가 가지고 있는 것을 잘라내서 줘야 하니, 아깝고 불편하고 꽤씸해서 도저히 안 주고 싶거든. 피해자들이 악을 쓰고 끈질기게 싸우며 요구하거나, 하다하다 안되면 너 죽고 나 죽자며 깨뜨려버리려고나 하면, 그때 별수 없이 조금씩 그 기득권을 내놓는 거더라구. 나두 내 자식한테 그랬고 나보다 더 가난한 사람들에게 그런 마음이더라구.

엄마는 한은 품었지만 한의 진짜 원인은 헷갈린 채, 당장에 화내고 미워할 대상이 필요했던 거야. 그러니 막연하게 가족과 연결된 거의 모든 사람들을 향한 미움이 점점 쌓인 거지, 친정 식구들, 시댁 식구들 거의 모든 사람들에게. 엄마는 지금도 "친정 것들이고 시댁 것들이고 모두 안 보고 살고 싶다. 나는 내 자식들이랑만 왕궁을 짓고 살란다"라고 말하지만, 내 보기엔 엄마의 친정도 시댁도 모두 뭐 그럭저럭 평균적으로 괜찮은 사람들이었을 거 같아, 사람마다 다르겠지만. 최소한 아주 나쁜 부자들은 아니었을 테니, 누구한테 뭔가 줄 일도 더 많았을 테고, 나 배고파서 남의 거 훔칠 일도 없었을 테고. 더구나 막내딸이자 막내며느리인 엄마한테, 잘못했으면 얼마나 큰 잘못을 했겠어? 근데 엄마의 기억이나 느낌은 양쪽 집안 사람들 거의 모두 엄마를 냉대한 거고, 생각할수록 더 서럽고 미운 거지.

특히 여자들이 더 미운 거야. 그렇지만 엄마가 미워한 그 여자들 중 누구도, 중요하고 최종적인 결정권은 어차피 못 가진, 같은 여자들이었잖아. 정작 싸우고 덤벼야 할 대상은 결정권을 가진 남자들인데, 엄마는 여자들을 미워하는 거야, 왜냐하면 여자들은 엄마가 맘 편하게 미워해도 될 만한, 엄마랑 비슷하거나 같은 약자들이거든. 그걸 간파하고 알아채진 못했더라도 감으로는 다 느끼고 아는 거지. 엄마가 가진 한을 풀거나, 미워하거나 시기할 대상으로 큰 무리가 없을 사람들이 여자들이라는 것을. 인간의 보호 본능이고 엄마가 그때 당장 너무 아프고 억울했으니까, 별수 없는 거지. 똑똑하고 열정적인 사람이니, 더욱 상처가 큰 거구. 그리고 아직 철이 덜 들었던 젊은 여자 안완철로서는…….

그렇지만 지금 다시 되돌아보자구. 크게 봐서 지금 엄마는 별로 약자는 아니잖아. 늙음이나 병듦이나 죽음은 엄마도 받아들이는 거고, 다른 것들을 보자구. 다른 가난한 노인들과 달리 다행히 엄마는 향유할 일만 남은, 말년 재수가 아~주 좋은 노인이야. 엄마가 어릴 때 원하던 엄마의 꿈은 포기할 수밖에 없었지만, 엄마가 다시 선택한 엄마의 꿈, 자식들의 성공을 이룬 사람이잖아. 부도 어느 정도 성취했고. 아버지라는 미운 사람이 여전히 바로 옆에 있지만, 아버지는 이미 가족 안에서 실질적인 권력자도 억압자도 아니잖아. 엄마한테도 이젠 잘하려고 하시고, 또 같이 늙어가는 노인이고. 지긋지긋하게 미웠고 여전히 미운 마음이 남아 있지만, 그래도 엄마의 꿈을 엄마와 함께 이룬 사람이잖아. 피차가 부족한 채 서로 부둥키고 부대끼고 산, 엄마의 동반자잖아. 이미 깨버렸다면 다른 문제지만, 못 깼든 안 깼든 두 양반은 육십 년을 함께 산 파트너야.

그리고 이건 내가 아버지를 이해한 과정인데, 아버지도 나름대로의 꿈과 욕망이 있었고, 한계와 좌절과 후회가 있는 한 인간이야. 그 양반도 엄마나 내 입장에서는 기득권자이고 폭력의 가해자였지만, 다른 한편 피해자기이도 한 거지. 신혼 초 자기 신부가 보는 자리에서 자기 아버지에게 폭력을 당하더라는 이야기를 엄마가 했잖아. 그 이야기를 듣는 순간 나는 그냥 미움이 푹 꺼져버리는 느낌이었어. 아버지 역시 가정 폭력의 피해자 위치에 있었다는 깨달음이, 아버지를 이해하고 다시 만나기 위해 마음을 여는 데에 큰 도움이 됐어. 그 억압을 잘 소화하고 극복하지 못해서, 자신보다 약한 엄마와 나에게 스스로도 늘 후회하는 억압과 폭력을 대물림했겠지. 아버지와 달리 엄마는 그 피해와 억압을 이유로 다른 누구를 물리적으로 가해하는 대신, 엄마 자신을 심리적으로 가해하며 한과 분노를 드글거리고, 주변 사람들을 미워하고, 늙고 기운 빠진 과거의 가해자 아버지를 지금도 미워하고 있는 거고.

나나 엄마가 아버지를 미워한 또 하나의 이유가, 가장으로서 경제적 책임을 지지 않은 건데, 그것도 나는 최근에 다시 생각하게 되더라구. 아버지는 서울로 재금 나는 거 싫어했다고 했잖아. 서울로 이사 오고도 자주 혼자 시골 가서 몇 달이고 계시다 왔다고도 했고. 그 이야기를 들으며 나는 아버지가 산업 사회인 대도시 서울에 안 맞는 사람이었겠구나, 하는 생각을 했어. 그렇다고 시골에서 농사를 업으로 살 양반도 아니지. 아마 아버지는 그 시대의 지방 중소도시에서 교사나 교수 정도를 하며 사는 것이 가장 아버지다운 삶이었을 거라는 생각이 들었어. 그 시절 석사 과정까지 했으면 학력도 모자라지 않았을 거고. 작은형이 돈으로 미리 챙겨 받은 그 '높은 교육'을, 아버지는 아마 돈을 포기하면서 대학교를 넘어 석사 과정까지 마쳤을 거야. 그런데 이런 저런 과정에서 아내와 아내의 오빠의 선택으로 서울로 들어와, 난데없는 공무원을 하게 된 거지. 그리고 그 공무원 자리마저 4·19 때문에 그만둔 거고. 다시 시골이나 지방으로 돌아가기에는 '산업 도시 서울'을 향한 당시 사람들이나 엄마의 욕망, 자식은 서울에서 교육시켜야 한다는 당시의 추세를 수긍할 수밖에 없었을 거야. 서울살이를 하면서도 아버지가 가꾼 꽃밭과 화분들과 텃밭과 정원, 닭이며 오리, 개, 토끼에 그 많은 새들을 떠올리며, 나는 아버지의 서울살이가 어떤 것이었을까를 생각하게 되더라구.

또 하나, 가장으로서 경제적 책임을 지지 않은 아버지를 무능하다거나 무책임하다며 미워한 나 자신에 대한 반성도 되더라구. 가장이고 아버지고 모든 것을 떠나 최○○ 개인으로 아버지를 봤어야 한다는 생각이 든 거지. 물론 부모로서 책임이야 요구되겠지만, 그게 남편이자 아버지니까 경제적 책임, 이렇게 직결되는 것 자체가 잘못이었다는 깨달음을 최근에야 하게 됐어. 아버지의 폭력을 미워하느라, 아버지의 다른 책임감을 못 보거나 안 보거나 싫어한 거지. 아마 아버지는 돌보는 일이 맞는 사람이었을 수도 있어. 그런데 뭐가 어디부터 잘못됐는지 모르지만, 아마 우리 모두 그런 아버지를 원하지도 않았고 싫어한 거지. 그런 과정에서 아버지 역시 경제적 무능함이 열등의식이자 상처이자 폭력의 원인이 된 거겠지. 나는 몰랐는데 귀○이가 그러더라구. 아버지는 늘 밤에 주무시다가도 한 번씩 우리들 자는 방을 돌아보며, 이불도 덮어주고 창문도 닫아주고 하셨다구. 학교 갔다 집에 오면 아버지가 집에 계신 게 너무 싫었는데, 아버지는 아마 늘 바쁜 엄마를 대신해 나를 맞아주기 위해 집에서 기다렸을 수도 있었겠구나……싶더라구.

엄마와 이 구술사 작업을 하면서, 나는 엄마뿐 아니라 아버지를 다시 만나게 됐어. 물론 엄마에 관해서만큼은 아니지만, 아버지라는 한 인간을 향한 나의 편견과 고정관념에서 온 만남의 한계, 그런 걸 많이 깨닫게 됐어. 나 때문에 받았을 아버지의 상처도 가늠을 해보게 됐고. 참, 아버지한테 나는 도대체 어떤 딸년인 걸까? 엄마두 뚝 하면 그랬잖아. 너두 딱 너 같은 자식 하나 낳아서 겪어보라구.

안완철 / 자기가 하고 싶은 대로 사는 사람이 어딨냐? 다들 자식 낳고 살면서, 부모 노릇, 사람 노릇에 매여 사는 거지. 사람 노릇하고 사는 게 어디 쉬운 일이냐? 모르겠다, 나 보기에 세상에 너 하나나 니가 원하는 대로 사는 거 같더라. 니 형제들도 모두 부모 노릇, 사람 노릇하며 사는 거 보면 안쓰럽고.

최현숙 / 난들 뭐 내가 원하는 대로만 살겠수? 엄마 보기에 큰 줄기에서 엄마랑 다르게 사니까 그렇게 보이는 거지. 뒤집어 보면 그러느라고 더 이기적이고 독선적인 면도 많지, 특히 가족이라는 틀 안에서는…….

그리고 엄마가 아직 미워하는 그 여자들, 올케니 시누이니였던 그 여자들도 다시 되돌아보자고. 그 시절 엄마랑 같은 여자이자 약자로서, 각자 자신의 아픔과 한을 견디고 부대끼며 산 여자들이었다고 생각해. 엄마 큰올케만 해도 얼마나 상처가 많았을 여자냐구. 양반 낮은 집안 여자라고, 아들 못 낳았다고, 평생 한을 품고 살았을 여자잖아. 그 양반 한이 엄마보다 작았겠수? 큰올케뿐 아니라 그 시절 주변 여자들 모두가 엄마랑 비슷한 차별을 겪고, 이후에도 딸로 여편네로 며느리로 에미로 살면서, 엄마가 일일이 모르는 각자의 삶을 아프게 견디며 살아왔을 여자들이잖아. 그 옛날엔 모두 철이 없어서 자기 아픔 때문에 서로 미워하고 상처를 줬을 테지만, 이제는 모두 어떻게든 각자의 삶을 견디고 살아냈고, 그러느라 많이 늙고 어떤 분들은 먼저 가기까지 한, 되짚어보면 모두 안쓰러운 여자들이잖아. 그때야 모두 철없어서 서로 미워했다면, 이제라도 만나서 미안하다고도 고생했다고도 하며 서로 안아주면 얼마나 좋아.

안완철 / 아이구, 니가 아주 오늘 작정을 하고 나를 놓고 분석을 하구 가르치구 있구나. 그래 어디 니 맘~대로 해봐라.

최현숙 / 하하하, 내가 엄마를 얼마나 좋아하는 줄 아슈? 내가 새끼들 중 엄마를 제일 아프게 한 만큼, 미안한 마음도 젤 많고 고마운 마음도 젤 클 거유. 엄마한테는 내가 자식 중 젤 성공도 못하고 가난하고 이혼까지 한, 그래서 젤 아린 손가락이고 가슴 아픈 딸이겠지만, 나한테는 그건 그냥 내가 선택해서 사는 거니까, 당연히 감수해야 할 내 짐이야. 나는 편하게 살면 사는 맛이 없어지는 이상한 사람이잖수? 하하하~.

더구나 엄마가 키운 다른 자식들이 나한테 얼마나 잘해? 혹시 어려운데 말 안할까봐 늘 "필요하면 말해라, 말해라" 하며 먼저들 걱정하고 물어보고, 본인들이구 배우자들이구 모여서 뭐 나눌 거 있으면 늘 내 거 먼저 챙겨주고. 없이 사는 내가 자존심 상할까봐 주면서도 늘 조심하고. 내가 표현을 잘 못해서 그렇지, 그 사람들 마음을 알고 늘 많이 고마워. 한편을 보면 너무 이기적이고, 한편을 보면 너무 걱정되고, 근데 다른 한편으로 조금은 부럽기도 한, 내가 참 모든 가족들에게 얼마나 난해한 존재유. 내 스스로 이게 대체 뭔 복인가 싶다니까, 하하. 생각해보니 이 복이 다 엄마 덕이더라구. 엄마가 자식들 키우면서 고생한 덕을 내가 지금 거저 받고 있는 거더라구.

엄마, 나는 무엇보다도 엄마가 행복했으면 좋겠어. 그게 딸이자 후배인 내가 엄마한테 가장 바라는 거고, 사실 엄마는 그 자부심도 행복도 이미 엄마 안에 가지고 있잖아. '아버지의 집을 떠난 딸년하구 다르게, 나는 그 집에 남아서 최선을 다해 견디고 살아내고 극복해서 지금 이렇게 열매가 좋다' 그런 자부심이 있는 거잖아.

안완철 / 넌 그 독하던 년이 어떻게 그렇게 너그러워졌냐? 니 아버지한테 맺혔던 그 응어리가 정말로 풀리더냐? 대체 어떡하면 그게 풀리는 거냐?

최현숙 / 아버지도 가정 폭력의 피해자였다는 거, 그리고 자식들과 부인과 함께하느라 아버지가 원하는 삶이 아닌 다른 삶을 살았을 거라는 거, 쉰이 훌쩍 넘어 뒤늦게사 그걸 깨달은 게, 아버지를 향한 내 응어리를 푸는 계기가 된 거 같아.

난 이제 내 문제로는 아버지가 안 미워. 난 아버지와 단절하고, 아버지의 집을 내 안에서 부쉈잖아. 제대로 한 번 배반을 한 거지. 그 배반을 하고 떠나서 나 자신을 찾아 헤매면서, 어느 날 내가 무엇을 하면서 어떻게 살지가 분명해지더라구. 그전에는 그걸 모르겠어서 미쳐버리겠던 거야. '파열할 것 같다'는 글을 그 시절 내 일기장에 많이 썼어, 아버지랑 같이 사는 동안. 아버지가 강요하는 삶이 내가 원하는 삶이 아닌 건 분명한데, 그럼 내가 원하는 내 삶이 무엇인지를 도무지 모르겠던 거야. 내가 누구고 어떻게 살고 싶은지도 모르겠고. 어려서도 그랬겠지만 그 미움과 혼돈 속에서는 나를 제대로 들여다볼 여지가 없던 거지. 그래서 많은 방황도 하고 못된 짓, 이상한 짓도 많이 한 거지. 내가 왜 그 짓들을 하는지도 모르는 채.

그런데 아버지의 집을 떠나고 나서 내 스스로 선택하고 결정하며 사는 과정에서, 많은 혼돈이야 있었지만 '무엇이 내게 진정한 행복이냐'를 알게 된 거야. 엄마는 내가 지 년도 못살면서 맨날 남들 일 쫓아다니고 데모나 한다고 늘 걱정하고 속상해하지만, 나는 나도 가난한 채 가난한 사람들과 함께 사는 게 젤 행복해. 복작거리며 함께 살든 억울하다고 싸움을 같이 만들든, 난 그거 말고는 나를 진정으로 행복하게 하는 게 없어. 때때로 나도 미래가 불안하고 우울하지만, 내 주변 많은 사람들이 미래를 불안해하고 힘들어하는 걸 보고, '아, 내 형편이 저 사람들 형편하구 비슷하구나. 내가 그럭저럭 잘 살구 있구나' 그렇게 생각이 돼. 이상하다면 이상하겠지만, 별수 없어, 난 그런 사람이니까.

그렇게 나를 찾고 나 자신으로 살다 보니까, 차차 그 이전의 미움도 아픔도 흐려지고, 아버지의 아픔이나 좌절도 보여서, 안쓰럽게 여겨지기도 하더라구. 그러고 나서 다시 돌아와 만나는 아버지나 형제자매나 친척들이, 이제는 마음이 넉넉하고 그전하고는 다르게 보이더라구, 미안한 마음도 들고. 전에 못 느끼던 좋은 점들 아픈 점들, 그전에 내 아픔 때문에 못 본 많은 것들이 보이더라구. 다들 자신의 위치에서 자신의 삶을 감당하느라 애를 쓰는 모습도 보이고. 물론 주변 사람들의 삶이 다 동의되는 건 아니지만, 삶은 모두 각자의 것이잖아. 강요할 수도, 쉽게 비난할 수도, 내 시선만으로 섣불리 재단하거나 동정할 수도 없는 거잖아. 그리고 돌아와서 다시 만나다 보니까, 나 자신의 자기중심이나 이기도 자꾸 들여다보이더라고. 내가 떠나서 어떤 책임도 지지 않는 동안, 내 몫을 대신 책임져오면서 나 때문에 아팠을 구석구석들이 보이니 미안하고 부끄럽고 고맙고, 그래지더라구. 나 모르게 주변 사람들이 나를 얼마나 많이 용서해줬는지도 깨닫게 되고. 그러니 별수 없이 머리가 숙여지는 거지 뭐…….

안완철 / 그래, 니가 언젠가부터 아주 넉넉해졌더라. 말도 마음도 부드러워졌고. 어쨌든 너는 니가 선택해서 니 인생을 사는 거니까, 그게 젤 부러워.

팔순에 확보한 '자기만의 방'

최현숙 / 내 보기엔 엄마도 많은 부분을 엄마가 선택해서 산 거야. 근데 그게 엄마의 진정한 선택인지 주변에서 강요된 건지를 따져볼 여지가 없었던 거지. 그러니 억울하고 자랑스럽고 밉고 치열하고 잘

났고 못났고 한 감정과 느낌들이 뒤엉켜버렸다고 봐. 엄마도 여기 와서 아버지랑 따로 공간을 쓰다 보니, 미운 마음도 덜하고 좋은 마음으로 과일도 챙겨드리게 되더라고 그랬잖아. 엄마의 공간, '자기만의 방'을 이제 확보한 거지. 누가 만들어준 게 아니고 평생을 열심히 산 열매로 엄마 스스로 만든 거고. 이렇게라도 따로 공간을 쓰며 생활하는 것이 엄마에게도 좋고 또 두 분 사이를 위해서도 더 좋다고 생각해.

안완철 / 그래, 너 말 잘했다. 여긴 니 말대로 '나만의 방'이다. 어릴 때야 늘 내 방이 있었지만, 결혼하고서는 한 번도 내 방이 없었어. 난 이제 그걸 가진 거야. 누가 뭐라 그래도 난 이 방을 가질 거야, 내가 하고 싶을 때까지는. 몰라, 나중에는 합할까 몰라도, 지금은 아니다. 여기에 혼자 있으면서 니 아버지한테 가고 싶을 때 가고, 또 니 아버지가 오고 싶으면 그때는 오라 그러고. 자식들도 마찬가지고.

최현숙 / 그래, 엄마. 지금 엄마는 모든 사람에게 가장 중요한 '자기만의 방'을 마침내 확보한 거야. 난 애기 둘에 서방하고 같이 닭장집 단칸방을 살 때도, 자다 말고 일부러 새벽 시간에 깨서 혼자 부엌 부뚜막에 뚱그런 양은 밥상을 펴놓고 앉아 있어야 했어. 책을 보든 글을 쓰든 생각을 하든, 하다못해 졸다가 그 밥상에 엎어져 자더라도, 하루 한 시간이라도 나만의 공간을 확보하는 게 너무나 간절했어. 누가 보면 미친 거지, 하하하~. 그리고 그 시간이 나한텐 가장 행복했어. 안 그러면 도대체 내가 뭔지, 어디로 가고 있는지를 생각해볼 틈이 없고, 바쁜 게 너무 화가 나구 그랬어.

엄마, 아버지인들 자식이나 아내가 스스로 우러나와서 인정하는 명실상부한 권위를 지닌, 그런 아버지가 되고 싶지 않았겠어? 그 양반도 나나 엄마가 모르는 자신의 인생 어딘가부터 무언가로 뒤틀리기 시작했고, 엄마처럼 꿈과 욕망이 좌절되고, 그 좌절이 폭력으로 드러나서, 자식이나 아내가 바라지 않고 스스로도 원하지 않는 다른 최○○으로 살아온 거겠지.

나 중학교 때, 아버지한테 많이 맞아 다리에 피까지 흘린 날 밤, 자고 있는 내게 와서 상처에 약을 발라주던 아버지를 기억해. 그때는 그런 아버지가 더 미워서 자는 척하며 모르쇠를 했지만, 그 기억이 나중에 내 편에서 아버지에게 마음을 여는 데 큰 도움이 됐어. 만약 그때 그 약과 아버지의 자책에 속아 아버지를 화나게 한 내가 잘못했다고 용서를 빌었으면, 내게 아버지는 엄마의 아버지와 비슷한 이율배반적인 애증으로 남아 나를 계속 혼돈스럽게 했을 거야. 그때 정말 아버지를 붙들구 잘못했다며 엉엉 울어버릴 뻔 했거든. 그렇지만 그때의 모르쇠와 이후의 단절이, 시간이 지나고 나서 아버지에게 진심으로 마음을 열게 하고 만남을 위한 준비와 노력을 하게 한 거지.

안완철 / 그래, 나도 여기 와서 떨어져 사니까, 좀 마음이 풀어지기는 하더라. 뭘 해줘도 마음이 나서 해주게 되구. 하지만 더 좀 이러고 살란다. 언제까질랑가는 몰라두.

최현숙 / 그러슈, 남들 눈치 보며 섣불리 합치겠다고 하지 마시고.

근데 엄마, 사람 마음이 이상한 거지. 내가 아버지와 다시 만나가면서 당혹스러웠던 게 뭔 줄 알아? 아마 엄마는 아버지 바로 옆에서 그런 당혹감이나 분노를 나보다 더 많이 느꼈을 거라고 생각해. 그게 뭐냐면, 내가 화해하려고 하는 아버지가 어느새 보니 상당히 성인군자처럼 돼 있더라는 거였어. 엄마한테야 여전히 서로 부딪치고 싸우는 미운 서방이겠지만, 가끔씩 만나는 나한테는 타인에게나 세상에, 그리고 자신의 삶과 죽음에, 아버지의 시선이나 행동이 성인군자처럼 초연하고 너그러워지신 게 보이는 거야. 병원에서 간병인이나 간호사나 다른 환자들을 배려하는 모습이야, 그 양반이 사람을 대하는 늘상의 모습이니 그려려니 했어. 근데 이 실버타운 들어오기로 정하고 자식들을 한 번 불러 모으셨잖아.

2011년 말, 여든셋의 아버지는 폐렴이 들락거리는 심한 감기로 정신까지 혼미해져서 링거 줄에 치약을 묻히기도 하고, 소변을 잘 가누지 못하기도 했다. 자식들 모두 각자, 만의 하나를 각오한 상황이었다. 대학 병원에서 긴 입원 치료로 겨우 위기를 넘기고 요양 병원을 거쳐 엄마와 사는 집으로 퇴원하기 직전, 엄마가 아버지 앞에 대고 "이제는 못한다"며 딱 잡아뗀 그 이후다. 큰아들네가 아니라 실버타운으로 들어가기로 겨우 합의된 직후여서 입주 날을 받아놓고 살림 정리를 하던 중, 어느 날 아버지가 모두 모이는 자리를 만들자고 했다. 거의 없는 일이었다. 그러자고 하면서도, 드러내지는 않았지만 모두 염려와 긴장으로 머리도 마음도 복잡했다. 엄마의 거부, 큰아들네와 함께 사는 말년 좌절. 그 두 가지가 아버지 안에서 어떻게든 소화되기에는, 아직 너무 일렀다. 최근에야 자식들 앞에 화를 내본 적이 거의 없지만, 뭐라고 어떻게 화를 내고 심지어 번복까지 해도, 다들 입을 다물고 듣고 있어야 한다고 생각들을 하고 있었다. 만약 그렇게 되면 엄마는 한바탕 대들 테고, 그러면 그 뒤는 상상도 감당도 힘든 지경이었다. 시키는 대로 모여 부모님 집 근처에서 외식을 하는 저녁식사 자리가 다 끝나도록, 아버지는 별다른 말이 없었다. 여동생은 "실버타운 들어가시기 전 이 정도의 함께 모이는 자리를 원하신 거"라며 어영부영 자리를 끝내보려고, "오늘은 아버지가 쏘시는 거지요?" 하며 애교까지 부렸다. 아마 아버지는 그 말을 못 알아들으셨을 게다. "모두 모이자고 한 거는……." 아버지의 말이 시작됐다. 조용해졌고, 나는 뜬금없이 운동장 조회가 떠올라 웃을 뻔하다가, 눈을 감고 항목을 정리하며 들었다. 길지도 않았다.

1. 큰누님도 두 형님도 서모님도 모두 가셨고, 다음은 내 차례다. 언제 와도 자연스럽고, 나는 좋다.
2. 어디를 봐도 너희들만 한 자식들이 없더라. 고맙다.
3. 마지막 소원이라면 너희 어머니부터 보내 내 손으로 묻어주고, 머지않아 내가 그 옆으로 가는 거다. 그 복까지 있을지는 모르겠구나.
고맙다. 그만들 들어가라.

아버지의 말 끄트머리에 완철이 한마디를 붙이겠거니 하는데, 내 생각보다 먼저 한마디가 나왔다. "죽어서까지 같이 들어가자구? 아구, 지겨워." 아버지 귀 잡순 게 다행이라고 모두 생각했고, 아마 사위가 "건강하게 오래 사셔야지요"를 한 것 같다. 순간 눈물도 찔끔했던가? 그랬다면 아버지라는 노인을 향한 것일 테다.

내겐 두고두고 세리머니로 다가오는 그 자리가 그렇게 끝나서 다들 안도를 했고, 나는 멍한 채 한동안 아버지를 바라봤다. 아마 누군가에게 들켰다면 내 분노를 알아챘을 거다. 완철의 서방이 도달한 그 관조와 여유가 화가 났다. 그 넉넉하고 초연한 연설 뒤로 엄마의 아등바등하고 부글부글한 삶이 우르르 떠올랐다. '귀 잡순 양반이 평생 책을 붙들고 사시더니만, 마침내 군자에 도달하셨구나. 그래, 폭력은 과거지사라 치고 저 선비연하는 초연함의 지경은 누구의 덕인가? 누군가 마이크를 잡는다면 엄마가 잡아야 하는데…….' 습관처럼, 뙤약볕 아래 빳빳하고 새하얀 모시 한복을 입고 지나가는 꼿꼿한 노인네와 오만 가지로 그 옷 채비를 할 꼬부랑 할망구가 떠올랐다.

최현숙 / 한편으로는 아버지의 여유가 좋아 보이면서도, 한편으론 당황스럽고 아주 밉더라고, 확 화가 나구. 엄마는 그런 마음 안 들었어?

안완철 / 너그 아버지야 세상 모든 사람들에게는 늘 더없이 좋은 사람이고 성인군자지. 딱 나 하나한테만 웬수 같은 존재야. 이중인격자야, 니 아버지는. 뚝 하면 친척들한테고 남들한테고 뭐 해준다고, 나더러 돈 내놓으라고 하고. 내가 무슨 돈 찍어내는 기계여? 내 새끼들 공부시킬라고 아등바등 쌔가 빠지게 번 것을, 왜 지가 맘대로 가져다 남 좋은 일을 시키냐고? 그러니 남들이야 다 니 아버지 좋다고 하고, 그거 반대하는 나만 나쁜 년 되는 거지. 주고 싶으면 지가 벌어서 주든가.

최현숙 / 그래 그 마음을 알지……. 근데 대부분 사람들은 타인에게 보이는 모습과 가족에게 보이는 모습이 많이 다르더라고. 나도 내 그 다른 모습 때문에 스스로 이중인격자라는 생각을 많이 했어. 그리고 아마 가장 가까운 사람에게 가장 많은 상처를 주며 사는 게 아닌가 싶어. 그게 결국 '가족'인 거지……전생의 웬수가 이생에서 가족으로 만난답디다. 이생에서 잘 풀어야 내생에서도 잘 만나든가 안 만나든가 그런대요. 자알~ 풀구 가슈~, 하하하.

나는 아버지의 폭력을 털기로 했어. 때때로 그 분노가 다시 기억나지만, 그 기억은 이제 반복하고 대물림하지 않기 위한 기억이지, 미움은 없는 것 같아. 나 편하기 위해서라도 이제는 털기로 한 거야. 아버지를 미워하다 어느 날 문득 돌아가시면 난 또 얼마나 오래 마음을 앓아야 하는 거유?

엄마, 내 분노를 아니까 엄마의 분노를 난 누구보다 잘 알아. 게다가 엄마는 나보다 더 많이, 더 길게 당했잖아. 자식들 때문에 깨뜨리지도 도망쳐버리지도 못해서 더더욱 억울하고 훨씬 더 많은 분노가 쌓였겠지. 그런데 엄마, 난 엄마 마음이 편했으면 좋겠어. 엄마가 행복했으면 좋겠어. 이제는 되돌릴 수도 없는 그 분노만 없으면, 엄마는 훨씬 더 행복할 수 있잖아. 엄마 자신이 행복하기 위해서라도 그 분노를 차츰차츰 엄마가 다독였으면 좋겠어. 아버지도 표현을 못해서 그렇지, 진심으로 미안해하시고 후회도 하실 거야.

안완철 / 너나 용서하고 편하게 살아. 난 이러다가 죽을 거니까…….

최현숙 / 엄마, 이제 나는 내 문제로 아버지가 밉지는 않아. 그런데, 엄마가 아직도 분노와 한에 스스로 옭아매는 걸 보면, 엄마 때문에 나도 모르게 아버지를 향한 미움이 되살아나는 거 같아. 내가 아버지한테 맞으며 그렇게 이를 갈고 있을 때, 그 폭력을 막으려다 나를 대신해서 맞으며 울부짖던 엄마였어. 그 엄마가 아직도 아버지로 해서 부글거리는데, 내가 어떻게 그 아버지와 편하겠어? 엄마가 아버지를 용서할 수 있을 때라야, 나도 아버지를 향해 진심으로 마음이 편해질 거 같아.

그래 엄마, 울어. 다 울 때까지 울어. 엄마가 너무 힘들었을 때 옆에 안 있고 나만 혼자 도망쳐 나와서 미안해. 방문 닫아걸고 아버지가 엄마 때릴 때, 때리는 소리랑 엄마 우는 소리 다 들었으면서도 못 막아줘서 미안해. 난 그때 너무 힘이 없어서 아버지를 막을 수가 없었어. 엄마를 구해낼 수가 없었어. 나도 무서웠어, 엄마. 그렇게 독하게 아버지한테 대들었지만, 나도 맞는 게 무서웠고, 아버지의 눈빛도 무서웠어.

그때는 어려서 나 하나 구해내는 것도 너무 힘들었어. 아버지의 집을 나오면서 나 자신을 얼마나 욕했는지 몰라. 나쁜 년이라고, 죽일 년이라고. 부모를 배반한 년, 천륜을 끊은 년, 이기적인 년, 저만 아는 년, 독살스런 년. 그 모든 욕을 나한테 다하고 나서야 나를 구해낼 수 있었어. 그 욕을 나한테 수도 없이 해됐지만, 엄마, 아무리 생각해도 나는 정당했어. 세상 사람 모두 나를 향해 돌을 던져도, 내 안에서 나는 정당했어. 그러느라고 너무 힘들고, 너무 많이 울었어. 그렇지만 엄마, 그러고야 나를 찾은 거야. 내가 누구이고 무엇을 하며 살지를, 그제야 알겠는 거였어. 엄마, 늘 부족하고 틀리지만, 나는 좋은 사람이더라고…….

통곡을 하며 이 대목을 나눌 때부터 최종 교정을 하는 지금까지, 수십 번을 매번, 나는 흐느낌 없이 이 대목을 지나가지 못한다. 이젠 지겨운데…….

최현숙 / 그래 엄마, 우리 다 울자. 오늘 실컷 울자. 오늘 다 못 울면 또 울고 또 울자. 다 풀릴 때까지…….

안완철 / 그래 현숙아, 오늘 우리 다 울자…… 니년은 안 맞아도 될 매를 왜 그렇게 도망도 안 가고 다 맞고 있었냐? 너 맞는 거 보면서 내가 니 애비를 뜯어 말려도 봤지만, 그게 말려지냐? 말리면 오히려 "누구 죽는 꼴 보려구 그러냐"며 더 지랄을 하고 나를 밖으로 끄집어내고 안으로 방문을 걸어 잠그고 때렸어. 니년 맞는 거 보면서 내가 얼마나 속이 문드러졌는지 아냐? 그 웬수 같은 인간은 나나 때리지, 왜 내 속으로 낳은 내 새끼까지 때렸다냐? 내가 뜯어 말리고 팔뚝을 물어대도, 그놈을 말릴 힘이 없더라. "왜 내 새끼 때리냐"고 내가 얼마나 울부짖었는지 아냐? 그러면 그놈이 너랑 나랑 한 구뎅이에 놓구 지끈지끈 밟으면서 때리더라. 한 번씩 그러구 나면 난 한참 동안 속이 끓어서 미친년이 됐어. 현숙아, 불쌍한 내 새끼야…… 이 미련한 년아…… 이 독한 년아, 이년아…….

최현숙 / 엄마, 나 알아. 내가 맞을 때 엄마가 얼마나 울부짖었는지, 다 보고 다 들었어. 맞으면서 아버지 막아서고, 날더러 도망가라고 얼마나 소리치며 울었는지 다 기억해. 하나도 안 잊어버리고 다 기억해. 내가 눈 부릅뜨고 이를 갈면, 아버지 볼까봐 일부러 내 앞에 막아선 것도 다 봤어. 그런 엄마를 두고 나만 도망 나와서 미안해.

밤도 늦고 해서 오랜만에 한 방에서 같이 잠을 잤다. 둘 다 잠자리가 예민해서 엄마는 침대에, 딸은 방바닥에 따로 누웠지만, 둘 다 잠을 설쳤다. 그 김에 인터뷰나 더 하자며 엄마가 딸을 불러 앉혔고, 나는 녹음기부터 눌렀다.

안완철 / 돈 버는 거는 기대도 안 했어. 남 준다고 뺏어가지만 않으면 좋은 거구. 내가 아등바등하는 걸 서방이 알아주기를 바라지도 않았고. 근데 왜 폭력을 쓰느냐구? 내가 자식들한테도 챙피해서 말을 안 해서 그렇지, 얼마나 맞고 산 줄 아냐? 온몸에 상처구 멍이야. 여기 입술이랑 얼굴에도 아직 남아 있어.

최현숙 / 나도 그래. 아버지의 경제적 무책임보다 폭력이 너무 싫었던 거야. 같이 벌어서 자식 키워야 하는 엄마 입장에서는 경제적 무능도 화가 났겠지만, 어릴 때 자식인 내 입장에서는 누가 벌든 상관은 없는 거고, 다만 집안이 좀 맘이 편하고 따뜻했으면 좋겠는 거였지. 근데 나한테 집은, 어서 벗어났으면 좋겠는 거였어. 그러니 학교 간다며 맨날 그 새벽에 집을 나선 거지, 아버지를 벗어나려고. 수업 끝나고도 학교에 남아서 공부한다며 늦게사 집에 오고.

안완철 / 나도 알아, 니가 아버지랑 눈 안 마주칠려고 통금 해제 싸이렌만 불면 부시럭거렸던 거. 근데 너는 큰딸이니 집안일도 많았잖아. 청소니 부엌일이니 그런 것들. 그러니 그거 안 한다는 잔소리는 듣기 싫어서 새벽에 일어나 부엌일을 해놓고 방 청소를 하고, 그러구두 아직 어두울 때 학교를 갔지. 너랑 방 같이 쓴 귀○이가 그거 때문에 불만이 많았구. 하여튼 너도 참 희한한 애였어.

최현숙 / 얼마 전까지 귀○이는 그 이야기랑 그 외에 나 때문에 힘들었던 얘기들을 하며 울더라구. 걔는 또 그게 지 어릴 적 큰 상처 중 하나였던 거지. 얼마나 그랬겠수? 다섯 살이나 위니 대들지도 못하고, 아버지랑 나랑 부딪치는 그 불안하고 살벌한 상황을 어린 귀○이는 숨어서 견뎌야 했겠지. 분노로 부글대고 있는 나는, 그 동생의 기분이나 느낌은 돌아볼 새가 없었던 거지. 내가 가출하고 난 그 불안하고 암울한 집안에서 아버지와 엄마를 대해야 했던 거지, 그때 즈음이면 걔는 또 사춘기여서 안 그래도 힘들었을 텐데. 오빠는 우리가 크는 상당 기간을 대학과 군대와 유학으로 집에 없었잖아.

남매들이 모여서 재미 삼아 어린 시절 얘기로 수다를 나누던 중, 나의 새벽 버릇 이야기를 내가 꺼냈다. 바로 아래 여동생 귀○이는 내 새벽 버릇에 제일 할 말이 많다며 깔깔 맞장구를 치다 말고, 느닷없이 눈물까지 보이며 삐죽삐죽 울었다. 마지막 가출까지 나는 그 여동생이랑 방을 같이 썼다. 아마 내 새벽 버릇은 고등학교와 대학을 다니는 동안 내내 계속됐을 거다. 다 큰 딸년이 자기 방 청소도 안하고 학교를 간다는 소리가 듣기 싫어 새벽 네 시 사이렌이 불면 나는 동생을 깨웠다. 남매들 중 가장 잠이 많고 느린 편인 그 동생은 잠을 질질 흘리며 꿈지럭댔을 테고, 나는 속이 터져 화를 냈을 거다. 때리기도 했단다. 이미 부엌 청소와 쌀 씻기는 대강대강 했다. 깜깜한 새벽 길을 나서 버스 정류장에 와도, 한참을 기다려야 첫 버스가 왔다. 대학 때는 자주 서울역에서 내렸다. 다섯 시 십 분에 출발해 두 시간 십 분 동안 서울 외곽을 순환하는 교외선을 타댔다. 한 바퀴 돌고 학교를 가도 거의 첫 등교생이었다. 내가 나가고 나면 동생은 다시 이불을 펴고 울다가 잠이 들었단다. 오십이 다 된 여동생이 울면서 얘기하는 걸 듣고서야, 나는 파열할 것 같던 내 시절 그 옆에 있던 어린 여동생의 모습을, 처음으로 떠올렸다.

최현숙 / 나란 사람이 얼마나 못되고 무딘 거유······. 더구나 걔는 상세히 기억하는 내 못된 짓들이, 나는 기억이 잘 안 나는 거 있지. 기억이 안 나는 그게 더 미안하더라구.

안완철 / 귀○이 걔가 다섯 중 가운데라서 힘든 것도 많았을 거다. 옷이고 뭐고 늘 물려받다보니, 새 거나 처음부터 지 물건인 거는 별루 없었거든. 다섯을 키울라니까 별수 없는 거였지만 걔는 그게 불만이었겠지. 언니인 너는 고집이 쎄서 그 애한테 힘들게 했겠지만, 동생 미○가 또 고분고분한 애가 아니잖냐. 눈치 빠르고 여수(여우) 같고. 그러니 그 동생 때문에도 많이 속상했을 거다.

최현숙 / 난 정말 못된 언니나 누나였어. 나는 '집' 하면 떠오르는 게 '아버지', 딱 그거 하나만 너무나 분명하게 떠오르는 거야. 우리 자랄 때 좋은 기억도 많았을 거 아냐? 근데 그런 거는 잘 떠오르지가 않는 거야. 구태여 기억을 더듬어야 꼬리에 꼬리를 물고 하나씩 떠오르는데, 좋은 기억이든 아픈 기억이든 동생들에 견줘 내 기억은 너무 적어. 다섯 중에 둘째이고 큰딸인데도, 동생들과 있었던 일이나 동생들에 관한 기억이 별로 없어. 걔네들이 어떻게 자랐고 어떤 성격이었고 어떤 버릇이 있었고, 그런 기억이 별로 없어. 내 내면과 생활에서 아버지랑 부딪치고 분노하고 미워하느라, 동생들을 마음으로 돌아보지를 못한 거지. 내가 동생들에게 뭐라도 해준 게 있다면, 그건 내가 걔네들을 챙겨주는 마음으로 한 게 아닐 거야. 아버지한테 잔소리 안 들으려고, 큰딸로서 동생들에게 진 의무를 처리한 것에 불과했나봐. 그런 마음이었는지조차도 기억이 안 나. 그러니 걔네들의 아픔이나 고민이나 그런 것들이 보였겠수? 내가 가출을 하던 이십대 초반 그때를 스물 둘이라고 치면, 귀○이는 열일곱 고 2였고, 미○는 열넷 중 2였고, 승○이는 열하나 초등학교 5학년이었는데, 각자든 함께든 얼마나 재미난 일들도 많고, 힘들고 아픈 일들도 많고, 함께나 따로 수

많은 사건과 사고들이 있을 텐데, 난 개네들에 관한 기억이 거의 없는 거야. 그런 경험들이 나한테 중요하고 절실한 무엇으로 안 여겨진 거지. 그저 나 하나만 너무 아프고, 나 하나만 너무 중요하고, 내 분노와 혼돈과 고민에만 빠져 있느라 언니고 누나로서 나를 망각하고 있던 거야. 모르겠어, 엄마, 정말 기억이 잘 안 나.

오빠가 그 자리에 많이 없었다는 것도, 엄마가 이야기하고서야, 그랬구나……생각이 든 거야. 오빠에게도 내 마음이 안 가 있었던 거지. 내가 그렇게 힘들었으면, 오빠라도 붙들고 울거나 하소연이라도 했으면 얼마나 좋았겠어? 근데 그런 생각조차 안 했나봐. 귀○이는 오빠가 어릴 때 동생들한테 얼마나 잘했는지를 기억하고 있더라구. 맛있는 게 있어도 당장 먹지 않고 더 모았다가 동생들이랑 나눠먹었다고. 그럼 나한테도 그랬을 텐데, 나는 그 기억이 없는 거야. 그냥 떠오르는 오빠에 관한 어린 시절 기억은, 오빠 6학년 때 아침마다 오빠 교실로 내가 도시락 가져다주던, 그 기억이야. 왜 오빠는 자기 도시락을 자기가 안 가져가는지와, 왜 엄마는 매일 오빠 도시락을 나한테 가져다주라고 하는지, 불만의 기억. 그리고 다른 하나는 오빠랑 우리들이 둘러앉아 밥을 먹는데, 굴비구이에 내가 젓가락을 가져가면 엄마가 젓가락으로 내 젓가락을 탁 쳐내던 기억. 모두 남녀 차별에 관한 기억만 있는 거야. 하하하, 얼마나 웃기는 거유? 기억이라는 게 얼마나 자기중심적이고 또 상황을 왜곡할 수 있는 건지. 아마 이 두 가지만 놓고 오빠랑 엄마랑 나랑 셋이서 지금 이야기하면, 각자가 다른 이야기들을 할 거유. 나는 내 입장에서만 기억을 하는 거지. 그리고 그걸 뚝 하면 다시 꺼내 반복해서 기억하고 덧칠까지 하면서, 그게 그 시절 내 상황을 대표하는 사건이 되는 거구.

엄마, 정말 재밌다, 하하하~. 엄마랑 나랑 똑같네~. 엄마 어릴 때나 나 어릴 때가 똑같잖아. 내가 누구 닮아서 그랬는지 이제야 알겠네. 그저 나 편한 대로 나 아픈 것만 기억하고, 반복해서 떠올리며, 좋은 기억들은 까먹고 삭제하고 또는 말하지 않아서 더 기억되지 않고, 그러면서 나의 방황과 혼돈과 분노를 정당화하는 거지.

엄마에게도 비슷해. 물론 엄마가 얼마나 바쁘고 얼마나 힘든지를 알아채기는 했지만, 한 번도 엄마를 제대로 위로하지 않았어. 한 번도 제대로 엄마 편에 서지 않았어. 엄마랑 아버지가 싸우고 엄마가 맞고 할 때도, 한 번도 엄마를 위로하거나 안아주지 않았어. 다만 집 시끄러운 것만 싫었고, 시끄럽지 않게 아버지 하란 대로 하지 않는 엄마가 싫었던 거 같아. 물론 아버지가 제일 싫었고, 엄마가 불쌍하다는 생각은 했지만, 엄마가 얼마나 힘들었는지, 그래서 어떻게 했는지를 관심을 가지고 보고 기억하지 못한 거야. 그저 그 분위기가 싫어 피하기만 한 거지, 큰딸인데도 말야.

그 시절 내게 엄마와 오빠와 동생들은 모두, 아버지의 가족이었던 거야. 그렇게 한 덩어리로 보며 그 아버지를 미워하느라, 그 안의 개개인을 볼 여지가 없었던 거지.

엄마, 너무 늦었지만 정말 미안해. 다음에 오빠랑 동생들 보면 미안하다고 말해야겠다. 엄마랑 이렇게 이야기를 하다 보니, 그동안은 모르던 내 잘못들이 다 들여다보이네. 참~, 일찍도 깨닫는다, 응?

아버지도 그래. 그 양반은 아마 할아버지에게 맞을 때 대들지도 못했겠지, 더 옛날 봉건 사회 양반집 이야기니까. 그런데 나는 아버지한테 당하는 폭력에 일일이 대들었잖아, 내가 뭘 잘못했냐고, 잘못했더라도 왜 때리냐고. 그렇게 대들면 대든다고, 잘못했다고 안 한다고, 더 맞았지. 난 잘못했다는 말이 죽어도 나오지가 않았어. 그 매를 다 맞으며, 때리는 아버지를 똑바로 쳐다보고 이를 갈았어. 그러면 아버지는 "어디다 눈을 부릅뜨고 이를 가냐"며 더 심하게 때렸어. 그러면 나는, "아버지를 쳐다보고 아버지한테 이를 간다"고 말대답을 했어. 그러면 아버지는 어디다 말대답까지 하냐며 더 심하게 때렸고, 나는 맞는 틈을 타, "물어봐서 대답을 한 거"라고 또 말대답을 했지. 아버지의 그 눈빛을 지금도 기억해. 제정신이 아닌 그 눈빛을. 그런데 그 눈빛보다 더 생생하게 기억하는 건, 맞으면서 아버지를 향했던 내 이글거리는 분노의 감정이야. 그리고 그 매를 맞으면서도 내 속에 계속 냉정하고 독하게 되뇌던 말들, '내가 틀린 게 아니고, 니가 틀린 거야. 다만 니가 아버지여서 내가 맞고 있는 거 뿐이야'. 나는 그 자기정당성과 분노를 힘으로 해서, 아버지를 배반하고 아버지와 단절했어. 그런데 아버지는 분노가 있었더라도 자기 아버지한테 대들지도 못했을 테지, 양반이니까……. 그러니 그런 자신과 달리 두 눈 부릅뜨고 이를 갈며 대드는 딸년이 얼마나 미웠겠어? 폭력에 순종하는 그따위 양반은 안 하겠다며, 두 눈 부릅뜨고 이를 갈며 반항하는 딸년이……. 그리고 혼자가 되면 자신의 미움과 분노와 폭력이 얼마나 스스로 괴로우셨겠어?[15]

---

15 두 분의 부부 싸움과 이어지는 아버지의 폭력에 관해, 자식들은 옛날이나 지금이나 상당 부분 엄마가 원인 제공자였다는 생각을 하고 있다. 나를 향한 아버지의 폭력 역시 마찬가지다. 닭이 먼저냐 달걀이 먼저냐의 문제처럼 답이 없는 문제다. 그러나 원인 제공과 폭력은 별도의 문제일 것이다. 구태여 이런 사설을 각주로 넣는 것은, 구술사 작업 과정에서 발언의 기회를 전혀 갖지 못한 아버지에게, 이 글 자체가 '또 다른 폭력'일 수밖에 없다는 염려 때문이다. 내 남매들하고도 이 부분의 기술에 관해 많은 고민을 나눴다. '가정 폭력의 사회화'에 동의한 남매들에게 진심으로 감사한다.

그렇게 싫어했던 그 폭력을 내가 내 자식에게 했다니까…… 그러니 그 폭력의 대물림이 얼마나 질긴 거유. 아버지만큼은 아니었고, 내게 맞는 아이가 나를 쳐다보는 순간 아버지에게 맞을 때 내 속에 이글거리던 분노가 생각나더라구. 그래서 문득 폭력을 멈추기는 했지만, 다음에 또 그 폭력은 되풀이됐어. 애들이 대들면서야 스톱된 거 같아. 나중에 작은아이가 다 크고 스물이 넘어 독립했을 때, 어느 날 내게 찾아와 진지하게 요청을 하더라고. 어릴 때 자기한테 가한 폭력에 진심으로 사과를 해달라고. 자기는 지금 자기가 폭력을 가한 사람들을 되돌려 기억하며 찾아가서 사과를 하고, 자기에게 폭력을 가한 사람들을 찾아다니며 사과를 받는 중이라고. 그 아이가 청년이 다 돼서 내가 자기에게 가한 폭력의 기억을 울면서 일일이 말했어. 그런데 엄마 너무 미안한 건, 내가 그 가해를 걔만큼 일일이 기억하지 못하더라는 거였어. 그 아들이자 청년에게 깍듯이 진심으로 사과를 했어. 그리고 일일이 기억하지 못하고 있다는 것도 솔직히 고백을 했고. 그리고 이렇게 일부러 찾아와 사과할 기회를 만들어줘 정말 고맙다고, 늘 잘못했다고 생각만 하고 있었다고.

할 수만 있다면 그 아들처럼 나도, 내 아버지를 진지하게 붙들고 마음을 털어놓으며 아버지에게 사과도 드리고 아버지의 사과도 받고 싶어. 엄마에게도 그런 기회를 만들어주고 싶고. 그러면 아마 우리는 아버지와 더 많은 화해를 할 수 있을 텐데…….

안완철 / 니 마음은 알겠다. 그렇지만 니 아버지고 내 아버지고, 나한테 용서하라고도 말고 화해하라고도 말어. 그건 이제 내 속에서 내가 알아서 할 일잉게…….

2009년 10월에 시작해 '구술 생애사'라며 여섯 차례의 인터뷰를 나눈 마지막은 2012년 10월이었고, 이후 여러 번의 만남에서 나온 이야기들을 글의 중간 중간에 넣었다. 국내라도 이제 긴 여행은 못하겠다던 안완철은, 2013년 초의 하와이 여행은 선뜻 오케이를 했다. 하와이에 관한 팔순 낭만 소녀의 상상력 덕에 나도 오빠네와 여동생과 함께 모처럼 해외여행을 즐겼다. 엄마와 두 딸이 한 차례 말싸움을 벌였고, 맥락도 모를 아버지가 무조건 엄마 편을 들어 말싸움을 덮었다. 안완철도, 그 남편도 여행을 즐겼다.

2013년 9월 현재, 내가 보기에 안완철은 많이 행복해졌다. 감정 변화의 높낮이도 많이 잦아들었고, 그 주기도 훨씬 길어졌다. 최근에는 저 양반이 언제 생떼를 부렸는지 기억이 나지 않을 정도다. "엘리베이터 안에서 너그 아버지가 자꾸 내 손을 끌어다 장난을 쳐서, 남들 볼까 챙피시럽다"는 말을 자랑 삼아 한다. 사진을 찍겠다며 다정한 포즈를 취해달라는 손주들의 제안에 여든넷의 서방이 배시시 어깨를 잡으면, "환하게 웃으라"는 요청까지 덧붙인다. 자식들은 미처 생각지 못하는 안완철의 구석구석을 남편은 알아서 잘 챙기고, 자식들에게 코치도 한다. 이번 추석에는 엄마한테 옷 선물을 하겠다며 여동생에게 돈을 주셨다 하고, 엄마는 "다 입지도 못하고 죽을 옷을 뭐 한다고 또 사냐"며 정색을 하고 마다한단다. 어떡하냐고 걱정을 하는 동생의 카톡에, 사게 되면 오십대 후반용으로 사라며 하트도 날렸다. 나를 볼 때마다 옷 좀 가져가라는 엄마다.

나는, 어느 순간 딸을 놓은 그 아버지도 불가사의지만, 아내 말년의 한과 증상을 다 안고 사는 듯한 그 남편도 불가사의다. 마흔 초반 즈음 어느 이사 날, 아버지는 자신의 책들을 제 손으로 태웠단다. 큰딸과 나는 아내의 생애사 작업이 아버지에게는 더없이 불공정한 처사라는 점을 깊이 인정한다.

그런데도 이 일을 결국 마치고야 마는 아내와 딸년의 무례에 관해, 아버지가 너무 많이 아프지 않기를. 동의해준 오빠와 동생들에게 깊이 감사한다. 구술사에 등장하는 모든 인물들에게도 머리 숙여 이해를 청한다. 한 여자가 여든 삶의 아프고 좋은 기억들을 풀어 남기고 싶단다. 안완철과 모든 사람들 안에서 계속될 기억의 재구성과 재해석을 함께 가늠해보기를 청한다.

죽어버린 말. 말라버린 혀. 쓰지 않았기에 시간의 기억 속에 매장됨. 사용되지 않음. 침묵됨. 역사. 과거.

여성 낭송자여, 아흐레 낮밤을 기다린 어머니 그녀를 찾아내라. 기억을 복원하라.

여성 낭송자 딸이여, 대지 깊숙한 곳에서 그녀가 떠오를 때마다 샘을 복원하라.

쓰기를 완전히 멈추기 전에 말라버리기 전에, 잉크는 가장 진하게 쏟아진다.

— Cha, Theresa Hak Kyoung, *Dictee*, Berkeley: Third Women Press, 1995 중

안완철은 내 어머니다. 내 어머니가 아니라면 지나쳤을, 양반네 부자 할머니다. 외람되지만, '한풀이'가 작업 제안의 첫 의도였다. '거리두기'는 숙제였지만, 두 여자 모두 피차 개입할 의도를 품고 있었다. 욕망과 열정의 바닥은 동류이지만 선택은 확연히 엇갈린 두 여자, 그래봤자 상처와 분노는 징그럽게 얽혀 있다.

마치 대하소설의 주인공마냥 신바람 나던 완철은, 어느 새 다섯 살 여자아이로 돌아가 징징대며 다 싸잡아 미워한다. "돈도 쌀도 안 나오는" 양반을 홀라당 벗어던지고 산업 사회의 틈새를 승승장구하며 헤집더니만, 난데없이 "너그 최씨들"을 찾아대며 나까지 싸잡아 이를

갈아놓고는, '이만하면 됐다' 싶으니 꼴까닥 양반 타령으로 되돌아가 버린다. 게다가 때때로 나를 청자나 필자가 아닌 '새끼'로 호출해 붙잡아놓고, 내 기억과 상처의 귀퉁이들을 속속들이 헤집는다. 부둥켜 울며 '귀 잡순 아버지의 방'을 향해 함께 삿대질과 욕을 하더니만, 느닷없이 '집 나간 딸년'을 붙들어다 놓고 아버지 편을 들고 앉았다. 쉰여섯 먹은 딸년의 '불안한 자유'가 부럽다는 건 말뿐, 내심 자신의 성과를 더없이 보람차할 테다.

나 역시 마찬가지였다. 고대광실 부잣집 귀한 막내딸 '따위'가 보지 못했을, 뒤에 숨겨진 사연들을 상상해보라며, 내게 고스란히 물려준 안완철의 '자기중심'을 들먹였고, 당신 기억의 사실관계를 대놓고 의심했다. 안완철이 미워한 여자들이 '다른 안완철들'이라며 어른처럼 잘난 척을 하기도 했고, 가부장의 아들들조차 가해자인 것만은 아니라며 미움의 향방을 헷갈리게 했다. 완철의 자긍심이자 올가미인 '양반집 여자'를 붙들고 늘어지며, 내가 빤히 아는, 그 자족의 사각지대를 들춰내고, 덜 아문 상처를 헤집어 분노와 미움과 독기를 끄집어냈다. 마침내 손에 넣은 그 성과와 안위를 '가부장과 자본으로 포섭된 것'으로 정리하며, 안완철의 생손앓이인 내 '불안한 자유'를 보란 듯이 살아보려 한다.

그 에미에 그 딸년이 마주 앉아 하는 구술사 작업은, 그렇게 '거리 두기'를 접어갔다.

한, 그리고 치유의 시작

안완철은 수시로, 팔순의 몸을 빌려 입은 다섯 살배기 여자아이다.

영리하고 욕심 많고 재주도 많아 기억력과 정보력과 판단력으로 주변을 놀라게 하고, 사람들의 칭찬에 한껏 신나한다. 눈치 빠르고 자존심도 강해, 식구들도 늘 존중하는 여자아이다. 다행히 집안 살림도 넉넉해, 아이가 원하는 것은 무엇이든 해줄 수 있는 여건이다. 누가 봐도 남부럽지 않은 그 여자아이가 수시로 제 설움에 겨워 악을 쓰며 울어댄다. 그럴 때마다 자식들이 차례로 나가떨어질 정도다. 아무리 달래도 아랑곳 않고 악을 쓰다 흑흑대다가는, 제 풀에 지쳐 잠이 든다. 그러다가 작은 일로 언제 그랬냐는 듯 행복해지지만, 언제 다시 토라져 생떼를 부릴지 몰라 식구들은 조마조마하다.

그 다섯 살 여자아이의 바닥 없고 갈 곳 없는 울음을 조금은 잦아들게 하고 싶었다. 다 늦어버린 지금이라도 떳떳했던 욕망들을 죄의식 없이 꼽아보며, 다독이며 보듬고 싶었다. 안완철이 말짱한 날을 골라 찾아가, '울음을 따져보자'고 붙잡았다. 같이 앉아 울음을 따지느라, 허기가 지고 머리가 욱신거리도록 울기도 했고, 웃어젖히며 호기를 부리기도 했다. 청자가 딸이어서, 분노는 더욱 날것으로 드러났다. 팔순의 여자아이를 달래는 쉰여섯 딸의 욕망이, 긴 사설을 남기기도 했다. 엄마를 따지러 갔다 딸의 좁아터진 소갈머리가 헤집어졌다.

이 과정을 통해, 안완철이 자신의 아픔을 탈탈 털어 땡볕에 널어 말리며 누구보다도 자신 안의 다섯 살 계집아이를 꼬옥 안아주기를, 그러고 나서 저편에 있는 '아직 미운 사람들을' 건너다보며 방긋 웃을 수 있기를 바랐다.

그리고 뒤에 오는 여자들은 자신들의 응어리와 욕망을 안완철보다 더 뚫어지게 응시하기를 바란다. 더 전략적으로 싸우며, 더 많은 아픔과 더 시퍼런 독기를 키우더라도 '자칭 종년'이 아니기를 바란다. 완철이 싸우다 포섭된 가부장과 자본의 자리에 아픔과 가난과 미움들을 하나씩 모아 늘려, '다른 집'을 짓고 '다른 세상'을 넓혀 나가기를 바란다.

여성 노인 구술사, 그 '공유'의 어려움

여성들, 특히 남편이나 자식들과 함께 가족관계를 맺고 사는 여성 노인들의 생애사 작업은, 수락도 그 과정도 쉽지 않다. 자신의 생애 이야기를 발언하고 공적 자료로 만드는 데에 통제권을 가지고 있지 못하기 때문이다.

다른 두 여성 노인도 마찬가지였지만, 특히 안완철의 생애사 작업을 하며 가장 많이 난감해했고, 수시로 결정을 뒤집었다. 구술 생애사란 애초에 주관적 경험, 기억, 감정을 자료로 하며 따라서 인지와 기억의 왜곡 가능성까지 포함하고 있는 작업이고, 그것이 개인 구술사의 힘이기도 하다. 그렇지만 안완철의 경우 그 내용은 공적 자료로 만들기가 어려울 정도로, 펄펄 살아 뛰는 날것이었다. 물론 그 자체가 구술의 힘이었지만, 그 상태로 출간하는 것은 가능하지도 않고 옳지도 않다고 판단했다. 3년을 넘는 작업 기간, 그리고 모녀간이라는 화자와 청자의 관계가, 안완철에게도, 그 내용의 공유에도, 약이 됐다. 여섯 차례의 공식 인터뷰와 그 사이의 시간들, 그리고 잦은 가족 모임을 통해, 경험에 관한 기억과 느낌을 끊임없이 재해석하고 재구성하며 현재를 재정체화하는 과정이 진행될 수 있었다. 그 과정에서 무엇보다도 안완철의 마음이 많이 평안해졌다고, 나는 생각한다. 팔순이 다 되고야 확보한 '자기만의 방'이 좋은 약이기도 했다. 그러고 나서도 '공유'를 위해 삭제와 가공을 했다. 안완철과 안완철 주변 사이에 선 내가 이 구술사를 세상에 내놓기 위한 전략이다.

농촌 봉건 사회에서 도시 산업 사회로 이주

생모의 이른 죽음을 상처로 안고 있는 총명하고 열정적인 여성 청(소)년 완철은, 농촌 봉건 사회에서 '양반과 가부장'을 물적, 정신적 자원이자 올가미로 이율배반적으로 경험하며 성장한다. 재산을 물려받지 못하고 높은 공부를 하지 못했다는 깊은 상처를 덮어둔 채, 당시의 통상적인 결혼을 '정략결혼'이라고 규정하지만 피하지 못한다. 친정과 시댁 사람들과 맺은 관계에서도 많이 상처를 입었다.

결혼은 또 다른 올가미였지만, 한편으로는 도시 산업 사회로 이주할 기회였다. 결혼 이후 평생의 일관된 욕망은 자식들의 성공과 그것을 달성하려는 경제적 추구였다. 더 교육받지 못하고 재산을 물려받지 못했다는 한이 이후 삶의 에너지로 전환된 것이기도 하다. 양반을 벗어던지고 '경제력'와 '자식 교육'이라는 전사회적 경쟁 대열에 적극적으로 뛰어들어 상당한 성취를 이루지만, 가부장적 폭력과 시선, 그리고 자신 안의 감옥은 여전히 발목을 잡고 늘어지며 내면의 상처를 더욱 깊게 했다. 그래서 누가 봐도 팔자 좋은 여든 할머니 안완철 안에서, 지금도 다섯 살 여자아이가 수시로 악을 쓰며 생떼를 부린다.

'가부장제에 남은 자'로 성취하며 상처받는 여성

'존경스럽지만 미운 아버지'는 이율배반적 징표로 상존하며, 안완철의 유년 시절뿐 아니라 여든이 넘은 지금까지 전 생애에 걸쳐 안완철을 혼란스럽게 한다. '양반과 가부장'은, 버릴 수도 없고 향유할 수도 없는, 평생 완철을 짓누른 관념이자 실체다. 다양한 욕망과 기억은 스쳐갔을 뿐, '성性'은 몸과 마음에 질병과 폭력의 상처를 남긴 채 안완철이 아내와 어머니로만 살게 했다. 한편 '노동하는 몸'으로서 안완철은 산업 자본주의 사회로 이주해 다양한 자원을 동원하며, 적극적이고 전략적으로 삶을 선택하고 성취한다. 노동하는 몸과 욕망은 번영을 손에 넣었으나, 관념과 체면은 여전히 양반과 가부장에 남아 양다리를 찢긴 채, 자기 성과의 뒤통수를 수시로 낚아채며 스스로 폄하하고 평가절하한다. 뒤늦게야 성취한, 누구도 토를 달지 않고 칭송하는 어머니/아내의 성과에 관해, 완철 혼자만 늘 뒤집었다 엎었다 반복하며, 행복과 불행 사이를 널뛰고 있다.

완철은 다양한 가치들, 그리고 자신과 타인의 시선이 갈등하고 경합하는 와중에, 끊임없이 전략을 세우며 욕망을 추구한다. 양반으로서 갖는 찜찜함이나 남편과 친척의 비난에도, '쌀도 돈도 안 나오는 양반은 일단 벗어던지고' 자식들을 성공시키려 경제적 추구에 질주한다. 그러다가 '큰아들의 성공'을 기점으로, 경제적 손해를 감수하면서 기다렸다는 듯 다시 양반으로 들어앉는다. 가부장의 걸림돌을 상당 정도 무시하고 거부하며 자식들의 성공을 위해 투신하던 완철이, '성공한 큰아들'과 말년을 앞에 두고 다음 가부장에게 자발적으로 투항하는 모습이기도 하다. 또는 갈등하고 상처받으면서도 가부장적 정상 가족에 머물기로 하고, 안전하게 보호받을 만한 '다음 가부장'을 만들려고 자신을 희생하고 헌신하다 요행히 성공하는, '소수자'이자

'남은 자'의 성취라고도 할 수 있다.

화자와 청자의 경계 넘나들기

만 24세 차이의 띠동갑이자 여성 선후배, 어미와 새끼로서 가진 공통된 경험과 상처 때문에 구술 작업의 뒷부분은 '화자와 청자 간 경계 넘나들기'를 적극적으로 선택했고, 상당 부분 날것인 내용을 그대로 드러냈다. '아버지의 집'에 '남은 자'와 '떠난 자'로서 같은 뿌리와 다른 선택을 서로 나누려면 그 공통의 분노와 상처를 피할 수도, 거리를 둘 수도 없었다. 발언의 기회를 갖지 못한 아버지를 위해 삭제할까 수도 없이 고민했지만, 무례를 무릅쓰고 남겼다.

	1920 ▲	1930 ▲	1940 ▲	1950 ▲	1960 ▲
한국 근현대사 사건	1920 산미증식계획 수립 1924 경성제국대학 설립 1926 6·10 만세 운동 1929 광주 학생 항일 운동	1931 만주 사변 1932 이봉창, 윤봉길 의거 1937 중일전쟁	1940 창씨개명 《동아일보》, 《조선일보》 폐간 1941 농산물 공출 시행 임시정부 대일 선전포고 1943 징병제 공포 1944 여자정신대근무령 공포 1945 해방 1948 대한민국 정부 수립 공포	1950 한국전쟁 발발 1952 조선정치 파멸 사건 1953 휴전협정 조인 1956 정·부통령 선거	1960 4·19 혁명 발발 이승만 하야 1961 군부 쿠데타 1962 제차 경제개발 5개년 계획 시작 1963 박정희 제3대 대통령 취임 (제3공화국 출범)
김미숙	1925 출생	1931 교회 다님 1934~1937 야학에서 공부 1938~ 전라도, 군포 공장에서 노동	1940년대 초 남자와 잠깐 사귐 1943 징용 피해 결혼 봉천 피복 공장에서 노동 연변 언니네 방문 남쪽 남편 만남 1946~ 서울 남편과 동거 시작 첫 임신, 평양 다녀옴 과일 행상 1948 아들 출산	1951 피난, 남편 자살 1953~ 양색시 옷장사 양키 물건 장사 미군 부대 댄스홀 미군과 살림 1956 집 구입(친구가 김미숙 집에서 거주) 1958 아들 데려옴	1962 아들 가출 1964 재혼 계획 아들 돌아옴 1967 친구 내보내고 관계 단절
김복례	1927 출생	1930년대 초 공민학교 야간반	1943 징용 피한 동거와 매독 전염 1948 결혼 1949 남편 입대 큰딸 출산 1949~1956 친정살이	1950 친정어버지 사망 1951 구전단과 페니실린으로 매독 치료 안면 장애 얻음 1956 시동생네 뒷방으로 이사 첫째 국민학교 입학	1964 둘째 출산, 남편 재대 남편 머슴살이 가고 곧 곧 세경가 1960년대 남동생 서울 이주 1967 큰딸 서울 식모살이 갔다 금방 귀향 1968 큰딸 함바집 일 큰딸 서울 취업 셋째 출산
안인철	1933 출생 1934 어머니 사망		1940 소학교 입학 아버지 중풍 발병	1950 전염으로 중학교 2학년 학업 중단 생리 시작, 선머슴장 일 1951 아버지 사망 1953 결혼 1954 큰아들 출산 1956 전쟁후 분가 1957 큰딸 출산 1959 서울 안암동 이주, 남편 공무원 시작	1960 4·19로 남편 퇴직 가게 시작 1962 화폐 개혁으로 경제적 기반 마련 1963 노점상으로 이사 1969~1987 대방동, 상도동 일대에서 장장사, 불록 공장, 사채, 가게, PX 물건 장사

	1970 ▲	1980 ▲	1990 ▲	2000 ▲	2010 ▲
한국 근현대사 사건	1970 경부고속도로 개통 전태일 분신 1971 새마을운동 시작 1972 남북공동성명 발표 박정희 유신 쿠데타 1973 1차 유류 파동 1974 긴급조치 4호 선포 (민청학련 사건) 1979 2차 유류 파동 박정희 피살 전두환 등 신군부 쿠데타	1980 광주항쟁 1987 6월항쟁 1988 서울올림픽 개최 5공 청문회	1995 민주노총 결성 노태우, 전두환 구속 1997 IMF 구제금융 요청	2000 6·15 남북공동선언 발표 2002 한·일 공동 월드컵 개최 2004 국회, 노무현 대통령 탄핵소추안 의결	2012 한-미 FTA 발효 2013 박근혜 정부 출범
김미숙	1979 신작로 공사로 집이 3/4 헐림 평양 친구 사망	1982 아들 결혼 1984 교회 다니기 시작 1984~1988 미국인 집 파출부 1989 아들 목사 안수	1999 영정 사진 촬영	2000~ ○○동 자택 생활 2008~2009 아들 집 생활 2009 저자 방문 요양 시작 2010 인터뷰	
김복례	1970 큰딸 결혼 1971 막내주 출생 1974 성수동 쪽방촌으로 서울 이주 1975 둘째 손주 출생 남편 사망 1976 부산 이주 1977 다시 서울 명곡집으로 이주	1980년대 초 남동생네 이불 공장 일 1980년대 중반 자식들 이불 공장	1992 용인 집 구입 1998 자식들 이불 가게 운영	2004 자식들 닭갈비집 운영 패류지 즐기기 시작 2007 남동생 사망	2012 고향 향우회 2013 오빠 사망
안원철	1973 큰아들 대학 입학	1980 큰딸 가을과 결혼 1981 큰아들 결혼과 유학 1986 미국 여행 1987 큰아들 교수 임용 사채놀이 출범 1987~2005 주식과 증권 투자 손주 돌봄	1994 마전에서 막내아들네와 생활 1997 서울 독산동 이사 1999 서울 시흥동 이사 유럽 여행	2004 서모 사망 성남으로 이사	2012 수원 실버타운 입주 2013 증손주 출생 하와이 여행